中国拍卖法律制度研究

刘宁元 著

图书在版编目（CIP）数据

中国拍卖法律制度研究/刘宁元著. —北京：北京大学出版社，2008.12

ISBN 978-7-301-14397-1

Ⅰ.中… Ⅱ.刘… Ⅲ.拍卖法-研究-中国 Ⅳ.D922.294.4

中国版本图书馆 CIP 数据核字（2008）第 167198 号

书　　　名：中国拍卖法律制度研究
著作责任者：刘宁元　著
责 任 编 辑：华　娜　王业龙
标 准 书 号：ISBN 978-7-301-14397-1/D·2183
出 版 发 行：北京大学出版社
地　　　址：北京市海淀区成府路 205 号　100871
网　　　址：http://www.pup.cn
电　　　话：邮购部 62752015　发行部 62750672　编辑部 62752027
　　　　　　出版部 62754962
电 子 邮 箱：law@pup.pku.edu.cn
印　　刷　者：河北滦县鑫华书刊印刷厂
经　　销　者：新华书店
　　　　　　890 毫米×1240 毫米　A5　11.5 印张　331 千字
　　　　　　2008 年 12 月第 1 版　2008 年 12 月第 1 次印刷
定　　　价：30.00 元

未经许可，不得以任何方式复制或抄袭本书之部分或全部内容。
版权所有，侵权必究
举报电话：010-62752024　电子邮箱：fd@pup.pku.edu.cn

目 录

引 言 ………… 1

第一章 拍卖法律制度概说 ………… 4
  第一节 关于拍卖法规体系 ………… 4
  第二节 拍卖的基本权利义务关系 ………… 16
  第三节 与拍卖法律制度相关的
         几个基本问题 ………… 28
  第四节 拍卖法律制度的过去和未来 ………… 39

第二章 特殊拍卖实体规则研究 ………… 55
  第一节 价高者得规则 ………… 55
  第二节 保留价规则 ………… 73
  第三节 瑕疵请求规则 ………… 86
  第四节 禁止参与竞买规则 ………… 108

第三章 一般拍卖实体规则研究 ………… 131
  第一节 有关拍卖人的一般实体规则 ………… 131
  第二节 有关委托人的一般实体规则 ………… 143
  第三节 有关竞买人或买受人的
         一般实体规则 ………… 151

第四章 拍卖程序规则研究 ………… 158
  第一节 委托拍卖程序及其规则 ………… 158
  第二节 公告与展示程序及其规则 ………… 173
  第三节 拍卖会程序及其规则 ………… 188

第五章　强制拍卖规则研究 ············ 202
第一节　强制拍卖概述 ············ 202
第二节　强制拍卖制度设计 ············ 211
第三节　强制拍卖实体性规则 ············ 231
第四节　强制拍卖程序性规则 ············ 255
第五节　海事强制拍卖规则 ············ 277

第六章　拍卖业管理法制化研究 ············ 295
第一节　拍卖业管理部门（组织）
　　　　及其职责 ············ 295
第二节　拍卖企业及其经营禁止 ············ 301
第三节　拍卖师及其执业禁止 ············ 327

附　录 ············ 337
《中华人民共和国拍卖法》············ 337
《拍卖管理办法》············ 345
《最高人民法院关于人民法院民事执行中拍卖、
　变卖财产的规定》············ 355

主要参考文献 ············ 362

后记 ············ 363

引　言

　　新中国的拍卖业,从无到有,一路走来,屈指已有 20 个年头。在此期间,无论是拍卖企业的数量、拍卖经营的规模、从业人员的素质等,都有了长足的发展。然而,笔者以为,这 20 年来我国拍卖业最为引人注目的发展当属拍卖法律制度的建立和完善。回顾 20 年前,当拍卖的槌声在我国一些改革开放的步伐迈得较快的城市响起时,我国有关拍卖的立法几乎还是空白,拍卖法律制度也无从谈起;发展至今,我国各类拍卖法规已难以精确计算,专门为拍卖而制定的全国性法律、法规也已近十部,不仅为拍卖当事人从事拍卖确立了行为依据,还相应地建立了拍卖行业管理体制、拍卖市场管理体制、强制拍卖体制等。这样的成绩,即使在世界范围内,也是首屈一指。

　　研究中国拍卖法律制度当然要从证明拍卖法规体系起步。《拍卖法》颁布前,我国有过空前高涨的地方拍卖立法高潮,高潮过后留下几十部各具特色的地方拍卖法规;《拍卖法》颁布后,特别是在新世纪之初,我国又有过拍卖执法、司法部门立法高潮,高潮过后又增加了近十部实践性极强的拍卖法规。在一个国家有如此之多的拍卖法规是不是好事还很难作出明确回答。如果众多的拍卖法规仅是法规的简单堆砌、重复,甚至各部门、各地方都从各自的利益出发,无视法规的宗旨,肢解法规的原则,那么,拍卖法规的数量越多,只能证明拍卖法律制度的缺陷;相反,如果众多拍卖法规之间是一个有逻辑性、立体性、层次性和互补性的整体,其中中央立法和地方立法、专门立法和相关立法、实体立法和程序立法相互之间有机结合,形成体系,则拍卖法律制度的优劣不言自明。那么,众多的中国拍卖法规是否具有体系性以及如何构建体系的呢?

　　研究中国拍卖法律制度当然离不开对拍卖规则合理性、正当性的理解和分析。在我国各拍卖法律制度系统中,拍卖规则数不胜数,包括实体规则和程序规则、特殊规则和一般规则、行为规则和管理规则等。这些规则的实践效果不一,既有受到社会普遍好评的,也不乏被大众广泛质疑的。规则的优劣不在于其制定者是否有良好的愿望,也不在于它的产生是否经过正当程序,而在于它的内涵及其实践效果是否具有合理性和正当性。但凡规则有一个成长过程,在规则产生之初,相信制定者必怀有良好的愿望,然后通过正当程序使其具有效力,然而一进入实践阶段,其社会效果就不以制定者的意志为转移了。当然,褒贬拍卖规则,笔者以为要分不同情况,有些拍卖规则的制定根基就有问题,产生不良社会效果理所当然;而有些拍卖规则的制定根基并无不妥,只是在实践阶段被特定利益集团引入歧途,形成错误的理解,遂产生不良社会效果。对具有不良社会效果的拍卖规则应当进行修正,而修正的根据就是拍卖规则的合理性和正当性。那么,何谓合理性和正当性以及如何检验一个拍卖规则的合理性和正当性呢?

研究中国拍卖法律制度不能不关注拍卖活动管理体制的得与失。我国对拍卖活动的管理分为行业管理、市场管理、自律管理等不同的系统,相对应存在主管部门、市场管理相关部门、自律管理组织等几大管理主体。其中,主管部门的职责集中于行业本身,致力于拍卖企业的优化、行业的发展、市场规模的合理等;市场管理相关部门的职责集中于拍卖当事人的市场行为,致力于拍卖当事人行为的合理与正当、市场的法制化、市场的正常秩序等;自律管理组织的职责集中于拍卖企业和拍卖从业人员,致力于拍卖企业和拍卖从业人员的遵纪守法、良好的经营、执业道德、和谐的业内氛围等。上述这些应然的体制设计在我国的拍卖管理实践中究竟贯彻得如何呢?不应否认,我国是对拍卖活动进行严格管理的国家,其中入市审批制度、拍卖活动备案制度、拍卖会现场监督制度、严格的行为规则配合严厉的处罚等极具中国特色。但严格的管理模式也引来种种非议,"放开企业手脚"、"还市场于企业"等呼声不绝于耳,管理部门和组织各自画地为牢,缺乏市场管理统一性和整体性的现象也时有出现。那么,究竟如何评价我国拍卖活动管理体制的得与失呢?

围绕上述问题以及其他种种问题,笔者一直有加以深入研究和论述的冲动,其间也写过一些专题研究性的论文,断断续续地对问题的某些方面加以论述,但未及全面。笔者认为,在经过长期拍卖实践后,以体制、法规、规则、纪律等的实践效果为背景,全面研究中国拍卖法律制度,是件十分有意义的事。恰值上海市教育委员会发布研究课题,笔者又有幸以"中国拍卖法律制度研究"的名义申请到了课题,因此便有了以下研究成果。

第一章 拍卖法律制度概说

第一节 关于拍卖法规体系

一、拍卖法规体系是构建拍卖法律制度的基础

我国的拍卖法律制度构建在我国拍卖法规的基础之上。自我国20世纪80年代肯定拍卖交易方式以来,我国从中央到地方为拍卖而颁布的法规数不胜数,①加之其他相关法规对拍卖的效力,客观上形成了拍卖法规体系。

拍卖法规体系,就是我们称之为拍卖法的内容。拍卖法有狭义和广义两种理解。狭义的拍卖法仅指《拍卖法》②,是指一个单行法规;而广义的拍卖法是指以拍卖的核心法规为基础,包含与拍卖相关的、调整拍卖法律关系和管理关系的所有法规的总和。广义的拍卖法实指拍卖法规体系。

拍卖法规体系是客观存在的,但如何将这个体系理出头绪,即如何对它作一个科学的结构分类,以表现这些法规之间的逻辑性、立体性、层次性、互补性等,却也不是一件易事。我国与拍卖相关的法规之多,这些法规的渊源之广,是有目共睹的。这些法规中,既有全国人大的立法,也有政府部门的立法;既有中央的立法,也有地方的立法;既有专门为拍卖而制定的立法,也有因拍卖关系广泛而涉及的立

---

① 我国在20世纪80年代中期至世纪末这一短时间内,从中央到地方激起的拍卖立法热情,是空前绝后的。可以说,除国家立法外,几乎没有任何一个省、市、自治区没有自己的与拍卖有关的立法,而且一般不止一部。

② 该法1996年7月5日由第八届全国人民代表大会常务委员会第二十次会议通过,1996年7月5日公布,1997年1月1日起施行。

法；既有按正规立法程序制定的立法，也有司法机关为执行法律而制定的解释性立法；既有综合性立法，也有因拍卖标的不同而分类制定的单一性立法。① 凡此种种，不一而足。

中国拍卖行业协会在为全国拍卖师执业资格考试编撰教材过程中，显然接受了拍卖法规体系的概念，在其编撰的《拍卖通论》中，以"拍卖法规"和"相关法规"的结构表述拍卖法规体系。② 这一表述虽不完善，其间的逻辑性也未充分说明，但这无疑是一个基本思路。郑鑫尧先生等主编的《拍卖实用手册：法律与规则》对我国现行有效的拍卖法规作了相对完整的列举，其中所作的分类多有表述拍卖法规体系的意义，虽不尽如人意，却是分析拍卖法规体系不可多得的基础资料。③

我国各级立法机构或部门是否有计划、有步骤地构建了拍卖法规体系，这一点是难以证明的。但既然这个体系已客观存在，就有必要对这个体系的逻辑性、立体性、层次性、互补性等加以论证，使其真正成为一个体系。况且，论证拍卖法规体系不只是作一个理论实证，它对于我们理解拍卖法律制度意义深远，拍卖法规体系的优势和劣势必然伴随着拍卖法律制度的优势和劣势，在实践中得到充分的反映。笔者以为，我国的拍卖法规体系可以作下述分类：拍卖核心法规、拍卖专用法规、强制拍卖法规和拍卖相关法规。其中，拍卖核心法规是或应该是这个体系中的基本点，它是构建拍卖法规体系的支架，没有这个基本点和支架，所谓的拍卖法规体系只是一堆法规的简单集合；拍卖专用法规在这个体系中起着一定的补充作用，它使拍卖核心法规中的有关内容更加具体并具可操作性，也使拍卖核心法规有了地区特色；强制拍卖法规是拍卖核心法规在司法领域中的表现

---

① 在我国的部门立法和地方立法中，这种单一性立法表现得尤为突出。例如，《招标拍卖挂牌出让国有土地使用权规定》（国土资源部2002年5月9日发布，2002年7月1日起施行）、《成都市户外广告位使用权拍卖办法》（成都市人民政府1998年8月7日发布，同日起施行）等。

② 参见中国拍卖行业协会编著：《拍卖通论》（修订版），中国财政经济出版社2003年版。

③ 参见郑鑫尧、李鲁勤、刘嵩飚主编：《拍卖实用手册：法律与规则》，上海财经大学出版社2004年版。

形式,它为我们在这个体系中打开了新的、具有自身特色的领域;拍卖相关法规是或应该是这个体系中为我们所展示的所有道路的自然延伸,它的存在一方面说明拍卖法规体系是错综复杂的,另一方面也说明拍卖法规体系是开放的。①

二、拍卖核心法规

拍卖核心法规在拍卖法规体系中有着重要地位,它是拍卖法规体系的基本点和支架,支撑着这个庞大的体系。那么,究竟哪一些法规属于拍卖核心法规呢?笔者首先作下述分析。其一,拍卖核心法规应当来自于中央立法。我国自20世纪80年代中期以后所制定的与拍卖相关的立法很多,其中包括中央立法和地方立法。应当承认,一些地方拍卖立法从立法学上考查应属上乘之品,如深圳、上海等地的拍卖立法。② 但作为国家的法规体系,其核心法规不可能、也不应该在地方法规中选择。其二,拍卖核心法规应属于拍卖专用法规。中央一级的立法中与拍卖相关的法规很多,其中既有专门为拍卖制定的法规,也有仅仅与拍卖相关的法规,如《民事诉讼法》、《合同法》等。除专门为拍卖制定的法规外,其他法规不可能为拍卖奠定完善的法律基础。其三,拍卖核心法规应有创设制度、奠定基础的功能。在此意义上,拍卖核心法规应属拍卖专用法规,但不是所有的拍卖专用法规都是拍卖核心法规。

鉴于上述分析,笔者以为,我国的拍卖核心法规有三部,即《拍卖法》、《拍卖管理办法》③和《国务院关于公物处理实行公开拍卖的通知》④。这里,笔者以这些法规的颁布时间先后顺序进行论述。

1.《国务院关于公物处理实行公开拍卖的通知》(以下简称《通

---

① 本段中,笔者多次用"是或应该是"来描述各类拍卖法规在拍卖法规体系中的地位和作用,其意义在于:笔者在看到部分拍卖法规真实体现了这种地位和作用的同时,强调有些拍卖法规未能很好地体现这种地位和作用,表现出体系的不完善性。
② 具体指《深圳经济特区财产拍卖条例》(1993年5月28日深圳市第一届人民代表大会常务委员会第十六次会议通过,同年10月1日施行)、《上海市财产拍卖规定》(上海市人民政府1994年6月21日发布,同年8月1日施行)。
③ 商务部2004年第24号部长令公布,于2005年1月1日正式实施。
④ 国务院办公厅于1992年8月30日公布施行。

知》)。《通知》是国务院向全国各级政府发布的,虽不具有典型的立法形式,但因其内容、效力和实际影响,具有管理性法规的性质。

《通知》共有4条并附前言,其重要意义如下:第一,《通知》是国家层面首次以法律形式对拍卖行业的认可。拍卖在我国的历史上可谓一波三折,新中国成立之初,国家虽未立即取缔拍卖业,但对拍卖行业持整体否定态度。这一态度直接导致我国各地的拍卖行于20世纪50年代末在大陆完全消失。[①] 改革开放后,随着拍卖行在各地市场上重新出现,我国一些地方政府很快通过立法肯定了这一行业,但肯定拍卖行业的全国性立法依然阙如。1982年《民事诉讼法(试行)》虽然成为那一特殊时期司法实践中少数拍卖行为的根据,但那充其量也只是对一种司法强制措施的认可,而非对于拍卖行业的认可。[②] 而《通知》却采取了极鲜明的肯定态度。《通知》第3条规定:各地政府要根据需要和可能,建立规模适当、人员精干的拍卖行,承办公物处理的拍卖业务;为使拍卖行能够做到收支平衡,各城市的拍卖行除承办公物处理拍卖外,可在地方政府的指导下,开展其他物品的拍卖业务,充分发挥公开拍卖制度在发展商品经济中的作用。第二,《通知》为将罚没物品等通过拍卖处理定下了基调。《通知》中将罚没物品等定性为公物。[③] 新中国成立以来,我国对罚没物品和追回赃物的处理,一直沿用国营商业部门作价收购的方式,弊端甚多。为进一步加强廉政建设,管好国家财产,减少财政损失,《通知》规定:国家将逐步建立和完善公物处理的公开拍卖制度;处理的公物必须是国家法律、法规允许流通的商品,具体是指执法机关罚没物品、依法不返还的追回赃物,邮政、运输等部门获得的无主货物,国家机关、社会团体和国营企事业单位按有关规定需要处理的物品及其他

[①] 参见刘宁元:《拍卖法原理与实务》,上海人民出版社1998年版,第15页。

[②] 我国1982年《民事诉讼法(试行)》并未直接提及拍卖,其立法措辞是"变卖",但在当时的司法实践中成为少数通过拍卖执行的依据。参见《民事诉讼法(试行)》第172条和第175条。

[③] 《通知》将罚没物品等定性为公物并冠以"公物处理实行公开拍卖制度"值得商榷,应当说罚没物品等只是公物中极小的一个部分;"罚没物品等实行公开拍卖制度"的命题是正确的,而"公物处理实行公开拍卖制度"的命题就难有合理基础。因此,我国制定《拍卖法》时,虽接受了《通知》的精神,却没有接受《通知》的措辞。

方面需要变卖的公物;公开拍卖首先要从罚没物品做起,执法机关依法罚没物品,经法律判决裁定生效后可进行拍卖的,必须委托当地政府指定的拍卖行通过公开拍卖的方式拍卖,不得交由其他商业渠道作价收购,更不允许执法机关在本系统内部作价处理。① 上述内容直接成为日后《拍卖法》第9条的渊源。第三,《通知》为拍卖法律关系搭起了基本架构。拍卖不同于一般的交易方式,如何认定拍卖人的性质及其在拍卖关系中的地位和收入来源等,将直接影响权利义务的设定。为此,《通知》第3条规定:拍卖行是服务性的法人企业,由地方政府指定的部门审批,工商行政管理部门注册登记,按特种行业进行管理;②拍卖行是委托方和购买方的中介人,为买卖双方提供服务,按成交额收取一定比例的手续费;拍卖行的收入来源只限于拍卖手续费和与拍卖直接有关的其他合法收入,拍卖行实行自负盈亏,国家不予补贴。

2.《拍卖法》。《拍卖法》于1996年颁布,自1997年1月1日起施行。2004年8月28日,第十届全国人大常委会第十一次会议决定对《拍卖法》进行修改。本次修改涉及两处:其一,删去第5条第3款,即删去"公安机关对拍卖业按特种行业实施治安管理"的内容;其二,删去第12条第5项,即删去"有公安机关颁发的特种行业许可证"的内容。修改后的《拍卖法》共6章69条。

《拍卖法》是我国拍卖行业的基本法,是拍卖领域各种规章的制定根据,是拍卖从业人员和所有拍卖参与人应当遵守的行为准则。从总体上把握《拍卖法》,应理解以下几点:第一,我国拍卖法规范的拍卖活动具有市场经营性质。仅从拍卖表现的方式角度看,拍卖活动是十分广泛的,但并非所有的拍卖活动均具有市场经营性质。例如,私人处理闲置生活用品,企业或社会组织分配工作任务或生产资源,司法机关执行被执行人财产等,也可能采用拍卖方式,但因它们不具有市场经营性质,不适用《拍卖法》。换个角度说,任何企业、机构、组织等,如意图进行具有市场经营性质的拍卖活动,应当由《拍

---

① 参见《通知》前言和第1条。
② 拍卖企业"按特种行业进行管理"的属性在日后修改《拍卖法》时被删去了。

卖法》进行规范。第二,我国《拍卖法》中的法律规范可以大致分为三大类:其一,管理性规范,旨在体现国家对拍卖业的行政或行业管理;其二,实体性规范,旨在确定拍卖当事人或参与人的权利和义务;其三,程序性规范,旨在明确拍卖当事人在拍卖活动中应当遵循的程序。拍卖活动的存在已有两千多年的历史,在这样长的历史进程中,产生了许多规则,这些规则在不同的国度、不同的年代历尽沧桑和变化,而其中被实践证明行之有效的规则基本都在我国《拍卖法》中有所反映。因此,我国《拍卖法》中的规则体系是较为完备的。第三,我国《拍卖法》中的规定从总体上说是较为严格的。例如,严格规范拍卖企业的设立条件;严格规范拍卖人、委托人对竞买过程的不良影响;严格规范拍卖程序等。严格规范是维护和营造具有中国特色的、健康的拍卖市场之必须。我国拍卖市场的发展历史相对较短,市场中不和谐、不诚信、不健康的因素相对较多,唯有严格规范,方能建立良好的市场秩序。另外,拍卖法律秩序属于国内法律秩序,在国内法律秩序有效覆盖范围内,不接受来自于任何所谓拍卖惯例、拍卖习惯做法的变通。

3.《拍卖管理办法》。《拍卖管理办法》的制定根据是《拍卖法》和有关外商投资的法律、行政法规和规章。《拍卖管理办法》共7章61条。

《拍卖管理办法》的出台是适应我国拍卖业迅速发展的需要,是规范拍卖业秩序、促进拍卖业健康发展的需要,是我国政府履行入世承诺、促进拍卖业对外开放的需要。《拍卖管理办法》是《拍卖法》中所确立的原则、规则在拍卖业内的延伸。与《拍卖法》相比,《拍卖管理办法》有下述三大特点:第一,《拍卖管理办法》着重于拍卖业的管理和监督。首先,《拍卖管理办法》以大量的条文规定了拍卖企业和外商投资拍卖企业的设立、变更和终止,并强调了拍卖业主管机关在这方面的管理职能。其次,就拍卖活动方面来说,《拍卖管理办法》突出了拍卖师资格管理和执业管理,突出了拍卖企业的经营管理,并赋予拍卖业主管机关和拍卖行业协会在这方面的管理和监督职能。最后,《拍卖管理办法》中所设定的法律责任主要是针对拍卖企业的违法经营行为和拍卖业管理人员的违规行为。两相比较可以看出,

《拍卖法》规范的重点是拍卖当事人,而《拍卖管理办法》规范的重点是拍卖企业和管理部门。第二,《拍卖管理办法》为拍卖法规体系增添了新内容以适应拍卖业的发展。在《拍卖管理办法》的规定中,有一些表现新内容的规定,其中最突出的表现在两方面,即外商投资拍卖企业的市场准入和控制拍卖市场的不正当竞争。外商投资拍卖企业的市场准入属于履行我国的入世承诺,向外资全面开放拍卖市场当然会对内资拍卖企业造成一定程度的冲击,但从吸引外资、吸收外国先进经营理念、繁荣我国拍卖业角度看,意义十分深远。控制拍卖市场的不正当竞争是我国拍卖实践中的当务之急,伴随着我国拍卖企业数量的增加,不择手段的经营行为层出不穷,如不加以控制,受到损害的就不只是相关拍卖企业,而是整个拍卖行业。总之,这些具有新内容的规定反映了国家发展拍卖业的新理念。第三,《拍卖管理办法》使拍卖法规体系更加具体和富有可操作性。从实践的角度考虑,《拍卖法》的许多规定较为原则,在实践中适用可能引起歧异。为此,《拍卖管理办法》从拍卖业管理角度对《拍卖法》的规定进行了细化与合理延伸。涉及细化的内容主要有:适用范围、拍卖企业的设立条件、拍卖罚没物品企业的资格、拍卖企业的登记注册、拍卖师执业资格、禁止拍卖物品或财产权利、拍卖公告与展示、瑕疵担保责任等。涉及合理延伸的内容主要有:设立拍卖企业的分公司、设立拍卖企业及分公司应遵循的程序和应提交的材料、拍卖企业的退出机制、外商投资拍卖企业的相关规定、拍卖师执业禁止、拍卖企业经营禁止、委托竞买席、拍卖的中止和终止、拍卖业的监督管理等。

三、拍卖专用法规

拍卖专用法规是指那些专为规范拍卖行为、拍卖市场秩序等而制定的法律文件。这些法律文件有些很正规,如《拍卖执业资格制度暂行规定》;有些不太正规,如《国家税务总局关于拍卖行取得的拍卖收入征收增值税、营业税有关问题的通知》。但无论正规与否,它们都具有规范行为和市场秩序的作用。我国目前的拍卖专用法规主要有两大类:一大类是国家有关部委根据《拍卖法》和相关法规,结合自己的相关职责制定的法律文件;另一大类是我国各地方政府为在本地区规范拍卖行为,维护拍卖市场秩序而制定的法律文件。

国家有关部委发布的拍卖专用法规主要有:《拍卖师执业资格制度暂行规定》①、《国家税务总局关于书画作品、古玩等拍卖收入征收个人所得税问题的通知》②、《国家税务总局关于拍卖行取得的拍卖收入征收增值税、营业税有关问题的通知》③、《拍卖监督管理暂行办法》④、《国家经济贸易委员会、海关总署关于开展缉私罚没车辆定点拍卖工作的通知》⑤、《国家烟草专卖局关于加强烟草拍卖管理的通知》⑥、《招标拍卖挂牌出让国有土地使用权规定》⑦、《关于加强拍卖师监督管理的若干规定(暂行)》⑧、《探矿权采矿权招标拍卖挂牌管理办法(试行)》⑨、《文物拍卖管理暂行规定》⑩、《抵税财物拍卖、变卖试行办法》⑪等。

国家有关部委发布的拍卖专用法规明显结合着各自的相关职责。这些法规又可以粗分为两类:一类是根据包括《拍卖法》在内的有关法律的授权,国家有关部委为实施对拍卖市场的监督管理而制定的法律文件,如《拍卖监督管理暂行办法》、《拍卖师执业资格制度暂行规定》等;另一类是国家有关部委为将拍卖方式引入自己主管的领域而发布的法律文件,如《文物拍卖管理暂行规定》、《招标拍卖挂牌出让国有土地使用权规定》等。这两类拍卖专用法规在实践中的效果是有差别的。

我国各地方政府发布的拍卖专用法规数不胜数,主要有:《福建省人民政府关于拍卖全民所有制小型企业的暂行规定》(1988)、《福建省财产拍卖条例》(1997修正)、《福建省拍卖活动监督管理规定》

---

① 人事部、国内贸易部1996年12月25日发布,1997年1月1日起施行。
② 国家税务总局1997年9月23日发布。
③ 国家税务总局1999年3月11日发布。
④ 国家工商行政管理局2001年1月15日公布,2001年3月1日起施行。
⑤ 国家经济贸易委员会、海关总署2002年6月24日发布,自发布之日起施行。
⑥ 国家烟草专卖局2002年8月2日发布。
⑦ 国土资源部2002年5月9日发布,2002年7月1日起施行。
⑧ 中国拍卖行业协会2002年10月15日公布,自公布之日起施行。
⑨ 国土资源部2003年6月11日发布,2003年8月1日起施行。
⑩ 国家文物局2003年7月14日发布,自发布之日起施行。
⑪ 国家税务总局2005年1月13日第12号令发布,自2005年7月1日起施行。

（1998）、《福建省国有土地使用权招标拍卖管理办法》（2001）、《福建省拍卖企业审核许可及监督管理若干规定》（2005）；《上海市房屋拍卖办法》（1988）、《上海市财产拍卖规定》（1994）；《河北省拍卖市场管理暂行规定》（1993）、《河北省拍卖业监督管理实施细则》（2006）；《深圳经济特区财产拍卖条例》（1993）、《深圳经济特区土地使用权招标、拍卖规定》（1998）、《深圳经济特区财产拍卖条例实施细则》（1999）；《北京市城市房地产拍卖办法》（1994）、《北京市招标拍卖挂牌出让国有土地使用权暂行规定》（2005）、《北京市国有土地使用权招标拍卖挂牌出让底价确定试行办法》（2005）；《四川省拍卖市场管理规定》（1994）、《四川省拍卖合同管理暂行规定》（1998）；《海南省缉私没收物资拍卖管理办法》（1997修正）；《广东省城镇国有土地使用权公开招标拍卖管理办法》（1998）；《天津市公物拍卖管理办法》（1998修订）；《云南省拍卖业管理暂行办法》（2002）；《江苏省国有土地使用权招标拍卖挂牌出让办法》（2003）；《湖北省招标拍卖挂牌出让国有土地使用权管理办法》（2003）；《宁夏回族自治区国有土地使用权招标拍卖挂牌出让办法》（2003）；《山东省国有土地使用权招标拍卖办法》（2004修订）；《辽宁省国有土地使用权招标拍卖挂牌出让办法》（2004）；《重庆市拍卖业管理规定》（2005）；《青海省拍卖业管理办法》（2005）；《贵州省拍卖管理办法》（2005）等。[①]

　　根据上述不完全列举，可以看出，我国各地方政府几乎都制定有拍卖专用法规，有的地方有不止一部拍卖专用法规。现行有效的地方拍卖专用法规，有些在《拍卖法》颁行前制定的，但大多数是在《拍卖法》颁行之后制定的。地方拍卖专用法规在其制定宗旨中都谈到要立足地方特色，但所涉及的内容大同小异；在地方拍卖专用法规中，不乏涉及指导拍卖当事人行为的综合法规，但更多的是拍卖业管理性综合法规和土地使用权拍卖法规。我国所有省、市、自治区的地方拍卖专用法规难以自成体系，它们只能在国家拍卖法规体系中起到补充和地方化作用。

[①] 以上所列地方拍卖专用法规不包括曾经发挥过规范地方拍卖市场作用，但由于与国家拍卖专用法规重叠，或者与国家专用拍卖法规冲突，或者其内容为其他法规所包含，故而被宣布废止的法规。如《浙江省财产拍卖条例》、《广东省财产拍卖条例》等。

四、强制拍卖法规

强制拍卖法规又称司法拍卖法规,它在我国拍卖法规体系中是一个相对独立的系统。[①] 强制拍卖法规之所以相对独立,根源于强制拍卖原则上不属于《拍卖法》的调整范围,根源于强制拍卖与《拍卖法》的特殊关系。[②] 虽然从实践意义上我们可以说强制拍卖法规是拍卖核心法规在司法领域中的表现形式,但强制拍卖法规的制定根据却是我国一系列诉讼法,[③]其中主要指《民事诉讼法》[④]、《海事诉讼特别程序法》[⑤]。强制拍卖法规,除其制定根据外,均来自于我国司法系统为采取强制措施而制定的规范,大致可分为两类:其一,来自于最高人民法院为规范强制拍卖所作的司法解释;其二,来自于地方各高级人民法院为规范强制拍卖所作的规范性文件。

与强制拍卖相关的最高人民法院所作的司法解释主要有:《最高人民法院关于适用〈中华人民共和国民事诉讼法〉若干问题的意见》[⑥]、《最高人民法院关于人民法院执行工作若干问题的规定(试行)》[⑦]、《最高人民法院关于民事行政诉讼中司法赔偿若干问题的解释》[⑧]、《最高人民法院关于冻结、拍卖上市公司国有股和社会法人股

---

① 强制拍卖特指人民法院在执行民商事判决过程中,将已被查封、扣押的债务人财产交有关单位依拍卖方式处分,以实现债权人利益的强制执行措施。
② 参见刘宁元:《论强制拍卖及其规则》,载《政治与法律》2004年第5期。
③ 我国《民事强制执行法》正在起草过程中,目前已完成《民事强制执行法草案(第四稿)》。待我国《民事强制执行法》正式颁布后,该法将一并作为我国强制拍卖法规的制定根据。
④ 1991年4月9日第七届全国人民代表大会第四次会议通过,同日公布,同日起施行。有关内容详见该法第223条和第226条。
⑤ 1999年12月25日第九届全国人民代表大会常务委员会第十三次会议修订通过,自2000年7月1日起施行。有关内容详见该法第三章第二节和第三节。
⑥ 最高人民法院审判委员会第528次会议讨论通过,1992年7月14日法释[1992]22号发布。
⑦ 最高人民法院审判委员会第992次会议通过,1998年7月8日法释[1998]15号公布。
⑧ 最高人民法院审判委员会第1130次会议通过,2000年9月16日法释[2000]27号发布。

若干问题的规定》①、《最高人民法院关于对外委托司法鉴定管理规定》②、《最高人民法院关于审理企业破产案件若干问题的规定》③、《最高人民法院关于适用〈中华人民共和国海事诉讼特别程序法〉若干问题解释》④、《最高人民法院关于人民法院民事执行中拍卖、变卖财产的规定》⑤、《最高人民法院关于人民法院执行设定抵押的房屋的规定》⑥等。

我国地方各高级人民法院所作的与强制拍卖相关的规范性文件主要有:《湖南省高级人民法院等关于人民法院裁定拍卖或变卖国有资产时必须进行资产评估的通知》(1996)、《湖南省高级人民法院关于人民法院能否在执行中拍卖土地使用权问题的意见》(2002);《北京市高级人民法院关于转发北京市价格事务所、北京市拍卖行〈关于贯彻对拍卖罚没物品实行拍卖估价的办法〉的通知》(1998)、《北京市高级人民法院关于执行中委托评估、拍卖和变卖工作的若干规定(试行)》(2001);《浙江省高级人民法院关于执行中评估、拍卖和变卖工作的若干规定》(2001);《江苏省人民法院对外委托司法鉴定管理办法(试行)》(2002)、《江苏省人民法院司法鉴定对外委托程序规定(试行)》(2002);《安徽省高级人民法院关于执行中委托评估与拍卖工作的暂行规定》(2002)、《安徽省高级人民法院关于成立全省法院执行案件评估鉴定专家咨询委员会的通知》(2003)、《安徽省高级人民法院关于执行中评估复核有关事项的通知》(2003);《山东省人民法院对外委托司法鉴定管理实施细则》(2002);《深圳市中

---

① 最高人民法院审判委员会第1188次会议通过,2001年9月21日法释[2001]28号发布。
② 最高人民法院审判委员会第1214次会议通过,2002年3月27日法释[2002]号发布。
③ 最高人民法院审判委员会第1232次会议通过,2002年7月30日法释[2002]23号发布。
④ 最高人民法院审判委员会第1259次会议通过,2003年1月6日法释[2003]3号发布。
⑤ 最高人民法院审判委员会第1330次会议通过,2004年11月15日法释[2004]16号发布。
⑥ 最高人民法院审判委员会第1371次会议通过,2005年12月14日法释[2005]14号发布。

级人民法院评估、拍卖委托工作细则》(2003)、《广东省高级人民法院关于委托评估、拍卖工作的若干规定》(2005)、《广东省高级人民法院关于人民法院审查确定当事人协商选定评估、拍卖机构的若干问题的意见(试行)》(2006);《湖北省人民法院对外委托司法鉴定管理办法(试行)》(2003);《上海法院委托拍卖工作操作规程(试行)》(2004)、《上海法院委托拍卖工作操作规程(试行)补充细则》(2005)、《上海法院委托拍卖工作补充规定》(2005);《四川省高级人民法院关于在执行程序中委托评估、拍卖、变卖工作有关问题的暂行规定》(2005);《江西省高级人民法院关于执行中委托评估拍卖工作的若干规定》(2005)、《江西省高级人民法院关于民事执行中拍卖财产的实施办法(试行)》(2005);《重庆市高级人民法院关于民事执行中涉及经营性国有产权委托拍卖地点等问题的通知》(2005);《海南省高级人民法院关于执行拍卖对外委托管理规定》(2006)、《海南省高级人民法院关于执行委托拍卖的操作方法》(2006);《贵州省高级人民法院关于执行委托拍卖的操作办法》(2006)等。

无论是来自于最高人民法院的强制拍卖法规,还是来自于地方各高级人民法院的强制拍卖法规,都体现了强制执行这一核心,它们的司法性质使强制执行居于相对独立的地位。但强制拍卖法规不可能、也不应该是完全独立的,它与其他类别的拍卖法规一起共同规范着拍卖这一独特的转让权利的方式。因此,强制拍卖法规和其他类别的拍卖法规可以共享一些主要的原则和规则,除非司法和交易的性质使然,它们可以相互补充和解释。

五、拍卖相关法规

拍卖相关法规是指一切与拍卖这一转让权利的方式有关的法规。例如,由于拍卖当事人的能力需要法律界定,而界定拍卖当事人能力的规则主要规定在《民法通则》等法律中,因此,《民法通则》等法律就属拍卖相关法规;由于拍卖关系需要具有合同的形式,而关于合同的规则主要规定在《合同法》等法律中,因此,《合同法》等法律就属拍卖相关法规。

拍卖相关法规的范围是一个难以界定的问题。一方面,由于拍卖当事人的广泛性、拍卖行为的多样性、拍卖标的的无穷性等,能够对拍卖关系产生影响的法律、法规数不胜数,拍卖相关法规应当是一个开放性的概念,它所包含的范围难以界定也无须界定。但另一方面,由于拍卖属于民商事关系,能够对拍卖关系产生影响的法律、法规毕竟有亲疏之分,加之对于一种分类法律体系的要求本身是相对的,故拍卖相关法规又应当有一定的范围。

从对构建拍卖法律制度的重要性而言,笔者认为下述法律、法规属于拍卖相关法规:《民法通则》(1986)、《中外合资经营企业法》(1990修正)、《反不正当竞争法》(1993)、《消费者权益保护法》(1993)、《城市房地产管理法》(1994)、《劳动法》(1994)、《合同法》(1999)、《招标投标法》(1999)、《产品质量法》(2000修正)、《中外合作经营企业法》(2000修正)、《专利法》(2000修正)、《海关法》(2000修正)、《商标法》(2001修正)、《著作权法》(2001修正)、《外资企业法》(2001修正)、《税收征收管理法》(2001修订)、《文物保护法》(2002)、《公司法》(2004修正)、《土地管理法》(2004修正)、《证券法》(2004修正)、《公司登记管理条例》(2005修订)等。此外,上述法律的配套法规、实施细则和司法解释,也应纳入这一系统。

上述法律、法规之所以被纳入相关的范围,是因为它们或者与拍卖关系有重要关联,或者与拍卖当事人的能力、行为有重要关联,或者与拍卖企业的管理有重要关联,或者与拍卖市场秩序有重要关联。缺乏这些法律、法规的规范,拍卖法律制度是不完整的。

第二节 拍卖的基本权利义务关系

拍卖的基本权利义务关系是指拍卖当事人之间以及它们对拍卖标的的权利义务关系。由于法律对这些权利义务关系的规范,这些基本的权利义务关系也就是基本的拍卖法律关系。

一、拍卖当事人

我国《拍卖法》规范的拍卖当事人有:拍卖人、委托人、竞买人和买受人。

（一）拍卖人

拍卖人又称拍卖企业、拍卖行等。拍卖人有广义和狭义之分。广义的拍卖人泛指以卖方的身份出现，主持拍卖活动的任何人；而狭义的拍卖人仅指接受他人委托，以自己的名义公开拍卖他人财产，并获取报酬（佣金）的企业法人。我国《拍卖法》明显按狭义规范拍卖人，并且对拍卖人的资格和条件作了严格规定。我国《拍卖法》第10条规定：拍卖人是指依照《拍卖法》和《公司法》设立的从事拍卖活动的企业法人。对于该条规定，可做以下理解：第一，明确了拍卖人只能是企业法人，故我国的法律用语中，"拍卖人"和"拍卖企业"是同义的；第二，明确了拍卖人的企业性质或者是有限责任公司，或者是股份有限公司；第三，强调了设立拍卖企业应当依照《拍卖法》和《公司法》所规定的条件，而实际上，规范拍卖企业设立的，还不仅仅是上述两部法规。

拍卖人是拍卖法律关系中最重要的当事人，其在法律关系中的地位具有中介性质，具体地说，它是委托人的代理人，在代理权限范围内其行为后果由委托人承担；但同时，拍卖人的地位又具有相对独立性，它以自己的名义行事，以自己的名义与竞买人和买受人发生关系。拍卖人依法享有广泛的权利，同时也承担与权利相对应的义务。

（二）委托人

委托人是拍卖法律关系中的一方当事人。我国《拍卖法》第25条规定：委托人是指委托拍卖人拍卖物品或者财产权利的公民、法人或者其他组织。在我国拍卖核心法规中，对委托人的资格条件没有特别限定，但并非说委托人没有任何资格条件。委托人的资格条件应当参照拍卖相关法规。公民（自然人）作为委托人时，要求他年满18岁且没有无民事行为能力或限制民事行为能力事由，或者年满16岁并以自己的劳动收入为主要生活来源且没有无民事行为能力或限制民事行为能力事由。法人（公司）作为委托人时，要求它具备民事权利能力和民事行为能力。各种组织作为委托人时，要求它能够独立地承担民事责任。

我国《拍卖法》中所指委托人并无国籍和住所限制。《拍卖法》第67条规定：外国人、外国企业和组织在中华人民共和国境内委托拍卖或者参加竞买的,适用本法。当然,当委托人是外国人、外国企业和组织时,对于其民事行为能力所依据的资格条件,应当按照国际私法的规则决定。①

(三) 竞买人和买受人

竞买人和买受人是拍卖法律关系中的同一方当事人。该方当事人之所以有不同的称呼,是因为他处在拍卖程序中的不同阶段。当他处在与他人竞争过程中尚未拍定时,我们称其为"竞买人";当他已经完成竞拍并最终购得拍卖标的时,我们称其为"买受人"。针对一件拍卖标的,竞买人可以有多个,但买受人只能有一个,而买受人必然是竞买人中的一个。我国《拍卖法》规定,竞买人是指参加竞购拍卖标的的公民、法人或者其他组织。买受人是指以最高应价购得拍卖标的的竞买人。② 与委托人一样,竞买人和买受人的资格条件应当参照拍卖相关法规。

但在有些情形下,法律对竞买人和买受人的资格、能力有特殊的要求。法律对竞买人和买受人资格、能力的特殊要求根源于拍卖标的的特殊性。例如,土地使用权、土地承包权、文物、大宗烟酒等拍卖标的,我国法律、法规往往对其转让规定有特殊要求。我国《拍卖法》第33条规定:法律、行政法规对拍卖标的的买卖条件有规定的,竞买人应当具备规定的条件。在实践中,特殊的资格、能力主要与国籍、住所、经营范围、政府许可相关。对竞买人和买受人经济能力的要求不属于法律范畴探讨的资格、能力问题。③

除非涉及特殊的资格、能力,我国《拍卖法》中所指竞买人和买受人并无国籍和住所限制。《拍卖法》第67条规定:外国人、外国企

---

① 一国法院认定外国人(包括自然人、法人等)的民事行为能力通常依据其属人法,即该外国人的本国法或者住所地法。

② 参见《拍卖法》第32条和第38条。

③ 竞买人参与竞买当然应当具备一定的经济实力,否则即使拍卖成交了,也会因为买受人无力支付拍卖价金而使拍卖功亏一篑,实践中由于买受人无力支付而导致拍卖最终失败的案例不在少数。因此,有人建议将竞买人和买受人的经济能力作为法律要求加以规定。笔者认为,竞买人和买受人的经济能力不是其在法律上的资格,且经济能力本身难以评价,法律上妄加要求和规定,一来有违人权平等,二来也无法操作。详见刘宁元:《拍卖法原理与实务》,上海人民出版社1998年版,第116页。

业和组织在中华人民共和国境内委托拍卖或者参加竞买的,适用本法。当然,当竞买人和买受人是外国人、外国企业和组织时,对于其民事行为能力所依据的资格条件,应当按照国际私法的规则决定。

二、拍卖标的

拍卖标的俗称"拍品"、"拍卖物",泛指可以通过拍卖方式转让的各种财产,包括有形财产和无形财产。我国《拍卖法》第6条规定:拍卖标的应当是委托人所有或者依法可以处分的物品或者财产权利。其中"物品"应当理解为具有实体存在的有形财产,"财产权利"应理解为没有实体存在,人们凭主观拟制的无形财产。拍卖标的于拍卖法律关系十分重要,它是拍卖当事人权利义务指向的对象,没有这个对象,拍卖当事人的权利义务将因没有目标而失去存在的意义。

(一)决定拍卖标的的法律标准

一件物品或者财产权利是否能作为拍卖标的?它是否必须作为拍卖标的?它能在什么样的拍卖中作为拍卖标的?决定这些问题答案的首先是法律规定。我国《拍卖法》辟专章规定拍卖标的,其他拍卖核心法规、拍卖专用法规、强制拍卖法规和拍卖相关法规都有规定涉及拍卖标的,围绕拍卖标的的法律制度是相对完善的。

按我国拍卖法规体系的规范,根据法律对拍卖标的的约束程度,拍卖标的可以分为四大类:允许拍卖的物品或者财产权利、限制拍卖的物品或者财产权利、法定拍卖的物品或者财产权利、禁止拍卖的物品或者财产权利。

1. 允许拍卖的物品或者财产权利。该类物品或者财产权利是指可以在拍卖市场上自由流通,不存在任何法律性限制的财产。大多数物品或者财产权利属于这一类,如家庭闲置物品、企业产品、艺术品等。

2. 限制拍卖的物品或者财产权利。该类物品或者财产权利是指需经有关机构审批、鉴定、许可后方能拍卖的财产。我国《拍卖法》第8条规定:依照法律或者按照国务院规定需经审批才能转让的物品或者财产权利,在拍卖前,应当依法办理审批手续。委托拍卖的文物,在拍卖前,应当经拍卖人住所地的文物行政管理部门依法鉴定、许可。在我国拍卖实践中,这一类物品或者财产权利不在少数,如文物、土地使用权、土地承包权、探矿权采矿权、电信网码号资源、企业国有产权等。① 稍加分析不难发现,在拍卖市场受限制的物品或者财产权利相对集中于国有资产。

3. 法定拍卖的物品或者财产权利。该类物品或者财产权利是指只能通过拍卖方式转让或者优先采用拍卖方式转让的财产。《通知》第 1 条规定:公开拍卖首先要从罚没物品做起,执法机关依法罚没物品,经法律判决裁定生效后可进行拍卖的,必须委托当地政府指定的拍卖行通过公开拍卖的方式拍卖,不得交由其他商业渠道作价收购,更不允许执法机关在本系统内部作价处理。《拍卖法》第 9 条规定:国家行政机关依法没收的物品,充抵税款、罚款的物品和其他物品,按照国务院规定应当委托拍卖的,由财产所在地的省、自治区、直辖市的人民政府和设区的市的人民政府指定的拍卖人进行拍卖。拍卖由人民法院依法没收的物品、充抵罚金、罚款的物品及无法返还的追回物品,适用前款规定。《拍卖管理办法》第 9 条第 2 款规定:国家行政机关依法没收的物品,充抵税款、罚款的物品,人民法院依法没收的物品、充抵罚金、罚款的物品以及无法返还的追回物品和其他特殊国有资产等标的的拍卖应由具有相应拍卖资格的拍卖企业承担,具体资格由省级商务主管部门会同有关部门依据规范管理、择优选用的原则制定,并报商务部备案。归纳上述规定所涉内容,法定拍卖的标的主要指罚没物品、无主物品和一些特殊的国有资产。

4. 禁止拍卖的物品或者财产权利。该类物品或者财产权利是指不允许进入拍卖市场的财产。我国《拍卖法》第 7 条规定:法律、行政法规禁止买卖的物品或者财产权利,不得作为拍卖标的。《拍卖管理办法》第 29 条规定:下列物品或者财产权利禁止拍卖:法律、法规禁止买卖的;所有权或者处分权有争议,未经司法、行政机关确权的;尚未办结海关手续的海关监管货物。根据上述规定,笔者将不

---

① 参见《企业国有产权转让管理办法》(2003)、《招标拍卖挂牌出让国有土地使用权规定》(2002)、《探矿权采矿权招标拍卖挂牌管理办法(试行)》(2003)、《文物拍卖管理暂行规定》(2003)、《电信网码号资源管理办法》(2003)等。

得拍卖的物品或者财产权利分为两大类：第一类，处于法律、行政法规禁止买卖状态下的物品或者财产权利，包括但不限于人及其身体、人身权利[①]、土地、森林、草原、矿产资源、武器弹药、毒品、赃物、走私物品、淫秽物品、有关文物[②]、海关监管货物[③]、国家机密等。第二类，处于所有权或者处分权有争议状态下的物品或者财产权利；任何物品或者财产权利，只要其所有权或者处分权处于现实争议状态之下，即已提交司法、行政机关要求确权但其权利尚未最终确定，不得作为拍卖标的。

（二）决定拍卖标的的社会标准

所谓社会标准是指在法律规范之外，对于物品或者财产权利是否适合作为拍卖标的起决定作用的一些准则。社会标准对于构建拍卖法律制度并无多大意义，但它们却影响着拍卖实践。实践中，一些物品或者财产权利具有确定的价值，国家不禁止它们的转让，但它们从不在拍卖会上出现。这是什么原因呢？笔者认为，物品或者财产权利是否可以作为拍卖标的，不仅受法律规范，也受一系列社会因素约束；所不同的是，法律规范决定物品或者财产权利是否能作为拍卖标的，而社会因素决定物品或者财产权利是否适合于作为拍卖标的。

首先，考虑社会效果使一些物品或者财产权利不适合于拍卖。拍卖是在市场上公开进行的，公众知晓和参与程度较高，因此，必须十分注意掌握分寸，以免对于社会道德、伦理、是非观、好恶观等产生负面影响。例如，性用品不在禁止买卖或者限制买卖之列，但拍卖企业大张旗鼓地组织性用品拍卖会，就会产生负面社会效果。

其次，考虑经济效果使一些物品或者财产权利不适合于拍卖。

---

① 根据《民法通则》第五章第四节的有关规定，公民（自然人）的生命健康权、姓名权、名誉权、荣誉权、婚姻自主权等，不得买卖。

② 根据《文物保护法》第51条规定：公民、法人和其他组织不得买卖下列文物：（1）国有文物，但是国家允许的除外；（2）非国有馆藏珍贵文物；（3）国有不可移动文物中的壁画、雕塑、建筑构件等，但是依法拆除的国有不可移动文物中的壁画、雕塑、建筑构件等不属于本法第20条第4款规定的应由文物收藏单位收藏的除外；（4）来源不符合本法第50条规定的文物。

③ 《海关法》第100条规定：海关监管货物是指本法第23条所列的进出口货物，过境、转运、通运货物，特定减免税货物，以及暂时进出口货物、保税货物和其他尚未办结海关手续的进出境货物。

拍卖对于委托人和拍卖人来说,是一种营利手段,这时就不可能不考虑经济效果。拍卖与一般买卖方式有许多不同,其中一点就是拍卖必经一定的程序,委托人和拍卖人用在程序上的花费较一般买卖方式大,它必须通过相对较高的成交价来弥补。因此,拍卖是一种较为昂贵的买卖方式,一件物品是否适合于拍卖要考虑经济效果。例如,委托人不会因为有一斤糖果要卖而选择拍卖方式,拍卖人也不会接受他人拍卖一斤糖果的委托。这个例子说明一个事实,即除非有特别的价值,零星的物品不适合于拍卖。因此,拍卖标的不仅有质上的限定,也有量上的限定。一斤糖果不适合于拍卖,但一吨糖果可能就适合于拍卖了。

最后,物品或者财产权利的属性可能导致它不适合于拍卖。拍卖有其特点,如拍卖需要经过一个过程,拍卖倡导公开,拍卖强调买方竞争等。考虑"适合于拍卖"这一标准,不能忽视拍卖的特点。如果某物品或者财产权利的属性与拍卖的特点相抵触,它可能就不适合于拍卖。例如,商业秘密的可拍卖性就很值得怀疑。商业秘密属于"产权",可以买卖并无疑问,但商业秘密是否适合于拍卖呢?回答这个问题就需要对照两者的特点。在商业秘密的所有特点之中,保密性是其最显著的特点之一,商业秘密是因保密而维持其价值的;[①]而拍卖方式的最大特点在于公开,所有竞买人在参与竞买之前有权了解拍卖标的的内容。由此可见,两者的要求相互抵触,商业秘密一旦向所有竞买人公开就失去了它的价值,而不向竞买人公开又不能成就拍卖。因此,可以得出结论:商业秘密不适合于拍卖。

除此之外,一些销售价格已被完全固定,或者销售价格只能在很小的范围内浮动的物品或者财产权利,也不适合于作为拍卖标的,因为它与拍卖的竞争特点冲突。拍卖的竞争就是价格竞争,如果物品或者财产权利的价格已被限定了,竞买人还竞拍什么呢?

三、拍卖当事人的基本权利义务

构成拍卖法律关系,除需要有拍卖当事人、拍卖标的,还需要有

[①] 《反不正当竞争法》第10条规定:本条所称的商业秘密,是指不为公众所知悉、能为权利人带来经济利益、具有实用性并经权利人采取保密措施的技术信息和经营信息。

拍卖当事人之间以及当事人对于拍卖标的的权利义务。拍卖法律关系中充斥着当事人的权利义务内容，其中包括拍卖人接受委托拍卖有关物品或者财产权利的权利义务，委托人授权他人以拍卖方式处分自己的物品或者财产权利的权利义务，竞买人或者买受人通过参加竞买获得有关物品或者财产权利的权利义务。权利义务对于拍卖法律关系起着维系、结合作用。社会上的人和物本身是孤立的，正是因为权利义务将这些孤立的人和物联系在了一起，构成法律关系。权利义务相互依存，拍卖人的权利义务对应着委托人、竞买人和买受人的权利义务，委托人的权利义务对应着竞买人和买受人、拍卖人的权利义务，依此类推。在拍卖法律关系中，权利义务是具体的，它取决于当事人在社会生活中的实际利益需求。

拍卖人的基本权利有：接受或者拒绝他人的拍卖委托；要求委托人说明拍卖标的的来源和瑕疵；决定对拍卖标的进行鉴定；决定拍卖的时间和地点；宣布中止或者终止拍卖；通过拍卖师主持拍卖会；收取保证金；决定拍卖是否成交；收取拍卖佣金或合理费用；追究他人因违约或侵权而给自己造成的损失等。拍卖人的基本义务有：保管委托人交付拍卖的物品；应委托人、买受人的要求为其身份保密；依法发布拍卖公告；依法展示拍卖标的；不以竞买人身份参与自己组织拍卖活动的竞买；不在自己组织的拍卖活动中拍卖自有物品或者财产权利；向竞买人说明拍卖标的的瑕疵；制作拍卖笔录；拍卖成交的向买受人移交拍卖标的；①拍卖成交的向委托人支付拍卖标的的价金；拍卖不成交的将拍卖标的归还委托人；妥善保管经营账簿、拍卖笔录和有关资料；协助买受人办理证照变更、产权过户手续；接受执法部门的执法检查和处罚等。

委托人的基本权利有：以自己的名义或者委托他人与拍卖人签订委托拍卖合同；确定拍卖标的的保留价；要求拍卖人对保留价进行

---

① 我国法律对于拍卖标的在拍卖过程中应当由何方保管并无强制规定，属于当事人协商的范围。拍卖实践中，既有交拍卖人保管的，也有委托人自行保管的。如果交拍卖人保管，则拍卖成交后拍卖人有义务将拍卖标的移交买受人，拍卖不成交拍卖人有义务将拍卖标的归还委托人。如果是委托人自行保管的，则拍卖成交后将拍卖标的移交买受人的义务就归委托人。此注释对于理解"委托人的基本权利义务"也有意义。

保密;要求拍卖人对自己的身份保密;在拍卖开始前撤回拍卖标的;拍卖不成交的决定是否再行拍卖;拍卖不成交的收回拍卖标的;拍卖成交的收取拍卖标的价金;追究他人因违约或侵权而给自己造成的损失等。委托人的基本义务有:证明自己对拍卖标的有所有权或者处分权;按约定将拍卖标的交付拍卖人;向拍卖人说明拍卖标的的来源和瑕疵;不参与自己委托物品或者财产权利的竞买;支付佣金或者合理费用;按约定在拍卖成交时将拍卖标的交付买受人;协助买受人办理证照变更、产权过户手续;接受执法部门的执法检查和处罚等。

竞买人和买受人的基本权利有:以自己的名义或者委托他人参加竞买;要求拍卖人说明拍卖标的的来源和瑕疵;查验拍卖标的和查阅有关拍卖资料;要求拍卖人对自己的身份保密;按报价规则自由选择报价与不报价;主张自己的最高价;拍卖成交的获得拍卖标的;要求拍卖人、委托人协助办理证照变更、产权过户手续;追究他人因违约或侵权而给自己造成的损失等。竞买人和买受人的基本义务有:说明或者证明自己的身份;交纳参加拍卖的保证金;在拍卖会上遵守拍卖师宣布的拍卖规则和注意事项;一经应价不得撤回;不得与他人恶意串通;拍卖成交的支付拍卖标的价金和佣金;不迟延地受领拍卖标的;接受执法部门的执法检查和处罚等。

上述各方当事人的权利义务,主要涉及拍卖法律关系,基本上未包含拍卖管理关系。正是在此意义上,这些权利义务是基本的。这些基本权利义务均有拍卖法规体系的根据,它向我们展示了较为完整的拍卖法律关系框架,无论是任何一方当事人还是拍卖标的,在这个框架中都有其应有的位置,并按其既定的方向展开。

四、拍卖法律关系的产生和终止

(一) 拍卖法律关系的产生

法律关系的产生是符合法律规定的事件和行为在当事人之间作用的结果。引起拍卖法律关系产生的原因,主要是拍卖当事人之间缔结合同的行为。证明拍卖法律关系产生的合同主要有委托拍卖合同和拍卖成交合同。

1. 缔结委托拍卖合同。委托拍卖合同是指拍卖人接受他人的委托,以自己的名义为委托人的利益实施一定的行为,并从委托人处获得报酬的协议。缔结委托拍卖合同应当遵循《拍卖法》、《合同法》等法律、法规的规定。

虽然拍卖缔约具有很大的特殊性,但就缔结委托拍卖合同而言,一般还是采取谈判缔约方式。采取谈判缔约方式时,其缔约过程大致可分为三个阶段:准备—谈判—签约。委托拍卖合同属诺成性合同,一方提出要约,经相对人承诺后,合同即告成立,即要约人收到承诺的时间是合同成立的时间;当事人约定采用合同书形式订立合同的,自双方当事人签字或者盖章时合同成立。要约人收到承诺的地点是合同成立的地点;当事人约定采用合同书形式订立合同的,双方当事人签字或者盖章的地点为合同成立的地点。实践中,缔结委托拍卖合同常以拍卖人提供的格式条款为基础,而这受我国《合同法》中有关格式条款规定的制约。[①]

一般而言,委托拍卖合同的成立,标志着拍卖法律关系的产生。

2. 缔结拍卖成交合同。拍卖成交合同是指拍卖人与买受人之间根据约定或者拍卖既定规则所达成的拍卖标的成交协议。缔结拍卖成交合同主要应当遵循《拍卖法》等法律、法规的规定。

对于拍卖人来说,缔结拍卖成交合同是履行委托拍卖合同的关键,拍卖人必须充分注意自己在委托拍卖合同中承担的义务。在此意义上可以说,拍卖成交合同是委托拍卖合同的继续,拍卖人缔结和履行拍卖成交合同就是在履行委托拍卖合同。对于买受人来说,缔结拍卖成交合同与委托拍卖合同无关,无论拍卖人向委托人作出了何种承诺,均不能直接约束买受人,买受人只视拍卖人为对方当事人,在此意义上也可以说,拍卖成交合同独立于委托拍卖合同。

拍卖成交合同采用特殊的缔约方式,在拍卖法律制度中这一缔约方式被称为"报价和击槌"。一般来说,合同的缔结是双方当事人合意的结果,合意的形成过程是双方当事人你来我往的讨价还价,我国《合同法》将这一合意过程分解为要约和承诺两个阶段。从表面看来,"报价和击槌"类似于《合同法》中的"要约和承诺",即"报价"

---

① 参见《合同法》第二章有关规定。

对应"要约","击槌"对应"承诺"。但仔细分析却不尽然,《拍卖法》中所谓"报价和击槌"缔约方式与《合同法》中所谓"要约和承诺"缔约方式有差异。其一,《合同法》中要约人和承诺人的地位是不固定的,买卖双方均可处于要约人或承诺人地位;但《拍卖法》中报价人和击槌人的地位是固定的,竞买人固定地处于报价人地位,拍卖人固定地处于击槌人地位。其二,《合同法》中的"要约和承诺"受一系列规则制约,其中包括反要约规则、要约和承诺的变更和撤回规则等;而《拍卖法》中的"报价和击槌"均由拍卖人和竞买人面对面作出和完成,且不得反悔,故不存在反报价、变更和撤回等问题。因此,严格说来,拍卖成交合同是游离于《合同法》规范之外的一类特殊合同。①

缔结拍卖成交合同的过程是,竞买人轮番报价,其最高应价经拍卖师落槌或者以其他公开表示买定的方式确认后,拍卖成交。

(二)拍卖法律关系的终止和中止

我国《拍卖法》未就终止和中止问题作出相关规定,而终止和中止问题在实践中又必然产生,这不能不说是一种缺憾。好在其后颁行的《拍卖管理办法》就终止和中止问题作出了规定。以下依据《拍卖管理办法》的相关规定,对终止和中止问题作一论述。

1. 关于拍卖法律关系的终止。拍卖法律关系的终止是指由于一定情形的出现,在拍卖当事人之间的权利义务关系归于消灭。拍卖法律关系的终止可分为正常终止和非正常终止。正常终止是指拍卖当事人已按拍卖相关合同约定或者按法律规定履行完了自己应当履行的所有义务从而使权利义务关系消灭。正常终止可能成交,也可能不成交,无论是否成交,只要拍卖当事人履行完了自己应当履行的义务,都属正常终止。非正常终止是指一些情形的出现,致使拍卖当事人不能或者不被允许继续履行自己应当履行的义务,从而导致权利义务关系消灭。

《拍卖管理办法》规定了终止拍卖的情形,其本意在于终止拍卖行为或程序,然而从理论上说,拍卖行为或程序的终止也就意味着拍

---

① 1980年《联合国国际货物销售合同公约》第2条第1款(b)项明确将拍卖成交合同排除出其适用范围。

卖法律关系的终止。《拍卖管理办法》第 41 条规定,有下列情形之一的,应当终止拍卖:(1) 人民法院、仲裁机构或者有关行政机关认定委托人对拍卖标的无处分权并书面通知拍卖企业的;(2) 拍卖标的被认定为赃物的;(3) 发生不可抗力或意外事件致使拍卖活动无法进行的;(4) 拍卖标的在拍卖前毁损、灭失的;(5) 委托人在拍卖会前书面通知拍卖企业终止拍卖的;(6) 出现其他依法应当终止的情形。终止拍卖由拍卖企业宣布。拍卖终止后,委托人要求继续进行拍卖的,应当重新办理拍卖手续。

2. 关于拍卖法律关系的中止。拍卖法律关系中止是指一些特殊情形的出现,致使拍卖行为或程序暂时不能或者不被允许继续进行。拍卖法律关系中止与拍卖法律关系终止有明显区别。其一,中止只是暂停拍卖行为或者程序,中止情形消除后,拍卖行为或者程序将继续进行;而终止意味着永久性地结束拍卖行为或者程序,即使终止情形消除后,原拍卖行为或者程序也不再继续进行。其二,在中止期间,拍卖法律关系继续存在,权利义务依然有效,只是暂停执行;而终止意味着拍卖法律关系结束,拍卖当事人之间的权利义务关系因此消灭。其三,中止不像终止有正常情形,引起中止的情形均为非正常情形。

《拍卖管理办法》规定了中止拍卖的情形,其本意在于中止拍卖行为或程序,然而从理论上说,拍卖行为或程序的中止也就意味着拍卖法律关系的中止。《拍卖管理办法》第 40 条规定,有下列情形之一的,应当中止拍卖:(1) 没有竞买人参加拍卖的;[①](2) 第三人对拍卖标的所有权或处分权有争议并当场提供有效证明的;(3) 委托人在拍卖会前以正当理由书面通知拍卖企业中止拍卖的;(4) 发生意外事件致使拍卖活动暂时不能进行的;(5) 出现其他应当中止的情形。中止拍卖由拍卖企业宣布。中止拍卖的事由消失后,应恢复拍卖。

---

① 这一引起拍卖中止的情形在拍卖实践中引发争议。争议的焦点集中于"只有一个竞买人参加时拍卖是否可以继续"。对此有两种不同的观点。笔者将在后面的论述中研究这一问题。

第三节 与拍卖法律制度相关的几个基本问题

一、关于拍卖法律制度的系统

法律制度是指一套已经确立的习惯、习俗或者惯例以及围绕着它们而形成的法律规则。[①] 由此可见,法律制度本身就是系统性的,它不是由一项法律规则就可以构建的,构建法律制度需要有一套法律规则。法律制度是方方面面的,如婚姻法律制度、财产法律制度、合同法律制度等。从上述对于拍卖法规体系的论述看,拍卖法律制度理所当然属于我国众多法律制度中的一种。

我国拍卖法律制度是一个系统,在这个系统中包含一系列法律规则,涉及拍卖人地位和资格、委托人地位和资格、竞买人(买受人)地位和资格、拍卖标的、拍卖交易、拍卖程序、拍卖企业管理、拍卖市场管理等。笔者认为,没有任何一个国家存在像我国如此众多的拍卖法律规则。但问题是,我国众多的拍卖法律规则在制度系统内是否和谐?法规之间、规则之间、内容之间是否有抵触之处?它们是否能够在共同的原则下解释?或者换一个思路,在我国的现行体制下,我国需要一个统一的拍卖法律制度系统,还是需要两个甚至更多拍卖法律制度系统?上述问题长期困扰拍卖业内人士,导致拍卖实践在某些局部出现混乱,更关系拍卖法律制度能否完善。

有相当数量的拍卖业内人士始终坚持统一拍卖法律制度系统的理念。他们认为,我国拍卖法律制度的核心法规是《拍卖法》,《拍卖法》所确立的原则和规则是我国拍卖法规的基本根据,其他拍卖法规中的原则和规则不得与《拍卖法》中确立的原则和规则相抵触,故我国拍卖法律制度系统是统一的。对于统一拍卖法律制度系统的理念应当作两方面的考察和研究:其一,它是不是事实;其二,它是否有

[①] 参见〔英〕戴维·M.沃克:《牛津法律大辞典》,李双元等译,法律出版社2003年版,第569页。

合理性和可行性。

首先考查和研究统一拍卖法律制度系统是不是当今拍卖法律制度的事实。其一,我国有相当数量的拍卖法规不是以《拍卖法》为根据制定的,其中包括所有的拍卖相关法规、强制拍卖法规和大量的拍卖专用法规。当然,拍卖相关法规不以《拍卖法》为根据制定有充分理由,因为许多重要的拍卖相关法规本身与《拍卖法》同位,它们的立法目标不同,很多重要的拍卖相关法规在《拍卖法》之前即已颁行,因此,拍卖相关法规不以《拍卖法》为根据制定不能说明我国拍卖法律制度系统不统一。但是,强制拍卖法规和拍卖专用法规就有所不同,这些法规中拍卖是核心立法目标或者立法目标之一,这些法规基本上都是在《拍卖法》之后制定的,它们不将《拍卖法》作为制定根据,显然自外于以《拍卖法》为核心的拍卖法律制度系统。其二,我国拍卖实践中存在不同的拍卖操作模式。根据《拍卖法》规定,拍卖操作的主导权属于拍卖人,拍卖人的权利义务是拍卖法律关系的核心。而根据强制拍卖法规,拍卖操作的主导权属于法院。再根据一系列拍卖专用法规,拍卖操作的主导权属于政府有关部门,如土地行政主管部门、烟草专卖行政主管部门、国土资源行政主管部门、海洋行政主管部门、文物行政管理部门、税务机关等。其三,不同的拍卖操作模式遵循着完全不同的要求,致使某些规则之间、内容之间产生抵触。例如,国家烟草专卖局要求:从事烟草拍卖的拍卖行必须冠以"烟草拍卖行"的名称,其资格由国家烟草专卖局审定,烟草拍卖行的业务工作接受省级局专卖管理部门领导,烟草拍卖行的负责人由省级烟草专卖局任命,报国家局专卖司备案等。[①] 又如,国家国土资源部要求:国有土地使用权拍卖由政府土地行政主管部门发布拍卖公告并决定拍卖的时间和地点,国有土地使用权底价、起拍价的决定实行集体决策,竞买人不足三人时国有土地使用权拍卖不得进行,拍卖成交的应由政府土地行政主管部门与买受人签订拍卖成交确认书等。[②] 这些要求明显与《拍卖法》中规定的内容冲突。上述三方面

---

① 参见《国家烟草专卖局关于加强烟草拍卖行管理的通知》。
② 参见《招标拍卖挂牌出让国有土地使用权规定》。

虽不全面,但已足以说明以下事实:我国拍卖法律制度系统是不统一的。

其次考察和研究统一拍卖法律制度系统是否具有合理性和可行性。这是一个应然问题,对此难以简单地肯定或否定。第一,先从否定的角度看。拍卖法律制度系统,特别是现时我国的拍卖法律制度系统以不完全统一为宜。此处所谓"不完全统一",即保留强制拍卖和非强制拍卖处于两个制度系统。强制拍卖与非强制拍卖在性质上有很大的差异,前者是人民法院在执行民商事判决、裁决过程中,将已被查封、扣押的债务人财产交有关单位依拍卖方式处分,以实现债权人利益的强制执行措施,它主要是司法行为;而后者是委托人将自己所有的或者有处分权的财产交由拍卖人拍卖,以实现自己的利益,它属于交易行为。性质上的巨大差异导致它们在操作模式上、遵循的规则上不可能相同。例如,非强制拍卖由拍卖人主导,强制拍卖由法院主导;非强制拍卖时委托人须承担瑕疵担保责任,强制拍卖时法院不承担瑕疵担保责任;非强制拍卖的程序由《拍卖法》决定,强制拍卖的程序主要由《民事诉讼法》决定等。另外,我国《拍卖法》颁布时,本身就将强制拍卖排除在其适用范围之外。① 由此而论,虽同称拍卖,但性质迥异,硬性追求统一的拍卖法律制度系统并不合理,实践中也不可行。第二,再从肯定的角度看。拍卖法律制度系统也不应多多益善,那种从一种拍卖标的的特殊性出发,构建一个相对独立的拍卖法律制度系统的设想或做法是不恰当的。以烟草专卖品拍卖为例,根据《国家烟草专卖局关于加强烟草拍卖行管理的通知》,烟草专卖品的拍卖活动正在一步一步偏离《拍卖法》的规范,形成相对独立的拍卖法律制度系统,这既不合理,也不可行。其一,我国《拍卖法》并未将烟草专卖品的拍卖活动排除在自己的适用范围之外,②单独构建拍卖法律制度系统有违上位法规定。其二,烟草专卖品除本身的限制性内容外,并不影响依《拍卖法》处分。实际上,类似于烟草专卖品的拍卖标的很多,如国有土地使用权、文物、探矿权采矿

---

① 参见刘宁元:《论强制拍卖及其规则》,载 2004 年《政治与法律》第 5 期。
② 作为拍卖标的的烟草专卖品仅指因打击走私违法犯罪活动而产生的烟草专卖品,并非指正常的烟草专卖品,烟草专卖品的拍卖活动纳入《拍卖法》第 9 条管辖。

权、电信资源等,显然不能纳入所属行政系统管理,设立专营拍卖行拍卖。其三,在《国家烟草专卖局关于加强烟草拍卖行管理的通知》中,除将烟草拍卖行纳入自己系统管理外,对于拍卖的实体规则、程序规则基本未作规定。事实上,拍卖标的的特殊性并不影响其在统一的拍卖法律制度系统中运作,就如文物拍卖,国家法律、法规一方面强调了文物行政管理部门的监管,另一方面也强调了它应在以《拍卖法》为核心的法律制度系统中进行。

根据以上考察和研究,笔者认为,我国存在两个相对独立的拍卖法律制度系统,即强制拍卖法律制度系统和非强制拍卖法律制度系统。在这两个法律制度系统中,有不同的目标和根据,有不同内容的当事人及其权利义务关系,有不同的实体规则及其理解,有不同的程序要求及其解释。当然,这两个法律制度系统也不是南辕北辙的,它们之间也有交汇点,自最高人民法院要求法院"应当委托拍卖机构进行拍卖"起,[1]《拍卖法》中的一些重要实体规则,如价高者得规则、禁止参与竞买规则等,也对强制拍卖发生影响;但它们之间的区别还是基本的,只有将它们作为两个制度系统考虑,才能对这些区别作出正确、合理的解释。

二、关于行业自律规则和企业拍卖规则

(一) 关于行业自律规则

行业自律规则是指拍卖行业协会制定的行业内部规范。目前我国有两类拍卖行业协会:其一是中国拍卖行业协会,该协会于1995年6月在北京成立,是由全国拍卖企业、事业单位和社会团体自愿结成的全国性、非营利的行业组织,具有社会团体法人资格;其二是各地方拍卖行业协会,我国各省、直辖市、自治区都有自己的地方拍卖行业协会,成立时间先后不一。我国《拍卖法》第17条规定,拍卖行业协会依照《拍卖法》并根据其章程,有权对拍卖企业和拍卖师进行监督。根据拍卖协会的章程,拍卖协会可以协助政府部门开展行业

---

[1] 参见最高人民法院《关于人民法院执行工作若干问题的规定(试行)》第46条。

管理工作,制定行规、会约,促进企业规范化管理和规范化经营。① 从目前看,拍卖行业的自律性规则主要来自于中国拍卖行业协会,而地方各行业协会在这方面的功能相对较弱。

中国拍卖行业协会制定的行业自律规则主要有:《中国拍卖行业拍卖通则(公物及其他物品类)》(1998)、《中国拍卖行业拍卖通则(文化艺术品类)》(1998)、《关于加强拍卖师监督管理的若干规定(暂行)》(2002)、《关于加强行业自律的若干规定》(2004)、《拍卖资料管理规范(试行)》(2004)、《拍卖师资格考试管理办法》(2005)、《拍卖师注册管理补充规定》(2006)等。

严格地说,无论是中国拍卖行业协会还是各地方拍卖行业协会均属民间机构,这种性质也就决定了行业自律规则的效力层次。国家没有赋予民间机构制定法规的权力,即使按照《中国拍卖行业协会章程》规定,它也只有制定行规、会约的权力,而行规和会约不属于国家法规范畴。在此意义上,笔者并没有将拍卖行业协会制定的自律规则作为拍卖法规看待,它们也不能纳入我国拍卖法规体系。不属于国家法规的行业自律规则没有普遍效力,但它们也不是毫无规范意义的一纸空文,它们也有法律约束力,只是这种法律约束力不是来自于行规、会约本身。评价行业自律规则的法律约束力,其渊源主要来自于三个方面。其一,我国拍卖法规的明文规定。分析上述列举的中国拍卖行业协会制定的规则可以发现,有相当数量的规则直接表述了我国各类拍卖法规,例如,"拍卖企业不得违反《拍卖法》的规定从事拍卖活动";"拍卖企业不得违反约定或者违反委托人、竞买人、买受人的要求,披露、使用或者允许他人使用其所掌握的上述当事人的商业秘密";"委托人拍卖国有资产,应在拍卖前将拍卖标的依法进行评估,以确定保留价"等。② 这类规则之多,无法一一列举。这类规则当然有法律约束力,违反这类规则与违反国家拍卖法规无异。其二,《拍卖法》或者国家管理机关的授权。因《拍卖法》的授权,拍卖行业协会拥有下述权限:统一组织拍卖师资格考试、颁

---

① 参见《中国拍卖行业协会章程》第 6 条第 2 项。
② 参见《关于加强行业自律的若干规定》、《中国拍卖行业拍卖通则(公物及其他物品类)》等相关规定。

发拍卖师资格证书、对拍卖企业和拍卖师进行监督等。① 另外,拍卖行业协会还可以经政府管理部门的授权,行使一些行业管理权限。在上述列举的中国拍卖行业协会制定的规则中,有大量规则属于这一类,如《拍卖师资格考试管理办法》、《关于加强拍卖师监督管理的若干规定(试行)》等。这类规则只要不超出法律或者有关管理机关的授权,且其本身合理,应当有法律效力。其三,拍卖企业和拍卖师所作的承诺。拍卖行业协会采用会员制,作为拍卖行业协会的会员单位如果就某些规则达成共识,或者就某些行为作出共同承诺,由此所形成的规则,只要合理且不违反国家法律、法规,在其相互间就有法律约束力。在上述列举的中国拍卖行业协会制定的规则中,有一定数量的规则属于这一类,如《中国拍卖行业拍卖通则(公物及其他物品类)》、《中国拍卖行业拍卖通则(文化艺术品类)》等。但应当注意的是,这一类规则的法律效力根源于合同的约束力。

明确自律规则的法律效力根源有重要意义。一方面,它使所有可能受自律规则规范的人明白,自律规则是应当遵守的,违反自律规则同样可能受到法律的制裁;另一方面,它也使所有可能受自律规则规范的人明白,自律规则本身不是法规,除直接表述法律规则的自律规则外,自律规则的效力是相对的。

根据《拍卖法》或者国家管理机关的授权而产生的行业自律规则,其效力是相对的。究其原因在于,《拍卖法》或者国家管理机关虽然授权拍卖行业协会履行一定职责,但均未授权其制定法规,也不可能授权其制定法规。在此背景下的行业自律规则应受到两方面的检验:其一,行业自律规则所设置的权利义务是否超出被授予的权限;其二,行业自律规则所设置的权利义务是否滥用了被授予的权限。在此意义上,行业自律规则所设置的权利义务不是既定的,即使违反行业自律规则而受到处罚,也在可能获得司法救济之列。

根据拍卖企业和拍卖师所作的承诺而产生的行业自律规则,其效力也是相对的。这类行业自律规则所设置的权利义务仅具有合同法意义上的约束力,它可以约束作过承诺的人,具体来说就是拍卖行

---

① 参见《拍卖法》第16条和第17条。

业协会的会员单位及其工作人员,但对其他人没有约束力。在此意义上,根据拍卖企业和拍卖师所作的承诺而产生的行业自律规则不能面向社会设置权利义务,例如,它不能为委托人、竞买人和买受人设置权利义务,因为这些人未作过承诺,他们理所当然不受这类行业自律规则约束。

(二) 关于企业拍卖规则

企业拍卖规则是指拍卖企业制定的用以规范拍卖交易的行为规则。我国目前有成千上万个拍卖企业,几乎每个拍卖企业均制定有自己的拍卖规则,所以我国的企业拍卖规则数不胜数。

企业拍卖规则不具备任何法规性质。实践中,一些拍卖企业将自己单方面制定的拍卖规则视做法规,要求国家执法部门强制适用,是行不通的。

然而,企业拍卖规则可以有约束力。企业拍卖规则的约束力表现在两个方面:其一,作为拍卖企业的服务守则约束拍卖企业。企业拍卖规则是拍卖企业制定的,拍卖企业在拍卖规则中的承诺,只要不违反法律、法规和公共秩序,就对拍卖企业产生约束力,拍卖企业应当按规则行事。其二,作为合同条款约束拍卖当事人。企业拍卖规则虽由拍卖企业单方面制定,却并不影响它可以作为合同条款,如委托拍卖合同的条款或者拍卖成交合同的条款,约束合同当事人。实践中,几乎所有的企业拍卖规则的主要目的正在于此。[①] 然而,企业拍卖规则作为合同条款约束拍卖当事人是需要满足一些先决条件的,这些先决条件包括:不违反法律、法规和公共秩序;为委托人、竞买人(买受人)所知晓、理解和接受;内容公正、合理等。拍卖企业无权将企业拍卖规则强加于其他拍卖当事人。

[①] 关于企业拍卖规则的这方面目的,可参见相关的企业拍卖规则中的内容。例如,《中国嘉德国际拍卖有限公司拍卖规则》、《北京嘉德在线拍卖有限公司拍卖规则》、《北京传是国际拍卖责任有限公司拍卖规则》、《上海国际商品拍卖有限公司拍卖规则》、《上海新世纪拍卖有限公司拍卖规则》、《天津国际拍卖责任有限公司拍卖规则》、《海南京海拍卖有限公司拍卖规则》、《浙江国际商品拍卖有限公司拍卖规则》、《四川广安万兴拍卖有限责任公司拍卖规则》、《大理商品拍卖中心拍卖规则》等。

三、关于拍卖活动的法律原则

拍卖活动的法律原则关系到拍卖法律制度中各项行为规则的理论基础或者原理,是不容忽视的大问题。我国拍卖法规中多有规定涉及拍卖活动的法律原则,归纳起来,不外乎有公开原则、公平原则、公正原则和诚实信用原则。

公开是拍卖活动的法律原则,拍卖的开放性形式和无可比拟的公众参与性是公开原则的集中体现。公开是拍卖最值得称道的属性,拍卖与其他买卖方式的基本区别在于前者的公开程度是后者无法比拟的。公开的原理贯穿于拍卖活动始终,属于原理对于拍卖活动的外在要求,它要求拍卖交易应尽可能在透明的状态下进行。例如,拍卖标的应当公开征集;拍卖标的及其内容应当公示;举行拍卖活动应当公告;叫价、应价必须当众进行;成交过程应当公开等。公开原则使拍卖具有"公卖"性质,[1]它特别适合于国有资产的交易;一宗交易,公开了就难以弄假,就易于监督。从拍卖活动诸多原则的逻辑联系看,公开原则是前提,先有公开,然后有公平、公正;有了公开,不公平、不公正就难以形成,或者即使形成了也易于揭露。所以,公开为公平和公正提供了某种保障。

公平和公正的原则贯穿于拍卖活动始终,属于原理对于拍卖活动的内在要求。公平原则体现了拍卖活动的平等参与性,除非法律另有规定,人人可以参与,人人有权参与;它要求确立拍卖当事人之间的平等法律地位,拒绝因当事人之间不对等的社会地位、经济地位等导致以大欺小、以强凌弱等不公平现象;它要求拍卖过程中的竞争应当是公平竞争,不允许任何一方通过串通、欺诈、弄虚作假等手段主宰竞争过程。公正原则更加关注拍卖活动中权利义务的合理性,拍卖人、委托人、竞买人和买受人在拍卖活动中的权利义务是多方面的,这些权利义务可能来自于拍卖法规的明文规定,也可能来自于当

---

[1] 与"公卖"相对应的是"私卖"。私卖允许私下交易,买卖双方可以私下谈判成交,甚至可以秘密谈判,不让任何第三者参加或者知情。私卖不存在公认的成交标准,商品的价格可以任定,只要买卖双方同意,高于市价或者低于市价都可以。私卖反映了一般买卖活动的性质。

事人之间的约定,但无论来自于哪里,都要受到公正原则的检验;公正原则不认可当事人一方只享有权利不承担义务,也不认可当事人一方享有的权利多于自己承担的义务;公正原则下的权利义务体系应当保持平衡。

诚实信用的原则贯穿于拍卖活动始终,属于原理对于拍卖当事人内在素质的要求。法律关系从本质上说是人与人之间的关系,因此,维持法律关系健康运行的法律制度就不能仅仅局限于对外在形式提出要求,而置人的内在素质于不顾。就拍卖法律制度而言,拍卖法规试图全面规范拍卖当事人,置拍卖当事人的所有言行于拍卖法律制度的光环之下。然而,言行不仅受制于外在的形式,也受制于人的内在素质。事实证明,若没有内在素质的规范,法律制度是相当脆弱的,在某些情形下,它的社会功效几乎等于零。例如,《拍卖法》第30条规定:委托人不得参与竞买,也不得委托他人代为竞买。这条禁止性规定的社会功效就在很大程度上取决于委托人的诚实信用,否则,该条规定的社会功效将大打折扣。在拍卖法规中,类似的规定数不胜数。严格地说,没有任何一个拍卖法律戒条能够在缺乏诚实信用的基础上得到彻底地执行,诚实信用原则的作用无处不在。诚实信用首先是一项道德准则,在商界,诚实信用可谓是最高道德准则。将这种道德准则纳入法律规范,并作为一般原则,一方面体现了社会的进化,另一方面也体现了人们对于更趋完善的法律制度的期待。

公开、公平、公正和诚实信用是我国《拍卖法》为拍卖活动确立的法律原则,它们有多方面的功用。首先,它们是拍卖当事人理解拍卖行为规则的根据和原理。显而易见,立法者就是根据这些原则去建立拍卖当事人权利义务体系的。这就要求,每一个拍卖当事人都应从原则的高度去认识拍卖行为规则。应当认识到,原则是规则的高度抽象,规则虽然是各异的,实践中也可能因不同的利益有不同的理解,但所有的规则必须统一于原则,能够为原则所包容和解释。其次,它们是执法部门执行拍卖行为规则的根据和原理。众所周知,法规的既定体系总是有缺漏的,拍卖法规体系也是一样。这是因为作为立法者的人在认识上不可避免地会有盲区,会存在规则没有假设或者不可能假设的情形,这就导致既定法规体系与社会实践的距离,导致某种具体行为无对应的规则指导。拍卖实践中不乏此种情形。例如,有关网络拍卖的行为规则、关于一个竞买人是否可成就拍卖、拍卖企业接受委托进行强制拍卖时的瑕疵责任等。对此,执法部门只有通过对现有规则作扩大解释以解决实践中的难题,但扩大解释不应该是随意的,执法部门的扩大解释应当有原则的根据。

四、关于拍卖在制度中的内涵和外延

我国《拍卖法》第 3 条为"拍卖"作了下述定义:拍卖是以公开竞价的形式,将特定物品或者财产权利转让给最高应价者的买卖方式。这是迄今为止笔者看到的对拍卖所作的最简短的定义。在其他权威辞书中,拍卖的定义就没有如此简单。《辞海》定义"拍卖"为:亦称竞买;商业中的一种买卖方式;出卖者用叫价的办法把物品出售给出价最高的购买者(竞买人);拍卖一般是由出卖者把现货或样品陈列拍卖现场,拍卖时按编号依次叫价;叫价有上增和下降两种:前者是先由拍卖人喊一最低价格,然后让竞买人争相加价,直到无人再加价时,拍卖人便用铁锤或木板在桌上一拍,表示成交,后者是先由拍卖人喊一最高价格,如无人购买,便逐渐落价,直到有应声的买主时,拍卖人就拍桌一下,交易即成;拍卖有自愿和强制两种,前者是物品所有者自愿委托拍卖行代为拍卖,后者是物品所有者因破产或其他原因被强制拍卖。[①]《法学词典》定义"拍卖"为:亦称竞卖;公开竞争出价而定价金的买卖方式;分自愿和强制两种,前者是出卖人与拍卖行订立委托拍卖合同,后者是货物所有人因破产或其他原因被强制拍卖,如法院委托拍卖行拍卖债务人的财物;其方式为拍卖行接受委托后,贴出通知或刊登广告,说明货物的品种、存放地点、拍卖的日期和地点,任人前往看货,到时由拍卖行主持公开拍卖,将货物卖给出价最高的买主,当场成交;拍卖一般由拍卖人宣布叫价起点,由买主竞相加价,到无人继续增价时拍卖人就敲打小木锤,拍板成交;但也有先由拍卖人喊出最高价格,无买主时拍卖人陆续减价,到有人购买时

---

① 参见辞海编辑委员会编:《辞海》(上卷),上海辞书出版社 1999 年版,第 1938 页。

拍板成交,这种拍卖称为"荷兰式拍卖";拍卖行的报酬,或向卖方收取,或向买卖双方收取。①《牛津法律大辞典》将"拍卖"定义为:销售或者租赁的一种方式;依此方式,在现场的人通过提出更高的价钱竞相购买或者租赁;它通常在公共场合进行;在发布广告之后,由一个经许可的拍卖者主持,他用敲击锤子的方式表示他接受最后的要约或者叫价,可以在落下锤子之前收回用于销售的财产;可以确定拍卖可在保留价格之下进行,出卖人可以自由地保留自己的出价;出价可以在锤子落下之前撤销。②

笔者以为,上述权威辞书不厌其烦地定义"拍卖"不是没有道理,特别是在法律制度中定义"拍卖",绝非"一种买卖方式"可以界定的。首先,拍卖是充斥复杂行为的活动。在拍卖过程中有三方多数当事人参与,参与者各以自己的行为来实现参与目的,其中委托人、拍卖人和竞买人(买受人)的诸多行为是拍卖活动中的基本行为,行为目的以拍卖标的的权利转移为核心,它决定了参与者所从事的活动一般具有民事性质。其次,拍卖是富有阶段性和期间性的程序。以一次成功的拍卖为例,拍卖通常是从拍卖人或者委托人提出要约(其目的在于签订委托拍卖合同)开始,经过签订委托拍卖合同、拍卖的组织和策划、拍卖公告、查验拍卖标的、现场拍卖几个阶段,直到买受人合法拥有拍卖标的的一定权利并交割清楚为止。在法律制度中,拍卖的阶段和期间分明,有条不紊,拍卖即是执行一种法定程序。最后,拍卖也可以被理解为一种强制执行措施。我国《民事诉讼法》将拍卖规定在执行措施一章中,这时的拍卖指法院应债权人的要求,或者根据法律规定,强制执行被执行人的财产。因此,强制拍卖法规中的拍卖已不再是民事活动或者买卖方式,其行为和过程具有明显的司法性质。

综上所述,在拍卖法律制度中,拍卖的含义,它的内涵和外延是难以用"一种买卖方式"来概括的。当然,说拍卖是一种买卖方式也

---

① 参见《法学词典》编辑委员会编:《法学词典》,上海辞书出版社 1980 年版,第 377 页。

② 参见〔英〕戴维·M.沃克:《牛津法律大辞典》,李双元等译,法律出版社 2003 年版,第 84 页。

没有错,但问题在于这一界定失去了法律制度的意义。拍卖法律制度无意于规范一种买卖方式,它也无法规范一种买卖方式,它要规范的是活动(行为)、程序和强制措施。事实上,我国拍卖法规也没有按《拍卖法》定义的"拍卖"来建立规范体系,而是比之要广泛得多和深刻得多。

第四节　拍卖法律制度的过去和未来

一、中国拍卖业的发展轨迹

中国的拍卖业形成于 19 世纪中期以后。1874 年,英国最大的拍卖行在中国商品经济发展较快的上海开设了一家子公司——鲁意斯摩拍卖公司。随后,一些外商洋行纷纷挂牌,在中国开展拍卖业务。晚清文人葛元煦在《沪游杂记》中曾对此有过生动的描述:"丙子春间,华人亦仿外国拍卖物件。先期悬牌定于何日几点钟,是日先悬外国旗,届时一人摇铃号召,拍卖者高立柜上,手持物件令看客出价,彼此增价竞买。直至无人再加,拍卖者以小木槌拍桌一声为定,卖于加价最后之客。一经拍定,不能翻悔。"[①]由此可知,拍卖业并非我国土生土长的行业,它是随着外国资本的进入逐渐形成的。形成之初,该行业主要控制在外国人手中,中国人如同看杂耍一般对待这一外国传来的新玩意儿。不久,中华文明即以其博大精深吸收了这一新生事物,拍卖业就此在中国扎下了根。

中国拍卖业形成之初,拍卖行并不多,因为均由外商控制,所以大多称为"某某洋行"。如设在上海的鲁意斯摩拍卖公司、瑞和洋行、罗森泰洋行、三法洋行和设在北京的鲁麟洋行等。[②] 这些洋行经营的范围较为广泛,除拍卖业务外,还经营如进出口、零售等业务。当时拍卖标的的类别较为简单,主要是外交官回国前不愿带走的衣物、家具、摆设,海关没收的物品,海洋运输中的水渍物,以及银行、保

[①] 葛元煦:《沪游杂记·拍卖》(卷二),上海古籍出版社 1989 年版,第 19 页。
[②] 参见林一平、郑鑫尧:《拍卖指南》,上海科学技术出版社 1994 年版,第 36—37 页。

险公司的抵押物品等，偶尔也拍卖清皇室的字画和昔日达官显贵的古董，但远没有形成艺术品拍卖的气候。参与竞买的人也十分有限，主要是其他拍卖商和少数旧货商贩。总之，拍卖业初创时期虽也有过轰动，但格调并不高。国家的经济状况不能为拍卖提供更大的市场，内忧外患，战事连绵，民生尚且不保，何谈经济发展，更何谈拍卖。

民国前后，中国人自己创办的拍卖行在北京、上海、广州等地出现。摆脱外国人掌控的拍卖实体很快与中国土生土长的典当、寄售结合在一起，这些拍卖行除经营拍卖业务外，还经营典当、寄售业务，往往是将典当中绝当的物品，或是寄售难以售出的物品拿来拍卖，以解决拍卖标的的匮乏，拍卖行因此也称为"典当拍卖行"或"寄售拍卖行"。拍卖与典当、寄售的结合虽有较多弊端，但足以说明，拍卖已被中国人广泛接受。在后来的一段时期内，拍卖业时盛时衰。例如，抗战胜利时，社会一片歌舞升平，拍卖业就兴盛了；到国民党政府即将倒台时，经济行将崩溃，拍卖业又迅速萎缩了。

新中国成立后，万业复苏，但拍卖业却在被限制之列。究其原因不外有二：其一，新中国的主导经济理论是计划经济，一切其他经济成分都将被改造，以融入计划经济体系；而拍卖业是以典型的市场经济为背景的，拍卖业的发展意味着市场经济的发展，这就与国家的主导经济理论相悖。其二，在我国实践中，拍卖业长期与典当业为伍，而典当又被认为是剥削阶级剥削劳动人民的工具，再加上旧中国时期黑社会、恶势力向拍卖业中渗透，造成拍卖业违法行为较多，社会形象不佳。这一切都成为政府限制并逐渐淘汰拍卖业的根据。以上海为例，新中国成立初期，上海有拍卖行25家，行业整顿后，1955年还剩11家，全行业公私合营后仅剩7家。至1958年，随着拍卖行的消失，拍卖业不复存在。

到了20世纪80年代，一场极其巨大而深刻的变革——经济体制变革撞击着原有的经济架构。在计划经济理论的基石开始松动的同时，人们开始重新评价拍卖的功能。经济体制改革旨在建立、建全市场体制，而拍卖作为一种特殊的市场手段，对于促进生产要素的合理流动和配置有着特殊的、不可取代的作用。经济运行的动力来自于公平竞争，而拍卖恰恰是最能体现市场公开性、公平性、公正性和竞争性的交易方式。市场经济理论为拍卖业的复兴开了绿灯。

1986年,广州的一些商行开始经营拍卖业务,向市场投石问路。1987年1月,广州拍卖行正式成立,它标志着中国拍卖业复兴的开始。1988年4月,上海物资拍卖行在中国拍卖业的发祥地上海正式成立;5月,北京拍卖市场开业;6月,天津拍卖行挂牌……1988年是中国拍卖业全面复兴的一年,全国各大、中城市都相继成立了专业拍卖行。1992年8月,《国务院办公厅关于公物处理实行公开拍卖的通知》公布,以法律形式正式认可了拍卖业。1995年6月,中国拍卖行业协会成立,它标志着拍卖行业的凝聚力和自我保护、自我约束、自我发展的能力有了显著增强。1996年7月,国家颁布《拍卖法》,这一拍卖核心法规的颁布不仅预示拍卖法规体系趋于成熟,也说明拍卖业法制化程度上了一个新台阶。1997年前后,根据《拍卖法》第10条规定,[①]全国的拍卖企业开始进行公司化改造,改全民所有制拍卖企业、集体所有制拍卖企业等为拍卖有限责任公司或者拍卖股份有限公司。自2001年起,在中国拍卖行业协会的主持下,拍卖业开展了年度拍卖企业资质评定工作,这项工作对促进企业加强管理,提高整体素质,提升全行业的总体水平发挥了非常重要的作用。自2004年起,为履行我国入世时所作的承诺,我国拍卖市场向外资开放,拍卖业迎来了新的机遇与挑战。截至2004年底,我国拍卖业内共有拍卖企业两千多家,其中一千多家具有A级以上资质;拍卖从业人员近五万人,其中有两万三千多人已经过培训并取得从业证书;拍卖师五千多人;年拍卖交易额两千多亿元人民币。[②]

由中国拍卖业的上述发展轨迹可知,中国拍卖业的历史既不长,规模也不大,却由于市场体制的支撑和拍卖法规的规范,自20世纪80年代以来,朝气勃发,发展极快,以至于在我国众多行业之中独树

---

① 《拍卖法》第10条规定:拍卖人是指依照本法和《公司法》设立的从事拍卖活动的企业法人。

② 以上数字参见《领导者的素质是推动行业发展的主要因素——中国拍卖行业协会张延华会长的讲话》,载《中国拍卖通讯》2004年第12期;《以服务为宗旨做好协会工作——中国物流与采购联合会会长在中国拍卖行业协会第三次会员大会上的讲话》和《强化服务开拓创新为我国拍卖业可持续发展做出新贡献——中国拍卖行业协会会长张延华在中国拍卖行业协会第三次会员大会上的报告》,载《中国拍卖通讯》2005年第1期。

一帜,有着辉煌的发展前景。但在拍卖行业快速发展的同时,也存在一些亟待解决的问题,这些问题主要有:(1)经营结构不合理,专业化市场尚未形成。目前我国拍卖企业规模小、数量多,经营范围雷同,大多数拍卖企业主要依赖司法委托和罚没物品拍卖,同业竞争日趋激烈。而在农副产品交易、机动车交易、产权和股权转让等领域,拍卖企业所占交易份额极小,有待开发。(2)拍卖企业管理水平较低,从业人员整体素质不高,专业化技术人才和高素质管理人才匮乏。(3)拍卖业整体发展不平衡,差距逐渐扩大。这些差距表现在企业之间,更表现在我国东、西部地区之间。① 解决上述问题,一方面需要业内人士的共同努力,另一方面也依赖于拍卖法律制度的完善。

二、拍卖习惯体系和拍卖法规体系

从历史上看,我国拍卖业长期受拍卖习惯指导。拍卖习惯体系是指未经国家立法程序制定,但拍卖交易者约定俗成共同遵循的规则体系。拍卖习惯包括:拍卖应当公开进行;拍卖标的应出售给报价最高者;拍卖的价格竞争在买方间展开;买方的报价未达到底价时不成交;拍卖当事人在拍卖过程中应当受到一些限制;拍卖可以采用增价和减价的形式;竞买人的报价应遵循一定规则等。拍卖习惯是伴随着拍卖交易方式一同进入我国的,由于其中的一些规则十分切合拍卖的特点,几乎与拍卖不可分离,因此虽没有国家立法强制,却并不影响它们在业内广为流行。久而久之,拍卖习惯总体上被认为具有法律效力,拍卖当事人应当遵循这些习惯。

在我国,拍卖习惯支配拍卖法律关系的历史较长。清末至民国初期,是我国法律体系大变革的时代,自唐朝以来形成的中华法系受到极大的冲击面临解体,而现代法律体系又远未建立,不存在制定拍卖法规的基础,这段时期的拍卖完全受制于拍卖习惯。民国时期,我国现代法律体系虽已建立,但因为拍卖业不甚发达,且连年内战无暇

---

① 参见《强化服务开拓创新为我国拍卖业可持续发展做出新贡献——中国拍卖行业协会会长张延华在中国拍卖行业协会第三次会员大会上的报告》,载《中国拍卖通讯》2005年第1期。

顾及,始终没有为拍卖而立法的契机和动力,这段时期的拍卖主要受制于拍卖习惯。新中国成立后至20世纪80年代,拍卖业被限制进而被取缔,不存在为拍卖制定法规的社会需要,这段时期残存的零星拍卖受制于长期以来有效的拍卖习惯的惯性作用。因此,拍卖习惯在我国拍卖业发展过程中的历史作用不可低估,事实上,自拍卖业形成之初至20世纪80年代,我国所谓的拍卖法制,其核心就是建立在拍卖习惯体系之上的制度。

拍卖习惯体系相比较当今的拍卖法规体系有很大的差异。其一,我国的拍卖习惯体系源自国外(主要是英国)的拍卖习惯,这些外来的拍卖习惯虽经中华文化的长期磨合,多少有些改变,但未改其基本精神和原则。拍卖习惯体系体现了高度意思自治,拍卖当事人的权利义务基本听由其相互间约定,体系中绝少禁止性规则,一些既定的规则也可以因当事人的合意而改变。拍卖习惯体系确信,只要当事人自由约定的就是合理的。而当今的拍卖法规体系是我国有权机构根据拍卖在我国的长期实践并结合我国的国情制定的,极具中国特色。拍卖法规体系的指导原则是意思自治和国家干预的有机结合,一方面体系允许当事人自由设定权利和义务,另一方面体系又为当事人的自由设置了不可逾越的禁区。面对拍卖当事人,拍卖法规体系所表现出来的主动、强势是拍卖习惯体系无法比拟的。拍卖法规体系确信,当事人的约定只有符合公开、公平、公正和诚实信用才是合理的。其二,在我国拍卖实践中长期运用的拍卖习惯虽也可以说是有一个体系,但极不完善,能够被人们知悉的拍卖习惯不多,且仅仅围绕着拍卖当事人的少数行为和一些拍卖程序。[①] 至于拍卖市场秩序的维护、拍卖业(包含拍卖企业、拍卖师和拍卖从业人员)的管理,以及大多数拍卖程序和当事人的行为,均在拍卖习惯的规范之外。而当今的拍卖法规体系是一个相对完善的体系:从大的方面来说,它包括拍卖实体规则体系、拍卖程序规则体系、强制拍卖规则体系和拍卖业管理规则体系;从小的方面来说,它几乎涉及拍卖当事人

---

① 拍卖交易中拍卖当事人的许多行为和程序,如拍卖标的的移交和交付、拍卖标的的保管、拍卖标的的评估、拍卖人是否可以拍卖自有物品、再行拍卖、拍卖公告、拍卖标的的展示、佣金收取等,未见有拍卖习惯规范。

以及相关主体的一言一行,内容力争具体而细致,规范力求清晰而详明。其三,拍卖习惯从来就不是统一的,这种不统一既包含了确立规则的不统一,也包含了对规则理解的不统一。确立规则的不统一是指一种做法究竟是否属于习惯,在业内和业外均有不同的认识,如拍卖人代理竞买,有些人认为属于拍卖习惯,有些人否认它属于拍卖习惯。对规则的理解不统一是指一种做法虽属于拍卖习惯,但对于该习惯中所包含的内容有不同的理解,如"声明不保证"[1],无人否认它属于拍卖习惯,但对于该习惯应当绝对地理解还是应当相对地理解,免责有哪些限制条件等,可以说众说纷纭,莫衷一是。拍卖习惯的不统一性,极大地影响了它作为法律的功能。而当今的拍卖法规体系是统一的,集中统一的立法机构确保了法规制定的统一,集中统一的执法机构确保了规则运作的统一,共同的法律原则确保了可以有统一的理解。当然,面对统一如是的拍卖法规体系,实践中也会有不和谐的声音,但它不可能影响一条真理,即拍卖法规体系本质上就要求统一。其四,拍卖习惯的合理性缺乏坚实的社会基础。拍卖习惯是在业内形成的,在此过程中虽不能说没有社会大众的参与,但其参与程度有限,再加上拍卖业内人士对所谓拍卖习惯的强势解释,种种因素都可能使拍卖习惯的权利义务向拍卖企业倾斜。相比较拍卖习惯,拍卖法规的社会基础就坚实得多,我国的拍卖法规出自立法、行政、司法等机构,它们超然于拍卖当事人之外,代表着全体人民大众的利益,广泛的代表性使拍卖法规的合理性具有坚实的社会基础。

笔者无意一笔抹倒拍卖习惯及其体系,而拍卖习惯体系与拍卖法规体系之间也确实存在一定的渊源关系。我国的拍卖法规体系不是凭空产生的,构建拍卖法规体系之初,从拍卖习惯体系中吸取了足够的养分,以至于我们不难发现,当今的一些拍卖规则与过去的习惯规则有着大致相同的轮廓。但笔者有必要阐明一点,拍卖习惯体系不属于当今拍卖法规体系的组成部分。就拍卖法制历史而言,拍卖习惯体系和拍卖法规体系代表着两个不同的时代,20 世纪 80 年代

---

[1] "声明不保证"是指拍卖人在拍卖前公开声明不保证拍卖标的的瑕疵,此后即不再承担因拍卖标的的瑕疵引发的任何责任。"声明不保证"属于拍卖习惯,但对该习惯的内涵业内外有各种说法。本书将在后面对此作专题研究。

之前,我国的拍卖受拍卖习惯体系规范,由此形成当时的拍卖法律制度;80年代之后,我国的拍卖受拍卖法规体系规范,由此形成当今的拍卖法律制度。其间的确存在继承关系,但涉及现实效力,却不能够相提并论。应当看到,拍卖法规体系在吸收拍卖习惯时绝少照单全收的情形,大都结合中国国情进行了改造和深化,使之成为两个不同的版本。现在再以拍卖习惯来解释拍卖法规,甚而以拍卖习惯来突破拍卖法规,是不可行的。

本书研究的重点是当今的拍卖法律制度。

三、拍卖法律制度展望

中国的拍卖法律制度在国际上是独树一帜的,其法规之专门化、内容之全面、规范之严格,在众多国家的拍卖法制中实属难得。但中国的拍卖法律制度也是有缺陷的,还需要自我完善。2003年4月中旬,一些报刊相继登出或转载了有关揭露拍卖业黑幕的报道,[①]使人触目惊心。当然,该报道确有不妥之处,但提出的问题并非空穴来风,用以警示他人,也有积极意义。[②] 报道归纳观点有三,其中两个是:拍卖法规滞后现象应当改变;拍卖从业人员素质有待提高。这与包括中国拍卖行业协会在内的拍卖业内人士的观点还是基本吻合的。

展望拍卖法律制度的完善需要对当今拍卖法律制度的缺陷有清醒的认识,笔者赞同上述报道对一些不良现象所作的原因归纳,但认为那不是全部,而且评价也不够全面。下面,笔者将分诸问题探讨拍卖法律制度的完善。

(一)关于拍卖法规的滞后问题

拍卖法规存在滞后问题,但并不严重,业内外对此的认识存在偏

---

① 参见《中国拍卖业黑幕大曝光》,http://www.gansudaily.com.cn/20030416/504/2003416A00412021/htm,2008年3月15日访问;《黑箱操作难以想象 中国拍卖业深层内幕大曝光》,http://www.kesum.cn/article/rddt/200507/2921.html,2008年3月15日访问。

② 有关黑幕的报道见报后,立即招致中国拍卖行业协会和众多拍卖企业的"讨伐"。笔者认为,报道以点盖面,以发生在某些拍卖行和拍卖从业人员身上的事件和行为泛指整个拍卖行业,将中国的拍卖行业描写得漆黑一团,确属不妥。但同时作者也认为,报道中所述事件和行为绝非空穴来风,将其加之于某些拍卖行及其从业人员未见得冤枉。

差。其一,从形式上考察。我国拍卖法规体系形成于20世纪80年代后期,在此之后不断更新、充实,以求完善。目前,该体系中的重点法规均有新世纪的背景。例如,《拍卖法》于2004年修定;《拍卖管理办法》于2004年制定;国家各部委有关拍卖的专门法规大都制定于2001年以后;最高人民法院有关强制拍卖的规定均制定于2001年以后;各地方的拍卖法规也基本上都在2001年后进行了修订等。这些法规实施时间不长,如何被批评为滞后?最起码在形式上不能这样说。其二,从内容上考察。我国拍卖实践中反映出来的问题确实不少,但这些问题中的绝大部分在拍卖法规中都有是非依据。以上述报道中提到的问题为例:报道称有些拍卖行追求金钱利益,默认买卖双方的暗箱操作或者自己也参与暗箱操作,以此套取银行资金或者侵占国有资产。对于此种行为,难道我国拍卖法规中没有规范根据或者规范根据不清晰?报道称有些拍卖行拍卖自有物品,以谋取高额利润。对于此种行为,难道我国拍卖法规中没有明确的禁止规定?报道称有些拍卖行隐瞒拍品瑕疵,买假卖假,侵害消费者利益。对于此种行为,难道我国拍卖法规中没有是非根据和制裁规定?事实上,报道中所反映的问题在我国拍卖法规体系中均可以一一找到规范的法律根据。那么,为何业内外人士认为拍卖法规滞后?

笔者认为,拍卖法规严重滞后的假象是由于对其缺乏统一的解释和理解造成的。拍卖实践中,绝大多数争议不是产生于无行为规则,而是产生于对同一条规则的不同解释和理解,其中尤其以对《拍卖法》中规则的不同解释和理解为多。例如,《拍卖法》第22条规定:"拍卖人及其工作人员不得以竞买人的身份参与自己组织的拍卖活动,并不得委托他人代为竞买。"该条规定在实践中就曾产生过两个问题:第一个问题是拍卖企业为组织拍卖活动外聘的人员是否属于规定中"工作人员"的范畴;第二个问题是拍卖人接受竞买人委托参与自己组织的拍卖活动是否属于规则禁止的范围。围绕这两个问题的争执至今未见有统一认识。又如,《拍卖法》第3条规定:"拍卖是指以公开竞价的形式,将特定物品或者财产权利转让给最高应价者的买卖方式。"在实践中就产生了"只有一个竞买人参加是否可以成就拍卖"的问题。①

两方面原因造成了拍卖法规的不同解释和理解。其一,拍卖法规中的有一些规定过于原则,给实践留下了产生歧义的根源;其二,利益有冲突的各方为了各自的利益,任意解说拍卖法规中的规则,而权威机构或部门却很少出面澄清。

为解决上述问题,笔者认为:第一,应当尽快为《拍卖法》的实施制定实施细则或者为《拍卖法》的适用制定司法解释。目前,拍卖实践的歧义大都产生于《拍卖法》,或者根源于《拍卖法》。《拍卖法》的规定在实践中涉及需要进一步明确的有:第 2、3、5、7、8、9、11、14、17、21、22、28、34、43、52、57、59、60、61、62 条等。第二,加大拍卖法规的执法宣传力度,统一人们对拍卖法规内容的认识。对于一个有着成文法传统的国家来说,法规的文字表述总是有边界的,即使制定了《拍卖法》的实施细则,也不可能直接回答实践中的所有问题,这就需要执法时的理解和宣传。笔者认为,拍卖法规严重滞后的假象主要根源于执法宣传力度不够,一些早已被执法部门认定为违法的市场行为在业内却仍然被认为是模棱两可的灰色地域,一些早已经被界定清楚的法规内容在业内却仍然争议不断。因此,应加大执法宣传力度要求,各级人民法院、工商行政管理部门、拍卖行业主管部门等应将其实施拍卖法规的做法、根据、相关案例公之于世,以统一人们对拍卖法规及其内容的认识。

(二) 关于拍卖法规之间的协调问题

我国围绕拍卖存在一个庞大的法规体系,这个体系从横向来说包含拍卖核心法规、拍卖专用法规、强制拍卖法规和拍卖相关法规;从纵向来说包括中央拍卖法规和地方拍卖法规。在这个庞大的体系中,法规之间的协调是个大问题,它直接影响到对拍卖法律制度完善性的评价。

就横向协调而言,法规之间的协调首先要解决的是前三类法规与拍卖相关法规之间的协调。拍卖相关法规均为各个领域内的基本法及其配套法规,因此,前三类法规与拍卖相关法规之间,除非涉及

---

① 上述问题笔者将在后面一一讨论。

拍卖的特别需要,应以维持一致作为原则。其次,拍卖核心法规与强制拍卖法规之间应当协调。强制拍卖法规具有司法执行性质,目的和方法的不同难免使其内容与拍卖核心法规的内容有所不同,但既然同属拍卖范畴,理应在拍卖原理上保持一致。再次,拍卖核心法规与拍卖专用法规之间应当协调。拍卖专用法规派生于拍卖核心法规,没有拍卖核心法规也就没有拍卖专用法规,因此,两者之间无论是在原则上还是在主要内容上应保持一致。最后,各类法规内部应当协调。每一类法规都由若干个法规构成,这些法规之间的差异错综复杂,有些只有很小的差异,如拍卖核心法规之间,有些有很大的差异,如拍卖相关法规之间,因此,各类法规内部的协调只能是原则性的。

就纵向协调而言,地方拍卖法规应以中央拍卖法规为制定依据和适用归属,两者之间应当保持高度一致。

评价我国拍卖法规之间的协调问题,首先要明确两点:其一,一个健康的法规体系并不要求不同法规的内容完全保持一致。事实上,一个法规出台,无论它是在哪一个层次上,都不是其他法规的简单重复,因此,法规之间内容上的差异是不可避免的,只不过差异程度不同而已。例如,在最容易协调的中央拍卖法规和地方拍卖法规之间,这种内容上的差异也随处可见。其二,一个健康的法规体系要求法规之间在内容上的差异不应导致相互间产生实质冲突。实质冲突是不能容忍的,因为实质冲突将导致法规之间的功能抵消,互补关系不复存在,进而在实践上产生混乱。实质冲突因原则、原理上的差异产生,也可能因主要规定内容的差异而产生。例如,如果《拍卖法》所规范的合同与《合同法》所规范的合同在原理上产生抵触,就会产生实质冲突。

分析我国拍卖法规之间的协调问题,可以说有喜有忧。下述方面的协调则基本不存在问题。其一,中央拍卖法规和地方拍卖法规之间的协调。从历史上看,我国的地方拍卖法规早于中央拍卖法规,早在20世纪90年代初,中央拍卖法规尚未成形之时,地方拍卖法规已现较为完整的格局。事实上,我国中央拍卖法规是集地方拍卖法规之大成而产生的。但中央拍卖法规形成之后,对于统一地方拍卖法规起到了很好的作用。我国地方拍卖法规均在2000年前后,以中央拍卖法规为圭臬,实施了矫正、重构。目前,我国地方拍卖法规与中央拍卖法规之间保持着高度的统一,实践中基本上没有两者之间的冲突问题。[1] 其二,三类法规(拍卖核心法规、拍卖专用法规和强制拍卖法规)与拍卖相关法规之间的协调。目前,三类法规与拍卖相关法规维持着良好的协调关系,拍卖相关法规中的原则、原理、主要规定在三类法规中得到了充分体现。例如,三类法规确立的拍卖原则根源于《民法通则》等法律确立的民事立法原则;三类法规有关合同的规定遵循了《合同法》确立的合同原理;三类法规中有关拍卖企业的规定与《公司法》等法律并行不悖;三类法规中有关文物拍卖的内容体现了《文物保护法》的规定等。另外,各类法规的内部协调也不存在太大的问题。

我国拍卖法规之间也存在不协调情形。首先,拍卖核心法规与拍卖专用法规之间存在不协调情形。主要表现如下:(1)从制定根据上游离于《拍卖法》之外。除去地方拍卖专用法规,[2]在我国部委颁布的拍卖法规中,将《拍卖法》作为制定根据的不多。例如,《国家烟草专卖局关于加强烟草拍卖管理的通知》、《招标拍卖挂牌出让国有土地使用权规定》、《探矿权采矿权招标拍卖挂牌管理办法(试行)》、《抵税财物拍卖、变卖试行办法》等,都未明确将《拍卖法》作为法规制定根据或者作为制定根据之一,从而为法规之间的不协调埋下了伏笔。(2)采取不同的拍卖基本架构。在拍卖核心法规中,拍卖的基本架构是:交易在三方当事人(拍卖人、委托人、竞买人/买受人)之间进行,三方当事人在交易中有自己独立的利益;而在一些拍卖专用法规中,拍卖人和委托人是合而为一的,或者说拍卖人和委托人的利益是完全一致的。这一基本架构的变化从根本上颠覆了拍卖的原理,改拍卖的中介交易方式为买卖双方的直接交易方式,从而淡化了拍卖的机制性优点。(3)选择不同的拍卖业管理体制。我国拍

---

[1] 也有学者对此提出质疑,质疑的焦点不在于不统一,而在于过于统一,以至于地方拍卖法规与中央拍卖法规趋于完全一致,危及地方拍卖法规存在的必要性。

[2] 我国地方性拍卖专用法规虽然较多,但其作用难以与国家部委颁布的拍卖专用法规相比。

卖核心法规选择了统一的拍卖业管理体制，其中包括由商务行政管理部门对拍卖业进行行业监督管理，由工商行政管理部门对拍卖业进行市场监督管理，其他行政主管部门仅在拍卖标的涉及其主管范围内对特定拍卖标的的拍卖实施指导和监督。而一些拍卖专用法规却选择了分割的拍卖业管理体制，试图建立依拍卖标的为类别的行业管理。例如，烟草拍卖归入国家烟草行政管理部门实施行业管理，土地使用权拍卖归入国土资源行政管理部门实施行业管理等。不同的拍卖业管理体制在实践中产生了极大的冲突。其次，拍卖核心法规与强制拍卖法规之间存在不协调情形。主要表现如下：（1）各自的效力范围不明确。我国依拍卖核心法规和强制拍卖法规分别建立了两个制度系统，而这两个制度系统又通过法院委托拍卖企业实施强制拍卖发生了实质性衔接，但对于衔接的后果却未见明确规定，极易导致实践的冲突。例如，接受法院委托的拍卖企业是应当依《拍卖法》行事还是应当依最高人民法院的规定行事？法院委托拍卖企业后，作为委托人是否也应遵循《拍卖法》的有关规定？（2）缺乏制度系统衔接后各自完善的规定，特别是强制拍卖的规定。强制拍卖制度系统和非强制拍卖制度系统是有区别的，强制拍卖制度系统和非强制拍卖制度系统在实践中是需要衔接的，这些在之前的论述中已经证明了，在之后的论述中还将进一步证明。制度系统之间既然是有区别的，又有衔接必要，就需要有各自完善的规定内容，否则难以协调衔接后的法律适用。目前，在强制拍卖法规所规范的范围内，内容残缺不全，又难以用非强制拍卖法规来弥补。例如，强制拍卖的瑕疵责任，在强制拍卖法规中未作任何规定，非强制拍卖法规中的瑕疵责任规定又难以适用，为拍卖实践留下了无法解决的难题。

综上所述，笔者认为，为进一步完善我国拍卖法律制度，重大任务之一是协调拍卖法规。我国各类拍卖法规不在少数，但不协调的情形使这些法规的功用大打折扣，不解决这一问题，我国拍卖法律制度难有实质性进步。

（三）拍卖法规的实施问题

一个健全的法律制度，不仅要做到有法可依，更重要的是要做到有法必依，违法必纠。我国有着完整的拍卖法规体系，但相比之下，拍卖法规的实施却较为薄弱。这主要表现在两方面：其一是守法意识薄弱，其二是执法力度不强。

1. 提高守法意识是更好地实施拍卖法规的当务之急。提高守法意识主要涉及拍卖法规的宣传和围绕拍卖法规的培训，其中宣传拍卖法规有利于提高全民守法意识，而围绕拍卖法规进行培训有利于提高拍卖从业人员的守法意识。

就拍卖法规的宣传而言，目前我国在各个层次上对拍卖法规的宣传是不够的。具体表现在：其一，拍卖法规的普及性宣传欠缺。拍卖行业规模虽小，但各行各业及大众的参与度极高，这就要求针对拍卖法规的宣传应当是全民性的。而自《拍卖法》颁布实施以来，我国尚未有实效地广泛宣传过拍卖法规，更不要说进行系统性宣传，这直接产生了下述现象：有些人只知有拍卖而不知拍卖还有法规约束；有些人只是笼统地知道拍卖法却不知道拍卖法如何设置权利义务；有些人不知道拍卖法规规则与拍卖企业约定规则之间的关系，他们总是将拍卖企业约定的规则作为拍卖法规规则来看待；有些人认为，只要自己愿意且其他人也不反对，拍卖法规规则的约束是可有可无的等。其二，拍卖法规的理论性研究不够。拍卖法专业性较强，其中的每一个条文、规则都有其深厚的渊源、制定背景和原理、内涵和外延、适用条件和范围等，要了解拍卖法从而提高遵守拍卖法的意识，理论研究绝非易事。而我国各界对拍卖法研究的重视程度明显不足：各大学法学院基本不设拍卖法课程；法律界少有研究拍卖法的专家；拍卖业内的研究重经营技巧轻拍卖法规；拍卖研讨会较少讨论法律问题等。上述情形直接导致了下述现象的出现：有些人不了解拍卖法及其规则的正确含义；有些人任意解释拍卖法及其规则以适应自己的利益；有些人将外国拍卖业内运用的规则置于我国拍卖法规之上；有些人人为制造我国各拍卖法规之间的冲突等。因此，我国一方面应有针对性地提高拍卖法规宣传的普及程度，另一方面应加强对拍卖法规的理论研究。

就围绕拍卖法规的培训而言，目前我国与提高守法意识相关的拍卖法规培训主要由拍卖行业协会实施。拍卖行业协会的培训分三个层次，即从业人员培训、拍卖师培训、拍卖企业负责人培训。全国拍卖行业协会和各地方拍卖行业协会每年总要举行若干次各层次的培训,培训的内容包括拍卖的一般知识、拍卖实务、拍卖策划、拍卖企业经营和管理、拍卖师素质和技巧、各类拍卖标的拍卖的实施(包括公物拍卖、艺术品拍卖、房地产拍卖、破产企业拍卖、企业产权拍卖、股权拍卖、无形资产拍卖、机动车拍卖、农产品拍卖、网上拍卖等)、拍卖法规等。选择拍卖行业内部各层次人员进行培训,通过提高他们的守法意识,达到提高全民遵守拍卖法规的水平,是一条科学的途径,近十年来也收到一定效果。但也存在一些不足之处,包括:培训的商业气息日益浓厚;培训参加者的数量与受训后参加者在素质上得到提高之间的关系不协调;培训教材的标准化、统一化存在缺陷,从而影响了培训质量;培训的内容未能紧跟我国法规建设的发展等。前述我国拍卖市场上多数不规范现象大都来自于拍卖业从业人员的素质不高,这与培训的形式和内容不无关系。笔者在此强调拍卖法规的培训,培训应讲求实效,重点是全面了解拍卖法规、正确理解拍卖规则、在规则与实践之间建立联系、明晰违规责任等。

2. 加强执法力度是更好地实施拍卖法规的重中之重。加强执法力度涉及司法和行政执法两个方面。

首先讨论在司法方面加强执法力度问题。司法是法治社会设置的最后救济手段,理应在法的实施过程中表现出及时、准确、有力的特点。自我国《拍卖法》实施以来,在其调整范围内涉及的法律纠纷不在少数,具体有:拍卖人参与自己组织的拍卖活动引起的纠纷;拍卖人代为竞买引起的纠纷;拍卖人拍卖自有物品或者财产权利引起的纠纷;委托人参与自己委托拍卖标的的竞买引起的纠纷;拍卖赃品引起的纠纷;拍卖有瑕疵拍卖标的引起的纠纷;拍卖人、委托人滥用声明不保证权利引起的纠纷;竞买人之间、竞买人与拍卖人之间恶意串通引起的纠纷;拍卖成交后买受人拒不支付价款引起的纠纷;拍卖成交后委托人拒不移交拍卖标的引起的纠纷;只有一个竞买人参与竞买引起的纠纷;因未能行使优先购买权而引起的纠纷;因拍卖人未能妥善履行拍卖期间对拍卖标的的保管义务而引起的纠纷;因拍卖程序违法而引起的纠纷;拍卖人因不服行政机关处罚而引起的纠纷等。上述纠纷中,有些已经有了司法实践,有些还没有司法实践。为实现司法推进《拍卖法》实施的目标,建议考虑以下两点:其一,对《拍卖法》的适用进行司法解释。前文论及,我国《拍卖法》的内容较为原则,一些条文在实践中有不同理解;我国《拍卖法》的内容未尽完善,有些实践问题于法无据等。司法解释,无论采用何种形式,对《拍卖法》的适用实际上大有可为。目前,有关拍卖的司法解释都集中在强制拍卖领域,关于适用《拍卖法》的司法解释基本没有。其二,关注各类拍卖法规之间的协调。前文论及,我国各类拍卖法规之间未尽协调,这种状态会累及拍卖法规的执行效果。人民法院可以通过审理、判决、调解等形式,规范不同类型拍卖法规各自的适用范围和效力归属,这于我国拍卖法律制度的完善特别有益。

其次讨论加强行政执法力度的问题。有关拍卖的行政执法范围很广,此处着重讨论政府执法部门与拍卖相关的市场执法。我国有多个政府行政部门涉及拍卖市场执法,包括工商行政管理部门、文物行政管理部门、物价管理部门、税务管理部门、公安部门等,这些政府行政部门的市场执法权自有国家法律根据,不容置疑。为加强行政执法力度,下述问题值得关注:其一,执法的制度化问题。握有市场执法权的各政府行政部门应在《拍卖法》的基础上,针对拍卖市场特点,制定相应的政府规章,将围绕拍卖市场的执法制度化。执法制度化除有相应的规章外,还应包括执法队伍建设、掌握市场信息的渠道、对违法行为进行处罚的手段等。例如,国家工商总局通过颁布《拍卖监督管理暂行办法》,旨在将拍卖市场执法法制化,其中建立的拍卖活动备案制度、拍卖会现场监管制度,[①]虽在实践中有争议,但如合理实施,则有利于加强行政执法力度。其二,执法的协调化问题。多部门执法对于拍卖市场的规范存在有利的方面,它可以加强对市场违法行为的查处力度;但也会有不利方面,如过渡执法或者执法空白。多部门执法的不利方面只有通过协调,形成整体执法才能

[①] 所谓拍卖活动备案制度是指拍卖企业举办拍卖活动,应当于拍卖日前7天内到拍卖活动所在地工商行政管理局备案,并通报相关信息;拍卖企业应当于拍卖活动结束后7天内到拍卖活动所在地工商行政管理局备案,并通报相关信息。所谓拍卖会现场监管制度是指工商行政管理机关可至拍卖会现场进行监管;拍卖企业应当在拍卖会现场公布工商行政管理机关的举报电话,并向到场监督人员提供有关资料及工作条件。

避免。拍卖市场的执法应当建立联合执法和执法通报制度,因所有的违法行为,包括违反文物管理法规的行为、违反物价管理法规的行为、违反治安管理法规的行为,首先是违反市场秩序的行为,故在这个制度中,工商行政管理部门是常规执法部门,其他执法部门是专业执法部门,当涉及其执法范围时应责无旁贷。在执法过程中,或者由工商行政管理部门牵头,联合执法,或者在各执法部门独立执法之余,相互通报,力争做到执法全覆盖,处罚不重叠。其三,规范处罚问题。通观我国拍卖法规,对违法行为的行政处罚方式不仅多,且五花八门,包括罚款、没收违法所得、警告、吊销营业执照、行政处分、取缔违法企业、责令改正、延期拍卖、撤销设立许可、吊销许可证、暂停执业、吊销执业资格、不得主持拍卖活动、行政性个人赔偿、通报批评等。分析上述行政处罚方式不难发现一些问题:(1)一些处罚方式极不规范,如"延期拍卖"、"不得主持拍卖活动",[①]语意不详、界线不清,作为行政处罚方式十分不妥。(2)一些处罚方式不合法理,如"行政性个人赔偿"[②]。一般来说,由于拍卖师自身原因造成拍品成交价低于底价的,给委托人造成的损失,应当由拍卖人向委托人赔偿,因为拍卖师不是拍卖法律关系当事人,委托人的损失无权追究拍卖师的责任。当然,事后拍卖人可以要求拍卖师承担责任,但这属于拍卖企业的内部责任,将其变为行政责任不合法理。(3)上述处罚方式被规定在不同的法规中,其对应的行为千差万别,即,对同一行为,有些法规给予的处罚过重,有些法规给予的处罚过轻。在同一法规体系中,对同一行为,处罚畸轻畸重是大忌。因此,如何规范处罚,也是加强我国行政执法力度刻不容缓要解决的问题。

---

① 分别参见《拍卖管理办法》第52条和《拍卖师执业资格制度暂行规定》第26条。
② 《拍卖师执业资格制度暂行规定》第27条规定:在执业期间,由于拍卖师自身原因造成拍品成交价低于底价的,损失金额应由拍卖师个人负责赔偿。

第二章 特殊拍卖实体规则研究

特殊拍卖实体规则是指包含拍卖当事人实体权利义务内容、能够作为拍卖当事人行为或不行为准则的特殊法律规则。特殊拍卖实体规则集中反映拍卖的特性,属于拍卖实体规则中的核心规则。我国包含有特殊拍卖实体规则的立法众多,但在今天的拍卖法规体系中,均以《拍卖法》作为本源,因此,研究拍卖实体规则的基本根据是《拍卖法》的规定。除此之外,其他法规中的相关内容也有助于对拍卖实体规则的理解。拍卖实体规则主要有:价高者得规则、保留价规则、瑕疵请求规则、禁止参与竞买规则和其他规则。

第一节 价高者得规则

一、价高者得规则概述

(一)价高者得规则的含义

价高者得规则是拍卖活动中的成交规则,它是指拍卖标的应出售给报价最高的竞买人,即报价最高的竞买人有权获得拍卖标的。拍卖方式决定了拍卖会总有多数竞买人参与报价竞争,报价的程序可能是由低到高(增价拍卖),也可能是由高到低(减价拍卖),但无论报价的程序如何,拍卖师只能确认与最高报价者成交。

价高者得规则是最早确立的拍卖法律规则。纵观拍卖历史,早在拍卖方式的起源阶段就已经确立了这一规则,只不过当时是以习惯的形式表现。① 价高者得规则是在世界范围内最具统一性的拍卖法律规则。比较世界各个国家,无论其社会制度、历史传统、法律文化等有何不同,只要建立拍卖交易方式,就必然奉行价高者得规则,无一例外。

我国《拍卖法》中有3条规定涉及价高者得规则。《拍卖法》第3条规定:"拍卖是指以公开竞价的形式,将特定物品或者财产权利转让给最高应价者的买卖方式。"第38条规定:"买受人是指以最高应价购得拍卖标的的竞买人。"第51条规定:"竞买人的最高应价经拍卖师落槌或者以其他公开表示买定的方式确认后,拍卖成交。"上述3条法律规定从不同侧面、完整地表现了价高者得规则,它说明拍卖必须将特定物品或者财产权利转让给最高应价者,而最高应价者由拍卖师采用一定方式确认。

(二) 价高者得规则原理

确立价高者得规则的原理是竞争。

竞争是商品经济的重要运行机制,也是商品经济得以发展的内在要求。在商品经济的社会背景下,大到一个行业、职业,小到一个企业、公司,如要使其具有运行和发展的动力,一个最直接的方法就是为其引入竞争机制。买卖领域内的竞争制度是在历史发展过程中逐渐建立起来的,由一般的买卖到拍卖从某一方面表现了建立竞争制度的过程,②而价高者得规则的确立是这一过程中的核心。

拍卖是最具竞争性的买卖方式,而最能体现其竞争性的莫过于价高者得规则。价高者得规则是为促进竞买人的竞争而设定的,它以竞买人"得"的愿望为前提,公示"价高"的标准。拍卖成交价不是固定的,需要在拍卖现场通过比较得出,比较的基础是竞买人的报价,竞买人只有在报价竞争中获胜,才能得到拍卖标的。价高者得规

---

① 有文字记载的拍卖活动产生于公元前500年。古希腊历史学家希罗多德在他所著《历史》一书中记载了公元前500年古巴比伦盛行的每年一次的拍卖活动,拍卖标的是适婚女青年。拍卖活动由每个部落里有一定威望的人主持,所有适婚女子都集中到广场中央,求偶男子相互报价竞争,价格报得最高的男子可以娶到他中意的女子。

② 笔者认为,拍卖是商品经济发展的一种典型表现,在历史的早期,拍卖方式的出现,代表了资本主义因素的萌芽。

则抓住了市场上最敏感要素——价格,通过竞买人竞相报价的方式,将拍卖本身的竞争性表现得一览无余。凡亲身经历过拍卖活动的人,无不有深刻体会。

价高者得规则以竞争原理立本,反过来又促进拍卖活动中的竞争的进行。试想,众多竞买人进入拍卖会现场,面对同一拍卖标的,是什么促使他们一轮又一轮地报出更高的价格?当然,志在必得是前提条件,但是没有价高者得的标准,怕也是难以形成竞争局面的。价高者得规则从客观上为拍卖竞争奠定了基础,这一点是有目共睹的。有人认为,拍卖过程中竞争的激烈程度主要取决于拍卖主持人的引导,这种说法有失偏颇。应该说,拍卖主持人的成功引导是对于价高者得规则的合理发挥。索士比拍卖行的前任总裁彼德·威尔逊在主持拍卖时有句幽默、诙谐的口头禅:"怎么,没有人愿意再多出一点吗?"其中意义不言自明,离开价高者得规则,拍卖主持人是难以有所作为的,最起码在通过价格引导竞争方面是如此。

价高者得规则不仅体现和倡导竞争,更强调竞争的公平性。竞争过程中对透明度的要求,相关规则的制约,对竞买人串通报价的预防机制等,都为公平竞争的展开奠定了良好的基础。事实上,价高者得本身就是一种公平竞争的标准,只要满足"价高",任何人都可以成为实际买受人。

(三)价高者得规则的适用特点

价高者得规则的适用特点表现在下述两个方面:

其一,价高者得规则既是一个绝对的规则,又是一个相对的规则。适用价高者得规则的绝对性表现在,按价高者得规则成交是拍卖的最高准则,拍卖交易只认价格不认其他。分析一桩交易其方式是否属于拍卖,最简单的方法就是看其确定成交的标准,即该标准中除价格外是否还有其他因素。非拍卖交易的成交往往要考虑诸多因素,如交易者的地位和能力、交易双方之间的友好关系、提出交易的时间早晚、交易者对交易商品的需要程度等,价格当然也是一个主要因素,但不是一个绝对的因素。拍卖方式强调价格是一个绝对的因素,凡还有其他因素者,即价格在成交过程中不起绝对作用者,不是拍卖交易。例如,在"九三深圳首次优秀文稿公开竞价"活动中,女作家霍达的电影文学剧本《秦皇父子》被某企业以 100 万元人民币的高价买走。此举引起了广东出版界人士的广泛议论,担心企业家不能合理地利用文稿,但拍卖的规则就是如此。适用价高者得规则的相对性表现在,按价高者得规则成交以满足一些先决条件为前提。这些先决条件包括:达到保留价、竞买人符合资格、没有串通报价等。分析这些先决条件不难发现,均为法律上的强制要求。因此,价高者得规则不得对抗法律上的强制性规定。价高者得规则的绝对性关注成交的表现形式,而其相对性关注设计该表现形式的背景。

其二,价高者得规则既是拍卖人的规则,也是法官的规则。说价高者得规则是拍卖人的规则其着眼点在于,价高者得规则需要拍卖人(通过拍卖师)在拍卖成交过程中运作。《拍卖法》中针对拍卖人的规定,具体来说有两大类:一类属于禁行规定,即禁止拍卖人为某种行为;另一类属于运行规定,即强调拍卖人应当按标准为某种行为。价高者得规则属于后一种类。为运作价高者得规则,《拍卖法》赋予拍卖人以特殊使命。《拍卖法》第 51 条规定:"竞买人的最高应价经拍卖师落槌或者以其他公开表示买定的方式确认后,拍卖成交。"依该条规定,拍卖人对于拍卖会现场的最高应价有确认权。这一规定,最起码从形式上看,意味着只有经拍卖人确认的最高应价才是足以支撑成交的最高应价。那么,拍卖人是否可以随意确认一个最高应价呢?他是否有权为了某种目的确认一个较低的价格而舍弃一个较高的价格呢?笔者从分析立法本意出发,认为显然不行。立法本意应当是:最高应价需要拍卖人确认,拍卖人只能确认最高应价。换言之,拍卖人有运作价高者得规则的权利,他也要为行使这一权利承担法律责任。说价高者得规则是法官的规则其着眼点在于,价高者得规则是一个可适用于解决法律纠纷的规则。平常人看来,价高者得规则的操作十分简单,两相比较,价高者得,还有什么比区分数字大小更简单的事情呢?实则不然,围绕价高者得规则可能产生各种各样影响当事人权益的情况,并且拍卖人对最高应价确认本身就可能引起争执,凡此种种,均可能形成法律纠纷。价高者得规则是可以直接适用于解决当事人权益纠纷的规则,法官适用该规则是司法行为,其所作出的判决或裁定是最终的、最权威的确认,不受拍卖人确认的影响。总之,拍卖人的规则也好,法官的规则也好,首先应肯定它是一个法律规则。该规则对于拍卖人而言意味着必须运用和遵守它,其重点在遵守;该规则对于法官而言意味着必须遵守和适用它,其重点在适用。

二、围绕价高者得规则的实践评述

相比较其他拍卖实体规则,价高者得规则显得简单、易理解、易操作。价高者得规则直接发挥作用是在拍卖程序的较后阶段,即拍卖会实施阶段。以增价拍卖为例,当拍卖师(代表拍卖人)宣布开始报价后,围绕同一拍卖标的的价格竞争就开始了。价格竞争在竞买人之间展开,叫价、应价此起彼伏,拍卖师高立台上进行适当的引导,直到某竞买人报出的价格无人回应时,拍卖师确认该价格为最高应价,报出最高应价的竞买人为实际买受人。以上就是价高者得规则直接发挥作用的过程。过程是如此简单明了,就像一汪清水清澈见底,使人难以相信在这样的水里能"摸到鱼",但"鱼"确实有。

(一)单一竞买人问题

所谓单一竞买人问题是指,拍卖会开始前,就某一拍卖标的只有一个竞买人登记参加时可能对拍卖造成的影响。① 拍卖实践中一直存在单一竞买人能否正常进行拍卖的疑问,围绕这一疑问有两种答案:答案一是肯定的,理由是有人买就可以卖;答案二是否定的,理由是单一竞买人无价格竞争存在。有两种答案就会有两种实践,我国目前的实践是采取肯定论的拍卖企业居多,这些拍卖企业认为,竞买人当然多多益善,但只有一个竞买人也不妨碍交易。与多数拍卖企业相比较,那些坚持否定论的拍卖企业就多少有些"不识时务",这些拍卖企业认为,单一竞买人的拍卖不符合价高者得规则。

大多数拍卖企业赞成肯定论是有其市场考虑的。其一,拍卖标

---

① 单一竞买人问题不包括有多数竞买人登记参加,但在拍卖会上只有一个竞买人报价。实践中可能发生有多数竞买人登记参加某一拍卖标的的竞买,但在拍卖会上,当其中一个竞买人报价后,无其他竞买人应价,拍卖师只得按照唯一的报价确认成交。如此情形下,竞争虽然不充分,但竞争确实存在,所有登记参加竞买的人均是现实的潜在竞争者。这与只有一个竞买人登记参加竞买有本质的区别。

的的市场需求不均衡,有些拍卖标的的市场需求旺盛,竞买人趋之若鹜,而有些拍卖标的的市场需求冷淡,难以组织到竞买人。现实中,有些用途十分冷僻的大型器械、未完工的烂尾楼等,能够组织到一个竞买人已十分不易。其二,对市场利益和效率目标的追求,总是诱使拍卖企业向相对有利的方向发展。有人戏称:"无论有多少竞买人,最后不也是只找一个竞买人成交吗?!"只有一个竞买人对于利益和效率来说是不够理想,但总比不做交易强,况且可能已经有了先期投入了。

单一竞买人问题的法律讨论不能一如拍卖企业的市场考虑,是支持肯定论还是支持否定论,首先要看有无法律根据。针对单一竞买人问题,我国拍卖法规有三种规定情形:其一,意在规定参与竞买的竞买人需要两人以上(包含两人,下同),如《拍卖法》;其二,明文规定竞买人不得少于一定人数,如《探矿权采矿权招标拍卖挂牌管理办法(试行)》;①其三,意在规定参与竞买的竞买人无需两人以上,如《拍卖管理办法》。以上三种规定情形中,只有《探矿权采矿权招标拍卖挂牌管理办法(试行)》的规定是直接的、明确的,其他两者都需要根据不那么明确的规定去理解,去推论。

笔者认为,我国《拍卖法》意在规定竞买人的数量应在两人以上,其根据主要有:第一,《拍卖法》第3、36、38和51条不仅强调价高者得规则,更在强调一种特殊的价格形成机制,即拍卖的成交价是通过竞买人的竞争产生的。沿着这些条文的自然推论是:拍卖强调公开竞价→拍卖的竞价在竞买人之间展开→只有两个以上的竞买人才能进行竞价→《拍卖法》要求参与竞买的竞买人应当在两人以上。第二,《拍卖法》强调公正原则,该原则贯穿于《拍卖法》始终,当《拍卖法》对某些问题的规定不明确时,可以借助该原则进行解释。以公正原则作为理解的根据,《拍卖法》不可能允许在少于两个竞买人时进行拍卖,那样的话无异于将拍卖标的的价格决定权赋予唯一的竞买人,这对于委托人是十分不公正的。第三,《拍卖法》通篇没有

---

① 《探矿权采矿权招标拍卖挂牌管理办法(试行)》第35条规定:"探矿权采矿权拍卖的,竞买人不得少于三人。少于三人的,主管部门应当停止拍卖。"

任何一个条文可用以支撑单一竞买人的拍卖。因此，按《拍卖法》的现有条文理解，没有竞买人的竞争就不能算做拍卖，而竞争要求有多数人参与，参与者的多少取决于市场上的供求关系，但两个以上的竞买人是理论上的最低限度。

笔者认为，我国《拍卖管理办法》意在规定参与竞买的竞买人无需两人以上，为单一竞买人的拍卖开绿灯，是以《拍卖管理办法》第40条第1款第1项作为根据的。[①] 该项规定：没有竞买人参加拍卖的，拍卖应当中止。该项是一个禁令规定，禁令规定的底线应当十分明确，该项规定均可理解为：只要有一个竞买人，拍卖就可以正常进行。

笔者认为，我国《拍卖管理办法》中的这项规定是有问题的。该项规定与《拍卖管理办法》第40条第1款的其他内容不同，其他内容是在不违背《拍卖法》规定的原则和内容基础上，对拍卖行为准则的补充和细化，而该项规定却与《拍卖法》规定的原则和内容有实质冲突，与价高者得规则有实质冲突。无论是从下位法与上位法的关系上说，还是从设计拍卖行为准则的正当性上说，《拍卖管理办法》中的该项规定都是不慎重、不妥当的。

（二）相同高价问题

所谓相同高价问题是指，就某一拍卖标的，在拍卖会上出现两个以上相同的最高应价时可能对拍卖造成的影响。价高者得规则强调的是唯一性，即拍卖人（通过拍卖师）只能确认与一个最高应价者成交，如有两个以上竞买人均对最高应价主张权利时，拍卖人就陷入了无法正常地按照规则确认成交的矛盾之中。

就理论而言，拍卖不应出现相同高价问题。因为按照拍卖的报价规则，报价应当以一定的方式表现出来，[②]在后的报价不允许重叠在先的报价，即不同竞买人的报价均不应该相同。但理论和实践总

[①] 《拍卖管理办法》第40条第1款规定："有下列情形之一的，应当中止拍卖：（一）没有竞买人参加拍卖的；（二）第三人对拍卖标的所有权或处分权有争议并当场提供有效证明的；（三）委托人在拍卖会前以正当理由书面通知拍卖企业中止拍卖的；（四）发生意外事件致使拍卖活动暂时不能进行的；（五）出现其他依法应当中止的情形的。"

[②] 实践中的报价方式有很多，如举手报价、举牌报价、发声报价、默声报价等。

有距离，拍卖实践中，相同高价问题还是有可能产生的。发生在实践中的相同高价问题，其客观表现形式是：两个以上竞买人同时或几乎不分先后报出相同的价格，致使拍卖师无法确认哪个竞买人对该价格有权利。为强调所有竞买人对同一价格的机会均等和增加竞争的激烈程度，拍卖实践中均采用无序报价的模式，即不为登记的竞买人排列报价的先后顺序，这就导致任何竞买人可以在允许的任何时间内就任何一个价格主张权利（报价）。因此，两个以上竞买人同时或几乎不分先后报出相同的价格，是极有可能出现的。另外，如果拍卖师或者竞买人在拍卖会现场注意力不集中，也可能人为造成相同高价的纷争，但那与客观的相同高价问题有本质区别。

我国现行拍卖法规中，唯一能对相同高价问题起间接指导作用的规定是《拍卖法》第 51 条。[①] 按该条规定，拍卖会现场的最高应价应由拍卖师根据价高者得规则确认。在拍卖会现场，拍卖师不能有任何疏忽，尽量避免人为相同高价纷争的发生。但在遇到客观的相同高价问题时，也不能随意确认最高应价，即拍卖师的确认权应当谨慎行使。根据价高者得规则，拍卖师确认最高应价的首要原则是价格高低，在价格高低无法区别时其确认的原则是报价先后，但当报价先后也无法区别时，就已进入了价高者得规则的盲点。值此情形，摆脱困境的唯一公平方法是，跳出盲点，重新回到价高者得规则的作用范围之内。笔者建议，拍卖师可以在报出最高应价的竞买人之间，以该价格为基点，再次竞价，直到产生唯一的最高应价。但在操作时应给予参与再次竞价的竞买人充分的冷静时间，以防止恶性竞争的出现。

总之，相同高价问题的困境在于价高者得规则难以正常运作，实践中解决问题的正当方法是使之重新回到价高者得规则的运作轨道上来，前述笔者的建议虽无明文法律规定的支撑，但相信它与法律的

[①] 2004 年 1 月 14 日，最高人民法院为征求意见而公布的《最高人民法院关于执行中评估、拍卖、变卖若干问题的规定（征求意见稿）》曾对相同高价问题有直接规定，其第 17 条第 3 款规定：有相同最高出价时，再次竞价，拍定给增加金额最高的人；无人增加金额的，采取抽签的方法决定买受人。但在同年 10 月 26 日正式发布该规定时（改名为《最高人民法院关于人民法院民事执行中拍卖、变卖财产的规定》），删去了相关内容。

精神是相吻合的。

(三) 优先购买权问题

优先购买权是指特定权利义务关系的一方当事人依照法律的具体规定或者根据合同的明确约定享有的、在同等条件下对标的物能够优先购买的权利。从权利性质上划分,优先购买权可以分为物权性先买权和债权性先买权。物权性先买权是指权利人在法律规定的范围内依法享有对特定的物的排他的权利,而债权性先买权是指权利人在特定当事人之间对特定的物享有的请求为特定给付的权利。从权利来源上划分,优先购买权可以为法定的和约定的。法定的优先购买权是指其权利直接来源于法律的明文规定,而约定的优先购买权是指其权利来源于双方当事人的约定。

根据我国相关法律和司法实践,优先购买权是普遍存在的。我国《物权法》第101条规定:"按份共有人可以转让其享有的共有的不动产或者动产份额。其他共有人在同等条件下享有优先购买的权利。"我国《合同法》第230条规定:"出租人出卖租赁房屋的,应当在出卖之前的合理期限内通知承租人,承租人享有以同等条件优先购买的权利。"我国《公司法》第72条规定:"经股东同意转让的股权,在同等条件下,其他股东有优先购买权。两个以上股东主张行使优先购买权的,协商确定各自的购买比例;协商不成的,按照转让时各自的出资比例行使优先购买权。"我国最高人民法院为贯彻执行《民法通则》所作的司法解释规定:"共同共有财产分割后,一个或者数个原共有人出卖自己分得的财产时,如果出卖的财产与其他原共有人分得的财产属于一个整体或者配套使用,其他原共有人主张优先购买权的,应当予以支持。""出租人出卖出租房屋,应提前三个月通知承租人,承租人在同等条件下,享有优先购买权;出租人未按此规定出卖房屋的,承租人可以请求人民法院宣告该房屋买卖无效。"① 另外,我国司法实践中,遇有当事人之间约定有优先购买权时,只要没有违反法律规定的情形,均给予支持。

---

① 以上内容参见《最高人民法院关于贯彻执行〈中华人民共和国民法通则〉若干问题的意见(试行)》第92条、第118条。

确认优先购买权存在的情况下,自然产生优先购买权对价高者得规则运作的影响问题。例如,当某竞买人报出一个具体价格时,享有优先购买权的竞买人是否可以提出相同的价格,并主张同等条件优先。

首先应当肯定,优先购买规则与价高者得规则之间的关系无法自然协调。这是因为:第一,两者有不同的背景。优先购买规则的建立,无论针对哪种类型的人,均有其特定背景。以针对承租人的优先购买权为例,法律规定承租人在出租人出卖租赁房屋时享有优先购买权,其目的是为了强力维持承租人对租赁房屋的依赖,确保承租人在租赁关系中的利益不致因出租人的变更而受到损害。这与价高者得规则的建立背景有很大不同,价高者得规则的建立是为了在特定环境下促进价格竞争,以公平维护拍卖人、委托人、竞买人三方当事人的利益。第二,两者得以运作的价格形成机制不同。优先购买规则的运作需要卖方确定价格,而且其价格在整个过程中必须是静态的,这样才能将其作为衡量同等条件的基础。这与价高者得规则所依赖的价格形成机制有很大不同,价高者得规则所依赖的价格形成机制是通过买方竞争确定价格,且其价格在整个过程中始终是动态的,几乎无法作为衡量同等条件的基础。第三,两者关注不同的核心利益。优先购买规则以优先购买权人的利益为核心,强调优先购买权人报出的价格在同等条件下优于其他人报出的价格。而价高者得规则以最高应价者的利益为核心,强调所有竞买人的地位平等,唯以最高应价优先。

其次应当探讨,优先购买规则与价高者得规则之间的关系是否可能人为协调。人为协调两者之间关系的观点在实践中占据主流地位,设计的人为协调方法多种多样,其中尤以《最高人民法院关于人民法院民事执行中拍卖、变卖财产的规定》(以下简称《法院执行中拍卖、变卖财产规定》)中规定的方法最具代表性。[①]《法院执行中拍卖、变卖财产规定》第16条规定:拍卖过程中,有最高应价时,优先购

---

① 《法院执行中拍卖、变卖财产的规定》中的内容原本应在"强制拍卖研究"一章中讨论,但因为该内容对经营性拍卖有极大影响,拍卖实践中各拍卖企业都意图按此解决优先购买权问题,故在此作为一种方法进行讨论。

买权人可以表示以该最高应价买受,如无更高应价,则拍归优先购买权人;如有更高应价,而优先购买权人不作表示的,则拍归该应价最高的竞买人。顺序相同的多个优先购买权人同时表示买受的,以抽签方式决定买受人。笔者认为,该规定在实践中的操作,多有不妥之处。其一,该规定将优先购买规则中的"同等条件"仅仅理解为同等价格不妥。对于"同等条件"的含义,我国学者有不同的理解,较多学者认为,"同等条件"的内容至少包括三项:(1)价款数额等同;(2)价款支付方式等同;(3)其他交易条件等同。[①] 包含如许多内容的"同等条件"实难通过《法院执行中拍卖、变卖财产规定》的上述表述,在实践中与价高者得规则接轨。其二,按照《法院执行中拍卖、变卖财产规定》的上述表述,优先购买权人的优先序位可能不同,承认优先购买权人在拍卖中的特殊地位,就应当一并承认其不同的优先序位,这意味着在现场拍卖前,拍卖人不仅要明确谁是优先购买权人,而且要明确他们所处的优先序位,并接受他们所报同一价格的不同意义,这实在有些强人所难,拍卖成交也被设计得过于复杂,原本简单明了的成交机制被弄得支离破碎。其三,当顺序相同的多个优先购买权人同时表示买受时,《法院执行中拍卖、变卖财产规定》以抽签方式决定买受人,这实在不妥。拍卖的成交机制,最后是由抽签决定的,这简直让人匪夷所思。笔者不禁要问,如果多个竞买人同时表示买受时,是否也可以通过抽签决定买受人呢?显然不能。因为拍卖不仅要通过竞争决定一个买受人,更重要的是它要通过竞争决定一个价格。买受人可以通过抽签决定,而价格是不能通过抽签决定的。笔者认为,优先购买规则与价高者得规则之间的关系是很难人为协调的,至今尚未出现很好的设计,能够公正、合理地协调两者之间的关系。

优先购买规则与价高者得规则之间的关系之所以难以协调,根本原因在于它们有着不同的背景,代表着不同的价值体系。既然如此,为什么不能将这两个规则设置为不相交的两条平行线,使其在不

[①] 参见王利明:《中国民法典学者建议稿及立法理由(债法总则编·合同编)》,法律出版社 2005 年版,第 435 页。

同的层面上各展所长而不发生冲突呢？拍卖实践中，要将优先购买规则和价高者得规则设置在不同的层面运作，并不是一件很难的事情。这可以设计为两段模式：第一段体现优先购买规则的作用，即在将拍卖标的提交拍卖之前，委托人负有责任征询所有优先购买权人的意见，①让优先购买权人充分行使权利，只有当优先购买权人的报价不能满足委托人对拍卖标的价值的预想时，再行提交拍卖；第二段体现价高者得规则的作用，即以第一段中优先购买权人的最高报价为保留价，在地位完全平等的所有竞买人之间进行公平竞争，这种竞争唯以价格高低决定胜负，排除价格之外任何因素的影响，使优先购买权终了在拍卖程序之前。

前述两段模式简单明了，不难操作；分处不同层面的当事人各司其职，权责清晰；两个规则各有所值，互不侵扰。两段模式的合理、无争议运行，从根本上取决于委托人在将拍卖标的提交拍卖之前，是否已经让优先购买权人充分行使了权利。如果委托人未让优先购买权人行使或充分行使权利，这时在法律层面就要解决两个问题：第一，优先购买权是否可以对抗买受人根据价高者得规则获得的合同权利；第二，优先购买权是否可以对抗拍卖成交合同履行后买受人获得的物权。

要解决上述两个问题，首先要明确优先购买权的性质。根据前述，优先购买权既有约定的，也有法定的；在法定的优先购买权中，既有债权性的，也有物权性的。笔者认为，优先购买权的不同性质决定了上述两个问题的不同解决方法。

首先，除非买受人明确知道尚有未行使或充分行使的优先购买权，约定的优先购买权不足以对抗买受人根据价高者得规则获得的合同权利，当然也不足以对抗拍卖成交合同履行后买受人获得的物权。虽然优先购买权人和买受人均属合法行使权利，但买受人的权利是法定权利，法律应体现对于法定权利的优先保护。其次，除非买受人明确知道尚有未行使或充分行使的优先购买权，法定的、债权性

---

① 如果优先购买权人众多，完全可以将竞买人限定为优先购买权人。优先购买权是相对而言的，所有的竞买人均为优先购买权人，也就无优先购买权可言了。如此状态下进行的拍卖，完全不用担心优先购买规则与价高者得规则之间的冲突。

的优先购买权可以有限制地对抗买受人根据价高者得规则获得的合同权利,但不足以对抗拍卖成交合同履行后买受人获得的物权。其理由是,既然优先购买权人和买受人的权利均属法定债权,那么有限制地优先保护在先形成的债权是合理的;①但如拍卖成交合同已经履行完毕,买受人的权利已由合同权利转化为物权,再以优先购买权人的债权去对抗物权,不仅有违法理,给买受人带来不公正的后果,也会给社会带来很高的矫正成本。再次,除非买受人明确知道尚有未行使或充分行使的优先购买权,法定的、物权性的优先购买权不仅可以有限制地对抗买受人根据价高者得规则获得的合同权利,原则也可以对抗拍卖成交合同履行后买受人获得的物权。其理由是,虽然买受人的物权和法定的、物权性的优先购买权具有同等价值,但法定的、物权性的优先购买权在先存在,应当优先获得保护;不过笔者依然认为,为平衡买受人的权利和减少社会为此支付的矫正成本,应当强调买受人善意取得例外。

(四) 价高者得规则支配下的成交价合理性问题

按价高者得规则产生的成交价经常被人们怀疑其合理性。究其原因在于,拍卖方式促成的成交价之高是其他的买卖方式无法比拟的。事实的确如此,在世界范围内,拍卖方式不知创造了多少价格之最。例如,最值钱的头发:1988 年 2 月 18 日,洛德·纳尔逊(1758—1805)的一束头发被拍卖到 5575 万英镑的高价;最贵的钻石:1989 年 3 月 4 日,一颗未经加工的钻石在香港以 1000 万美元拍卖成交;最贵的钟:1989 年 7 月 6 日,一座由托马斯·托姆平(1639—1713)制造的名为"夜钟"的时钟在索士比拍卖行拍卖,创下 88 万英镑的世界纪录;最贵的邮票:1989 年 10 月 12 日,克里斯蒂拍卖行拍卖1918 年发行的四方连 24 分邮票,买受人竟为此付出 110 万美元的高价。凡此种种,不一而足。这些价格之最为新闻媒体增添了许多题

---

① 所谓"有限制",可以借鉴《民法典(专家建议稿)》第 1452 条第 2 款规定去理解。该款规定:出租人未给予承租人提供优先购买权的行使条件的,承租人有权撤销出租人与第三人之间订立的买卖合同,并有权以第三人向出租人提供的价款购买租赁物。按该款规定,虽给予承租人相比较第三人的优先权利,但该权利的行使:其一,须有法律的明文规定作为根据;其二,仅限于买卖合同的撤销权。

材,这些题材经过新闻媒体的渲染,越发使人们对于拍卖的价格形成机制产生高深莫测的感觉。

拍卖的价格形成机制有其特殊性。解析这一价格形成机制,道理实际上很简单:价高者得规则是确定成交价的客观标准,竞买人之间为符合标准进行面对面的竞争。这一价格形成机制最起码在以下方面与一般买卖方式不同:其一,竞争被压缩在一个较为狭小的空间和较为短暂的时间内完成。它就像空气被压缩一样,压缩的强度越高,喷发的强度也就越高,因此,拍卖过程中的竞争程度高于其他任何一种买卖方式。其二,价高者得规则指导下的竞争在竞买人之间进行,拍卖标的是唯一的,而竞买人众多。这就很容易使人们联想到卖方市场和买方市场的区别,买方市场时,商品充足而购买力不足,商品价格呈下跌趋势;卖方市场时,购买力旺盛而商品不足,商品价格每攀新高。拍卖就是这样一种买卖方式,无论外面的大气候如何,拍卖会现场总是卖方市场。其三,竞买人之间的竞争是面对面的竞争。面对面竞争是拍卖会现场最富刺激的情形,你争我夺,互不相让,有时报价竞争的过程竟成为心理较量的过程。其四,竞争在价高者得规则作用下只问价格不问其他。这并不是说在拍卖市场内不存在质量、服务等竞争因素,而是说相比较之下,价格竞争因素表现得格外突出,以至于其他竞争因素均被价格竞争的浪潮所吞没。

通过以上分析可知,拍卖过程中的价格形成机制是以竞争为核心的,只不过有其不同于其他买卖方式的特色而已。再从其特色看,调动了一切足以引起价格竞争的因素,但本身并无不合理、不公平之处。那么,通过该机制产生的高价合理吗?

拍卖产生的高价是否合理要具体分析。首先,应该看到,一般买卖方式中商品的价格是根据成本加合理利润的公式来计算的,这样产生的价格符合成本核算原理,当然是合理的;但正是这种合理的价格,在市场上往往表现出不合理性来,一些滞销商品长期卖不出去就是最好的证明。因此,所谓价格合理性是相对的,它不得不接受市场供求关系的影响。市场接受与否是商品价格合理与否的试金石,商品的价格应随市场供求关系的变化而变化。如果商品的价格已被市场所接受,只要交易是公正的,又有什么理由怀疑其合理性呢？其次,必须注意到,那些能带来新闻效应的高价绝大多数都产生于非常拍卖标的——文物、古玩,这类拍卖标的历经磨难,流传至今,其唯一性和非再生性往往成为高价的基础。对于这类拍卖标的的价格,很难机械地用成本加合理利润的公式去衡量,对于拍卖标的中所包含的历史价值和艺术价值,很难用一个固定的框架去设想价格的合理性。既然价格是在市场上通过竞争实现的,只要竞争方式合理,就没有必要怀疑价格的合理性。

（五）价高者得规则功用的扭曲

当我们说通过拍卖机制产生的高价是合理的时候,不应将其绝对化。拍卖实践中不合理的成交价并非少见,产生这些现象的原因很多,分析这些原因可以加深对价高者得规则的进一步认识。

竞买人对价高者得规则的误解是产生不合理成交价的原因之一。价高者得规则倡导竞争,但绝非倡导不明知或不理智的竞争,如果在竞争中失去理智或不知竞争的价值为何,必然产生不合理的高价。例如,上海某拍卖行1993年6月在香港举办"首届中国书画拍卖会"。一幅汪精卫的水墨纸立轴行书在拍卖会前并不被看好,保留价定为3500港元。拍卖师宣布开拍后,举牌应价者甚多,价格直线上升。当报价超过4万港元时,场上只剩下两位竞买人在相互竞争了,观其态势,均无让步的意思。当价格被叫到8万港元时,场中人都有点看不懂了,他们难以想象汪的这幅并不高明的书法作品何以会值如此高价。然而,竞争并未就此打住,两人依然一前一后举着手中的应价牌,价格也就随之不断飙升。最后该幅立轴行书被拍到22万港元。字幅虽买到了,但买受人并没有成功的喜悦,他在签署拍卖成交确认书时是一副沮丧、懊恼的神态。据说,买受人的对手是香港有名的"要一槌",此人尽管未必真懂字画,但财大气粗,少有人在拍卖场上与之争锋,今天恰好碰到一位志在必得的买主,产生不合理的高价也就在情理之中了。事后业内人士一致认为,该字画的成交价不合理。香港著名收藏家张宗宪先生称:"这样的作品和价格在国际拍卖市场上无论以其商业性还是艺术性而言,都是不相符合的"。此例中,双方斗勇不斗智,虽然很难说有什么恶意,但他们均缺乏竞买人应有的素质。一般而言,竞买人的起码素质是诚实信用、理智、有商品知识等,若缺少相关素质,再合理的机制都有可能在操作中被扭曲。

恶意曲解并利用价高者得规则的现象在拍卖中也时有发生,如相互串通、哄抬价格。串通抬价属违法行为,但在实施过程中有较大的隐蔽性,在未被揭露前,它也是循着价高者得的轨迹运行的。串通抬价行为打乱了人们正常的思维逻辑,如善意竞买人不具备相应的商品知识,极有可能上当受骗,被套在他人设计的陷阱之中,这时的高价必然是不合理的。串通抬价的危害性极大,一旦被揭露应受到法律的制裁,受害人的损失也应得到赔偿。

另外一个值得注意的现象是拍卖主持人(拍卖师)的误导或诱导。拍卖主持人在拍卖会现场的作用极大,一个好的拍卖主持人应能够利用一切合理、合法的手段,调动竞买人的购买欲望并适时调整拍卖会现场的气氛。拍卖主持人希望通过自己的引导达成交易是可以理解的,但不能以高价为唯一目的,甚至不择手段促成高价。拍卖主持人切忌采用过分夸张或怂恿的语言。例如,一句"怎么,就没有人再愿意多出一点吗"给人以亲切、幽默的感觉,而"快下决心,你肯定不会吃亏"就有夸张或怂恿的嫌疑了。除非主持人有十分的把握,不应就拍卖标的的品质、用途等作过分的宣传;应禁止主持人在拍卖会现场谈论甚至预测拍卖成交价;应禁止主持人在拍卖会现场示意特定竞买人应价。总之,拍卖主持人应充分意识到自己的言行对于竞买人的影响,意识到竞买人可能因错误的信息受到误导或诱导,意识到误导或诱导的结果可能使价高者得规则变质,在合理的机制中产生不合理的高价。误导或诱导在主观上可以是故意,也可以是过失,无论是故意还是过失,拍卖主持人都应承担相应的责任。

综上所述,价高者得规则的功用(通过竞争形成合理价格)在实践中可能被扭曲,这是人为的结果,但不能因此怀疑价高者得规则本身的合理性。就如同没有人怀疑竞争是市场机制得以发展的灵魂一样,尽管竞争在实践中也可能被扭曲。因此,当我们在实践中运用某一法律规则时,不能仅考虑规则本身,而是要将规则及其运用放到一个更大的系统中去考察。价高者得规则及其运用不得违背公开、公平、公正和诚实信用原则。

三、价高者得规则的效力范围

价高者得规则是拍卖程序中的成交规则,主要在拍卖会现场发挥其作用,参与拍卖的各方当事人都应受价高者得规则约束。

（一）价高者得规则约束竞买人

价高者得规则对竞买人的约束效力是最直接的,竞买人在拍卖会现场的竞争过程也就是价高者得规则发挥效力的过程。参与竞买的每一个竞买人都应当清楚,按照规则只有一个竞买人可以与拍卖人达成成交协议,成为实际买受人;决定一个竞买人可以成为实际买受人的因素,既不是他的身份、地位,也不是他对拍卖标的的需求程度等,法律要求买受人必须在规定的时间内报出相比其他竞买人更高的价格。对于报价最高的竞买人来说,他有充分的权利要求拍卖人确认与自己成交;而对于其他竞买人来说,只能接受竞拍失败的事实。规则如此简单明了,约束如此强劲有力,实践中不允许有任何例外。

（二）价高者得规则约束拍卖人

拍卖人是拍卖会现场的组织实施者,在组织实施过程中,拍卖人握有许多权利,确认拍卖成交即是其权利之一。拍卖人应当遵循价高者得规则确认成交。当竞买人之间报价竞争时,谁的报价最高,应由拍卖人（通过拍卖师）确认。在此意义上,拍卖人是拍卖会现场的"法官",是价高者得规则的具体实施者。但从另一个角度看,拍卖人必须接受价高者得规则的约束,不能随心所欲地确认成交价,也不能随心所欲地选择成交者,不论其心中的想法是否属于善意,只能按照价高者得规则行事。因此,就价高者得规则的运用而言,拍卖人的身份具有两重性,其权利与义务同在,且其权利和义务是对等的。

（三）价高者得规则约束委托人

价高者得规则对拍卖委托人的约束较为间接。一般而言,作为支配成交的价高者得规则,应在现场拍卖阶段发挥作用;但在拍卖会现场之外,该规则也会发生重要的影响,它对于委托人的约束力就在该重要影响的覆盖之下。

委托人是拍卖关系的真实卖方,按规则不能在拍卖会现场有所作为。因此,拍卖委托人是通过成交结果感受到价高者得规则的。但不能因此而忽视价高者得规则在委托人心目中的地位。1996年在我国西北某城市发生过一起拍卖纠纷,某人将一批古董委托某拍卖人拍卖,拍卖人接受委托后双方共同商定了保留价,经过周密策划,拍卖人决定在我国南方某城市拍卖该批古董。但直到临近现场拍卖时,拍卖人才知晓文物拍卖许可证办不下来,情急之下,拍卖人在未征得委托人同意的情况下以展销方式出售了该批古董,价格不菲,均超过保留价。但委托人知情后立即提出异议,拒不接受拍卖人确认的价格。该案涉及拍卖筹备的责任、买卖方式的异同和保留价的意义等一系列问题,但仅就价高者得规则而言,委托人的异议理由充足。拍卖方式与展销方式的差距甚大,展销方式中完全没有价高者得规则的作用过程,委托人完全有理由相信,在没有价高者得规则作用的情况下所确认的成交价是不充分的。

委托人希望按价高者得规则成交,当然也要接受价高者得规则运作的结果。价高者得规则是通过公平竞争确定成交价的规则,按此规则确定的价格不能说绝对合理,但一般是合理的,委托人如不明确这一点就不可能选择拍卖方式;而一旦委托人选择了拍卖方式,实际上就默认了规则对自己的制约,即拍卖人按此规则与最高应价的竞买人成交时,委托人无权提出异议。委托人必须接受拍卖人确认的成交价,除非他能证明拍卖人在确认成交时违反了价高者得规则。

总而言之,价高者得规则是支配拍卖方式的核心法律规则,没有价高者得规则就不能成立拍卖。价高者得规则形成较早,操作简单,但依然不能避免在具体运用过程中遇到难题。因此,我们有必要理解其含义,理解其原理、特点、效力,只有如此,才能在扑朔迷离的拍卖实践中合理地运用该规则。

第二节 保留价规则

一、保留价规则概述

（一）保留价及其规则的含义

保留价（又称底价）①，是指拍卖人可以据以确认拍卖成交的最低价格。而保留价规则是指拍卖当事人应当按保留价作为或不作为的行为准则。在有保留价拍卖中，委托人和拍卖人需事先商定保留价；保留价以具体的价格表示，如 3000 元人民币、2000 元港币、1000 元美金等；保留价一经确定，一般不得随意改变，拍卖主持人（拍卖师）在主持拍卖时不得低于保留价确认成交。

一般认为，保留价规则产生于古罗马时期。那时的皇室传令官经常主持宫廷弃用物品（如挂毯、雕像等）的拍卖，为保证拍卖标的物有所值，出现了通过保留价约束成交的做法，拍卖标的的保留价通常由传令官确定和宣布。当时保留价规则包含哪些具体内容现在已无法一一查考，但有一点可以肯定，不达到保留价传令官就不会宣布成交。随着历史的发展、演变，保留价规则在拍卖实践中不断得到充实和完善，至今已形成由一系列行为准则构成的体系，包括无保留价公示、保留价确定、保留价修改、保留价的公开和密封、保留价的效力等。

保留价是拍卖的普遍条件，但不是必备条件，事实上无保留价拍卖也是经常发生的。所谓无保留价拍卖是指在拍卖会举行前不确定保留价，任何竞买人一旦成为拍卖会现场的最高应价者，他就是理所当然的拍卖标的买受人，不受来自于保留价的任何约束。当然，实践中还可能出现这种情况，即在拍卖会举行前，委托人和拍卖人虽然商定了保留价，但该保留价仅起象征作用。② 例如，北京某电子有限公

---

① "保留价"是我国拍卖法规中为设定规则所取的正规名称，但也有些拍卖法规称其为"底价"，如《招标拍卖挂牌出让国有土地使用权规定》、《探矿权采矿权招标拍卖挂牌管理办法（试行）》等。无论所用名称如何，它们的含义是一样的。

② 更多的拍卖业内人士认为，这种仅具象征作用的保留价完全是为了适应媒体渲染的需要，带有委托人或拍卖人的炒作意图，没有任何实际意义。

司于1993年委托北京某拍卖行拍卖51台恒生系列笔记本电脑,双方商定,每台笔记本电脑的保留价是人民币1元。笔者认为,无论是委托人和拍卖人不商定保留价,还是仅商定象征意义的保留价,凡委托人和拍卖人不希望保留价规则发挥效力,或者事实上保留价规则完全不发挥效力的,都应被认为是无保留价拍卖。

除无保留价拍卖外,保留价规则的效力是普遍的。虽然保留价规则的内容在各国法律规定中可能有所差异,但保留价规则已被各国拍卖实践所接受。我国《拍卖法》第28条和第50条涉及保留价规则,该两条规定:委托人有权确定拍卖标的的保留价并要求拍卖人保密。拍卖国有资产,按照法律或者按照国务院规定需要评估的,应当经依法设立的评估机构评估,并根据评估结果确定拍卖标的的保留价。拍卖标的无保留价的,拍卖师应当在拍卖前予以说明。拍卖标的有保留价的,竞买人的最高应价未达到保留价时,该应价不发生效力,拍卖师应当停止拍卖标的的拍卖。上述内容也在其他拍卖法规中有所体现。保留价规则中所谓"达到保留价",实践中通常认为凡最高应价等于或高于保留价的,视为达到保留价。

(二)保留价规则的原理

保留价规则的原理要解决为何建立保留价规则的问题。比较涉及某些拍卖标的时,委托人对有保留价拍卖或无保留价拍卖的选择,可能有助于该问题的解决。从实践情况的总体分析中可以看出:当涉及的拍卖标的价值较低时,委托人选择有保留价拍卖的几率也低,当涉及的拍卖标的价值较高时,委托人选择有保留价拍卖的几率也高;当涉及的拍卖标的属于国有资产的性质时,或者委托人是根据法律的授权处分他人财产时,法律往往直接要求选择有保留价拍卖。以上的规律虽然不是绝对的,却有相当的代表性。

实践情况证明,无保留价拍卖虽然成交的机率更高,却也有着很大的风险。在无保留价拍卖中,只要拍卖师宣布开拍,相关拍卖标的就不得收回,除非无竞买人报价。也就是说,只要有竞买人报价,就意味着成交。无保留价拍卖的成交价格是无底线的,它涵盖零以上的所有空间,它可能很高,也可能接近于零。拍卖标的的成交价接近于零是很大的风险,而这一风险的承受者是谁呢?厘清这一问题很重要,因为这一问题的答案即是保留价规则原理的基础。

在拍卖关系中存在三方当事人,即委托人、拍卖人和竞买人。竞买人处在买方的地位上,拍卖标的的成交价越低对竞买人越有利,故拍卖标的的成交价接近于零对竞买人而言是一种利益而非风险;拍卖人属于买卖双方之间的中介,拍卖标的成交价的高低对拍卖人的利益会有一些影响,但影响十分有限,压根谈不上风险;而委托人(包括拍卖标的所有权的真实所有人)就不同了,委托人处在卖方的地位上,拍卖标的成交价的高低与其休戚相关,价格高则受益,价格低则受损。因此,拍卖标的成交价接近于零的风险实际由委托人承受。委托人在拍卖会现场的地位很尴尬,根据法律规定,委托人在拍卖会现场的利益由拍卖人维护,他自己无所作为。在拍卖会现场,拍卖关系三方当事人中的两方(拍卖人和竞买人)均以自己的行为直接维护自己的利益,唯有委托人例外。委托人是拍卖标的的所有权人,却要通过他人的行为来维护自己的利益;委托人希望拍卖标的以高价卖出,却又担心价格过低给自己带来重大损失。为了规避风险,委托人只有通过设定保留价来防止价格过低,确保在拍卖机制中自己的利益不受损害。如此理解,保留价并非表面上所体现的价格,而是一种利益的制衡点,这可以防止利益的过分倾斜,使拍卖机制中各方利益的保护更加均衡。因此,保留价规则的原理实质上是利益制衡。

(三)无保留价公示制度

无保留价公示制度要求:拍卖有无保留价应当公示。无保留价公示制度由拍卖人操作,具体操作方法是:某拍卖标的上未设定保留价的,拍卖人应向所有竞买人说明;未说明的,表明该拍卖标的上设定了保留价。公示的方式可以是书面的,也可以是口头的,旨在使所有参与竞买的人知晓;公示的时间可以在公告期间,也可以在展示期间,但最迟不能晚于该拍卖标的的现场拍卖之前。保留价公示制度仅要求公示有无保留价,并不要求在有保留价拍卖中公示保留价的具体数字。因此,该制度与密封保留价的做法并不矛盾,也丝毫不影响委托人在有保留价拍卖中所具有的利益。

明示拍卖有无保留价,对竞买人有较大影响。有保留价拍卖时,竞买人不仅要考虑报价最高,而且要考虑达到保留价,因此,他的每一个报价是不是一个真实有效的要约,要视是否高于保留价而定;而无保留价拍卖时,竞买人无须考虑保留价对自己所报价格的约束,他的每一个报价都是一个真实有效的要约。因此公示有无保留价于竞买人十分有利。

无保留价公示制度具体体现了拍卖法上的公开原则,在一定程度上保证了拍卖透明,是一个很好的制度。无保留价公示制度已为拍卖实践广泛采用,它在各国法律中也有所体现。例如,《美国统一商法典》第二编第 328 条规定:拍卖是有保留的买卖,"除非用明确的语言表明货物的拍卖是无保留的买卖"。我国《拍卖法》也明文规定无保留价公示制度,该法第 50 条第 1 款规定:"拍卖标的无保留价的,拍卖师应当在拍卖前予以说明。"该制度也体现在我国其他拍卖法规中。

二、保留价规则的实践评述

(一) 保留价的确定权问题

保留价规则运作的基础是保留价的确定,那么由谁来确定保留价呢? 这是摆在我们面前首先要回答的问题。归类实践中存在的做法,不外有三类人参与保留价的确定,即委托人、拍卖人和专业估价人员。他们可能个别地,也有可能联合地参与保留价的确定;有时可能这类人的意见占了上风,有时可能那类人的意见占了上风,保留价的确定最终总是根据其中某一类人的意见。总之,围绕保留价的确定,实践中的做法很多。

实践中的做法可以允许多样性,但这种多样性绝不意味在保留价确定权问题上存在权利的相互制约。换言之,如果委托人、拍卖人、专业估价人员三方在确定某一拍卖标的保留价时意见不一,究竟应以谁的意见为准? 这才是保留价确定权问题的法律实质所在。

我国拍卖法规对于保留价确定权的规定有一个渐进的过程。20世纪 90 年代以前,我国各省、自治区、直辖市制定的有关拍卖法规均未界定保留价确定权的归属,这一时期的拍卖实践倾向于将确定权赋予拍卖人,退一步说也是由拍卖人和委托人共同拥有确定权。例如,上海朵云轩艺术品拍卖公司1993年4月公布的《业务规定》规定:"卖家有权就底价数目与本公司书面协议。"最早界定保留价确定权归属的拍卖法规是1993年深圳颁布的《财产拍卖条例》,其第31条规定:"委托人可确定拍卖物保留价格。"但其中所反映出来的权利属性较弱,"委托人可确定"与"委托人有权确定"之间的距离,为拍卖实践留下了太多可以自由发挥的余地。1994年上海颁布的《财产拍卖规定》又向前迈进了一步,其第27条规定:"委托人有权确定拍卖物的底价。"原本模棱两可的权利终于显山露水,即保留价的确定是一种权利,是一种民事法律意义上的权利。1996年7月5日全国人大通过的《拍卖法》可谓在全国范围内一锤定音,其第28条规定:"委托人有权确定拍卖标的的保留价"。至此,权利归入了本位。

与立法进程相对应的是我国拍卖界和法律界对保留价确定权的讨论。保留价的确定权是一种法律上的权利,在设定这一权利时要考虑一般的合理性。为设定这一权利,在20世纪90年代末,我国拍卖界曾有人建议,三类人(委托人、拍卖人、估价人)或两类人(委托人、拍卖人)均拥有保留价的确定权,按协商一致的原则确定保留价。建议的理由是:就保留价的确定权而言,拍卖人和估价人员的专业知识是不可忽视的,委托人的切身利益也应当强调,经协商一致形成的保留价能够带来最大的经济利益。上述建议受到来自委托人的强烈抵制,委托人的道理很简单:我的东西为何要与他人共同商定最低卖出价?另外,所谓最大的经济利益难道不是主要指委托人的经济利益吗?委托人的经济利益当然应当由委托人自己主张。事实上,暂且抛开保留价与经济利益之间的关系不谈,仅就"协商一致"本身而言就是一个难以正常运作的机制。不能够协商一致怎么办?难道还要为此设置仲裁?实践中不能回避这一问题。

前述在谈及保留价规则的原理时曾强调,作为一种利益制衡机制,保留价规则主要是为维护委托人的利益而创设的,实际情况也是如此。保留价确定的好坏与委托人的利益休戚相关,保留价确定得过高或过低时,所产生的经济损失由委托人承担最为简便易行,也最为自然。难道拍卖人或估价人员能够为此承担责任吗?法律上的道理就是如此简单,谁能够承担责任,谁就能拥有权利,权责对应是法律上的逻辑。

委托人拥有保留价的确定权受到来自拍卖企业的激烈反对。其理由主要是:委托人不熟悉拍卖业务,如由其确定保留价,可能因为保留价确定得过高或过低而影响成交或者影响成交额,从而也就减少了拍卖人的佣金收益。不错,拍卖人的佣金收益原则上是按成交额的一定比例计算的,是否成交或者成交额的高低直接影响到拍卖人的经济利益。但是,当出现因保留价确定得过高或过低影响到成交或成交额时,拍卖人并非一定没有收益,拍卖人可以与委托人约定在此情况下的佣金收取比例,因此,拍卖人的损失是十分有限的。两相比较,委托人在相同情况下的损失要大得多,此其一。其二,市场是自由的,市场上的选择是双向的,如果拍卖人认为委托人确定的保留价与实际明显不符,如此拍卖绝无成功的可能,拍卖人经劝说无效,完全可以拒绝接受委托。

委托人拥有保留价确定权并不排斥拍卖人和估价人员在确定保留价时提供意见。拍卖人和估价人员拥有专业知识和经验,他们的意见往往具有合理性,委托人应当尊重他们的意见。委托人拥有保留价的确定权并不意味该权利不可以通过授权而由他人行使,实践中委托人委托估价人员或拍卖人代为行使确定权的现象是经常发生的,这与保留价确定权的原理并不相悖。委托人拥有保留价确定权,仅表明在确定保留价问题上,委托人的决定是至高无上的。

(二) 保留价的合理性问题

拍卖参与人都很关心保留价的高低,如果他们认为保留价确定得过高或过低,往往会感觉"不合理";拍卖实践中,如果因为各种原因而导致流拍时,[①] 人们也习惯于用保留价确定得不合理来解释。那么,如何来衡量保留价的合理性? 或者说,什么样的保留价是合理的?

有人评述说,接近且略低于成交价的保留价是合理的,这一评述

---

① 拍卖实践中,流拍是指因无竞买人竞买或者竞买人的报价均未达到保留价致使拍卖不成功的情形。

乍听起来很有道理,实际上却毫无意义。保留价是一个法律规则得以运作的基础因素,讨论保留价合理性问题旨在提供一种理念,根据该理念确定的保留价能够使保留价规则正常地运作。而上述评述无异于将人们引入猜测成交价的怪圈。由于拍卖会现场的竞争存在较多变数,拍卖成交价经常表现得十分偶然。例如,"九二北京国际拍卖会"上,有三把珍珠琵琶推出拍卖,这些琵琶均为非洲黑檀木制成,上面镶满缅甸名贵宝石,其本身便价值不菲,更何况还具有相当的艺术价值。拍卖前经预测,将每把珍珠琵琶的保留价定为100万美元。现场拍卖时制作者特意上台抚琴弄弦,引得满堂喝彩,但竞价时却大爆冷门,几乎无人问津,拍卖人只得全数收回。此例充分说明,猜测成交价并以成交价作为衡量保留价合理与否的基础,毫无科学性可言。

那么,是否可以用拍卖标的的内在价值作为衡量保留价合理与否的基础?按正统观点,商品的价格是由其内在价值决定的,价值即凝结在商品中的一般的、无差别的人类劳动。商品的市场价格以价值为基础,在供求关系的影响下,围绕价值自发地上下波动。价值转化为生产价格后,由生产费用加平均利润构成。因此,"反映拍卖标的内在价值的保留价具有合理性"的观点,被人们广泛接受。与此观点相适应,在确定保留价时,首先应考虑生产费用和利润,其次应考虑供求关系。平心而论,这一观点用以衡量一般商品的价格无疑是正确的,但用以确定拍卖标的的保留价就有欠缺了。究其原因在于,拍卖标的的保留价不是拍卖标的的价格。

拍卖标的的价格是指拍卖标的的成交价,而拍卖标的的保留价却不同。首先,它们不在同一个系统,拍卖标的的成交价是客观的,在现场拍卖结束时产生,反映拍卖标的在市场上的价值;而拍卖标的的保留价是主观的,在现场拍卖前产生,反映拍卖标的在委托人心目中的最低价位。其次,拍卖标的的保留价虽与成交价有关,但这种关系却无任何规律可言,它们有时可能相等,有时可能略有出入,有时可能大大背离;拍卖实践中,保留价与成交价不符的情况几十倍于它们相符的情况。

笔者认为,我们不能因为流拍而质疑保留价的合理性,也不能因为没有卖出所谓高价而质疑保留价的合理性,因为保留价没有确保不流拍或卖出高价的功能。① 既然保留价规则的原理是利益制衡,保留价合理性的考量当然应当围绕这一核心。委托人之所以需要保留价,在于制约其他拍卖参与人的权利,用以保护自己的利益。因此,确定保留价主要是一种防护手段,而非追求成交或者高价的手段,衡量保留价的合理与否也应从这个角度去考虑。因此,只要保留价正确反映了拍卖标的在委托人心目中的最低价位,就是合理的。

（三）保留价与评估价的关系问题

拍卖标的在委托人心目中的最低价位并非凭空产生,它要受到多种因素的影响,其中评估价对它的影响尤其大。评估价通常指专门机构或专业人员依据一定方法、程序、标准等,对拍卖标的的内在价值予以评定和估算所形成的价格,采用的方法、程序、标准越科学,所形成的价格就越接近其内在价值;反之,则可能与内在价值相去甚远。

评估价是确定保留价的重要参考,但评估价的确定不能替代保留价的确定,原因是两者的功能完全不同。评估价的功能是尽可能正确地说明拍卖标的的内在价值,而无论这种说明是否反映了拍卖标的在委托人心目中的最低价位,因此,评估价以客观为原则。而保留价完全是委托人心目中出售拍卖标的的最后防线,在拍卖机制中,委托人通过保留价防止他人滥用权利,因此,保留价并不要求客观反映拍卖标的的内在价值。

尽管如此,实践中以确定评估价替代确定保留价的现象还是经常出现,究其原因有二:其一,由于种种原因,委托人对拍卖标的难以形成心理价位,这时委托人不得不按他人的估算构筑自己的心理防线。其二,委托人不是拍卖标的的真正所有权人,而是经法律授权代为行使所有权权能的人,在此情形下,为了对被授权人的权利进行合理制约,防止滥用权利,法律往往规定以具有中介地位的评估机构确定的评估价替代保留价。

---

① 笔者甚至认为,流拍有时候正是保留价正常发挥作用的形式。

上述后一种现象典型地反映在有关国有资产的拍卖中。① 我国《拍卖法》第 28 条第 2 款规定:拍卖国有资产的,按照法律或者按照国务院规定需要评估的,应当经依法设立的评估机构评估,并根据评估结果确定拍卖标的的保留价。我国其他拍卖法规也规定了相关内容。

即使如此,评估价也不能自动转化为保留价,评估价转化为保留价需要委托人的认可。另外,应认为评估价转化为保留价是一种异化,在异化过程中,功能也转变了。

(四) 保留价的保密与公开问题

保留价通常是保密的。

保密的保留价是对保留价的具体数字保密。保密的保留价可以确定后密封,所以又称为"密封保留价"。保密的保留价只允许有限的人知情,其中包括委托人和拍卖人,如果有公证人参与证明拍卖活动的合法性,公证人亦应知晓保留价的具体情况。竞买人不应知晓保密保留价的具体情况,上述保密保留价的知情人不得以任何方式向竞买人透露或暗示保密的保留价的具体情况。因此,所谓保留价的保密只是对参与竞买的人而言的。

保密的保留价有其实践特点。一方面,竞买人不知道保留价的具体数目,导致其在报价过程中少受某一固定价格参数的影响,叫价或应价的参考系数仅是其他竞买人所报的价格,如此有报出高价的可能。另一方面,竞买人不知道保留价的具体情况也可能导致报价竞争均在保留价之下进行,最高报价不达保留价,拍卖不能成交。

保留价也可以公开。公开的保留价是指将保留价的具体数字公示给所有参与竞买的人。实践中,公开保留价的方式多种多样,可以在拍卖标的目录中列示,可以在拍卖标的展示时标示,也可以由拍卖师在主持拍卖时口头宣布,总之,应在拍卖会现场竞买人开始报价前

---

① 这一现象也应包括法院依法拍卖债务人的财产的情形,但因其处在不同的框架中,将在后面"强制拍卖研究"一章中论述。

完成。公开的保留价不同于拍卖标的参考价,①保留价有法律约束力,而参考价没有法律约束力,拍卖成交价高于、等于、低于参考价均可。

公开的保留价也有其实践特点。一方面,竞买人知道保留价后就可能在心目中建立起自己的价格底线,拍卖现场所报价格不至于背离保留价太远,如此,竞争的激烈程度也会随之减弱。另一方面,公开保留价后的报价均在保留价之上进行,只要有竞买人报价,就确保了拍卖成交。

我国《拍卖法》颁布前,保留价保密曾经是我国拍卖法规的强制性要求,这一要求在当时的地方法规中表述得相当明确。例如,深圳《财产拍卖条例》第31条第2款规定:委托人和拍卖人对保留价格应当保密。上海《财产拍卖规定》第27条第2款规定:委托人和拍卖人对底价应予保密。根据这些规定,不仅拍卖人,甚至委托人也无权选择公开保留价的方式。但是,保留价的强制保密要求被实践证明毫无益处。首先,就如同保密的保留价一样,公开的保留价并不影响拍卖当事人之间权益的分配,即保留价的保密和公开只是一种技术性措施,属于拍卖技巧范畴。其次,就如同保密的保留价一样,公开的保留价并不影响保留价的法律功能,即保留价的保密和公开纯属保留价的外在形式,属于可自由选择的范畴。另外,从保留价确定权归属于委托人角度看,委托人有权决定公开保留价也在情理之中。为此,我国在制定《拍卖法》时,结合实践情况,未将保留价的保密列入强制性的要求。《拍卖法》第28条第1款规定:委托人有权确定拍卖标的的保留价并要求拍卖人保密。它意味着委托人对于自己确定的保留价可以选择是否要求拍卖人保密。

无论是选择公开的保留价也好,或是选择保密的保留价也好,对于委托人均有利弊。尽管如此,实践中委托人还是以选择保密的保留价为多。委托人选择保密的保留价时,有权要求拍卖人保密,如由

---

① 当今拍卖实践中,出现了列出拍卖标的参考价的做法,即在拍卖标的展示时,明文标出拍卖标的的参考价。拍卖标的参考价以具体的价格数目表示,如100美元、20000日元、3000元等;拍卖标的参考价均在现场拍卖前向所有竞买人公开,表现形式上很像公开的保留价。

于拍卖人的原因导致保留价泄露,拍卖人须为此承担法律责任。

（五）保留价的修改问题

保留价的修改,包括保留价的撤销、增设和变更。所谓保留价的撤销是指变有保留价拍卖为无保留价拍卖；所谓保留价的增设是指变无保留价拍卖为有保留价拍卖；所谓保留价的变更是指变动保留价的具体数目或者变换保留价的公开、保密形式。

对于保留价在确定之后是否允许修改,我国《拍卖法》未作明文规定,但参考相关法规并略作分析,不难找出答案。首先应当明确,保留价的修改和保留价的确定属于不同性质的问题。保留价确定问题的实质在于权利定位,即保留价确定权归属于谁；而保留价修改问题的实质在于合同变更,即涉及保留价的合同如何变更。一般来说,保留价一经确定,即属于委托拍卖合同的确定内容或重要条款,既然属于合同的内容或条款,就没有理由不允许变更或随意变更。按照我国《合同法》第77条规定,除非法律另有规定,已经确定的合同内容或条款可经双方当事人协商一致而变更。据此可以认为,保留价在确定之后是可以修改的,但要遵循协商一致变更的规则,委托人和拍卖人均不能单方面撤销已确定的保留价或者变更已确定的保留价的具体数目。

那么,已确定的保留价应当如何修改？即使委托人和拍卖人对已确定的保留价的修改取得一致,保留价的修改依然影响到第三人的利益。受保留价修改影响的第三人主要指竞买人。保留价对竞买人有重要制约,有无保留价或者保留价的高低,当然会影响到竞买人的利益。法律上的一项原则是：权利人在行使自己的权利时不得损害他人的利益。因此,委托人和拍卖人经协商一致修改已确定的保留价时,应当遵循下列规则：

其一,禁止在现场拍卖过程中修改保留价。此条禁令对于公开或者保密的保留价的撤销、增设和变更一体适用。因为,保留价无论采用公开或者保密的形式,如允许委托人和拍卖人在现场拍卖过程中经协商一致撤销、增设和变更保留价,保留价就可能成为委托人和拍卖人手中运用自如的武器,他们可以自由决定在任何时候收回拍卖标的(以不达到保留价为由),也可以决定在任何一个价位上出售拍卖标的(以达到保留价或没有保留价为由),这样对竞买人是极不公平的。① 更有甚者,如保留价采用的是保密形式,允许委托人和拍卖人在现场拍卖过程中经协商一致撤销、增设和变更保留价,甚至可以说是对竞买人的愚弄。

其二,公开保留价的修改应不迟延地告知竞买人。保留价公开后,保留价的高低即成为竞买人考虑参与竞买的重要因素。竞买人参与竞买并非为了凑热闹,拍卖标的的保留价是他们首先要考虑的因素,如果保留价过高,超过了他们的支付能力或心理价位,他们可能就不会再花费时间和金钱去参与了。因此,公开保留价的修改,特别是上调保留价的数额,涉及竞买人的切身利益,应当谨慎进行。如确需修改,应不迟延地告知竞买人。考虑到竞买人的利益,应在告知的同时申明允许竞买人退出竞买,并退还竞买人已缴纳的所有费用。

其三,如保留价是在拍卖会现场由拍卖主持人当场公开的,则保留价一经公开,不得修改。

三、保留价规则的效力范围

(一)保留价可以对抗最高应价

按照最高应价成交是价高者得规则的要求,不达保留价不得成交是保留价规则的要求,两相碰撞,形成制约,最高应价不达保留价时,最高应价不发生效力。保留价对抗最高应价是有条件的,如果最高应价等于或者超过保留价,保留价就失去了对抗最高应价的基础,只有当最高应价不达保留价时,保留价方可对抗最高应价。保留价规则的上述效力已为我国法律明文认可。《拍卖法》第 50 条第 2 款规定:拍卖标的有保留价的,竞买人的最高应价未达到保留价时,该应价不发生效力,拍卖师应当停止拍卖标的的拍卖。上述内容在我国其他拍卖法规中也有明确规定。

主张对抗的权利既可以由委托人行使,也可以由拍卖人行使,但实践中由拍卖人行使的为多。现场拍卖过程中,拍卖人以未达保留

---

① 这种不公平实质上就是买卖双方权利义务的不平等。因为,就拍卖成交合同而言,委托人是真正的卖方,拍卖人代表卖方,他们都属于卖方阵营,只有竞买人是买方。

价为由拒绝与最高应价者成交时,实际上就是在主张对抗权利。另外,如遇竞买人以最高应价为由不依不饶时,拍卖人可以保留价规则抗辩任何竞买人的申诉。例如,拍卖业在我国复兴不久,上海某拍卖行从事拍卖业务时,由于未及时申明是有保留价拍卖,因此当拍卖师宣布最高应价不达保留价不能成交时,引起竞买人的骚动,竞买人并扬言要指控拍卖人的恶意行为,幸好拍卖人事先将保留价密封,经当场拆封,方平息了竞买人的怨言。可见,事先申明有无保留价及将保留价密封是相当重要的。不过,追根溯源,主张对抗的权利实质上属于委托人,拍卖人是委托人的代理人,其行使权利也是为了维护委托人的利益。况且,拍卖人行使权利的过程也是受制约的过程,且拍卖人不得不行使此项权利,虽然他在其中可能并无利益。

(二)拍卖人对抗保留价规则的行为无效

所谓拍卖人对抗保留价规则的行为,是指拍卖人在最高应价不达保留价的情况下宣布成交。拍卖人对抗保留价规则的行为属于违法行为,拍卖人应为此承担责任,对此可以说无人有异议。问题是该行为是否应当被判定无效,产生无效行为的法律后果。按民法的一般原理,无效行为欠缺民事法律行为根本性生效要件,因此不发生民事法律行为的固有效力,其无效是自始、确定和当然的。无效行为的法律后果之一便是当事人因该行为取得的财产应当返还。那么,无过错的善意买受人是否应当返还业已拍定的拍卖标的?

无效行为,特别是合同中的无效行为,[①]因其导致的法律后果不同而常常被行为人利用。司法实践中常见某些恶意行为人自己主张行为无效,从而逃避法律规定的较严格的责任,这早已引起我国法学界的关注,并在司法实践中采取了若干防范措施。但笔者认为,就拍卖人对抗保留价规则的行为而言,认定该行为无效是具有合理性的。其一,拍卖人对抗保留价规则的行为未满足法律规定的生效要件。我国《拍卖法》规定:拍卖人不得低于保留价拍出拍卖标的。也就是说,拍卖人宣布拍卖成交以竞买人的应价等于或高于保留价为生效

---

① 拍卖人对抗保留价规则的行为因发生在缔结拍卖成交合同过程中,应属于合同性的无效行为。

要件,不达保留价即不满足生效要件,因而是无效的。其二,拍卖人对抗保留价规则的行为不能一般理解为是无权代理。无权代理属于效力未定行为,它在效力上的状态是既非无效,也非有效。如被代理人拒绝则无效,如被代理人追认则有效。而拍卖人对抗保留价规则的行为无须委托人拒绝,当然无效。从另一个角度说,也不能允许委托人事后承认其效力。因为,如允许委托人事后承认,则只要经委托人允许,保留价就变成可以在现场拍卖中随意改变的了,这实质上抵触了保留价规则的原理,保留价规则本身的效力也就被否定了。其三,将拍卖人对抗保留价规则的行为判定为无效,反映了法律关系本来的面目。如拍卖人依规则行事,正常的结果应当是拍卖标的不能被拍出,拍卖标的依然归委托人所有,而对拍卖人违规的处理也能得到同样的结果,通过确认无效是获得这一结果的合理途径。至于买受人为此所受到的损失,当然应由违反规则的拍卖人承担。

"拍卖人对抗保留价规则的行为无效"这一结论,也可以从我国《拍卖法》有关规定中推导而出。《拍卖法》第50条规定:"竞买人的最高应价未达到保留价时,该应价不发生效力,拍卖师应当停止拍卖标的的拍卖。"那么,如果拍卖师不停止呢?自然的推论就是该拍卖也不发生效力。另外,根据我国《民法通则》第58条第1款第5项的规定,[①]拍卖人对抗保留价规则的行为也应被认定无效。

第三节 瑕疵请求规则

一、瑕疵请求规则概述

(一) 拍卖法上的瑕疵

瑕疵本意指微小的缺点,法律上使用"瑕疵"一词时,通常指标的物存在缺陷或转让的权利不存在、有欠缺等情况。[②] 根据我国《产品质量法》、《消费者权益保护法》等相关法律的规定,产品存在缺陷

[①] 《民法通则》第58条第1款第5项规定:违反法律或者社会公共利益的民事行为无效。

[②] 参见辞海编辑委员会:《辞海》,上海辞书出版社1999年版,第3463页。

是不能容忍的,生产者或销售者理所当然应当为产品的缺陷承担责任。但拍卖法上的瑕疵却有着特殊的含义和意义。首先,拍卖法上的瑕疵与请求权相关联,不能产生请求权的拍卖标的缺陷不属于拍卖法上的瑕疵。拍卖标的往往是一种特殊商品,所谓特殊是指这些拍卖标的在拍卖前都已经过人们一定时期的使用、存放,或者在商品市场上几经流转,它们存在这样、那样的缺陷不足为奇,只要委托人或者拍卖人事先将这些缺陷告知竞买人,就不属于拍卖法上的瑕疵。在此意义上,拍卖法上的瑕疵是指应当告知而没有告知的拍卖标的的缺陷。其次,拍卖法上的瑕疵不包括可能造成人身损害或者他人财产损害①的拍卖标的的缺陷。根据我国相关法律规定,因产品存在缺陷造成人身、缺陷产品以外的其他财产损害的,生产者和销售者应当承担赔偿责任,②这种责任不会因采用拍卖方式而豁免,当然不可能因为告知而免除。在此意义上,拍卖法上的瑕疵仅指可能使买受人蒙受拍卖标的本身价值损失的缺陷。

拍卖法上的瑕疵可能是真伪瑕疵,如竞买人被告知拍卖标的是达·芬奇的画,实际上却是彻头彻尾的赝品;拍卖法上的瑕疵可能是数量瑕疵,如拍卖人和/或委托人对拍卖标的数量言之凿凿,实际上却短斤缺两;拍卖法上的瑕疵也可能是权利瑕疵,如竞买人被告知拍卖标的属于委托人,实际上委托人对于拍卖标的根本没有处分权等,瑕疵可能在方方面面产生,且瑕疵总是围绕拍卖标的而产生。总之,一切应当告知而没有告知且足以使买受人蒙受经济损失的拍卖标的的缺陷,均属拍卖法上的瑕疵。

(二) 瑕疵请求权

瑕疵请求权是指买受人对于拍卖人和/或委托人能够请求一定给付的权利。瑕疵请求权因拍卖法意义上的瑕疵而产生,属于救济性请求权,即因权利人所享有的物权或者债权受到了不法伤害,权利人通过请求去获得救济。瑕疵请求权又属于实体法上的请求权,请求权人可以要求被请求权人恢复原状、赔偿损失等。请求权人既可

---

① 此处"他人财产损害"是指缺陷产品以外的其他财产损害。参见《产品质量法》第29条。
② 参见《产品质量法》第29条和第30条、《消费者权益保护法》第40条。

以直接向被请求权人主张这一权利,也可以通过司法途径主张这一权利。

瑕疵请求权的权利人是买受人(竞买人)。竞买人在参与竞买前或参与竞买时,有权知道可能影响拍卖标的价值的所有瑕疵,如果这些瑕疵因他人的过错被隐蔽了,该竞买人在成为实际买受人时,就有权为自己因此而蒙受的损失主张权利。我国《拍卖法》第61条第1款规定:拍卖人、委托人违反本法规定,未说明拍卖标的的瑕疵,给买受人造成损害的,买受人有权向拍卖人要求赔偿;属于委托人责任的,拍卖人有权向委托人追偿。该法第35条规定:竞买人有权了解拍卖标的的瑕疵,有权查验拍卖标的和查阅有关拍卖资料。

瑕疵请求权的义务人是拍卖人和/或委托人。相对于买受人的瑕疵请求权,拍卖人和/或委托人负有告知瑕疵的义务。拍卖人应当将自己明知或者应知的拍卖标的的瑕疵告知竞买人,委托人应当将自己明知或者应知拍卖标的的瑕疵告知拍卖人,否则,即应对瑕疵造成的损害承担责任。我国《拍卖法》第18条第2款规定:拍卖人应当向竞买人说明拍卖标的的瑕疵。第27条规定:委托人应当向拍卖人说明拍卖标的的来源和瑕疵。我国《拍卖管理办法》第37条规定:拍卖企业有权查明或者要求委托人书面说明拍卖标的的来源和瑕疵;拍卖企业应当向竞买人说明其知道或者应当知道的拍卖标的的瑕疵。

以上买受人(竞买人)的权利以及拍卖人和/或委托人的义务一一对应,独立存在。在拍卖实践中,竞买人是否就拍卖标的的瑕疵要求过拍卖人和/或委托人说明,于其成为买受人后能否主张瑕疵请求权并无直接关联,虽然法律一般规定,竞买人有权了解拍卖标的的瑕疵,但拍卖人和/或委托人不能以竞买人未主动要求说明而推卸自己的责任。

瑕疵请求权不同于产品责任请求权。[①] 其一,瑕疵请求权起因于责任人未履行告知义务,从而未提供给权利人有权期待的经济价

[①] 此处"产品责任请求权"是指产品用户、消费者根据《产品质量法》、《消费者权益保护法》等法律而拥有的请求产品生产者、销售者损害赔偿的权利。

值;产品责任请求权起因于责任人未提供合格的产品,从而未提供给权利人有权期待的人身、财产安全。其二,瑕疵请求权因责任人履行告知义务或"声明不保证"而不复存在,但责任人履行告知义务一般不能影响产品责任请求权,责任人更不能通过"声明不保证"豁免自己的产品责任。① 其三,相对于瑕疵请求权的责任以存在过错为前提,遵循无过错无责任原则;而相对于产品责任请求权的责任已日益趋向于严格责任制,即无过错责任制。

(三) 瑕疵请求规则的原理

在诸多拍卖法律规则中,瑕疵请求规则是产生较晚的规则之一。在拍卖历史上的较早时期,竞买人仅享有查验拍卖标的之权,而对于拍卖标的中难以发现的瑕疵并无请求赔偿的权利。瑕疵请求规则是随着商业法制的发达而产生的。随着商业法制的发达,有关保护产品用户和消费者权益的立法大量涌现,在这些立法中,有两方面的权利不可忽视:其一是产品用户和消费者有了解商品真相的权利;其二是产品用户和消费者有索赔的权利。这些权利影响拍卖方式的结果便形成了瑕疵请求规则。

瑕疵请求规则是依赖过错责任理论和担保责任理论而确立的。

过错责任理论是确立瑕疵请求规则的理论基础之一。人要为自己的过错承担责任。所谓过错是指行为人的主观状态,表现为故意或者过失。故意是较为明显的主观过错,反映在瑕疵请求规则中,就是拍卖人和/或委托人明知拍卖标的有瑕疵,却有意向竞买人隐瞒,致使竞买人在不明真相情况下购得拍卖标的。例如,1993 年上海某拍卖行拟拍卖标明作者为吴某的《毛泽东肖像》画一幅,拍卖会举行前,吴某在该拍卖行印制的《图录》中发现了这幅画,遂立即联系该拍卖行,明确指出该幅画并非自己的作品,而是他人假冒其署名的伪作,但拍卖行出于商业利益的考虑,对吴某的声明未予理睬,且未向竞买人说明真相,即属于故意隐瞒瑕疵。过失是较为隐晦的主观过错,反映在瑕疵请求规则中,就是拍卖人和/或委托人应当知道拍卖

---

① "声明不保证"对瑕疵请求规则影响重大,在一定程度上构成瑕疵请求权的障碍。对"声明不保证"将在下文中论述。

标的有瑕疵,却由于自己的疏忽而未尽告知义务,致使竞买人在不明真相的情况下购得拍卖标的。对于过失的指控通常要满足三点:(1)责任人有尽到合理注意的义务;(2)责任人违背了该义务,即确有疏忽之处;(3)由于责任人的疏忽,致使权利人在不明真相的情况下购得拍卖标的。

采用拍卖方式时,尽到合理注意,告知存在的瑕疵,于维持交易的公平格外重要。因为,拍卖方式是通过买方竞争确定价格,只有全体竞买人事先知道了拍卖标的的所有瑕疵,他们在竞争过程中才可能考虑这些瑕疵,如此产生的成交价才可能是合理的。反之,必然产生价格虚高。

过错责任理论要求拍卖人和/或委托人尽到合理注意的义务,它以"应该知道"作为标准判断拍卖人和/或委托人是否存在过错。那么,如何理解"应该知道"呢?通过合理注意就能发现瑕疵往往需要一些特殊的知识水平和长时间的观察,如知识产权的瑕疵、文物古玩的瑕疵、名人字画的瑕疵等,没有一定的知识水平是难辨真伪的,因此,以平常人的知识水平来衡量是否"应该知道"是不切实际的,也是不合理的。是否"应该知道"应以拍卖人和/或委托人所处的特殊地位来考量。例如,如果委托人是古董收藏家,他就应当有超出常人的辨别古董真伪的能力,他应该知道的内容相比常人应该知道的内容就要广泛、深入得多;如果委托人是某专利权人,他就应该知道自己的专利是否已经过期;如果拍卖人是专营字画拍卖的,他就应该知道字画的基本鉴别等。另外,拍卖人和/或委托人相比竞买人有更多了解拍卖标的的机会,法律上推定其应该知道拍卖标的的瑕疵。

担保责任理论是确立瑕疵请求规则的又一理论基础。拍卖标的也是商品,拍卖人和/或委托人应当为其出售的拍卖标的承担担保责任。竞买人在参与竞买时,有理由期望拍卖标的具有某种价值,在拍卖标的符合拍卖人和/或委托人担保内容的前提下,该期望的价值与拍卖标的的实际价值是相一致的。但如果拍卖标的不符合拍卖人和/或委托人担保的内容,情况就会完全相反,与拍卖人和/或委托人担保不符合的内容就构成拍卖标的的瑕疵。所以,瑕疵责任又被称为瑕疵担保责任。

拍卖人和/或委托人对拍卖标的的担保分为明示担保和默示担保。明示担保源自拍卖人和/或委托人对拍卖标的所有权、质量、数量、规格、性能等所作的声明或陈述,如果拍卖人和/或委托人有过此种声明或陈述,就应担保拍卖标的与此种声明或陈述是相一致的。例如,拍卖公告中称某一文物是汉代的,就应保证文物是汉代的,东汉还是西汉可以不加追究,但如果买受人实际购得的是清代文物,他就可以追究拍卖人的担保责任。拍卖人和/或委托人就拍卖标的所作的声明或陈述越细致,担保责任也就越具体。明示担保不强求书面形式,口头声明或陈述也构成明示担保。明示担保在拍卖中普遍适用,无论竞买人看重的是拍卖标的的交换价值还是使用价值,明示担保都构成拍卖人和/或委托人的确定责任。

默示担保直接基于法律的效力,属于隐含在法律效力之中的对拍卖人和/或委托人出售拍卖标的的强制性要求。如果拍卖人和/或委托人意图销售某拍卖标的,就应担保该拍卖标的适合于销售,特定的拍卖标的应该能够适用于特定的用途。例如,如果拍卖标的是洗衣机,就应担保它能洗涤衣物;如果拍卖标的是电冰箱,就应担保它能用于冷藏食品;如果拍卖标的是水下照相机,就应担保它能用于水下摄影等。竞买人对于默示担保的内容有着十分的期待,但应认识到默示担保在拍卖方式中的适用范围会受到一定限制。其一,拍卖是一种特殊买卖,拍卖标的也不同于一般商品,因此,期待拍卖标的具有良好的品质可能是不切实际的;其二,拍卖标的的交换价值无法通过默示进行担保,因此,默示担保的对象是竞买人对于拍卖标的使用价值的合理期望,能够使用是满足默示担保的最低标准。

二、瑕疵请求权的障碍

(一)拍卖人和/或委托人无过错

拍卖人和/或委托人无过错构成瑕疵请求权的实质性障碍。瑕疵责任属于过错责任,买受人主张瑕疵请求权是以拍卖人和/或委托人有过错为前提的,如果拍卖人和/或委托人能够证明自己无过错,买受人的瑕疵请求权在法律上就难以成立。在拍卖实践中,过错表现为下述两个环节的结合:其一,拍卖人和/或委托人明知拍卖标的有缺陷或者应该知道拍卖标的有缺陷；其二，拍卖人和/或委托人故意向竞买人隐瞒了缺陷或者因为过失向竞买人隐瞒了缺陷。上述任何一个环节不成立，都能够成为瑕疵请求权的障碍。

无过错并非以拍卖标的无缺陷为前提。拍卖标的存在缺陷是正常的，如拍卖缺胳膊少腿的家具，或者拍卖缺页、破损的图书等，但拍卖人和/或委托人隐瞒这些缺陷是不允许的，拍卖会举行前，拍卖人和/或委托人应当确保所有竞买人完整地了解缺陷，不应有任何隐瞒。可见，过错并非针对缺陷是否存在，而是针对缺陷是否被告知。

无过错也并非意味一切缺陷已被告知。如果拍卖人和/或委托人的确不知道并且不应该知道拍卖标的有缺陷，则未告知不能算过错。拍卖标的的缺陷可能隐藏得很深，了解拍卖标的的缺陷可能超出了拍卖人和/或委托人的认知能力，如此，客观上即使拍卖标的存在缺陷，拍卖人和/或委托人也无须为此承担责任。可见，过错并非针对未告知的缺陷，而是针对应当告知而未告知的缺陷。

（二）买受人自己的过错

买受人自己的过错是构成瑕疵请求权的又一障碍，如果争议缺陷是由于买受人自己的理解或行为导致，针对该缺陷的瑕疵请求权不成立。买受人自己的过错主要包括：疏忽、误解、不当行为等。

疏忽是指未给予应有注意而导致的不周密、不细致。买受人的疏忽可能导致其未注意已声明的缺陷。例如，某拍卖行在拍卖一批缉私物品时，曾声明该批货物因受潮而有少许霉斑，买受人当时因与他人闲谈未注意到此声明，则买受人事后不能因拍卖标的有霉斑而主张瑕疵请求权。又如，某拍卖行在拍卖一幢房屋时，曾声明该幢房屋在地震时曾受到损伤，后虽经修补，但可能仍留有某些内部管道损伤未及修复，而买受人因为现场气氛而激动，未留意到此声明，则买受人事后不能因此内部管道损伤而主张瑕疵请求权。但另一方面，拍卖人和/或委托人对缺陷的陈述、声明等应当以足以引起竞买人注意的方式作出，并应确保覆盖所有竞买人，不得有意造成竞买人疏忽。例如，不得在竞买人必读的文件中闭口不提缺陷，却只在竞买人可看可不看的附件中轻描淡写地提到缺陷。但如拍卖人和/或委托人确已履行了义务，则买受人应为自己的疏忽承担责任。

误解是指对某些事实的错误性看法。买受人的误解可能直接导致拍卖标的"缺陷"的产生,而此类缺陷不能作为瑕疵请求权的依据。例如,拍卖行称拍卖标的是中国古代文物,而买受人却误认为是中国唐代文物;拍卖行称某汽车是一位不愿透露姓名的政府要员的座车,而买受人却误认为是总统座车。误解所产生的缺陷是虚拟的缺陷,这类缺陷原本是不存在的,造成缺陷产生的责任在买受人,故买受人不能因此主张瑕疵请求权。当然,作为另一面,拍卖人和/或委托人也应以诚相待,尽可能地避免使用足以引起竞买人误解的语言或文字。

不当行为是指足以产生后果的不适当作为或不作为。买受人的不当行为也可能制造缺陷,如毁损、污染拍卖标的等。如果买受人明知缺陷是由于自己的不当行为而形成的,则主张瑕疵请求权属于诬告。但问题在于买受人对自己的不当行为可能没有知觉,这时瑕疵请求权是否成立就决定于缺陷的形成时间。拍卖人和/或委托人对于拍卖标的卖出后形成的缺陷不负责任,也没有告知义务,即买受人接受拍卖标的后形成的缺陷,买受人丧失瑕疵请求权。当然,这里还会产生一系列的实践问题。例如,谁对拍卖标的缺陷形成的时间负有举证责任?谁对不当行为负有举证责任?不当行为的标准是什么?由于时间因素必然形成缺陷时拍卖人和/或委托人是否有告知义务?这些问题的解决涉及更大范围的讨论。

(三) 显而易见的缺陷

显而易见的缺陷是指拍卖标的的缺陷十分明显,一个智力正常的人加以一般的注意就能够发现的缺陷。实践中,经常发生拍卖有显而易见缺陷的拍卖标的的情形,当拍卖标的是收藏物品时尤其如此。例如,拍卖标的是在战乱中被毁损一角的油画,或者拍卖标的是在过去的使用中被折断扶手的红木太师椅等。这些拍卖标的存在缺陷无须证明,问题是买受人是否可以因为上述明显的缺陷主张瑕疵请求权。对此有正反两种不同的观点。正方的观点是:凡是缺陷就应主动、明确地告知,未尽此义务者不得对抗瑕疵请求权。反方的观点是:如果拍卖人已经为竞买人检验拍卖标的提供了方便,竞买人理应审慎地检验拍卖标的,对于显而易见的缺陷,买受人没有瑕疵请求权。

笔者支持反方的观点。笔者认为,拍卖人和/或委托人的义务是告知缺陷,告知的方法是多种多样的,如声明、陈述、指出、提示等,拍卖法定程序中的展示也是告知的方法之一。如果拍卖人按照法律规定对拍卖标的进行了充分的展示,而竞买人由于自身的原因未能前去检验拍卖标的,或者虽然去了,却未给予应有的注意,则他成为买受人后不得因显而易见的缺陷主张瑕疵请求权。即如果缺陷是明显的,且经过了充分的展示,应推定竞买人已经知道了缺陷,这种缺陷不再构成拍卖法上的瑕疵。如此推定在一些国家的法律中有明确的根据。例如,《美国统一商法典》第二编第 316 条第 3 款规定:缔结合同前,如果买方已按自己的愿望充分检验了商品,或拒绝检验商品时,对那些经检验即可发现的缺陷就不存在担保问题。《法国民法典》第 1642 条规定:出卖人对于明显的且买方自己能发现的瑕疵,不负担保责任。我国法律虽未见类似明文规定,但其中原理是一脉相通的。

综上所述,对于显而易见的缺陷,展示也是一种告知,是根据合理推论的告知,在此基础上,买受人的瑕疵请求权遇到障碍。

(四)拍卖人和/或委托人声明不保证

声明不保证是指当拍卖人和/或委托人难以确切知道拍卖标的的真伪或品质时,可于拍卖会举行前向所有竞买人作出声明,对于拍卖标的的真伪或品质不予保证,并在不保证的范围内免除自己的责任。声明不保证向所有竞买人传达了这样一种信息:相关拍卖标的可能有真伪或品质问题,竞买人应当谨慎行事。声明不保证标志着风险的转移,一旦拍卖人和/或委托人作出声明,买受人在不保证的范围内将自行承担拍卖标的存在缺陷的风险。声明不保证意味着责任的解除,通过声明不保证,拍卖人和/或委托人解除了不保证范围内的瑕疵担保责任。

声明不保证构成瑕疵请求权的障碍,这是我国拍卖法律制度的确定规则。我国《拍卖法》第 61 条第 2 款规定:拍卖人、委托人在拍卖前声明不能保证拍卖标的的真伪或者品质的,不承担瑕疵担保责任。

声明不保证虽然能够达到免除拍卖人和/或委托人瑕疵责任的效果,但实践中应当特别关注下述两方面问题:其一,根据我国法律规定,能够通过声明不保证免除责任的瑕疵仅指真伪瑕疵和品质瑕疵,不包括数量瑕疵、权利瑕疵等其他种类的瑕疵,即拍卖人和/或委托人不能通过声明不保证免除自己除真伪或者品质以外的其他瑕疵责任。其二,声明不保证只能在拍卖人和/或委托人不可能知道拍卖标的存在缺陷的情况下方能起到免责作用,如果拍卖人和/或委托人已经知道或者应当知道拍卖标的存在缺陷,他们无权通过声明不保证免除自己的瑕疵责任。为此,我国《拍卖管理办法》第53条第2款规定:拍卖企业、委托人明确知道或应当知道拍卖标的有瑕疵时,免责声明无效。

三、瑕疵请求规则的实践评述

(一)不保证条款问题

拍卖实践中,人们往往将"不保证条款"与"声明不保证"混为一谈,认为两者同属国家法律规定,具有同等效力,这实在是一种误解。关于"声明不保证",前面已有论述,它明确地规定在我国法律之中,属于我国拍卖法律制度中的确定规则,具有当然的法律效力;而"不保证条款"却不然,"不保证条款"来自于拍卖企业制作的规范性文件,此类文件可能使用各种不同的名称,诸如"拍卖规则"、"业务规则"、"业务规定"、"拍卖指南"、"买家须知"等,但万变不离其宗,"不保证条款"属于企业拍卖规则的内容,属于拍卖企业单方的意思表示。

拍卖企业总是习惯于运用"不保证条款"免除自己的经营责任,这种做法在拍卖实践中经常使用。有文章评论说:"索士比、佳士得公司在拍卖规则中都有不保证条款:公司、公司的雇员或代理人对任何拍品之作者、来历、日期、年代、归属、真实性或出处所作的任何说明,或对说明中的任何其他错误,或对任何拍品的任何瑕疵或缺陷,概不负责,并无对任何拍品作出保证。朵云轩艺术品拍卖公司、中国嘉德国际拍卖有限公司等在拍卖规则中,对担保这一条款也有类似的表述。"①时至今日,这类"不保证条款"依然在我国大多数拍卖企业制作的规范性文件中大量存在。例如,《中国嘉德国际拍卖有限公司拍卖规则》规定:本公司对拍卖品的真伪及/或品质不承担瑕疵担保责任。竞买人及/或其代理人应亲自审看拍卖品原物,自行了解有关拍卖品的实际状况,并对自己竞投某拍卖品的行为承担法律责任。本公司郑重建议,竞买人应在拍卖前,以鉴定或其他方式亲自审看拟竞投拍卖品原物,自行判断该拍卖品是否符合其描述,而不应依赖本公司拍卖品图录以及其他形式的影像制品和宣传品之表述作出决定。②《上海鸿海商品拍卖有限公司拍卖规则》规定:拍卖公司对拍卖品的真伪及/或品质不承担瑕疵担保责任。竞买人及/或其代理人应亲自审看拍卖品原物,对自己竞投某拍卖品的行为承担法律责任。拍卖品图录中的文字、参考价、图片以及其他形式的影像制品和宣传品,仅供竞买人参考,并可于拍卖前修订,不表明本公司对拍卖品的真实性、价值、色调、质地、有无缺陷等所作的担保。拍卖公司及其工作人员或其代理人对任何拍卖品用任何方式(包括证书、图录、幻灯投影、新闻载体等)所作的介绍及评价,均为参考性意见,不构成对拍卖品的任何担保。拍卖公司及其工作人员或其代理人毋需对上述之介绍及评价中的不准确或遗漏之处负责。③《中国宁波金桥拍卖有限公司拍卖规则》第 4 条规定:本公司不承担拍卖标的瑕疵担保责任,且仅以标的现状进行拍卖,本公司所提供的有关标的资料也只供竞买人参考。竞买人有权了解拍卖标的,阅读有关资料,并在拍品展示期实地查勘,但竞买人一旦参与竞买,即表明已完全了解并接受标的现状(包括瑕疵)。④

所有这些"不保证条款"都坚持一个共同的命题,即拍卖企业不承担拍卖标的的任何瑕疵担保责任。支持这一命题的理由有二:其一,所有竞买人应当清楚,拍卖是以拍卖标的现状为基础进行的买

---

① 郑鑫尧:《"不保证条款"与打假》,载《解放日报》1996 年 3 月 11 日第 11 版。
② 参见《中国嘉德国际拍卖有限公司拍卖规则》第 5、32 条。转引自郑鑫尧主编:《拍卖实用手册:法律与规则》,上海财经大学出版社 2004 年版,第 162—173 页。
③ 参见《上海鸿海商品拍卖有限公司拍卖规则》第 5、30、31 条。
④ 参见《中国宁波金桥拍卖有限公司拍卖规则》第 4 条。

卖,拍卖人已安排竞买人查验过拍卖标的,一旦参与竞买,即表明竞买人已完全了解并接受标的现状(包括瑕疵),因此拍卖人无须承担瑕疵担保责任。其二,拍卖人对拍卖标的所作的任何宣传、介绍、评价等,哪怕确有错误,仅供竞买人参考,不构成拍卖人对拍卖标的的任何担保,因此拍卖人也不承担任何瑕疵担保责任。

如此"不保证条款"能够达到拍卖人希望其达到的效果吗? 不能。笔者认为,拍卖人制作如此"不保证条款",有两方面误解。其一,拍卖人误认为"不保证条款"具有法律规范的效力。考察各拍卖企业的拍卖规则,当涉及"不保证条款"时,其行文、语气都有点立法的意味,不少拍卖企业也的确将自己制作的拍卖规则视为法律。这是错误的。在我国,只有立法机构或者立法机构授权的机构可以制定法律,而且不同的立法机构或者其授权的机构在制定法律时还受其职权限制。拍卖企业既非立法机构,也非立法机构授权的机构,它只是拍卖法律关系的当事人之一。因此,拍卖企业可以制作"不保证条款",但"不保证条款"无丝毫法律规范的效力。其二,拍卖人误认为自己已将"不保证条款"告知了竞买人,竞买人当然应当受"不保证条款"约束。的确,"不保证条款"可以作为合同条款约束竞买人,竞买人在不保证范围内所遭受的瑕疵损失,拍卖人不负责任。但是,"不保证条款"不是当然的合同条款,它作为合同条款约束竞买人是需要满足一些先决条件的,这些先决条件诸如:为竞买人(买受人)所知晓、理解和接受;内容公正、合理;不违反法律、法规和公共秩序等。对照这些先决条件,不难发现"不保证条款"存在重大缺陷。首先,"不保证条款"出自拍卖企业单方面制作的拍卖规则,它仅是拍卖企业单方的意思表示,虽然不能一概否定它可能已被告知竞买人,但缺乏实质上的协商过程,拍卖企业无权单方面将有利于自己的意思表示强加于竞买人。其次,考察所有的"不保证条款",均可发现拍卖人一方面在彻底免除自己的风险,另一方面却在无限扩大竞买人的风险,"不保证条款"支持拍卖人对自己的过错不负责任,对自己所作的虚假宣传、介绍、评价等不负责任,所有的责任均由竞买人(买受人)承担,这样的条款无任何公正、合理性可言。再次,"不保证条款"声称,拍卖人不仅对难以发现的真伪和品质瑕疵不承担责任,而且对于可以或者已经发现的真伪和品质瑕疵也不承担责任,甚至对存在于拍卖标的上的任何瑕疵均不承担责任,这不禁使人产生疑惑,而如果这种状况允许存在,且可以以法律为其后盾的话,拍卖企业在市场交易中除了获得利益外还承担什么市场责任?

综上所述,笔者认为,存在于我国拍卖企业制作的拍卖规则中的"不保证条款",因其违反我国《拍卖法》确立的原则和相关规定,应当废止。作为市场一分子的拍卖企业应当担负起自己的市场责任来,并在法律允许的范围内合理地规避自己的市场风险。法律是公正的,法律要求公正,任何以一己私利,妄图在市场交易中只享受权利不承担义务的做法,都只能是自欺欺人。

(二)"声明不保证"的法定限制问题

通过"声明不保证"免除瑕疵担保责任,是拍卖法律关系中法律责任构成的一大特征。但"声明不保证"的范围是否可以被扩大到无限?是否应当为"声明不保证"的效果设置一些限制?这不仅涉及法律的解释问题,也是一个重大的实践问题。

要明晰"声明不保证"的法定范围,首先要了解它作为一项法律规则出台的理由。"声明不保证"被《拍卖法》接受并非没有阻力,按《产品质量法》、《消费者权益保护法》等相关法律所建立起来的法律制度,担保是与出售商品伴生的,从消费者、客户利益出发,出售商品必须有担保,不能够保证的商品不允许进入流通环节,因此,"声明不保证"不能免除生产者或者销售者的责任。"声明不保证"之所以被我国《拍卖法》接受,是考虑到拍卖市场的实际情况。前文述及,拍卖标的属于特殊商品范畴,其多样性和复杂性导致对许多拍卖标的而言,即使相当努力亦难辨真伪或品质。以艺术品为例,"从古至今,还没有一套公认的、科学的仪器来鉴别真假,完全凭有经验的大师来鉴定,即使著名的专家、权威,其鉴定结果也不能作为'终审',往往几位专家鉴定就会有几种说法"[①]。如此情形,如禁止这些拍卖标的出售,拍卖市场会遭受过度打击;如允许这些拍卖标的出售,则拍卖人和/或委托人始终处于担保责任的威胁之下。正是出于合理

---

① 郑鑫尧:《"不保证条款"与打假》,载《解放日报》1996年3月11日第11版。

平衡拍卖当事人权利义务的良好愿望,从维护拍卖市场健康发展的角度出发,才有了"声明不保证"的出台。《拍卖法》第61条规定:拍卖人、委托人在拍卖前声明不能保证拍卖标的的真伪或者品质的,不承担瑕疵担保责任。

任何法律条文的正确性、合理性,均需通过实践检验。但"声明不保证"出台以来,其市场效果很不理想,立法者合理平衡拍卖当事人权利义务、维护拍卖市场健康发展的良好愿望,被一些别有用心的市场手段扭曲了,公正的法律机制在这些市场手段面前表现得束手无策,立法目的难以达到。

市场手段之一是,任意扩大不保证的范围,声明对拍卖标的的所有瑕疵均不负担保责任。当下,各拍卖企业制作的拍卖规则中的"不保证条款"就是这一市场手段的具体体现。将不保证的范围扩展到"真伪或品质"以外的所有瑕疵,是对《拍卖法》中"声明不保证"的严重扭曲。前述已论及,"声明不保证"合理性的基础是,当今科学发展的水平尚无法判断某些拍卖标的的实际状况,只要拍卖人和/或委托人不作虚假宣传、介绍、评价等,对因此而形成的未告知的缺陷,拍卖人和/或委托人并无过错,故可以通过声明不保证而免责。那么,哪些瑕疵的存在与否是"当今科学发展的水平尚无法判断"的呢?实践证明,只可能是"真伪或品质"瑕疵。所以,我国《拍卖法》将"声明不保证"的范围严格限定为"真伪或品质",任何其他类型的瑕疵都不在"声明不保证"的范围之内。一些拍卖企业有意模糊这一界线,任意扩大"声明不保证"的范围,是极端的不负责任。试问,拍卖人和/或委托人对于拍卖标的数量瑕疵也可以声明不保证吗?拍卖标的的数量也是"当今科学发展的水平尚无法判断"的吗?拍卖人和/或委托人对于拍卖标的的权利瑕疵也可以声明不保证吗?拍卖标的是不是自己的或者自己有无处分权也是"当今科学发展的水平尚无法判断"的吗?

市场手段之二是,拍卖人和/或委托人明知拍卖标的有假或者品质有缺陷,却故意掩盖真相,并作出一份带有中性色彩的不保证声明,将可能的损失和所有的责任统统甩给竞买人(买受人)。这一市场手段极具欺骗性,如果竞买人(买受人)也看出了其中的缺陷,可能少受损失;如果竞买人(买受人)不能看出其中的缺陷,就落入了陷阱之中,必将遭受损失,且失去了任何可以获得救济的机会。将"声明不保证"运用于掩盖已知缺陷,是对《拍卖法》中"声明不保证"的又一严重扭曲行为。按我国立法的初衷,"声明不保证"针对的是一些难以确知真伪或者品质缺陷的拍卖标的,是因拍卖市场的特殊性而设置的平衡措施,"尽到责任且难以确知拍卖标的的真伪或者品质缺陷",是作出"声明不保证"的基本前提。如果明知拍卖标的有假或者有品质缺陷,还以"声明不保证"掩盖,无异于对竞买人的欺诈。

市场手段之三是,针对一些难以确知真伪或者品质缺陷的拍卖标的,作出相互矛盾的正反两种声明,一方面强调拍卖标的是真的,没有品质缺陷;另一方面又强调对拍卖标的的真伪或者品质缺陷不予保证。若干年前,在浙江省发生的一桩拍卖纠纷案中,拍卖企业的行为将这一市场手段表现得淋漓尽致。在该案中,某拍卖企业一方面通过新闻媒介向公众说明,包括张大千《仿石溪山水图》在内的一批画作是百分之百的真迹,另一方面又向所有的竞买人声明,对包括张大千《仿石溪山水图》在内的一批画作是否为真迹不予保证。[①] 该拍卖企业这一别有用心的做法一经披露,立即引起人们的广泛质疑,"欺诈"、"设套"的谴责声不绝于耳。如此"声明不保证"是导致竞买人误解的重要根源,因为对于真迹的说明具有确定性,而不保证的声明只意味可能不是真迹,两相比较、衡量,按概率选择总是倾向真迹,而这种选择恰恰是错误的。

市场手段之四是,在作出相互矛盾的正反两种说明时,分轻重缓急,以显要方式重复、重点说明拍卖标的的优点,却将不保证的声明一笔带过。具体的做法可能是用一句轻描淡写的口头声明表明不保证的态度,也可能是将书面的不保证声明夹带在有关资料中分发。更有甚者,一些拍卖企业习惯于将书面不保证声明夹带在一堆可看可不看的材料中发给竞买人,不仅没有强调,连句提示也没有。如此行为的目的一目了然,因为不保证声明可能影响交易或者交易价格,

---

[①] 参见《新民晚报》1996年3月16日。

拍卖企业不希望竞买人重视不保证声明的内容和意义,不保证声明对这些拍卖企业来说仅是推卸法律责任的手段。

上述种种市场手段有一个共同的特点,即均以《拍卖法》中的"声明不保证"规定作为法律根据,有此坚强后援,拍卖企业无瑕疵担保责任之虑。笔者认为,《拍卖法》考虑到拍卖市场中拍卖标的的多样性和复杂性这一现实情况,规定拍卖人、委托人在"声明不保证"后,免除瑕疵担保责任,本无可非议。但应当意识到,如此规定无异于授予拍卖人、委托人自我免除责任的权利,而这一权利的行使不应当是无限制的,《拍卖法》中"声明不保证"规定的缺陷正在于无限制。这一缺陷在《拍卖法》实施后的不长时间内就已经暴露无遗,也引起了政府有关部门的关注。为此,商务部颁发的《拍卖管理办法》第53条第2款规定:拍卖企业、委托人明确知道或应当知道拍卖标的有瑕疵时,免责声明无效。该规定在一定程度上限制了"声明不保证"在拍卖实践中被滥用,但问题在于这一限制是不是充分的?这一限制是否已解决了暴露在实践中的所有问题?答案应当是否定的。

笔者进一步认为,前述种种市场手段均具有市场诈欺性质,与《拍卖法》中"声明不保证"的立法目的相悖。为此,应根据公开、公平、公正和诚实信用原则,为"声明不保证"设置充分、完善的限制。这些限制应当包括:其一,不保证的效力应当严格限制在拍卖标的"真伪和品质"的范围之内,任何超出此范围的不保证声明无效。其二,拍卖人和/或委托人明确知道或者应当知道拍卖标的存在缺陷时,应当向竞买人说明,并不得以不保证的声明免除自己的瑕疵担保责任。其三,拍卖人和/或委托人一旦对拍卖标的是否存在缺陷作出不保证的声明,则不得再作出与其相矛盾的陈述或说明;在拍卖程序进行中,任何相互矛盾的声明、说明或陈述,均按对竞买人有利的结果进行解释。其四,拍卖人和/或委托人必须以显要方式将不保证的声明明确告知竞买人,否则不发生不保证的效力。

(三)是否存在瑕疵——证据的对抗问题

买受人要想依照瑕疵请求规则主张权利,他首先就要证明未告知的瑕疵确实是存在的。拍卖标的存在未告知的瑕疵,需要有证据来证明。根据我国《民事诉讼法》第63条规定,证据是认定事实的根据,证据的种类包括书证、物证、视听资料、证人证言、当事人陈述、鉴定结论、勘验笔录。最高人民法院《关于民事诉讼证据的若干规定》规定,当事人对自己提出的诉讼请求所依据的事实或者反驳对方诉讼请求所依据的事实有责任提供证据加以证明。没有证据或者证据不足以证明当事人的事实主张的,由负有举证责任的当事人承担不利后果。

拍卖实践中,围绕是否存在未告知瑕疵的争议最终往往形成证据对抗。这是因为,此种争议大多发生在文物、古玩、艺术品等的真假问题上。文物、古玩、艺术品等的真假问题是一个十分专门化的问题,这个问题的解决基本上是依赖权威专家的鉴定的,除此之外,难有更好的方法。一般情况下,如果有权威专家的鉴定结论,就能对未告知瑕疵是否存在作出肯定或者否定的回答,但事情也可能因此种鉴定结论而变得更加复杂。

据报道,浙江中澳纺织有限公司(以下简称"中澳公司")于1996年1月16日向杭州市中级人民法院递交诉讼,诉浙江国际商品拍卖中心有限责任公司(以下简称"拍卖公司")拍卖赝品。[①] 1995年10月28日,九五秋季拍卖会在杭州举行,拍卖会由拍卖公司主办,协办单位有中国美术学院、西泠印社、浙江美术家协会等。拍卖公司推出张大千先生的《仿石溪山水图》,该画右侧有谢稚柳先生题跋,左侧有徐邦达先生题跋。拍卖会上,经几番竞价,此画最终由中澳公司以110万元购得。事后因怀疑此画为赝品,中澳公司专程赴北京请书画鉴定权威徐邦达先生、史树青先生鉴定。徐邦达先生在鉴定书上写道:"……审视乃为摹本,裱边上拙书之跋,本题在原画上,今为移装于摹本左侧。"史树青先生在鉴定书上写道:"张大千仿石溪山水大立轴,自题参王叔明、黄子久画法,此题与本幅内容大相径庭,用笔设色毫无石溪本色,更乏王叔明、黄子久韵致。此幅所用颜料很脏,虽是大幅,内容显得琐碎。题款字体薄弱,无大千先生之神采,图章位置太高,油新、色浮,非五十年前所盖。"以上两位先生的鉴定结论

---

① 参见《新民晚报》1996年3月16日。

很清楚:九五秋季拍卖会上的《仿石溪山水图》是赝品。为此,中澳公司与拍卖公司交涉,要求后者收回此画。然而,中澳公司的要求被拍卖公司断然拒绝,拍卖公司称自己握有足够的证据,证明《仿石溪山水图》是张大千所画真迹,事后拍卖公司出示了书画界泰斗谢稚柳先生的亲笔鉴定:"……壬申曾有人持来求鉴,并于此图上题识,定为真迹。近复有人持来证实前所为题识,因再为确定此图为真迹无疑。"至此,双方各执一词,互不相让,遂引发诉讼。

本案所涉鉴定人中,单从徐邦达、谢稚柳两位先生而言,均为我国书画界泰斗、鉴定大家,素有"南谢北徐"之称,作为书画真伪的鉴定人,只要有一人的鉴定,通常就能形成定论,而本案中却同时有两个人的鉴定,且鉴定结论正好相反。

本案所表现出来的证据对抗问题在我国司法界并不少见,即使法定鉴定机构的鉴定结论也经常性地出现对抗,对此已有学者建议,对法定鉴定机构进行系统管理,强调申请鉴定的程序,区别当事人自行委托鉴定和人民法院委托鉴定,对人民法院委托鉴定的结论不随意推翻,尽量防止出现一事(物)重复鉴定、多头鉴定的不合理情形。对于一方当事人聘请的专家以个人名义出具的鉴定结论应慎重对待,如将专家的鉴定结论作为证据看待时,专家应履行证人义务,以允许的情况下出庭说明出具鉴定结论的理由,如出现专家的不同鉴定结论时,应对专家的鉴定结论进行权衡。

我国的证据规则正在完善过程中,2001年最高人民法院出台《关于民事诉讼证据的若干规定》,这对于解决拍卖纠纷中因瑕疵是否存在而产生的证据对抗,对于引导拍卖企业正确认识自己的瑕疵责任,均具有积极意义。实践中,有些拍卖企业认为,就拍卖标的是否存在瑕疵而言,当专家的鉴定结论有异议时,结论应当有利于拍卖企业,即买受人失去与拍卖企业交涉的权利。对照《关于民事诉讼证据的若干规定》,这种认识是没有法律根据的。《关于民事诉讼证据的若干规定》第77条规定:人民法院就数个证据对同一事实的证明力,可以依照下列原则认定:国家机关、社会团体依职权制作的公文书证的证明力一般大于其他书证;物证、档案、鉴定结论、勘验笔录或者经过公证、登记的书证,其证明力一般大于其他书证、视听资料和证人证言;原始证据的证明力一般大于传来证据;直接证据的证明力一般大于间接证据;证人提供的对与其有亲属或者其他密切关系的当事人有利的证言,其证明力一般小于其他证人证言。第73条规定:双方当事人对同一事实分别举出相反的证据,但都没有足够的依据否定对方证据的,人民法院应当结合案件情况,判断一方提供证据的证明力是否明显大于另一方提供证据的证明力,并对证明力较大的证据予以确认。因证据的证明力无法判断导致争议事实难以认定的,人民法院应当依据举证责任分配的规则作出裁判。据此,笔者认为,当专家的鉴定结论有异议时,应当考虑下列因素:其一,作出鉴定结论的专家与拍卖企业和/或拍卖标的的瑕疵之间有无利害关系;其二,专家鉴定结论在证明力排序中的序位;其三,专家鉴定结论的针对性和权威性;其四,专家鉴定结论的合理性和多寡;其五,专家鉴定结论与其他证据之间的可结合性。如果综合了上述考虑仍难分高下时,最终结论应有利于没有举证责任的一方。

(四) 瑕疵本身就是损害的问题

我国《拍卖法》第61条第1款规定:拍卖人、委托人违反本法规定,未说明拍卖标的的瑕疵,给买受人造成损害的,买受人有权要求赔偿。现实生活中,当买受人根据《拍卖法》的规定要求拍卖人、委托人承担责任时,后者常常以没有损害作为抗辩理由。那么,何谓法律规定中的"损害"呢?的确,有未告知瑕疵的拍卖标的并不像能够造成人身、财产损害的商品那样,给买受人的人身或者其他财产造成损害,换言之,如果给买受人的人身或者其他财产造成损害的话,就要追究侵权人的产品责任了。

笔者以为,《拍卖法》上述规定中的"损害"应当指由未告知瑕疵带来的拍卖标的本身价值上的减损。拍卖的价格形成是通过买方竞价完成的,如果拍卖人、委托人已告知拍卖标的的缺陷,竞买人在竞价过程中就会考虑这些缺陷,从而约束报价;反之,竞买人在竞价过程中就会将拍卖标的误认为是无瑕疵的,报出的价格没有来自瑕疵的约束。这一机制说明,存在未告知瑕疵时,一定会有价值上的损害,有因未告知瑕疵带来的价格上的差异。但问题在于,这一价值上的损害或者说价格上的差异在实践中有时难以衡量。例如,因拍卖人和/或委托人的错误表述,买受人误以为是明洪武年间的青瓷碗而竞价,购得的却是清乾隆年间的青瓷碗,明洪武年间的青瓷碗是否就一定不如清乾隆年间的青瓷碗有价值？恐怕难说。如果说明洪武年间的青瓷碗一定不如清乾隆年间的青瓷碗有价值,那么反过来,因拍卖人和/或委托人的错误表述,买受人误以为是清乾隆年间的青瓷碗而竞价,购得的却是明洪武年间的青瓷碗,他是否就没有瑕疵请求权了？恐怕也不成立。

因此,要在实践中精确论证《拍卖法》上述规定中的"损害",特别是要在实践中客观说明因未告知瑕疵带来的价格上的差异,其实是很困难的。因为,《拍卖法》上述规定中的"损害",主要形成于竞买人竞价时的报价约束,即知道缺陷和不知道缺陷在报价上的差异性。这种报价约束是纯粹个性化的、主观的,包含着竞买人的嗜好、需要等,很难用一般标准来衡量。反之,如坚持用一般标准衡量《拍卖法》上述规定中的"损害",往往会不合情理地剥夺买受人的瑕疵请求权。为此,笔者提出一命题:瑕疵本身就是损害。

具体来说,"瑕疵本身就是损害"这一命题符合一般法理。瑕疵是未告知的缺陷,当商品存在缺陷时,必然对价格形成负面影响,如果这一缺陷被隐瞒了,被隐瞒一方必然因此遭受损失。这里既有显见的主观过错,又有必然的客观结果,构成损害理所当然。这一命题方便买受人通过诉讼主张权利。当买受人确实购得因拍卖人和/或委托人的过错而被隐瞒缺陷的拍卖标的时,决定买受人是否能够胜诉的前提,不是证明自己所遭受的损失以及损失的大小,而是证明瑕疵是否确实存在。只要瑕疵是确实存在的,法庭就应该基本支持买受人的诉请。这一命题有利于惩罚恶意行为,伸张正义。满足买受人主张瑕疵请求权的情形时,拍卖人和/或委托人必然有过错,虽然不排除过失隐瞒缺陷的情形,但大量的过错属于故意性质。故意隐瞒缺陷是对竞买人(买受人)的欺诈,属于恶意行为范畴,正义的天平理应向受到欺诈的一方倾斜。

司法实践中,对于违反《拍卖法》有关瑕疵告知义务的规定,应当结合《拍卖法》本身的处罚条款和《民法通则》的有关规定,追究拍卖人和/或委托人的责任;拍卖人和/或委托人承担责任的方式应当包括返还财产和赔偿损失。① 追究拍卖人和/或委托人责任的具体方式有：(1) 如买受人希望将拍卖标的退回的,责令拍卖人和/或委托人收回拍卖标的、退回已收的钱款,并赔偿买受人为参与拍卖所支付的所有费用。(2) 如买受人仍希望保留拍卖标的或者已无法退回拍卖标的的,可视个案情形,责令拍卖人和/或委托人赔偿买受人因此遭受的损失。(3) 如拍卖人和/或委托人明显恶意的,责令拍卖人和/或委托人按买受人的要求增加赔偿其受到的损失,增加赔偿的金额为买受人已支付金额的一倍。②

四、瑕疵请求规则的效力范围

瑕疵请求权是买受人拥有的权利,买受人当然应该合理、正当地行使该权利,在此意义上,可以说买受人也受瑕疵请求规则的制约。但瑕疵请求规则主要是针对拍卖人和委托人,除他们有正当理由对抗瑕疵请求权外,必须按此规则收回拍卖标的和赔偿买受人的损失。

（一）谁知晓谁负责

"谁知晓谁负责"是指谁知道或者应当知道拍卖标的存在瑕疵而未告知,谁就应当为此承担责任。"谁知晓谁负责"是《拍卖法》为瑕疵责任的承担者规定的责任分配原则。《拍卖法》第61条第1款规定：拍卖人、委托人违反本法有关规定,未说明拍卖标的的瑕疵,给买受人造成损害的,买受人有权向拍卖人要求赔偿;属于委托人责任的,拍卖人有权向委托人追偿。

委托人必须受瑕疵请求规则制约。委托人是拍卖标的的所有权人或者处分权人,他一般要对未说明拍卖标的瑕疵承担最终责任。从《拍卖法》第27条规定的告知程序上看,委托人负有第一性的告知义务,签订委托拍卖合同之时,委托人就应当将自己所知道的或者

---

① 笔者认为,《拍卖法》针对拍卖人和/或委托人的瑕疵告知义务,未规定承担返还财产的责任方式,是一大缺陷。买受人因拍卖人和/或委托人的过错而购得有未告知瑕疵的拍卖标的时,首先有权要求拍卖人和/或委托人收回有瑕疵的拍卖标的,同时还返买受人已支付的钱款。其法律根据参见《民法通则》第106条第2款、第134条。

② 拍卖人和/或委托人恶意欺诈买受人的,其行为性质十分恶劣。对此,可参照《消费者权益保护法》第49条的规定进行处罚。

应当知道的拍卖标的瑕疵告知拍卖人,如果委托人未能履行此项义务,将难以推卸最终承担瑕疵责任。

拍卖人也必须受瑕疵请求规则制约。虽然委托人负有第一性的告知义务,但拍卖人的瑕疵责任并不以委托人的事先告知为前提,即使委托人未向拍卖人告知瑕疵,拍卖人依然在下述两个层次上对未告知的瑕疵向买受人承担责任。其一,买受人证明拍卖人已经知道或者应当知道拍卖标的存在未告知的瑕疵。委托人未告知不能证明拍卖人不知道或者应当知道拍卖标的存在未告知的瑕疵,甚至委托人不应当知道也不能证明拍卖人不应当知道拍卖标的存在未告知的瑕疵。拍卖人作为委托人的代理人有独立的法律地位和行为能力,其对未告知的瑕疵是否已知或者应知,应视具体情况而定,其中,拍卖人的人员构成、拍卖人从事拍卖的专业程度等是不能忽视的考虑因素。其二,拍卖人先行负责。

总之,瑕疵责任可能由拍卖人和委托人共同承担,也可能由拍卖人或委托人单独承担,这里的责任分配原则是:"谁知晓谁负责"。

(二) 拍卖人先行负责

所谓拍卖人先行负责是指,只要买受人能够证明拍卖标的确实存在应告知而未告知的瑕疵,则无论该瑕疵责任应由拍卖人承担,还是应由委托人承担,均由拍卖人先行承担责任,或者收回拍卖标的(返还钱款)并赔偿,或者仅为赔偿。至于其中应由委托人承担的责任,在拍卖人承担责任后,再向委托人追偿。

在瑕疵责任的追究过程中推行拍卖人先行负责制,有其充分的理由。第一,拍卖实践中,由于委托人有权要求拍卖人对其姓名、住所等私人信息进行保密,委托人往往隐身在交易关系之外,因此,即使购得拍卖标的之后,买受人通常也不会知道谁是委托人。第二,由于委托人可能是个人,可能居无定所,买受人直接找委托人主张权利颇费周折,十分不方便。而拍卖人是法人,有确定的住所和固定的营业场所,由其先行负责符合现代商业的要求,有利于买受人实现权利。第三,在拍卖法律关系中,买受人与委托人之间没有合同关系,当委托拍卖合同签订后,拍卖人就取代了委托人在买卖关系中的地位。在买受人眼中,拍卖人就是交易的对方当事人,自己在交易中所遭受的损害当然应当找拍卖人主张权利。另外,由于委托人总是隐身在交易之外,买受人也无法证明委托人是否已履行了告知义务。

拍卖人先行负责类似法律上的连带责任。瑕疵请求规则的运作,在拍卖人先行负责的保障下,其结果导致拍卖人对委托人的过错承担连带责任,该连带责任甚至不以拍卖人存在过错为前提。拍卖人先行负责的法律后果是,对于买受人来说,拍卖人的瑕疵责任是第一性的,拍卖人不能以委托人的瑕疵责任来推卸自己的责任,即使瑕疵责任确实应由委托人单独承担,拍卖人也须先行负责,然后向委托人追偿。当然,如果拍卖人自己也有过错,那么其只能就委托人过错造成的损害部分主张追偿的权利,而对于自己过错造成的损害部分无权追偿。

第四节 禁止参与竞买规则

一、禁止参与竞买规则概述

在国际上,关于哪些人应当被禁止参与竞买,有三种规范做法。第一种规范做法是,禁止拍卖人和委托人参与竞买;第二种规范做法是,禁止拍卖人参与竞买,但对于委托人参与竞买却不加以禁止;第三种规范做法是,只要不存在恶意串通,对拍卖人和委托人参与竞买都不加以禁止。上述第三种规范做法实际上是对禁止参与竞买规则的否定。否定也好,肯定也好,或者肯定到什么程度,都应根据国情,根据拍卖市场的发育程度而定,而不应照搬他人做法。我国《拍卖法》既禁止拍卖人参与竞买,也禁止委托人参与竞买。因此,我国拍卖法律制度中的禁止参与竞买规则包含禁止拍卖人参与竞买和禁止委托人参与竞买。

(一)禁止拍卖人参与竞买及其理由

禁止拍卖人参与竞买是指拍卖人不得以竞买人的身份参与自己组织的拍卖活动,并不得委托他人代为竞买。例如,某拍卖公司(拍卖行)接受海关委托,拍卖一批走私摩托车。该拍卖公司接受委托后,就只能以拍卖人的身份出现,组织和实施拍卖活动,即只能做"卖"的行为,而不能以竞买人的身份或者委托他人以竞买人的身份出现在拍卖现场,即不能做"买"的行为。

《拍卖法》颁布之前,我国拍卖实践已基本上认同禁止拍卖人参与竞买这一规则,虽然有段时间这一规则并未以法律的形式出现,但大多数拍卖企业还是将它作为一条行规加以遵守。我国最早将此规则以法规形式固定下来的是《深圳市动产拍卖暂行规定》,该法规第7条规定:"拍卖人不得参加竞价,亦不得委托或代理他人参加竞价。"以后出台的我国各地方拍卖法规均肯定了此规则,此规则因此成为基本的法律规则。《拍卖法》颁布时,在参考地方拍卖法规和总结实践经验的基础上,重申了此规则。《拍卖法》第22条规定:"拍卖人及其工作人员不得以竞买人的身份参与自己组织的拍卖活动,并不得委托他人代为竞买。"

那么,法律为何要禁止拍卖人参与竞买呢？要回答这一问题,首先要厘清拍卖人在拍卖法律关系中的地位。拍卖不同于一般买卖的一个重要特点是,拍卖运作要求有三方当事人,即委托人(卖方)、竞买人(买方)和拍卖人。从表现形式上说,拍卖人既不是卖方,也不是买方,而是介于买卖双方之间。1992年《国务院办公厅关于公物处理实行公开拍卖的通知》第3条规定:"拍卖行是委托方和购买方的中介人,为买卖双方提供服务,按成交额收取一定比例的手续费。"但从本质上分析,拍卖人不是简单地介于买卖双方之间,而是与买卖双方中的一方(即卖方)维系着密切的利益关系。拍卖运作过程中,拍卖人要与委托人协商签订委托拍卖合同,委托人将自己拥有所有权或处分权的拍卖标的交与拍卖人,并以拍卖人的名义出售,拍卖人出售拍卖标的的法律后果,在委托授权的范围内,间接地由委托人承担等。质言之,在拍卖法律关系中,拍卖人与委托人同处卖方地位,有着共同的利益;拍卖人是为了委托人的利益,以自己的名义与竞买人(买受人)实施拍卖行为的。因此,拍卖人与委托人之间存在间接代理关系,拍卖人是委托人的代理人。[①]

明确了拍卖人在拍卖法律关系中的地位,就很容易理解法律为

[①] 代理人为被代理人的利益,以自己的名义与第三人实施法律行为的,为间接代理。间接代理起源于英美法系国家,19世纪后为大陆法系国家广泛接受。我国现行民事法律制度和司法实践中对间接代理持肯定的态度。

何要禁止拍卖人参与竞买。既然拍卖人是委托人的代理人,拍卖人在实施拍卖行为时,就应当遵循有关代理的禁止性规定。按照代理权限制理论,代理人在实施代理行为时,有两种行为被法律所禁止:其一,代理人不得使自己成为代理行为的相对人,即禁止自己代理;其二,代理人不得同时作为第三人的代理人与被代理人实施法律行为,即禁止双方代理。在国际上,禁止自己代理和禁止双方代理被广泛接受。《德国民法典》第181条规定:代理人非经被代理人许可,不得以被代理人的名义与自己实施法律行为,亦不得作为第三人的代理人实施被代理人与第三人的法律行为。《日本民法典》第108条规定:任何人不得就同一法律行为,担任相对人的代理人或者双方当事人的代理人。我国各法域也广为接受上述代理权限制理论。我国台湾地区"民法典"第106条规定:代理人非经被代理人之许诺,不得为被代理人与自己之法律行为,亦不得既为第三之代理人,而为被代理人与第三人之法律行为。我国澳门地区《民法典》第254条规定:对于代理人作出的双方代理行为可予撤销,不论在有关行为中该代理人的另一身份为其被代理人或者第三人的代理人。但被代理人曾就该行为之订立特别给予同意,又或者基于该行为之性质而排除出现利益冲突之可能性者除外。我国大陆地区曾明确禁止自己代理和双方代理。1981年我国颁行《经济合同法》时就在第7条中明确规定:代理人超越代理权签订的合同或以被代理人的名义同自己或者自己所代理的其他人签订的合同无效。但后来颁行的《民法通则》对自己代理和双方代理未设禁止性规定。《合同法》起草时,许多专家学者建议将《经济合同法》的规定纳入《合同法》之中,最终也未被采纳,成为我国民法代理制度中的一大缺憾。为此,在我国起草民法典之际,专家学者重新提起,希望能弥补缺憾,完善我国的民法代理制度。目前,《中国民法典草案》第160条规定:代理人不得以被代理人的名义与自己实施法律行为,也不得同时作为第三人的代理人与被代理人实施法律行为。但纯使被代理人获得利益的行为除外。①

---

① 参见梁慧星主编:《中国民法典草案建议稿附理由》,法律出版社2004年版,第203—204页。

禁止自己代理和双方代理旨在维系代理人与被代理人之间因代理关系而存在的忠诚义务,防止代理人的利益与自己或自己代理的他人的利益之间的冲突。按照代理制度,代理人在实施代理行为时,应当为被代理人的利益行事,追求被代理人的最大利益。但在自己代理的情形下,代理人处在自己的利益与被代理人的利益的冲突中,按照一般社会生活经验,代理人往往会追求自己的利益,损害被代理人的利益。在双方代理的情形中,代理人同时担任双方当事人的代理人,处在双方当事人的利益冲突中,按照一般社会生活经验,代理人往往会追求一方的利益而损害另一方的利益。因此,自己代理和双方代理,属于代理制度的滥用,不仅损害被代理人的合法权益,而且损害社会公共利益,有必要设立禁止性规定。①

现在让我们来考察拍卖人参与竞买的情形。拍卖人在拍卖法律关系中的正常身份是委托人的代理人,代表卖方;而拍卖人参与竞买时其身份是竞买人,代表买方。拍卖人参与竞买的结果是:如果拍卖人自己作为竞买人,②买下拍卖标的,即拍卖人自己与被代理人做了一笔交易,属于"自己代理";如果拍卖人接受他人委托,代为竞买,即拍卖人同时担任一笔交易双方当事人的代理人,属于"双方代理"。总之,无论是想自己竞买还是代人竞买,拍卖人参与竞买均违背代理制度,损害其他拍卖参与人的利益,同时给社会公共利益带来危害。

(二)禁止委托人参与竞买及其理由

禁止委托人参与竞买意指禁止委托人参与自己委托拍卖标的的竞买,同时禁止委托人委托他人代为参与自己委托拍卖标的的竞买。例如,某甲委托拍卖行拍卖归其所有的祖传花瓶一对,某甲在与拍卖行协商时要求,花瓶必须成对拍出,不得低于5000元人民币成交。另经协商确定,花瓶拍卖采用增价拍卖方式,起叫价为4500元人民币。在拍卖会现场,这对古色古香的花瓶吸引了不少竞买人的注意,价格在4500元的基础上很快就叫到5200元。花瓶的报价在5200元的价位上停顿了两分多钟无人应价,就在拍卖师准备举槌拍定时,

---

① 参见梁慧星主编:《中国民法典草案建议稿附理由》,法律出版社2004年版,第204页。

② 包括委托他人代理自己作为竞买人。

坐在场内的某甲以假竞买人的身份不失时机地报出5400元,某乙思考片刻后报出了5600元的新价位,某丙又在某乙的报价基础上加价200元。之后,某甲、某乙和某丙你叫我应,最终这对花瓶被某乙以11000元的价格买走。此例即是委托人参与自己委托拍卖标的竞买的情形。

综观各国立法,对于委托人是否能够错位参与自己委托拍卖标的的竞买,很少有明文禁止规定,实践中大都依赖拍卖企业自订规范加以制约。因此,在拍卖实践中就形成了不同的做法,一些拍卖企业不反对委托人参与竞买,而另一些拍卖企业不赞成委托人参与竞买。从拍卖企业的角度出发,采取"不反对"立场的拍卖企业居多,这是因为拍卖企业一般不会因委托人参与竞买的行为受到损害,甚至还会得到相关利益。因此,社会期待拍卖企业制约此种行为是不切实际的,如要对委托人参与竞买的行为进行规范,必须明文立法,这才是切实可行的做法。我国自20世纪90年代早期开始对委托人参与竞买进行规制,规制始自地方拍卖法规,规制的态度坚决而且严格,收到良好的市场效果。① 我国《拍卖法》肯定了地方拍卖法规中的这一规范内容,该法第30条规定:委托人不得参与竞买,也不得委托他人代为竞买。

禁止委托人参与竞买有着很充分的理由。其一,禁止委托人参与竞买符合社会生活的常识。委托人理应是拍卖法律关系中的一方当事人,即卖方;委托人参与竞买的行为又使其成为拍卖法律关系中的另一方当事人,即买方。买卖双方一买一卖,其利益是相对的,故在一桩买卖关系中买方和卖方理应是两个不同的利益主体,一个人同时居于买卖双方的地位不符合社会生活的常识,不仅使买卖失去了意义,也必然影响相关第三人。其二,禁止委托人参与竞买有利于防止虚假的民事行为。委托人在拍卖活动中的正常目的应当是委托拍卖企业以拍卖方式出售自己拥有所有权或处分权的拍卖标的,以

---

① 1993年《深圳经济特区财产拍卖条例》第33条规定:"委托人不得参加应价。" 1994年《上海市财产拍卖规定》第29条规定:"委托人不得参与竞买自己委托拍卖的物品。委托人如违反前款规定参与竞买自己委托拍卖的物品,且因其报价最高而经拍卖人拍定后,不得因前款规定推卸自己支付价款及其他有关费用的责任。"

实现自己作为卖方的利益。而委托人又去参与竞买,买回自己想要卖出的拍卖标的,这一表面化的矛盾让人怀疑"竞买"行为意思表示的真实性。按照我国法律规定,民事行为的有效要件之一是意思表示的真实,意思表示不真实的民事行为是虚假的,对于虚假的民事行为理应禁止。其三,禁止委托人参与竞买有利于维护拍卖交易的公正性。拍卖法律关系关联着三方当事人,权利义务的设置应当综合考虑三方当事人的合法权益,使其平衡与和谐。如果放任委托人参与竞买,无论在理论上还是在实践中,均不利于其他竞买人,进而产生不公正的交易结果。

二、参与竞买的危害性分析

(一) 拍卖人参与竞买的危害性分析

拍卖人错位参与竞买有各种动机,为分析方便,我们可以将这些动机简单地区分为真实动机和非真实动机。所谓真实动机是指拍卖人确实想买下拍卖标的,其中包括为他人而买下拍卖标的;所谓非真实动机是指拍卖人并不真想买下拍卖标的,只是利用竞买行为影响拍卖标的的成交价。通过下面的分析不难看出,无论拍卖人参与竞买的动机真实与否,均有危害性。

首先,分析拍卖人在真实动机下参与竞买的情形。行为动机的真实并不表明行为本身的合理,拍卖人在真实动机下参与竞买的危害性可从下述方面分析和权衡。

其一,对委托人利益的损害。拍卖是由拍卖人操作的,此操作过程包括发布拍卖公告、进行拍卖标的展示、组织实施拍卖会等,是否能够做好上述各个环节的工作,与拍卖人的地位密切相关。正常情况下,拍卖人仅是委托人的代理人,拍卖人的利益与委托人的利益是一致的,委托人和拍卖人都希望拍卖标的能够拍出一个好的价钱,[①]利益的一致性保证了拍卖人不会在操作过程中损及委托人的利益。而允许拍卖人参与竞买,情况就不同了。委托人作为卖方总希望成

---

① 拍卖人的佣金收益是按照成交价的一定比例收取的,成交价越高,拍卖人的佣金收益也就越高。

交价尽可能地高,而当拍卖人错位于买方地位时,却希望成交价尽可能地低,一高一低,委托人的利益与拍卖人的利益变成反方向的了。虽然成交价的高低不能完全由拍卖人掌控,但实践证明,拍卖人要想压低成交价是不难办到的,如缩小公告范围、减少展示期间或增加看展品的难度、降低宣传力度、利用种种拍卖技巧等。拍卖人压低成交价不难,其达到与自己成交的目的也是很容易办到的。总之,法律不禁止拍卖人参与竞买,等于认可了一种损害委托人利益的交易机制。

其二,对竞买人利益的损害。对竞买人利益的损害主要应从公正性上考虑。(1)在密封保留价拍卖中,由于信息掌握的不对称,易导致不公正的结果。保留价保密时,拍卖人知道保留价,而其他竞买人不知道保留价,这将在很大程度上影响他们的报价及其利益。当然,保留价并非成交价,知道保留价也不等于满足了与自己成交,但两者竞争,有人知道保留价而别的人不知道,这本身就是不公平的,拍卖人在竞争中处于更有利的地位当毋庸置疑。(2)拍卖人(通过拍卖师)主持拍卖,同时又参与竞买,其上下呼应不可避免,其他竞买人相形之下极易成为陪衬。拍卖人认为有利可图就买下,认为无利可图就让出,其利用自己的优势地位游刃有余,一场公正的拍卖交易变成拍卖人可以任意操纵的游戏了。当然有人会说,如果拍卖人的工作人员素质优良,其结果未必如此。是的,人员的素质常常影响结果,但拍卖方式之所以别具一格,根本原因在于其机制的公正性,放弃公正的机制而去依赖人员的素质是靠不住的,其结果往往是损害其他竞买人的利益。

其三,抵触《拍卖法》相关规则的效力。放任拍卖人参与竞买与《拍卖法》相关规则的效力相抵触,进而使这些相关规则完全失去意义。被抵触的《拍卖法》相关规则有保留价保密规则和禁止拍卖人与竞买人恶意串通规则。关于保留价保密问题,《拍卖法》第 28 条规定:委托人有权确定拍卖标的的保留价并要求拍卖人保密。所谓保留价保密,其实保密的对象主要是竞买人,而今拍卖人错位成为竞买人,保留价保密规则就变得毫无意义了。关于禁止恶意串通,《拍卖法》第 65 条规定:竞买人与拍卖人之间恶意串通,给他人造成损害的,拍卖无效,应当依法承担赔偿责任。恶意串通是更为严重的违法,但放任拍卖人参与竞买就意味着恶意串通无法禁止,双重人格、意志融为一体,禁止恶意串通规则也变得毫无意义。

其次,分析拍卖人在非真实动机下参与竞买的情形。拍卖人怀有非真实动机不仅错在参与竞买,而且错在以非法的目的参与竞买。拍卖人参与竞买,又不想买下拍卖标的,那么其目的何在呢?只有一种解释,那就是与委托人恶意串通,托高拍卖标的的成交价。通过这种手段,托高拍卖标的的成交价,极大地损害了其他竞买人(特别是买受人)的利益。另外,成交价越高,拍卖人获得的佣金也就越多。进一步而言,如果相信拍卖人如此做的目的仅仅是为了那点佣金是过于天真的想法,在恶意串通之下,一定有其他的非法收入,其数目远非按比例的佣金收入可比。这是一种对其他竞买人的恶意欺诈。

(二)委托人参与竞买的危害性分析

拍卖实践中,也论及委托人参与竞买的各种动机。动机之一:委托人反悔了,想通过竞买撤回拍卖标的;动机之二:拍卖会现场报价太低,委托人想通过竞买阻止其他竞买人获得拍卖标的;动机之三:委托人原本就没有真实出售意图,其之所以将拍卖标的委托拍卖是为了证实拍卖标的的市场价格;动机之四:纯粹是为了托高拍卖标的的成交价格。

笔者以为,在上述四种参与竞买动机中,前三种动机一般不具有真实。这三种参与动机听起来言之凿凿,却经不起推敲。关于动机之一之"撤回拍卖标的",拍卖程序中为委托人规定了十分宽松的撤回拍卖标的方法和途径,委托人可以在拍卖会开始之前的任何时候,无须说明理由而终止拍卖,撤回拍卖标的,[①]完全没有必要通过花费高成本的竞买行为来撤回拍卖标的。关于动机之二之"报价太低",现行法律虽然不允许委托人通过竞买影响成交价,却允许通过保留价限制成交价,我国《拍卖法》明确规定了委托人确定保留价的权利,在此基础上就不存在拍卖会现场报价太低的问题。关于动机之三之"证实拍卖标的的市场价格",这种动机或者不符合社会生活常识,花一大笔佣金去委托拍卖,再花一大笔佣金将拍卖标的买回,仅

---

① 参见《拍卖管理办法》第41条第1款第5项。

仅为了证实市场价格,让人无法理解;或者属极个别的极端做法,在考虑作为规则制定基础时完全可以忽略不计。

实际上,在拍卖实践中发生的委托人参与竞买的真实动机往往是上述动机之四,即为了托高拍卖标的的成交价格。在拍卖会现场,竞买人的报价往往是随机的,每一次报价留给竞买人的考虑时间是有限的,而加价幅度又是那样具有诱惑力,多报一两千元,甚至多报一两百元,就能得到自己希望得到的拍卖标的,再加之竞买人在竞价过程中被逐渐挑逗起来的不理智情绪,这些在拍卖会现场形成的条件和气氛都能为委托人所利用,在这种情形下产生出来的拍卖成交价必然是被扭曲的。

委托人希望参与确定拍卖标的成交价以实现自己的最大利益,其心情是可以理解的,但应当采用正当、合理的方式进行。作为卖方的委托人,应该有权确定拍卖标的的保留价,这样,委托人就能利用保留价的确定权防止过于低的成交价,正当、合理地维护自己的利益。另外,委托人还应有权参与确定拍卖标的的开叫价,以影响拍卖标的的最终成交价。委托人有权确定保留价及参与确定开叫价之所以是合理的,是因为这些行为在维护委托人利益的同时,并未损害其他人的利益,而委托人参与竞买的情况就不同了。根据上面的分析,委托人参与竞买的目的不在买,而在卖,是以买的假象,掩盖卖的实质,是以"托"的方式达到拍卖标的高昂的成交价。

委托人参与竞买的确能为自己带来利益,但它在给委托人带来利益的同时,总是导致其他竞买人遭受损害。竞买人受到的损害可能是间接的,也可能是直接的。间接的损害表现为,竞买人由于委托人的虚假行为的影响,失去了最终购得拍卖标的的机会。如在前述祖传花瓶拍卖案例中,当某甲将拍卖标的的报价由 5200 元提高到 5400 元时,超出所有竞买人的实际购买能力,出现委托人成为拍卖标的最后买受人时,即为此种情况。此种情况下,很难说委托人得益,但其他竞买人却因此失去机会,受到间接损害。直接的损害表现为,拍卖标的的买受人由于委托人虚假行为的影响,支出了原本无须支出的费用。如在前述祖传花瓶拍卖案例中,买受人原本只需花费 5200 元即可购得拍卖标的,可由于委托人的参与,成交价高达 11000

元,买受人因此多支出了5800元。在同一法律关系中,一方不当得利,另一方遭受损失,其交易不公正显而易见。

委托人参与竞买,其行为带有很强的欺诈性质,具有社会危害性。参加拍卖的众多竞买人满怀良好愿望而来,在真实意图的基础上报价竞争,谁知自己的真实意图却被某些人的虚假行为所利用,遭受直接损害的虽仅是买受人,但遭到愚弄的却是所有竞买人。另外,正是因为这一虚假行为,拍卖的正常秩序被践踏,拍卖的公正性受嘲弄,拍卖市场的良性发展必然受到不利影响。

三、禁止参与竞买规则的实践评述

(一) 关于规则实施的尴尬

规则实施的尴尬莫过于难以揭露和证明拍卖人、委托人参与竞买。规则禁止的范围相当广泛,包括拍卖人和委托人、拍卖人的工作人员、为拍卖人和委托人的利益而从事竞买的人等。那么,如何揭露和证明上述人员参与竞买?实践中好的办法并不多。

首先,拍卖活动主要在拍卖人控制下进行,执法机构不可能每次拍卖都到现场监督,退一步说,即使执法机构每次都到现场监督,也未必能辨清其中真假。因此,规则的实施主要靠拍卖人、委托人等的自律和其他拍卖参与人的监督。自律涉及人的素质,加强法制教育不可或缺,要使每个拍卖参与人正确理解规则的内容,明确违法参与竞买的危害性,了解违法参与竞买的法律后果。然而,仅靠自律是有缺陷的,一倍的利益就可能产生加倍的冒险,那么十倍、百倍的利益呢?好在其他拍卖参与人的监督也能起到重要的遏制作用,拍卖机制较好地体现了利益制衡,一方当事人获得非法利益必然使他方当事人受到损害,机制中不乏实施规则的动力,揭露违法虽然不是绝对的,但却是可能的。

其次,证明之难更甚于揭露。拍卖规则不仅禁止拍卖人、委托人参与竞买,也禁止拍卖人、委托人委托他人代为参与竞买,例如,拍卖人、委托人可能会委托自己的家人、亲属、朋友、同事等代为参与竞买。这时证明某人是拍卖人、委托人的家人、亲属、朋友、同事等是无济于事的,需要证明的是他们为拍卖人、委托人的利益而参与竞买。

这里的关键是举证责任的归属,是揭露人负举证责任(证明某竞买人与拍卖人、委托人有委托代理关系),还是拍卖人、委托人负举证责任(证明自己与某竞买人没有委托代理关系)。证据法的一般原理是:谁主张,谁举证。举证责任大多落在揭露者身上,无怪乎拍卖人、委托人违法参与竞买时,十有七八不能揭露,即使揭露了有的也无法证明。

规则实施的尴尬导致某些人对规则的怀疑:既然难以禁止,如此规定还有什么意义?规则的目的屡次落空,将有损法律的尊严。有些人进而怀疑规则本身存在的必要性。笔者不同意如此消极的观点,笔者认为,立法的目的和执法的结果可能一致,也可能不一致,不一致的情况是经常发生的,或者正是因为有不一致才更需要立法。拍卖人、委托人参与竞买是有危害性的,这里要强调的是危害性还不仅仅针对某个人,而是针对整个社会,拍卖人、委托人参与竞买扰乱了正常的社会经济秩序。至于规则意义可以从下述方面理解:其一,规则向世人宣示什么是正确的,什么是错误的,它划定了是和非的标准,鼓励人们弃恶从善。其二,规则形成了一种法律威慑力,它使拍卖人、委托人不能不考虑非法参与竞买的法律后果,不能揭露和证明的情况的确存在,但如果被揭露和证明就将受到法律的严厉制裁。其三,规则为执法机构提供了执法依据,也为执法机构查处违法指明了方向。至于说到查处有困难,这是问题的另一个方面。可以设想,明令禁止尚且难以杜绝,不设禁止又将如何呢?另外,禁止一种行为与该行为是否能完全被禁止是不同的概念,正如不能因为犯罪难以被完全禁止,就取消对犯罪的禁令一样。

(二) 关于拍卖方式的革新

随着拍卖实践的发展,拍卖人为方便竞买人参加竞价,对拍卖方式进行了种种革新,远距离拍卖就是其中之一。远距离拍卖一改竞买人到拍卖会现场竞价的传统,利用现代的通讯网络,诸如卫星接收发送系统、热线电话等,使竞买人有能力"决战于千里之外",运用手中的通讯设备,指挥他人代为报价,当然其中也包括拍卖人。例如,1987 年 3 月 31 日,克里斯蒂拍卖行拍卖 19 世纪荷兰绘画大师梵·高的巨作《向日葵》,拍卖会现场设了热线电话,竞买人可以通过热线电话报价,结果两位最有实力的竞买人并未到场,而是通过热线电话进行角逐,最后此画被日本安田水上火灾保险公司以4000万美元的价格买走。

远距离拍卖有利于拍卖企业拓展拍卖市场,也符合某些竞买人不愿到场暴露身份的心理,一经示范,其他拍卖企业纷纷仿效。虽然远距离拍卖中代竞买人报价者不一定非拍卖人莫属,但拍卖实践中代竞买人报价业已成为拍卖人的一个新的业务范围。不过,这新的业务也带来一个问题,竞买人不到拍卖会现场,而是通过通讯设备进行指挥,由拍卖人委派工作人员代为报价,如此情形,拍卖会现场可能既无卖方,也无买方,拍卖人既代表委托人,又代表竞买人,拍卖人似乎扮演起双重角色。这难道不是"双方代理"吗?这难道不是实质上抵触禁止拍卖人参与竞买规则吗?看来,拍卖方式的革新要受到现行规则检验,代理制度是既定的,现行规则也是不可动摇的,剩下的问题就是如何评价拍卖的地位,如何理解远距离拍卖中拍卖人与委托人和竞买人之间的关系了。

拍卖人与委托人之间的关系,前面已经论述过,属于间接代理,这在远距离拍卖中并无变化。而在远距离拍卖中,拍卖人与竞买人之间的关系却有些特别,貌似代理,实则不然。举例为证,某竞买人采用远距离拍卖方式参加竞价,通过热线电话询问拍卖会现场报价情况,拍卖人委派一工作人员如实告之,该竞买人略作思考,报出一个具体价格以示竞争,该工作人员将此价格宣示给其他竞买人,然后再将其他竞买人的应价情况告知该竞买人,如此循环往复。分析此例可知,拍卖人与该竞买人之间的关系不是代理,而是传达,两者之间是传达关系,拍卖人是该竞买人的传达人。传达与代理类似,但有重大区别:其一,传达人只是他人的意思表示机关,在传达之际,不表现自己的独立人格;而代理人却表现自己的独立人格,在代理所形成的法律关系中作为一方当事人。其二,传达人所作的意思表示是他人既已形成的,传达人只是传达他人的意思表示,自己不是意思表示人;而代理人所实施的意思表示却是他自己的,尽管以代理权为前提,并受到它的制约,但无论如何,绝不是被代理人既已形成的意思表示。其三,传达的意思表示有无瑕疵,原则上须经本人决之;而代理行为有无瑕疵,原则上须经代理人决之。①

因此,远距离拍卖时,拍卖人(通过其工作人员)代竞买人报价的行为属于传达,其中拍卖人无任何独立意思表示,拍卖人的报价必须机械、完整地表达竞买人的意思,就如同竞买人到拍卖会现场竞价时,他的每一个报价拍卖人(通过拍卖师)应当重复一样,两者之间无任何实质区别。

传达关系的性质确定后,就可以排除"双方代理"的疑虑,也不用担心拍卖方式革新的结果抵触禁止拍卖人参与竞买规则。但应该强调一点,传达与代理在行为上的分别仅一步之遥,跨过这一步,性质就会发生变化。例如,如果竞买人委托拍卖人在一个具体价格之下,根据其经验随机报价,无须征询自己的意见。如此,双方之间就不再是传达,而是彻头彻尾的代理关系了。拍卖人与竞买人之间的代理关系应当禁止。

(三) 关于"委托竞买席"

"委托竞买席"一词来自 2004 年《拍卖管理办法》。《拍卖管理办法》第 39 条规定:拍卖企业可以在拍卖会现场设立委托竞买席,并在拍卖会开始时对全体竞买人说明。这条规定制定得简单,但仍需阐释。何谓委托竞买席?为什么要设置委托竞买席?谁坐在委托竞买席上?他坐在委托竞买席上做什么?这一系列问题有必要面对实践和现行法律规定一一给予说明。

理解委托竞买席的关键在于"竞买",故它应是拍卖企业在拍卖会现场为那些代竞买人实施某种与竞买相关行为的人设置的席位。设置委托竞买席的目的无非是要将委托竞买席与非委托竞买席区别开来,区别意义要视谁坐在委托竞买席上以及他坐在委托竞买席上做什么而定。按委托竞买席的一般含义,有两类人可能坐在委托竞买席上,一类是受竞买人委托代其实施竞买行为的拍卖企业的工作人员,另一类是受竞买人委托代其实施竞买行为的拍卖企业工作人员以外的其他人。现场拍卖过程中,上述人坐在委托竞买席上可能实施代理竞买行为,也可能实施传达信息行为。综合以上各要素,笔

---

① 参见张浚浩主编:《民法学原理》,中国政法大学出版社 1991 年版,第 273 页。

者认为,应对委托竞买席的合法性作分类鉴定,因为不同的人坐在委托竞买席上实施不同的行为,关乎我国《拍卖法》的强制性规定。

首先,拍卖企业工作人员以外的人可能坐在委托竞买席上,无论他们实施代理竞买行为,还是实施传达信息行为,都不违背我国《拍卖法》的强制性规定。《拍卖法》第34条规定:竞买人可以自行参加竞买,也可以委托其代理人参加竞买。问题在于,合法性问题虽然无虞,但特意为此设置委托竞买席,将代理人参加竞买与本人参加竞买区别开来,还要向全体竞买人说明,有何意义?笔者看不出其中意义之所在,因此笔者断言,委托竞买席不是为拍卖企业工作人员以外的人设置的,《拍卖管理办法》第39条的规定另有指向。

其次,拍卖企业工作人员可能坐在委托竞买席上,通过现代通讯设备,为那些不愿亲临拍卖会现场或者无法亲临拍卖会现场而又想参加竞买的竞买人传达信息。① 根据前述理由,拍卖人工作人员坐在委托竞买席上传达有关信息,沟通拍卖会现场内外,使之融为一体,属于拍卖方式的革新,其内部机理并不违背我国《拍卖法》的强制性规定。笔者认为,这正是《拍卖管理办法》第39条规定的本意所在,因为区别拍卖企业工作人员所在的委托竞买席和其他竞买人所在的竞买席,有重要意义。拍卖人工作人员虽然坐在委托竞买席上,但他不同于竞买人或其代理人,他只是机械地传达竞买人或其代理人的意思表示,在拍卖法律关系中他的所作所为既无独立的人格,也无独立的竞买人身份,所以,他所在的席位虽也有竞买席性质,但应当和其他竞买席区别开来。况且,坐在委托竞买席上的拍卖人工作人员应当严守自己的传达职责,不得越位行使代理人职责,因此,向全体竞买人说明,要求全体竞买人监督,也是很有必要的。

最后,拍卖企业工作人员可能坐在委托竞买席上,作为竞买人的代理人。笔者明确反对对《拍卖管理办法》第39条作此解释,因为拍卖企业工作人员作为竞买人的代理人出现在拍卖会现场,无论坐在委托竞买席上还是坐在非委托竞买席上,都是违法的。笔者宁愿

---

① 拍卖企业工作人员在委托竞买席上的所作所为及其行为限制请参见前文"关于拍卖方式的革新"部分内容。

相信,允许拍卖企业工作人员作为竞买人的代理人不是《拍卖管理办法》第 39 条设置委托竞买席的本意。

2003 年,拍卖界发生了一起上海市拍卖行业协会和中国拍卖行业协会之间的来函、复函事件。为拍卖企业安排其工作人员在拍卖会委托席上代为举牌受到上海市工商管理部门追究,上海市拍卖行业协会致函中国拍卖行业协会,要求后者对拍卖企业的行为是否涉嫌违反《拍卖法》第 22 条作出解释。① 为此,中国拍卖行业协会复函称:"贵市工商行政管理部门认为拍卖企业受客户委托,安排本企业工作人员在拍卖会委托席上代为举牌有违反《拍卖法》第 22 条规定的嫌疑,是一种误解。(1)《拍卖法》中没有禁止拍卖人接受竞买人委托代为竞买的规定。《拍卖法》第 22 条规定:'拍卖人及其工作人员不得以竞买人的身份参与自己组织的拍卖活动,并不得委托他人代为竞买。'显然,这条规定是限制拍卖人不得以竞买人身份在自己组织的拍卖会上竞买标的,而受客户委托,代为举牌的行为则是按客户的意愿,在代理权限内从事的代理活动。这种行为没有违反《拍卖法》。(2)委托何人代为竞买,是竞买人的权利。《拍卖法》第 34 条规定:'竞买人可以自行参加竞买,也可以委托其代理人参加竞买。'在拍卖实践中,经常会遇到竞买人不愿或不能到拍卖会现场举牌竞投的现象,这时竞买人就可以委托其代理人参加竞买。委托谁做自己的代理人,应当由竞买人根据自己的真实意愿决定,代理人只要在代理权限内从事代理行为就不违反相关规定。(3)接受竞买人委托代理竞买,是拍卖人为竞买人提供的一种服务。在实际操作中,竞买人往往委托拍卖人作为自己的代理人。拍卖人也把代客做好竞买看做自己义不容辞的责任和应当提供的一种服务。(4)拍卖人接受竞买人委托代为参加竞买,已成为一种国际惯例。例如,国际上知名的苏富比拍卖公司在自己的《拍卖规则》第 5 条第 2 款中规定:

---

① 该函称:最近,本市工商行政部门对拍卖企业的监管、检查过程中,发现有的拍卖企业受客户委托,安排本企业工作人员在拍卖会委托席上代为举牌的现象。工商部门认为,此现象有违规之嫌(违反《拍卖法》第 22 条);拍卖公司则认为,此举合乎国际惯例和目前拍卖市场发展的实际情况,不应看做违规。两种意见产生分歧。此情况特向中国拍卖行业协会反映,并希望得到中国拍卖行业协会法律咨询专业委员会的解释。

'建议竞买人参加拍卖会,如不能参加,可以书面形式委托本公司参加委托拍卖.'我国一些知名拍卖企业也都在自己的《拍卖规则》中列入了'竞买人应亲自出席拍卖会,如不能出席,可采用书面形式委托本公司代为竞投'的条款。综上所述,在拍卖实践中,拍卖企业受客户委托,安排本企业工作人员代为举牌的做法,不应被视为违规。"①

通观中国拍卖行业协会的复函,笔者认为,其中多处存在对我国法律的误读。其一,复函以我国《拍卖法》第 22 条规定为依据,称"《拍卖法》中没有禁止拍卖人接受竞买人委托代为竞买的规定",这是对《拍卖法》第 22 条规定的误读。《拍卖法》条 22 条明文禁止拍卖人及其工作人员以竞买人身份参与自己组织的拍卖活动,拍卖人接受竞买人委托代为竞买完全符合第 22 条的适用范围。拍卖人接受竞买人的委托,作为竞买人的代理人出现在拍卖会现场,即属于竞买人身份。复函中所谓代理人身份是站不住脚的,在买卖法律关系中,代理人不是一个独立的身份。其二,复函以我国《拍卖法》第 34 条规定为依据,称竞买人"委托谁做自己的代理人,应当由竞买人根据自己的真实意愿决定",似乎只要真实反映了竞买人的意愿,谁都可以成为其代理人,这是对《拍卖法》第 34 条规定的误读。从行为的合法要件分析,意愿的真实不等于行为的合法,拍卖人在代理委托人的同时又代理竞买人有违我国《拍卖法》相关规定,这时,真实的意愿只能说明其主观恶意,而不是其他。其三,复函以苏富比拍卖公司和我国一些知名拍卖企业的《拍卖规则》为依据,称"拍卖人接受竞买人委托代为参加竞买,已成为一种国际惯例",这是对我国所认可的国际惯例效力的误读。一种实践做法,即使能被称为国际惯例,在我国也不具有当然的法律效力。国际惯例能够在我国发生法律效力的前提条件是,不与我国现行法律相冲突。所有与我国现行法律

---

① 中国拍卖行业协会秘书处编:《中国拍卖通讯》2003 年 5 月 22 日第 8 期,第 30—31 页。

抵触的国际习惯性做法,无论是否被称为国际惯例,都是无效的。①

(四)对委托人非法参与竞买的处罚问题

委托人非法参与竞买的目的是托高拍卖标的的成交价,他无意成为买受人,因此,委托人参与竞买时总是十分小心、谨慎,在关键时刻不失时机地"托"一下,既要托高价位,又不能被自己的报价套住。但委托人非法参与竞买时也会有"失风"的时候,假设在前述案例中,当价位停顿在5200元上时,委托人非法介入,将价位托高到5400元,这时如果无人再应价,委托人就弄巧成拙,自己成为买受人了。此外,委托人非法参与竞买也有可能不成交。因此,委托人非法参与竞买的结果有三种:其一,拍卖成交,委托人如愿以偿地将拍卖标的高价卖给了买受人;其二,拍卖成交,委托人弄巧成拙,自己成为买受人;其三,拍卖不成交。

委托人非法参与竞买而成为买受人时,可能被揭露,也可能不被揭露。如果被揭露,应该如何处罚呢?对此,我国《拍卖法》第64条规定:违反本法第30条的规定,委托人参与竞买或者委托他人代为竞买的,工商行政管理部门可以对委托人处拍卖成交价30%以下的罚款。这一条款看上去合情合理,规定也很具体,但笔者以为,这一条款存在较大缺陷。其一,委托人非法参与竞买,但不成交的,如何"对委托人处拍卖成交价30%以下的罚款"?笔者以为,按《拍卖法》第30条的规定,违法的要件是委托人参与竞买,参与后是否成交不是违法要件。因此,只要委托人违反《拍卖法》第30条的规定,参与竞买,就应当处罚,无论是否成交。因此,《拍卖法》的上述处罚规定有缺漏。其二,《拍卖法》的上述处罚规定未能合理地体现对委托人以外的人成为买受人的法律救济,即只规定了行政处罚,未规定民事赔偿。《拍卖法》的上述规定针对委托人自己成为买受人时的处罚,还是具有合理性的。但如果委托人如愿以偿地将拍卖标的高价卖给了其他买受人,仅仅对委托人进行罚款,未见充分,其他买受人的损失如何补偿?难道就让其他买受人接受由于委托人非法参与所形成

---

① 《民法通则》第142条第3款规定:"中华人民共和国法律和中华人民共和国缔结或者参加的国际条约没有规定的,可以适用国际惯例。"第150条规定:"依照本章规定适用……国际惯例的,不得违背中华人民共和国的社会公共利益。"

的不真实的成交价吗？笔者认为,这才是对委托人违法行为进行处罚的要害所在。因此,法律应明文规定:其他买受人有权向非法参与竞买的委托人要求赔偿。

当其他买受人向非法参与竞买的委托人要求赔偿时,以什么作为基准来决定赔偿的数额呢？笔者以为,应当以委托人参与前的最高应价作为基准,如前述案例,委托人是在5200元的基础上非法介入的,如没有委托人的非法介入,5200元极有可能就是成交价,故应当以此价格作为基准,多支出的部分确定为买受人的损失,由非法参与竞买的委托人赔偿。当然,在一些特殊情况下,委托人也可能在保留价之下就非法介入,对此应当如何处理呢？笔者认为,即使委托人非法介入前的最高应价不达保留价,作为一种惩罚也可以确认为基准,高于该基准的属于其他买受人的损失,由非法参与竞买的委托人赔偿。

总之,对委托人非法参与竞买的处罚应考虑下述原则:委托人参与竞买是非法的,理应处罚;其他竞买人的合理要求应当尊重;选择较为简便的处理方法。但应当注意一点,即不要因委托人参与竞买而简单地认定拍卖无效,简单地要求恢复原状,这可能正是非法参与竞买的委托人希望的,也就成为委托人违法"失风"后的托词。委托人参与竞买与拍卖人参与竞买的情况不同。其一,拍卖人参与竞买的主要目的是买,用不正当的方法去买,认定拍卖无效可视为对拍卖人非法目的的挫败;而委托人参与竞买的真正目的是卖,用不正当的方法去卖,简单地认定拍卖无效可能正中委托人的下怀,他可以推卸自己支付价款及其他有关费用的责任。其二,拍卖人参与竞买时,无论是台上的主持人,还是台下受拍卖人指派非法参与的人,都在实施违法行为,认定无效并不为过;而委托人参与竞买时却不一样,在委托人参与竞买前的情况是正常的,在委托人非法介入后,因委托人的虚假行为而受到影响,因此,整个拍卖并非全部无效,而是部分无效,剔除无效部分,其余部分仍然有效。

四、禁止参与竞买规则的效力范围

（一）禁止拍卖人参与竞买规则的效力范围

禁止拍卖人参与竞买规则具有法律效力,其效力可从下述方面理解：

第一，禁止拍卖人参与竞买规则的效力及于拍卖人的工作人员。我国拍卖法律制度中的拍卖人是法人，其有意志的活动依赖于公司的工作人员。按照以往的理解，工作人员的行为有个人行为和职务行为之分，个人行为由工作人员本人承担责任，职务行为由公司承担责任。但就禁止拍卖人参与竞买规则而言，情形却有所不同，因为规则已明文将拍卖人的工作人员包含在内。因此，该规则有两大特点：其一，禁止拍卖人参与竞买的效力当然及于拍卖人的工作人员；其二，不存在拍卖人工作人员参与竞买的个人责任，其责任由拍卖人承担。

关于"拍卖人的工作人员"，实践中有一种狭隘的理解，似乎只有拍卖企业的在编人员才属拍卖人的工作人员范畴。前述中澳公司诉拍卖公司一案中①，原告中澳公司不仅指控被告拍卖公司拍卖赝品，同时指控被告指使其工作人员参与竞买。事实是，根据浙江省电视台在拍卖会现场摄下的资料带，在拍卖会上，作为拍卖会组委会负责人、总策划的陆某某手持126号竞拍牌，始终参与竞买，并在拍卖张大千先生的《仿石溪山水图》时，分别在75万、90万、100万这三次关键价位上举手竞价，以此哄抬价格，从而使原告以110万元拍得该画。② 据查，陆某某系拍卖会协办单位中国美术学院潘天寿基金会的在编人员，拍卖会期间，受聘担任拍卖会副主任、总策划，并代表被告与原告谈判。对于这样一个人，拍卖公司和主审此案的一、二审法院均否认他实际上是"拍卖人的工作人员"，他的行为应纳入《拍卖法》第22条禁止的范畴，其理由是陆某某不在拍卖公司在编人员名册中。笔者以为，拍卖公司和一、二审法院如此简单地理解法律未见妥当。根据我国现行企业用人制度，企业的工作人员不限于企业的在编人员，也应当包括企业临时聘用的人员，在被聘用期间，被聘用者应被视为企业的工作人员，其行为责任由聘用企业承担。本案中，陆某某是拍卖会组织和实施的核心人员，他的所作所为实际代表着

---

① 参见本章第三节第三部分。
② 参见《中国律师》1996年第9期，第18页。

拍卖公司的利益,认定他为"拍卖人的工作人员",符合《拍卖法》第22条的立法本意。因此,"拍卖人的工作人员"应理解为在拍卖期间为拍卖企业的利益而实际工作的人员。

第二,禁止拍卖人参与竞买规则的效力及于任何为拍卖人及其工作人员的利益而从事竞买的人。其中"任何为拍卖人及其工作人员的利益而从事竞买的人"是一个不特定称谓,它可以指向所有的人,所以,规则的效力范围是相当广泛的,只要能够证明某人与拍卖人及其工作人员有事实上的委托关系,其竞买行为就与规则相抵触,是违法的。如此解释,完全符合我国《拍卖法》的规定,该法中"并不得委托他人代为竞买"为此作了最好的诠释。

就规则的效力而言,"为拍卖人及其工作人员的利益而从事竞买的人"与"拍卖人的工作人员"不同。后者受规则支配是当然的,执法机构或者受损害者只要证明参与竞买者的真实身份即可;而前者受规则支配是有条件的,执法机构或者受损害者不仅要证明参与竞买者的真实身份,还要证明他与拍卖人及其工作人员存在委托代理关系。

第三,禁止拍卖人参与竞买规则的效力可以对抗任何合理的理由,即拍卖人参与竞买本身就是违法的,无须后果来证明。实践中,拍卖人可能寻找种种理由为自己的参与竞买行为辩护,例如,自己是出于真实的目的参与竞买的;在竞买过程中自己并没有利用各种优势;没有人主张损失或者根本就没有损失发生;按保留价买下拍卖标的对委托人有利等。上述理由乍听起来并非没有道理,拍卖人要证明这些理由也并非难事。然而,如允许上述理由对抗规则的效力,则拍卖的内部机制就变得混沌不清了。拍卖人一会儿是委托人的代理人,一会儿又是竞买人或者其代理人,身份重叠,人格错位,游戏交易。另外,根据《拍卖法》规定,禁止拍卖人参与竞买并不以前述理由作为豁免条件,就如同非法经营,它对社会的危害性可能有大小,但绝不能因其尚未造成实际损失就认为它是可以原谅的。非法经营本身是违法的,无须后果来证明其违法。

(二)禁止委托人参与竞买规则的效力范围

禁止委托人参与竞买规则禁止委托人参与竞买,也禁止委托人请他人代为竞买。就规则的效力范围而言,禁止委托人参与竞买需要对委托人的内涵和外延进行界定,禁止委托人请他人代为竞买需要厘清委托人与他人的关系。

第一,关于委托人的内涵。我国《拍卖法》第 25 条规定:委托人是指委托拍卖人拍卖物品或者财产权利的公民、法人或者其他组织。根据该条规定来理解委托人的内涵,有形式和实质之分。从形式上说,委托人就是与拍卖人签订委托拍卖合同的人,即与拍卖人签订委托拍卖合同的就是委托人。这一形式上的理解当然很简单,但并不能合理、准确地体现禁止委托人参与竞买规则的要求。假设某甲是拍卖标的的所有权人,因为不想暴露自己的身份,他请某乙代自己与拍卖人签订委托拍卖合同,而自己隐身在交易之后。从形式上说,某甲不是拍卖标的的委托人,那么,某甲是否可以参与拍卖标的的竞买而不受规则制约呢?又假设,某一拍卖标的归四个人共有,他们共同商定通过拍卖方式将拍卖标的出售,共推其中一人与拍卖人签订委托拍卖合同。从形式上说,只有与拍卖人签订合同者是委托人,其余三人不是委托人,那么,其余三人是否可以参与拍卖标的的竞买而不受规则制约呢?笔者以为,对于上述两问都应给予否定的回答。

之所以要给予否定的回答,是因为委托人的内涵应当从实质上去理解,上述"某甲"和"其他三人"都应当被包含在委托人的内涵之中,不然不足以回应禁止委托人参与竞买规则的目标。《拍卖法》之所以设置禁止委托人参与竞买规则,旨在防止有人借虚假的竞买行为托高拍卖标的的成交价。上述两例中的"某甲"和"其余三人",或者是拍卖标的的所有权人,或者是拍卖标的的共有人,且都有意出售拍卖标的,那么,他们参与竞买的目的就有些不言自明了。况且,从本质上分析,他们原本就应该处在委托人地位上,因为他们才是拍卖标的的真正的所有权人或者处分权人。

因此,界定委托人的内涵应当从实质分析入手,分析的核心是所有权和处分权,一个人如果是拍卖标的的所有权人或者处分权人,只要他同意出售拍卖标的,就应当纳入委托人内涵之中。纳入委托人内涵的自然人、法人或者其他组织不得参与委托拍卖标的的竞买。

第二,关于委托人的外延。委托人可能是自然人,也可能是法人。委托人是自然人时，其外延根据个体界定，无任何困难。但委托人是法人时，界定其外延颇费思量。例如，委托人是某集团公司，那么该集团公司的分公司、子公司是否可以参与竞买？又如，委托人是某企业，那么企业内的工作人员是否可以参与竞买？

考虑到禁止委托人参与竞买规则的目标，界定委托人外延应遵循利益完全一致原则。当其利益完全一致时，某个体或者机构不可能和委托人同时处在买与卖的对立位置上，这时，自然应当将其纳入委托人的外延之中。

首先，让我们考察分公司的情形。与分公司相对应的是本公司，分公司是本公司的下属分支机构，在法律上和经济上都没有独立性。具体表现在：分公司没有独立的名称；分公司的业务问题完全由本公司决定；分公司的股份完全属于本公司；分公司以本公司的名义并根据其委托进行业务活动等。由此可知，分公司的利益与本公司是完全一致的，因此，本公司作为委托人时，分公司是其外延。

其次，让我们考察子公司的情形。与子公司相对应的是母公司，母公司与子公司间存在控股关系，但母公司并不当然拥有子公司的全部股份，子公司在法律上和经济上都是独立的。具体表现为：子公司有独立的名称；能够独立地决定公司的内外事务；有独立的资产负债表；独立承担民事责任等。由此可知，虽然子公司的利益与母公司的利益有许多一致的地方，但并非完全一致。因此，母公司作为委托人时，子公司不能纳入其外延。

最后，让我们考察企业的工作人员。企业是法律上的拟制人格者，企业行为需要企业工作人员实施，当工作人员实施职务行为时，其个人人格被企业人格所吸收，当然应推定两者利益完全一致。但上述理论不能导致吸收企业工作人员的所有行为，只能吸收那些被视为是职务行为的行为。我国《拍卖法》并未明文规定禁止委托人的工作人员参与竞买，因此考虑规则的效力范围时应当区分工作人员的个人行为和职务行为，那么如何划分个人行为和职务行为？笔者认为，当企业作为委托人时，企业负责委托拍卖事务的决策人员和实际操作人员的竞买行为，应当被视为是职务行为。因此，委托人的外延及于上述人员。

纳入委托人外延的机构和个人不得参与委托拍卖标的的竞买。

第三,关于委托人与他人的关系。《拍卖法》不仅禁止委托人参与竞买,也禁止委托人委托他人代为竞买。代委托人参与竞买的人,其范围可能要比委托人的外延广泛得多,可以说任何人都可能成为委托人的代理人。因此,界定规则的效力范围,关键在于调查和证明他人与委托人之间存在代理竞买关系;与委托人之间存在代理竞买关系的人,不得参与委托拍卖标的的竞买。

第三章 一般拍卖实体规则研究

一般拍卖实体规则是指包含有拍卖当事人实体权利义务内容、能够作为拍卖当事人行为或不行为准则的一般法律规则。区别一般拍卖实体规则和特殊拍卖实体规则的原因主要在于：后者更多地反映拍卖的特性，属于拍卖特有的规则；而前者反映拍卖的性质较弱，与其说是拍卖法律规则，不如说是其他法律领域的规则在拍卖交易中的运用。一般拍卖实体规则较多，由于其更多涉及拍卖人、委托人、竞买人或买受人的行为，可作分类研究。

第一节 有关拍卖人的一般实体规则

一、关于拍卖人的保管义务

委托拍卖合同签订后，委托人通常都根据委托拍卖合同的约定，将拍卖物品交由拍卖人保管，除非委托人和拍卖人另有约定，拍卖人负有对拍卖物品的保管义务。针对拍卖人的保管义务，我国《拍卖法》第19条规定：拍卖人对委托人交付拍卖的物品负有保管义务。《拍卖管理办法》第34条规定：对委托人送交的拍卖物品，拍卖企业应当由专人负责，妥善保管，建立拍卖品保管、值班和交接班制度，并采取必要的安全防范措施。我国一些地方行政规章也对拍卖人的保管义务提出了具体要求，如上海市公安局在将拍卖企业作为特殊行业列管时，督促其管辖范围内的所有拍卖企业建立物品保管制度，具体做到："拍卖行设置的物品保管设施要牢固安全，有相应防盗报警装置。库房保管员对出入库（箱、柜）的物品应当办理登记交接手续，做到账物相符。金银首饰、珠宝、文物、有价证券等贵重物品必须存入保险箱、柜,并实行'双人双锁'和昼夜值班制度,严加保管。"①关于拍卖人的保管义务,所涉内容十分琐碎,但应对不当极易产生纠纷,故有必要对与保管义务相关的问题进行分析研究,以为参考。

(一) 关于保管义务的对象

保管义务的对象是委托人交付拍卖的物品。财产权利虽然也属于拍卖标的的范畴,也可以交付拍卖人拍卖,但不是保管义务的对象。财产权利之所以不是保管义务的对象,是因为它没有形体,不适合于保管。例如,委托人委托拍卖企业拍卖归其所有的商标权,或者委托人委托拍卖企业拍卖车牌号码,这些内容就无法作为保管义务的对象。虽然财产权利本身不是保管义务的对象,但可说明财产权利的资料或者证明财产权利的文件却可以作为保管义务的对象,拍卖实践中,往往有委托人将说明财产权利的资料或者证明财产权利的文件交付拍卖人,以便在展示期间展示,置此情形,拍卖人应对这些资料或者文件尽到保管义务。

作为保管义务对象的物品,不仅包括动产,也包括不动产。拍卖实践中,许多拍卖企业认为,自己的保管义务仅针对动产性质的物品,因为这些物品可以保存于库房或者箱柜之中,适合于保管;而不动产性质的物品无法置于库房或者箱柜之中,属于不适合于保管的物品。一些地方政府规章中的规定也表现出这种理念,如前述上海市公安局《关于加强本市拍卖行业后续监管工作的意见》第 2 条的规定,这是不正确的。保管不同于保存,保管的本意是保护和管理。界定对一物品是否存在保管义务,不在于该物品是否能被置于某人的库房或者箱柜之中,而在于该物品是否能被置于某人的控制之下。以房产拍卖为例,如委托人在拍卖前将房产的房门钥匙交给拍卖人,明确置房产于拍卖人的实际控制之下,在整个拍卖期间,拍卖人对该房产就负有保管义务。若拍卖人未尽职责,致使房产内部、外部损坏,拍卖人应负赔偿责任。

作为保管义务对象的物品,应当是委托人向拍卖人实际交付的

---

① 参见 2005 年上海市公安局《关于加强本市拍卖行业后续监管工作的意见》第 2 条。

物品,未实际交付的物品不属于保管义务的对象。拍卖实践中,并非所有拟拍卖的物品都必须实际交付,有些物品即使不实际交付,也不会影响拍卖程序的进行。例如,拍卖标的是房地产时,拍卖前既可以向拍卖人交付,由拍卖人进行保护和管理,也可以不向拍卖人交付,仍由委托人进行保护和管理。但对于未向拍卖人实际交付的拟拍卖物品,拍卖人不负保管责任。

(二) 关于保管义务的期间和保管责任

保管义务的期间应当包括拍卖物品被实际置于拍卖人控制下的所有时段,始自委托人向拍卖人交付拍卖物品,终于拍卖人向买受人交付拍卖物品,或者当拍卖不成交时,终于委托人取回拍卖物品。保管义务期间可以分为三个时段,其中包括拍卖会之前的时段、拍卖会后至约定交付拍卖物品时段、约定交付拍卖物品之后时段。保管义务处于不同时段,保管关系的当事人不同,权利义务主体也有差异。

保管义务处在拍卖会之前时段的,保管关系的当事人是委托人和拍卖人,如拍卖人未妥善履行保管义务,应对委托人承担保管责任。保管义务处在拍卖会后到约定交付拍卖物品时段的,保管关系的当事人、保管义务的相对人和保管责任的承担与前一时段相同。所不同的是,约定交付拍卖物品的时间和实际交付拍卖物品的时间可能有差异,如约定买受人自拍卖成交之日起7日内领取拍卖物品,或约定委托人自拍卖不成交之日起7日内取回拍卖物品,但买受人、委托人却于第三日就领取或取回了拍卖物品,置此情形,拍卖人承担保管责任的期间应按照实际交付计算。约定交付拍卖物品之后时段的,保管关系的当事人因拍卖是否成交而有所不同。拍卖不成交的,保管关系当事人依然是委托人和拍卖人;拍卖成交的,保管关系当事人应当是买受人和拍卖人。拍卖人未能妥善履行保管义务,应根据不同情况向委托人或者买受人承担责任。

拍卖实践中,因拍卖人的保管义务而产生的法律纠纷不在少数,有些案件中所体现出来的问题还较为复杂。例如,1998年至1999年,马某先后向厦门开元区人民法院和中级人民法院起诉、上诉,诉厦门某拍卖行未尽妥善保管义务,致使拍卖标的损坏,要求解除业已签署的拍卖成交合同。案情如下:1998年6月25日,厦门某拍卖行接受委托，拍卖厦门外商投资经贸发展公司坐落于湖滨南路248号的14—16号房屋，其中包括第三层248号的16号804室。在拍卖会前，马某查验了上述拍卖标的。1998年9月28日，马某申请参加248号的16号804室的竞买，填写了竞买申请表，并当场付足1万元人民币保证金。马某竞买成功后，与该拍卖行签订了成交确认书，约定于1998年10月5日前将拍卖标的价款划入拍卖行账户，逾期者保证金自愿放弃，并承担违约责任。1998年9月29日，马某至拍卖标的物所在地，获得248号的16号804室所在楼房的钥匙。10月4日，马某再次来到248号的16号804室，发现房门被破坏，铝合金窗、电源开关等设施遗失，马某立即向该拍卖行反映，要求修复，被拍卖行拒绝。马某认为该拍卖行已无法完整交付248号的16号804室房屋，遂于10月5日向厦门开元区人民法院提起诉讼，要求解除拍卖成交合同，退还竞买保证金。开元区人民法院判决：原被告双方签订的拍卖成交确认书合法、有效，双方均应依约履行。原告在双方约定的应交付全额价款及标的物期限之前，提前获取拍卖标的物钥匙，已构成违约。对于标的物的损坏，被告不负责任。原告要求退还竞买保证金的要求不予支持。马某上诉后，厦门中级人民法院经审理撤销了开元区人民法院的判决，改判为：拍卖行在拍卖期间未妥善保管拍卖标的物，致使标的物出现不具备可交付的瑕疵状况，应承担相应的民事责任。马某要求返还竞买保证金的请求符合公平合理原则，应予支持。鉴于双方当事人的买卖关系已无法履行，双方的合同关系应予解除。①

上述案件中的原告以拍卖标的在拍卖行控制期间出现瑕疵为由，要求拍卖行修复，并在拍卖行拒绝修复时要求解除拍卖成交合同，理由充分，所以厦门中级人民法院撤销开元区人民法院的判决并改判完全正确。但如对案情略加改变并加以延伸，还有一些问题值得思考。第一个问题，如果马某未在约定期限内将拍卖标的价款划入拍卖行账户并与拍卖行交接拍卖标的，拍卖行是否可以马某违约

---

① 参见《拍卖成交后未交付前未尽妥善保管义务致标的损坏解除合同返还竞买保证金案》，http://www.dalianlvshi.com/susong/susong7/200702/860.html，2008年2月15日访问。

为由不承担拍卖标的损坏的责任？笔者认为，马某违约和拍卖行的保管义务是两个不同的问题，保管义务不因马某的违约而免除。拍卖实践中，确有一些买受人或者委托人不在约定的期限内领取或领回拍卖标的，为此，有些拍卖企业在自订的拍卖规则中，以买受人或者委托人违约为由，完全免除自己在约定的保管期外的义务，[①]这是不正确的。买受人或者委托人的违约行为理应受到追究，如双方可以约定在违约期间拍卖人向违约人收取更为昂贵的保管费等，但违约不是拍卖人免除保管义务的理由，拍卖人不能因为买受人或者委托人不在约定的期限内领取或领回拍卖标的，就对拍卖标的不管不顾；在保管期外，拍卖人同样要尽到妥善保管的义务。第二个问题，本案判决执行后，应由谁来主张追究拍卖行未尽保管义务的责任？判决的执行意味着拍卖成交合同的解除和马某预交的竞买保证金被退回，但拍卖标的损坏的责任依然存在，委托人不可能在将拍卖标的完好地交给拍卖行的前提下，接收被损坏的拍卖标的。因此，判决虽然作出并执行了，但纠纷还会继续，本案委托人有权追究拍卖行未尽保管义务的责任。第三个问题，如果马某没有请求法院解除拍卖成交合同，或者法院判决不解除拍卖成交合同，应由谁来主张追究拍卖行未尽保管义务的责任？回答这一问题的前提是，拍卖物品是委托人交付给拍卖行的，拍卖行尚未将拍卖物品实际交付给马某，马某还未取得拍卖标的的所有权。因此，从原理上说，这时应当由委托人主张追究拍卖行未尽保管义务的责任，只有待到拍卖行将拍卖标的实际交付给买受人并完成所有权转移的手续后，才转而由买受人主张追究拍卖行未尽保管义务的责任。

（三）保管义务期间的风险责任和保险

保管义务期间的风险责任，可以通过保险降低或者排除，故对拍卖标的投保各种险别是拍卖实践中的经常性做法。我国《保险法》第4、5条规定，从事保险活动必须遵守法律、行政法规，尊重社会公

[①] 《乐山富润达拍卖有限公司拍卖规则》第10条规定：本公司对委托人交付的拍卖标的负有保管义务，保管期至成交日内15日或委托人收到本公司《拍卖标的撤回通知书》7日内；保管期届满后本公司对委托人交付的拍卖标的不再承担保管义务，一切责任均由买受人或委托人承担。

德,遵循自愿原则;保险活动当事人行使权利、履行义务应当遵循诚实信用原则。根据上述原则,拍卖人可以在保管义务期间投保责任险,委托人和买受人也可以投保与其保险利益相关的各种财产险。为进一步阐述保管义务期间的风险责任和保险,结合我国拍卖实践,论述以下问题:

首先,保险是自愿的还是强迫的?这个问题实际上不言自明,自愿原则是在我国从事保险活动必须遵循的原则,任何人不得强迫他人保险,哪怕风险确实存在也不例外。保管义务期间,围绕着拍卖人保管的拍卖物品,确实存在各种风险,如因不可抗力原因导致拍卖物品灭失的风险,或者因第三人的过错导致拍卖物品灭失的风险,或者因拍卖人、委托人、买受人自己的过错导致拍卖物品灭失的风险等。即使存在这些风险,保险也不是必需的,各风险责任的承担者有选择保险或者不保险的自由。

其次,谁作为保管义务期间保管义务责任风险的投保人?按照我国《保险法》第12条规定,投保人应当是对保险标的具有法律上承认的利益的人,即投保人对保险标的应当具有保险利益。在实务上,一般将财产上的保险利益抽象概括为三类,即财产权利、合同权利和法律责任。所谓财产权利是指基于财产而享有的财产利益,包括所有权利益、占有利益、股权利益、担保利益等;所谓合同权利是指基于合同而产生的债权请求权;所谓法律责任是指因侵权行为、违约或者法律规定而发生的责任。[①] 根据以上分析,虽然保管物品上的保险利益既可以是法律责任,也可以是财产权利和合同权利,但具体到"保管义务期间保管义务责任风险"的保险利益,主要应当是法律责任,即拍卖人的保管责任。保险利益界定清楚后,谁作为保管义务期间保管义务责任风险投保人的问题也就不言自明了。除因不可抗力导致拍卖物品灭失的责任风险外,投保人理应是拍卖人;从性质上说,投保的险别应当是责任险。

最后,由谁支付保险费?根据我国《保险法》第10条第2款和第

---

① 参见冯光:《论保险利益原则》,http://www.bxzs.org/artical/insurance_basic/20050206235733.htm,2007年6月28日访问。

14条规定,负有支付保险费义务的人是投保人。因此,谁作为投保人,谁就有义务支付保险费。拍卖人作为保管义务期间保管义务责任风险的投保人,拍卖人应当为此支付保险费。保险费应当从拍卖人收取的佣金中列支。

二、关于拍卖人的保密义务

拍卖人在经营过程中负有一系列的保密义务,与拍卖人保密义务相关的法律、法规主要有《拍卖法》、《反不正当竞争法》和《拍卖管理办法》。《拍卖法》第21、28条规定:委托人、买受人要求对其身份保密的,拍卖人应当为其保密;委托人有权确定拍卖标的的保留价并要求拍卖人保密。《反不正当竞争法》第10条第1款第3项规定:经营者不得违反约定或者违反权利人有关保守商业秘密的要求,披露、使用或者允许他人使用其所掌握的商业秘密。《拍卖管理办法》第57条规定:拍卖企业认为向管理机关报送的材料有保密内容的,应注明"保密"字样并密封。为明确拍卖人的保密义务,将讨论下述问题:

(一)保密的内容及其保密义务的性质

根据有关法律的上述规定,拍卖人负有保密义务所涉的内容主要有三类:委托人和买受人的身份、保留价、商业秘密。

拍卖人对其了解的委托人和买受人的身份应当按照委托人和买受人的要求予以保密。委托人和买受人要求拍卖人对其身份保密往往是有理由的。实践中,一些委托人和买受人不希望自己的身份为他人所知,不希望他人知道自己因为拍卖标的的出售获得了一笔可观的收入,或者不希望他人知道自己因为参加竞买购得了一件价值连城的拍卖标的,从而为自己带来不必要的麻烦。委托人和买受人的上述顾虑符合社会常识,可以理解。委托人和买受人要求保密的内容属于其隐私的范畴,保密有合理的根据。同时,对委托人和买受人的身份保密并不会损害他人的合法权益。

拍卖人对其知晓的拍卖标的的保留价应按照委托人的要求予以保密。使保留价的具体价位处于保密状态主要出于拍卖技术上的考虑，对于委托人的经济利益有一定的影响，①故委托人应有权决定并要求拍卖人执行。

拍卖人对其在拍卖过程中接触的委托人和买受人的商业秘密应当按照委托人和买受人的要求予以保密。根据我国法律，所谓商业秘密，是指不为公众所知悉、能为权利人带来经济利益、具有实用性并经权利人采取保密措施的技术信息和经营信息。这些技术信息和经营信息的范围十分广泛，包括配方、样式、程序、设计、方法、技术或工艺、客户名单等，拍卖人在拍卖过程中可能会接触到这些技术信息和经营信息，因为这些信息具有经济价值，泄露这些信息必然导致信息拥有者的损失，故只要委托人和买受人提出要求，拍卖人应当为其保密。

从性质上说，拍卖人负有的上述保密义务均为约定义务，即拍卖人只有在其相对人提出要求的情况下才负有保密义务；反之，拍卖人不负有保密义务。但应当注意，义务的性质虽然是约定的，但并不意味双方可以对等协商，鉴于保密的内容具有合理性，只要委托人和买受人提出明确要求，拍卖人应当履行。拍卖实践中，拍卖人和委托人之间，或者拍卖人和买受人之间，应通过各种协议形式，明确保密义务的相关事宜，如保密的内容、保密的范围、保密的期间、违反保密义务的责任等。

（二）保密义务的例外

拍卖人的保密义务不是绝对的，协助执法是拍卖人履行保密义务的例外。所谓协助执法，是指根据法律规定和正当程序，拍卖人向国家执法机关工作人员提供委托人、买受人以及拍卖标的的相关信息，协助后者履行公务的活动。我国一系列法律授权有关国家执法机关，为维护市场秩序、社会治安等目的，对各种交易实施不同性质的管理。为履行管理职责，国家执法机关工作人员有必要调查、了解交易当事人和交易标的的相关信息。拍卖人遇有协助执法和自己所负保密义务相冲突时，应首先满足协助执法的要求。

拍卖实践中，一些拍卖企业以为，只要委托人、买受人（竞买人）

---

① 参见本书第二章第二节之"保留价的保密与公开问题"。

要求自己保密,就担负了绝对的保密义务,甚至可以对抗国家工商管理人员、物价管理人员、公安人员等的调查请求,这是十分错误的观念。理由如下:其一,委托人、买受人(竞买人)提出的保密要求,无论保密的内容是其身份、商业秘密,还是保留价,体现的均是私权,而国家执法机关工作人员的要求是出于维护公权的目的。从一般原则来说,实施私权和实施公权发生冲突时,私权的实施不得影响公权的实施。其二,拍卖人向国家执法机关工作人员披露委托人、买受人(竞买人)以及拍卖标的的相关信息,是一种有限制的披露,披露后并不实质影响保密状态,当然也不会产生损害委托人、买受人(竞买人)利益的结果。

因此,当国家执法机关工作人员为履行公务而要求拍卖人提供委托人、买受人(竞买人)以及拍卖标的的相关信息时,拍卖人不得以负有保密义务为由拒绝提供。但拍卖人披露自己负有保密义务的内容时,应当符合正当程序的要求。正当程序的要求包括:请国家执法机关工作人员出示身份证明;请国家执法机关工作人员出示足以说明其在履行公务的文件;将委托人、买受人(竞买人)的保密要求明确告知执法人员等。此外,国家机关工作人员亦负有保密义务。[①]

三、禁止拍卖人拍卖自有物品或者财产权利

我国《拍卖法》明文禁止拍卖人拍卖自有物品或者财产权利。《拍卖法》第23、63条规定:拍卖人不得在自己组织的拍卖活动中拍卖自己的物品或者财产权利;拍卖人违反此规定的,工商行政管理部门可以没收拍卖人的拍卖所得。所谓自有物品或者财产权利,是指拍卖人自己拥有所有权或者处分权的物品或者财产权利。

考察我国拍卖实践不难发现,拍卖人拍卖自有物品或者财产权利的现象时有发生:一些拍卖企业将自己原本就拥有所有权或者处分权的物品或者财产权利提交自己组织的拍卖会拍卖;一些拍卖企业在组织拍卖活动过程中,先将委托人提供的拍卖标的买断,然后再

---

① 《拍卖管理办法》第57条规定:商务主管部门工作人员对在执行公务中获知的有关拍卖企业、委托人、竞买人、买受人要求保密的的内容,应当按照保密规定为其保密,造成泄密的,按有关规定处理。

提交自己组织的拍卖会拍卖等。种种现象说明,《拍卖法》关于禁止拍卖人拍卖自有物品或者财产权利的规定并未引起拍卖业界的足够重视,这主要起因于相关拍卖企业并不十分清楚禁行规定的理由,对于执行禁行规定的意义缺乏应有的认识。

《拍卖法》禁止拍卖人拍卖自有物品或者财产权利有多重理由。理由之一：禁行规定使拍卖活动符合法律机制为其搭建的交易架构。法律机制为拍卖活动搭建的交易架构是设置三方利益各自独立的当事人,委托人是交易架构中的卖方,其利益取向是出售拍卖标的并获取价款；竞买人(买受人)是交易架构中的买方,其利益取向是支付价款并获得拍卖标的；拍卖人是交易架构中的中介,其利益取向是提供服务并获得佣金。三方利益架构是拍卖机制公正、透明运行的基础,所有内容各异的拍卖规则都在三方利益架构基础上达致协调统一,因此,三方利益架构对于拍卖机制是十分重要的,是不能被破坏的。而如果允许拍卖人拍卖自有物品或者财产权利,拍卖人就实际成为交易架构中的卖方,这样三方利益架构就被颠覆,拍卖交易架构就只剩下两方利益各自独立的当事人了,因此,应当禁止拍卖人拍卖自有物品和财产权利。理由之二：禁行规定有利于维护拍卖人法律地位的一致性。按照法律设定的拍卖机制,拍卖人在拍卖关系中的法律地位应当是中介,或者说是委托人的代理人。只有当拍卖人拍卖他人之物或者财产权利时,才与拍卖机制相符,如果允许拍卖人拍卖自有物品或者财产权利,就背离了拍卖机制。如果既允许拍卖人拍卖他人之物或者财产权利,又允许拍卖人拍卖自有物品或者财产权利,拍卖人的法律地位就始终在变化之中,这样既不利于法律对拍卖人行为的规范,也不利于当事人之间权利义务的明晰,属于法律机制设置上的大忌。因此,应当禁止拍卖人拍卖自有物品和财产权利。理由之三：禁行规定有利于防止拍卖人投机经营。拍卖实践中,拍卖人将委托人提供的拍卖标的买断后再提交自己组织的拍卖会拍卖的比例较高,这是有其利益根源的。一些拍卖企业为赚取更多的经济利益,在与委托人谈判过程中,不诚实地预测拍卖成交价,意在买断有较大价值上升空间的拍卖标的,然后通过拍卖,赚取买断价格与拍卖成交价格之间的差价。如不禁止这种做法就可能形成一种格局,当拍卖标的有较大价值上升空间时,拍卖人选择买断后再拍卖,以赚取差价;当拍卖标的的价值上升空间有限时,拍卖人选择委托拍卖,以赚取佣金。放任这种格局无异于鼓励拍卖人投机经营,这是不可取的。因此,应当禁止拍卖人拍卖自有物品或者财产权利。

禁止拍卖人拍卖自有物品或者财产权利有倡导拍卖专营的效果。所谓拍卖专营是指经营拍卖业务的企业由国家根据法律所规定的条件特别批准,未经特别批准的企业不得从事拍卖业务,同时,经特别批准从事拍卖业务的企业一般不得兼营其他业务,特别不得兼营与其身份不相符的其他业务。拍卖专营显然是我国目前发展拍卖业的政策取向,能够说明这一政策取向的立法除《拍卖法》外,还有《文物保护法》等。[①] 拍卖专营的优点在于:方便管理、避免利益冲突、明晰社会责任等。仅就方便税收管理而言,拍卖专营的优势十分明显。目前我国针对拍卖企业是以其实际佣金收入按照代理业征收营业税的,如果拍卖企业兼营他业,对其税收管理便十分复杂。当然,也有拍卖企业认为,强调拍卖专营不利于企业通过多种经营以求发展。因此,如何平衡拍卖企业发展与其社会责任的关系,是一个值得继续研究的问题。

总之,拍卖企业将自己原本就拥有所有权或者处分权的物品或者财产权利提交自己组织的拍卖会拍卖,是违法行为;拍卖企业在组织拍卖活动过程中,先将委托人提供的拍卖标的买断,然后再提交自己组织的拍卖会拍卖,也是违法行为;由此推而广之,一切具有拍卖自有物品或者财产权利性质的行为,都属违法。从维护拍卖法律机制角度出发,法律作出上述规定是很有必要的,各拍卖企业应当遵照执行,对于违法者,执法机关应当加大打击力度。

四、关于拍卖人的交付和移交义务

拍卖人的法律地位是中介,拍卖成交后,拍卖人对于委托人和买

---

① 《文物保护法》第 53 条规定:文物商店不得从事文物拍卖经营活动,不得设立经营文物拍卖的拍卖企业。

受人负有交付、移交义务。我国《拍卖法》第 24 条规定：拍卖成交后，拍卖人应当按照约定向委托人交付拍卖标的的价款，并按照约定将拍卖标的移交给买受人。拍卖程序中，拍卖人的交付、移交属于履行合同义务，向委托人的交付属于履行委托拍卖合同的义务，向买受人的移交属于履行拍卖成交合同的义务。因此，拍卖人有必要在相关合同中明确约定交付、移交的地点、期限、方式、履行费用的负担等。拍卖人履行交付、移交义务应体现有利于实现合同目的的原则。

（一）向委托人的交付义务

拍卖人负有向委托人交付拍卖标的价款的义务。为履行付款义务，拍卖人有必要与委托人在委托拍卖合同中约定付款的地点、期限、方式、履行费用的负担、未收到买受人款项的处理等，并明确迟延付款的责任。围绕付款义务的约定应体现公平、合理、诚实信用的原则。

根据我国《合同法》第 61、62 条规定，委托拍卖合同中对于付款义务约定不明确的，可以补充协议；不能达成补充协议的，按照合同中的相关条款或者交易习惯确定。经过前述调整后，对于付款地点依然不明确的，拍卖人应当在委托人所在地付款；对于付款期限依然不明确的，拍卖成交后，拍卖人可以随时向委托人付款，委托人也可以随时要求拍卖人付款，但应当给对方必要的准备时间；对于付款方式依然不明确的，按照有利于实现付款目的的方式付款；对于付款可能产生的费用依然不明确的，由拍卖人负担。

约定未收到买受人款项情况下拍卖人的付款义务是有必要的。虽然按照交易的正常秩序，拍卖人从买受人处获得交易款项在先，拍卖人向委托人支付交易款项在后，在拍卖人未收到买受人款项情况下，拍卖人不具备向委托人付款的充分条件。但拍卖人的付款义务毕竟具有相对独立性，因此，拍卖人和委托人约定向后者的付款以收到买受人款项为前提，或者约定一旦遇到买受人不按时付款拍卖人即将债权转移给委托人，或者约定无论买受人是否按时付款拍卖人均应按时向委托人付款，都是可行的。但如拍卖人和委托人约定向后者的付款以收到买受人款项为前提的，买受人对拍卖人承担的迟延付款责任应包含委托人的损失,即拍卖人追究买受人迟延付款责任后,转而向委托人承担迟延付款的责任。

(二)向买受人的移交义务

拍卖人负有向买受人移交拍卖标的的义务。为履行移交义务,拍卖人有必要与买受人在拍卖成交合同中约定移交的地点、期限、方式、履行费用的负担、迟延移交的责任等。围绕移交义务的约定应体现公平、合理、诚实信用的原则。

根据我国《合同法》第61、62条规定,拍卖成交合同中对于移交义务约定不明确的,可以补充协议;不能达成补充协议的,按照合同中的相关条款或者交易习惯确定。经前述调整后,移交地点依然不明确的,对于动产性拍卖标的,拍卖人应当在其所在地移交,对于不动产性拍卖标的,拍卖人应当在拍卖标的所在地移交;移交期限依然不明确的,拍卖人可以随时向买受人移交,买受人也可以随时要求拍卖人移交,但应当给对方必要的准备时间;移交方式依然不明确的,按照有利于实现移交目的方式移交;移交可能产生的费用依然不明确的,由拍卖人负担。

从拍卖本身的性质分析,移交的最终目的是转移拍卖标的的所有权,为有利于实现这一目的,移交动产性拍卖标的时,除拍卖人和买受人另有约定的,应当实际交付;移交不动产性拍卖标的时,除移交拍卖标的的实际控制权外,还要成就拍卖标的登记的必要条件,包括提供土地使用权证、房屋产权证等相关文件和协助办理手续。当然,作为中介人的拍卖人可能难以掌控这些登记的必要条件,为此,拍卖人应当在委托拍卖合同中与委托人明确约定,否则,虽不能说拍卖人负有完全的责任,但拍卖人难以推卸协助的义务。

第二节 有关委托人的一般实体规则

一、关于法定拍卖的义务

法定拍卖源于引起财产拍卖的原因具有特殊性而对拍卖所作出

的一种分类,①指特定物品或者财产权利必须通过拍卖方式处分。一般而言,引起拍卖的原因是出于当事人的选择,是由当事人按照意思自治原则决定的。但20世纪以后,首先自一些发达国家开始,提倡采用拍卖方式处分国家所有的财产,实践证明这一处分方式有助于维护国家作为所有权人的权益,亦能收到反腐倡廉的功效。20世纪80年代,我国一些省市开始对公物处理制度进行改革,改内部作价处理和商业渠道收购为公开拍卖,收到了较好的效果。1992年,《国务院关于公物处理实行公开拍卖的通知》(简称《通知》)发布。《通知》要求各地方应当逐步建立和完善公物处理的公开拍卖制度,公开拍卖首先要从罚没物品做起,执法机关依法罚没物品,裁判生效后可进行拍卖的,必须委托当地政府指定的拍卖行通过公开拍卖的方式拍卖,不得交由其他商业渠道作价收购,更不允许执法机关在本系统内部作价处理。我国制定《拍卖法》时,吸收了《通知》的上述内容和精神,作出了更加明确、具体的规定。《拍卖法》第9条规定:国家行政机关依法没收的物品,充抵税款、罚款的物品和其他物品,按照国务院规定应当委托拍卖的,由财产所在地的省、自治区、直辖市的人民政府和设区的市的人民政府指定的拍卖人进行拍卖。拍卖由人民法院依法没收的物品,充抵罚金、罚款的物品以及无法返还的追回物品,适用前款规定。第59条规定:国家机关违反本法第9条的规定,将应当委托财产所在地的省、自治区、直辖市的人民政府或者设区的市的人民政府指定的拍卖人拍卖的物品擅自处理的,对负有直接责任的主管人员和其他直接责任人员依法给予行政处分,给国

---

① 这一分类在我国拍卖实践中常被误称为"公物拍卖"。将其称为公物拍卖源自1992年的《国务院关于公物处理实行公开拍卖的通知》,后来的《拍卖法》第9条虽然吸收了该《通知》的内容,但并未沿用"公物"的概念,原因在于这一概念不准确。公物是公共财产的别称,按我国现有的所有权制度,国家所有的财产和劳动群众集体所有的财产属于公物,我国各领域、各部门基本都是按照这一内涵去理解公物的。而按照《拍卖法》第9条和该通知,涉及的物品主要指罚没物品,充其量再包括机场、码头、车站、邮政等单位的无主货物和行政事业单位需要处理的物品,这些仅占公物中的极小比例,以此替代公物不仅在语境上不妥,更易在实践中造成混乱。因为按《拍卖法》第9条和该通知的要求是所涉物品必须通过拍卖方式处理,但内容广泛的公物不可能只采用一种转让方式,更何况还是一种非经常性的转让方式。因此,《拍卖法》第9条所规范的拍卖应当称为法定拍卖,所涉物品应当称为法定拍卖物品。

家造成损失的,还应当承担赔偿责任。

从《拍卖法》的上述规定看,我国不仅认可了法定拍卖的理念,还为此建立了相关制度。理解我国法定拍卖制度的重点在两个方面:其一,哪些物品或者财产权利应纳入法定拍卖;其二,谁是法定拍卖义务的承担者。

(一) 关于法定拍卖物品的界定

关于法定拍卖物品的界定,由于《拍卖法》和国务院《通知》的链接关系,[①]有必要同时考虑两者的相关规定。围绕法定拍卖物品,《拍卖法》的规定和国务院《通知》的规定有些差异。按照国务院的《通知》,法定拍卖的物品分为必须依法拍卖的物品和原则依法拍卖的物品,前者包括国家执法机关依法没收的物品,充抵税款、罚款的物品,但其中的违禁品和假冒商品除外;后者包括机场、码头、车站、邮政等单位的无主货物和行政事业单位需要处理的物品。而按照《拍卖法》的规定,法定拍卖的物品主要指国家机关依法没收的物品,充抵税款、罚款的物品,即在《通知》中列为必须依法拍卖的罚没物品。至于《拍卖法》第9条规定的"其他物品",实践中有不同的理解,有认为"其他物品"指机场、码头、车站、邮政等单位的无主货物和行政事业单位需要处理的物品,有认为"其他物品"仅指行政事业单位需要处理的物品,也有认为这是《拍卖法》为将来可能出现的情况留有余地。

法定拍卖的物品有如下特点:其一,法定拍卖物品的所有权归属国家。如依法没收的物品和充抵税款、罚款的物品,无论在执法之前属于什么性质,一旦被依法没收或者充抵税款、罚款,即为国家所有;又如机场、码头、车站、邮政等单位的无主货物,按照国家法律规定,无主货物归国家所有。其二,法定拍卖的物品均难以运用正常的定价机制。在生产经营过程中,运用正常的定价机制需要满足一些条件,诸如权利主体有经营资格、有定价权利及了解商品的成本、市场需求等,而围绕法定拍卖的物品,这些条件均不具备。其三,法定拍

[①] 我国《拍卖法》在界定法定拍卖物品时,直接链接到国务院《通知》,谓之"按照国务院规定应当委托拍卖的"。

卖物品的处分权由国家机关行使。此一特点完全满足《拍卖法》规定的要求,但对照国务院《通知》的要求尚有一定差距。因为按此特点,机场、码头、车站、邮政等单位不属国家机关,其无主货物作为法定拍卖的物品就有些不妥,这也就是对《拍卖法》第9条规定的"其他物品"有多种理解的根本原因。

(二)法定拍卖义务的承担者及法律责任

根据《拍卖法》第9条和第59条规定,法定拍卖义务的承担者是国家机关,特指拥有执法权的国家行政机关和人民法院。围绕法定拍卖,国家行政机关和人民法院承担两方面相互关联的义务:其一,国家行政机关和人民法院应当将法定拍卖的物品委托拍卖;其二,国家行政机关和人民法院应当将法定拍卖的物品委托财产所在地的省、自治区、直辖市的人民政府和设区的市的人民政府指定的拍卖人进行拍卖。

法定拍卖受《拍卖法》支配,国家行政机关和人民法院是法定拍卖关系中的委托人,将法定拍卖物品按国家法律规定委托拍卖是它们应承担的义务。国家行政机关和人民法院违反法定拍卖的规定,应承担法律责任。承担法律责任的方式包括:对负有直接责任的主管人员和其他直接责任人员依法给予行政处分,给国家造成损失的,还应当承担赔偿责任。

围绕法定拍卖义务的承担者及其法律责任,拍卖实践中提出了一些问题。问题之一:国家行政机关和人民法院是不是特殊的委托人?法定拍卖制度在《拍卖法》中确立,根据《拍卖法》的规定,国家行政机关和人民法院处在委托人的地位上,但它们似乎是特殊的委托人。其理由是,按照《拍卖法》的相关规定,国家行政机关和人民法院的义务仅仅是将法定拍卖物品委托给符合特定资格的拍卖人拍卖,不承担《拍卖法》第三章第二节和第四节为委托人设置的其他义务,如瑕疵担保责任、迟延交付责任、支付佣金和费用等。问题之二:国家行政机关和人民法院是否承担委托人应当承担的民事责任?根据《拍卖法》第59条的规定,国家行政机关和人民法院违反法定拍卖的义务,应承担法律责任,但该法律责任的性质属行政责任,也就是说,法律未规定国家行政机关和人民法院的民事责任,也未规定国家行政机关和人民法院及其责任人对其他拍卖当事人的责任。问题之三:国家行政机关和人民法院被豁免某些义务后拍卖人怎么办?拍卖实践的一般做法是,国家行政机关和人民法院根据《拍卖法》第9条委托拍卖人拍卖,不承担瑕疵担保责任、迟延交付责任等,那么,如果发生瑕疵担保责任、迟延交付责任时买受人要求拍卖人赔偿,拍卖人应该怎么办?这是很现实的问题,因为从竞买人和买受人角度看,拍卖人和委托人同处在卖方地位上,而且拍卖人更直接,但其实拍卖人可能并无过错,或者主要过错不在拍卖人。为此,是否也应当将拍卖人的义务一同豁免?

从公正、合理的角度考虑,拍卖实践中提出的上述问题的确值得研究。从正面说,《拍卖法》属于民商性质的法律,国家行政机关和人民法院在《拍卖法》第9条和第59条中的定位并非是履行行政管理和司法职责,而是作为拍卖法律关系中的一方当事人。作为民商事法律关系中的当事人就应当强调地位平等,在享有权利的同时承担义务,就如同法定拍卖中的拍卖人和竞买人,各自承担着广泛的义务,但如何理解拍卖人和竞买人在法定拍卖中承担的义务而没有对应的权利?从反面说,《拍卖法》中为委托人设置的有些义务国家行政机关和人民法院无法承担,如无法让人民法院承担民事赔偿义务,有些义务国家行政机关和人民法院承担的理由也不充分,如支付佣金和费用。

基于上述正反两方面的分析,笔者以为,《拍卖法》将法定拍卖与其他商业性拍卖置于同一部法律中似有不妥。从性质上说,法定拍卖与人民法院为执行判决而委托拍卖人进行的强制拍卖更接近,似应置于强制拍卖体系中规范。

二、关于委托人撤回拍卖标的

委托人撤回拍卖标的意味着解除拍卖委托合同,直接导致拍卖程序终止。那么,委托人有无撤回拍卖标的的权利?相关法律给出了肯定的回答,但同时明确了委托人的义务。《拍卖法》第29条规定:委托人在拍卖开始前可以撤回拍卖标的。委托人撤回拍卖标的的,应当向拍卖人支付约定的费用;未作约定的,应当向拍卖人支付为拍卖支出的合理费用。《拍卖管理办法》第 41 条和第 54 条第 2 款规定：委托人在拍卖会前书面通知拍卖企业终止拍卖的,应当终止拍卖。委托人提出终止拍卖给竞买人造成损失的,应当给予赔偿。

从上述法律规定看,我国实行的是无理由撤回拍卖标的制度,即委托人撤回拍卖标的不需要任何理由,这与《合同法》规定的原理是有差别的。委托人撤回拍卖标的产生解除委托拍卖合同的效果,按照《合同法》第 93 条和第 94 条规定,除非双方协商一致,解除合同需要有正当理由,诸如因不可抗力致使不能实现合同目的;在履行期限届满之前,当事人一方明确表示或者以自己的行为表明不履行主要债务;当事人一方迟延履行主要债务,经催告后在合理期限内仍未履行;当事人一方迟延履行债务或者有其他违约行为致使不能实现合同目的等,即强调单方解除合同需要对方有过错或者出现不可抗力情形,否则即构成违约。从原理上分析,《合同法》的规定更具合理性。

虽然委托人依法有撤回拍卖标的的权利,但实践中依然应强调在签订委托拍卖合同时委托人与拍卖人需充分协商。协商的重点应围绕因委托人撤回拍卖标的而应当向拍卖人支付的费用,这也是实践中最容易产生纠纷的方面。双方的协商可以考虑以下两点：其一,从法律规定的前后文看,此类支付并不具有违约金性质,而是以拍卖人为拍卖实际支出的合理费用为本源,具有补偿性质;其二,何谓合理费用,法律没有明文规定,也无法明文规定,只能视具体情况而定。

拍卖实践中,委托人撤回拍卖标的所产生的影响,不仅波及拍卖人,也会波及竞买人,这可能是《拍卖法》立法时未及考虑到的问题,因而未就此作出相关规定。实际情形是,竞买人为竞买成功,在拍卖会之前需要做许多准备工作,诸如了解信息,参加展示以验看拍卖标的,自付费用对拍卖标的进行鉴定、评估,以及筹集资金等,为某些价值不菲的拍卖标的,竞买人可能需要筹集巨额资金。总之,为准备参加竞买,竞买人要花费大量的人力、物力,距离拍卖会举行的时间越近,人力、物力花费会越多。伴随着拍卖标的被委托人撤回,这些花费的人力、物力也将付之东流,难道这不需要补偿吗？从合理性上考虑,补偿是需要的。虽然竞买人不像拍卖人那样与委托人之间有合同关系,但竞买人的付出确是因委托人的行为而起,且本身毫无过错,从原理上说,对竞买人的补偿与《拍卖法》在相同情况下规定的对拍卖人的补偿并无不同。因此,《拍卖管理办法》第54条第2款的规定是对《拍卖法》的合理补充,虽然这一补充加大了委托人撤回拍卖标的的成本,但相信将有助于委托人谨慎行使其撤回的权利,行使权利本身不存在问题,但如果因行使权利导致他人的损失,法律就应当给予适当的调整。

三、关于委托人的支付和移交义务

拍卖会结束后,无论是否成交,委托人均负有支付义务;拍卖成交的,委托人还可能负有移交义务。根据我国《拍卖法》第31条和第56条规定,拍卖成交的,委托人应当按照约定或者法律规定向拍卖人支付佣金;按照约定应当由委托人移交拍卖标的的,委托人应当将拍卖标的移交给买受人。拍卖不成交的,委托人应当按照约定或者法律规定向拍卖人支付费用。《拍卖管理办法》第54条第1款规定:拍卖成交后,委托人没有协助买受人依法办理证照变更、产权过户手续,造成买受人或拍卖企业损失的,委托人应当依法给予赔偿。

(一)向拍卖人支付佣金和费用的义务

按照《拍卖法》规定,拍卖成交的,除法律另有规定外,委托人有义务向拍卖人支付佣金;委托人可以就佣金的比例、支付的地点、支付的期限、支付的方式、违约责任等与拍卖人作出约定,未作约定的,应当按照《拍卖法》第56条和《合同法》第61、62条的相关规定履行义务。

按照《拍卖法》规定,拍卖不成交的,委托人有义务向拍卖人支付费用;委托人可以就费用的数量、支付的地点、支付的期限、支付的方式、违约责任等与拍卖人作出约定,未作约定的,应当按照《拍卖法》第56条和《合同法》第61、62条的相关规定履行义务。

在《拍卖法》调整的范围内,例外佣金支付义务的只有按照《拍卖法》第9条实施的、成交的拍卖。《拍卖法》第57条规定:拍卖本法第9条规定的物品成交的,拍卖人可以向买受人收取佣金。联系上下文解释本条,基本可以排除委托人的支付义务。《拍卖法》作出如此规定有无道理呢？回答应当是肯定的。理由是：国家机关按照《拍卖法》第9条实施的拍卖具有公益性，具体表现是拍卖收益归国家所有，上缴国库。当拍卖成交时，拍卖人已经能够从买受人处获得佣金，再要求处在委托人地位上的国家机关支付佣金理由不充分。实践中有人提出，针对《拍卖法》第9条规定物品的拍卖，拍卖人是否可以与国家机关约定成交情形下收取佣金呢？笔者以为不妥。《拍卖法》第57条的规定实际已经很明确了，拍卖涉及第9条规定的物品成交的，国家机关没有支付佣金的义务。在此前提下，国家机关再动用国家资金去和拍卖人协商支付佣金，有滥用权力之嫌，不仅会损害国家利益，也容易滋生腐败。

（二）向买受人移交拍卖标的的义务

在拍卖程序中，负责向买受人移交拍卖标的的可能是拍卖人，也可能是委托人，具体哪一方负有移交义务，可在委托合同中约定；约定由委托人移交拍卖标的，拍卖成交后，委托人应当将拍卖标的移交给买受人。

委托人负有移交义务的，可以和买受人约定移交的地点、期限、方式、履行费用的负担、迟延移交的责任等。双方不能达成约定的，可按交易习惯移交。经前述调整后，移交地点依然不明确的，对于动产性拍卖标的，委托人应当在其所在地移交，对于不动产性拍卖标的，委托人应当在拍卖标的所在地移交；移交期限依然不明确的，委托人可以随时向买受人移交，买受人也可以随时要求委托人移交，但应当给对方必要的准备时间；移交方式依然不明确的，按照有利于实现移交目的方式移交；移交可能产生的费用依然不明确的，由委托人负担。委托人不能妥善履行上述义务，应视当时的情形和给买受人造成的损害，承担实际移交和/或赔偿损失的责任。

许多拍卖标的的移交不仅是实物的交接，还涉及办理必要的手续，对此，委托人亦负有协助义务。协助义务包括：协助办理证照变更、协助办理产权过户等。未能履行协助义务，造成买受人损失的，委托人应当给予赔偿；委托人不妥善履行协助义务，其损失也可能波及拍卖人，遇此情形，委托人也应给予赔偿。

第三节　有关竞买人或买受人的一般实体规则

一、禁止竞买人的恶意串通行为

竞买人的恶意串通是指竞买人之间、竞买人与拍卖人之间为压低拍卖成交价而实施的共同行为或协议行为。所谓恶意是指当事人的主观状态，说明当事人实施串通行为是出于故意，其目的是通过压低拍卖成交价以获取利益。竞买人的恶意串通行为严重地扰乱了正常的拍卖秩序，极大地损害了他人的利益，理应通过法律进行规范和惩处。我国《拍卖法》第37条规定：竞买人之间、竞买人与拍卖人之间不得恶意串通，损害他人利益。第65条规定：违反本法第37条的规定，竞买人之间、竞买人与拍卖人之间恶意串通，给他人造成损害的，拍卖无效，应当依法承担赔偿责任。由工商行政管理部门对参与恶意串通的竞买人处最高应价10%以上30%以下的罚款；对参与恶意串通的拍卖人处最高应价10%以上50%以下的罚款。

（一）恶意串通的表现形式

竞买人的恶意串通行为在拍卖实践中十分常见。例如，2004年12月29日，湖南常德市金鹰拍卖有限公司发布拍卖公告，拟于2005年1月5日拍卖某粮食局为企业改制而需出让的资产。2005年1月4日，个体工商户林某来到金鹰拍卖有限公司，同时以某房地产公司和某建设工程公司的名义报名竞买，然后又串通金鹰拍卖有限公司工作人员，拿到其他报名参加竞买的人员名单和联系方法。此后，林某与所有竞买人协商，以给好处费为诱饵，让其他竞买人不在拍卖会上与自己竞争。次日举行的拍卖会上，除林某有一次报价外，其他竞买人均以沉默处之，林某遂以极低的价格一举拍得标的。后经人举报，常德市工商局查处了这一恶意串通案件。[①]

[①] 参见《常德查获恶意串通拍卖大案》，http://www.lwaic.gov.cn/Article/ShowArticle.asp? ArticleID=1014, 2008年1月2日访问。

就竞买人的恶意串通行为而言,上述案例很典型,它同时包含了竞买人之间的串通和竞买人与拍卖人之间的串通。林某从金鹰拍卖有限公司工作人员处拿到其他竞买人名单和联系方法,属于竞买人与拍卖人的恶意串通行为;林某以给予好处费为诱饵要求其他竞买人不参与竞价且达成协议,属于竞买人之间的恶意串通行为。拍卖实践中,竞买人之间、竞买人与拍卖人之间恶意串通的表现方式是多种多样的。

竞买人之间恶意串通的表现方式有:竞买人之间经过协商,在拍卖会上一致保持沉默,迫使拍卖人降低起拍价;竞买人之间先议定一个拍卖标的的正常价格,然后公推一位竞买人在拍卖会上以极低的价位应价,成交后,再在竞买人之间分配正常价格与成交价之间的差价;竞买人之间经过协商,公推一位竞买人在拍卖会上报价,成交后,再在竞买人之间搞一次私下的竞争,然后平分两次价格中的差价;竞买人之间经过协商,在不同场次的拍卖会上轮流作为唯一的应价者,确保每一个竞买人都能在一段时间内以极低的价格获得拍卖标的;个别竞买人以武力为后盾,在拍卖会前和拍卖会上胁迫其他竞买人放弃竞买,以达到低价成交的目的等。

竞买人与拍卖人之间恶意串通的表现方式有:竞买人与拍卖人联手,不进行拍卖公告或不恰当地进行拍卖公告,而安排若干个不报价的象征性竞买人参加拍卖会,以确保低价成交;竞买人诱使拍卖人向自己透露需保密的相关信息,如拍卖保留价、竞买人名单和联系方法等;竞买人与拍卖人私下约定拍卖成交价;在竞买人的利诱下,拍卖人为竞买人量身定作竞买限制条件,以排除其他竞买人参与竞争等。

(二) 恶意串通的危害性及其法律责任

无论通过何种方式表现出来的恶意串通,均具有危害性。首先,恶意串通行为极大地损害了委托人的利益。所有围绕竞买人的恶意串通行为的目标均是压低拍卖成交价,竞买人获利的同时必然损害委托人的利益,许多案例显示,委托人因恶意串通行为遭受的损失巨大。其次,恶意串通行为可能损及其他竞买人的利益。当竞买人与拍卖人恶意串通时,受到损害的可能就不仅是委托人,其他竞买人也会在不同程度上受到损害,他们可能因此失去参与竞买的机会,也可能因此处于弱势地位等。最后,恶意串通行为严重损害了正常的拍卖秩序。无论是竞买人之间串通,还是竞买人与拍卖人之间串通,都将使拍卖程序的公开、公平、公正性质荡然无存,也毫无诚实信用可言。更有甚者,一些竞买人以黑社会为背景,为低价购得拍卖标的,极尽威逼利诱之能事,在拍卖会上大打出手,不仅严重损害了正常的拍卖秩序,连正常的社会秩序也一并受到严重损害。

追究恶意串通行为的法律责任需要考虑两方面的问题:其一,国家执法部门对恶意串通行为的处罚;其二,恶意串通行为人对他人所受损害的民事赔偿。

关于国家执法部门对恶意串通行为的处罚,我国《拍卖法》规定,由工商行政管理部门负责恶意串通行为的查处,对参与恶意串通的竞买人处最高应价10%以上30%以下的罚款,对参与恶意串通的拍卖人处最高应价10%以上50%以下的罚款。处罚时,应对参与恶意串通行为的竞买人和拍卖人作具体分析。恶意串通行为的特点是,以一个人或少数人为主,其他人为特定利益或主动或被动地参与,可能也有一些人是在他人的胁迫下不得以为之。处罚时应根据上述特点,区别对待。为主者重罚,参与者次之,至于在他人胁迫下不得以为之者,如果并未得益,可以不罚。另外,工商行政管理部门对恶意串通行为的处罚不以该行为给他人造成损害为前提,只要恶意串通行为存在,即使没有给他人造成损害或者损害难以证明,工商行政管理部门同样有权进行处罚。

关于恶意串通行为人对他人所受损害的民事赔偿,我国《拍卖法》规定,竞买人之间、竞买人与拍卖人之间恶意串通,给他人造成损害的,拍卖无效,应当依法承担赔偿责任。围绕这条简单的规定,实践中提出了一系列问题。第一,"给他人造成损害"与"拍卖无效"之间的关系。从规定的行文看,"给他人造成损害"与"拍卖无效"之间存在必要条件的逻辑关系,即给他人造成损害是认定拍卖无效的必要条件。那么如何证明"给他人造成损害"或者如何理解"给他人造成损害"在规定中的含义或意义呢?笔者认为,证明"给他人造成损害",与恶意串通行为的酝酿和实施过程有关,如果恶意串通行为仅仅在竞买人之间、竞买人与拍卖人之间酝酿,并未在拍卖会上实施,则虽有恶意串通行为,却可能未给他人造成损害。一旦恶意串通行为在拍卖会上实施,就不再存在是否给他人造成损害的问题,即凡在拍卖会上实施的恶意串通行为必然给他人造成损害。第二,认定拍卖无效是通过司法程序还是通过行政执法程序?实践中,在证明恶意串通行为后,司法程序和行政执法程序都形成大量认定拍卖无效的案例,但在行政执法程序中认定拍卖无效往往产生一系列难以解决的后续问题。笔者认为,认定拍卖无效需要经过司法程序,在行政执法中可以查处恶意串通行为,但不宜简单认定拍卖无效。因为认定拍卖无效将产生行为无效的法律后果,同时产生过错方向对方的民事赔偿责任,这些在行政执法程序中无法实现。第三,哪些人应承担民事赔偿责任?实践中,对于恶意串通行为的追究,往往仅局限于针对有恶意串通行为且买到拍卖标的的买受人,笔者以为如此做法有失偏颇。承担赔偿责任的人应当是所有恶意串通行为人。从行为的客观方面看,恶意串通不是单个主体的行为,当然其中有主要责任人和次要责任人之分,主要责任人和次要责任人应对损害结果承担连带责任。受到损害的委托人等可以所有责任人为被告,提起侵权责任之诉,以获得民事赔偿。第四,如何确定恶意串通行为给他人造成的损失数额?计算恶意串通行为给他人造成的损失数额是个十分复杂的问题,能够对损失数额产生影响的因素很多,而除成交价外,缺少其他可比较的内容。在恶意串通行为的作用下,成交价是不真实的,那么保留价是否可作为计算损失数额的基础?回答应当是否定的。因为拍卖可能没有保留价,或者保留价本身就是在恶意串通行为压制下形成的,即使无前述情况,恶意串通得逞时,拍卖基本上也是在保留价上成交,以保留价作为基础既无法计算损失,也无法证明公正。实践中有人提议以成交价为基础,按一定百分比计算损失,其理由是,国家对恶意串通行为的处罚就是按成交价的一定百分比计算的。但笔者以为,此种方法作为处罚额计算的方法可行,但作为民事赔偿额的计算方法就未必妥当,因为处罚可以是概略性的,而民事赔偿需要有一定的精确度。因此,可以通过请法定评估机构评估解决损失额的计算问题,即认定恶意串通后,由法院委托法定评估机构评估,评估价格和成交价之间的差额就是损失数额。

二、关于买受人的付款义务

付款是买受人的主要义务。我国《拍卖法》第 39 条第 1 款规定:买受人应当按照约定支付拍卖标的的价款,未按照约定支付价款的,应当承担违约责任,或者由拍卖人征得委托人的同意,将拍卖标的再行拍卖。

除非特别情形,拍卖实践中,买受人均将拍卖人作为对方当事人约定拍卖标的价款的支付。虽然约定的时间也可能在拍卖会举行之前,但一般在拍卖会举行之后,通过拍卖成交确认书约定。约定的内容一般包括支付的数额或确定方法、支付的地点、支付的期限、支付的方式、违约责任等;未作约定的,可补充约定;不能补充约定的,可参照交易习惯确定,或按照《合同法》第 61 条和第 62 条的相关规定确定。

买受人未按照约定支付价款的情形是多种多样的,可能是误会了支付地点,可能是超过了支付期限,可能是违背了支付方式,也可能是拒不支付;除非买受人拒不支付拍卖标的的价款,不应当启动再行拍卖程序,而应当通过承担违约责任的方式解决。买受人承担违约责任的方式有:支付违约金、赔偿损失、没收竞买保证金等。

买受人拒不支付拍卖标的价款的,拍卖人有权按照约定没收竞买保证金,并在征得委托人同意后,将拍卖标的再行拍卖。

三、原买受人在再行拍卖中的义务

再行拍卖是指因买受人拒不支付拍卖标的价款,拍卖人在征得委托人同意后对原拍卖标的进行的再拍卖程序。从实践效果考虑,再行拍卖不是一个独立的程序,再行拍卖建立在原拍卖程序基础之上,原拍卖程序中的委托关系自然延伸到再拍卖程序中。但再行拍卖不是原拍卖程序的简单继续,在原拍卖程序中已完成的公告、展示、拍卖会等,在再行拍卖中原则上应重新进行。再行拍卖不是买受人拒不支付拍卖标的价款后必须进行的程序,拍卖人在与委托人商量是否启动再行拍卖程序时,应考虑再行拍卖成交的可能性和对应的成本,如成交的可能性极小而成本巨大,应谨慎启动再行拍卖。

再行拍卖不同于未成交的再拍卖。① 其一,两者的起因不同。再行拍卖起因于原买受人拒不支付拍卖标的的价款,而再拍卖起因于前次拍卖不成交。其二,两者的独立程度不同。再行拍卖不是一个独立的拍卖程序,而再拍卖是一个完全独立的拍卖程序。其三,权利义务的具体内容不同。再行拍卖除本次拍卖当事人的权利义务外,还包含有原拍卖当事人的权利义务;而再拍卖除本次拍卖当事人的权利义务外,不包含前次拍卖当事人的权利义务。

围绕原买受人在再行拍卖中的义务,我国《拍卖法》第39条第2款规定:拍卖标的再行拍卖的,原买受人应当支付第一次拍卖中本人及委托人应当支付的佣金;再行拍卖的价款低于原拍卖价款的,原买受人应当补足差额。由此看来,原买受人在再行拍卖中承担两方面的义务:其一,支付佣金;其二,补足成交价的差额。

结合拍卖实践,原买受人在再行拍卖中承担的两方面义务值得研究。第一,原买受人的义务属于补偿性的还是惩罚性的?虽然实践中不乏要求对原买受人的违约行为进行惩罚的呼声,但笔者还是认为,法律为原买受人在再行拍卖中设置的两方面义务具有补偿性质。其中"原买受人应当支付第一次拍卖中本人及委托人应当支付的佣金"属于对委托人和拍卖人损失的补偿,"再行拍卖的价款低于原拍卖价款的,原买受人应当补足差额"属于对委托人的补偿。说它具有补偿性,是因为这两方面义务下的款项和费用的确是拍卖人和委托人因原拍卖程序无法正常进行而遭受的损失,既未扩大,也未缩小。第二,再行拍卖成交的,再行拍卖委托人和买受人的佣金应当由谁支付?笔者认为,从原买受人义务的补偿性原则出发,支付再行拍卖委托人和买受人的佣金不再是原买受人的义务。第三,再行拍卖是否应当设保留价?由于法律要求原买受人补足成交价的差额,所以再行拍卖是否设保留价对于原买受人承担责任的程度有重大意义。从委托人和拍卖人的角度考虑,再行拍卖完全没有必要设保留

---

① 未成交的再拍卖又称"续行拍卖"。参见甄真:《什么是再拍卖?》,http://www.law365.net/hetongfa/2722.html,2007年5月8日访问。

价,只要成交,就能保证获得在原拍卖程序中的既得利益。但从原买受人的角度考虑,再行拍卖过低的成交价将导致自己的重大损失。笔者认为,原拍卖程序有保留价的,再行拍卖也应当有保留价,这不仅因为法律为原买受人在再行拍卖中设置的义务具有补偿性质,更重要的是因为要维护拍卖程序的公正性,听由当事人任意所为,再行拍卖可能会出现制度上的漏洞,为当事人的不诚实行为大开方便之门。第四,设置保留价后再行拍卖不成交怎么办?再行拍卖设置保留价,就有不成交的可能。如参与再行拍卖的竞买人与参与原拍卖程序的竞买人无多大差别的话,不成交的可能性会比较大。笔者认为,如果一次不成交,可以逐次降低保留价继续拍卖,即再行拍卖没有次数限制。

第四章 拍卖程序规则研究

拍卖之所以与一般的买卖不同,其重要原因之一是拍卖应当遵循确定的程序进行。拍卖程序可以一般划分为三个阶段,即委托阶段的拍卖程序、公告和展示阶段的拍卖程序、拍卖会阶段的拍卖程序。不同阶段的拍卖程序涉及不同的事项及其规则。

第一节 委托拍卖程序及其规则

委托拍卖程序是指在拍卖委托阶段,拍卖当事人为履行其权利和义务而应遵循的方式和途径。委托拍卖程序自委托人与拍卖人协商委托拍卖事宜开始,至委托拍卖合同签订为止。此阶段的拍卖程序涉及下述规则。

一、确定委托人的身份和权利

确定委托人的身份和权利包括委托人自证其身份和权利以及拍卖人对委托人自证材料的核实。我国《拍卖法》第41条规定:委托人委托拍卖物品或者财产权利,应当提供身份证明和拍卖人要求提供的拍卖标的的所有权证明或者依法可以处分拍卖标的的证明及其他资料。第42条规定:拍卖人应当对委托人提供的有关文件、资料进行核实。委托人证明其身份和权利以及拍卖人核实委托人的身份和权利,都应当在签订委托拍卖合同之前完成。

(一) 委托人证明其身份和权利

委托人应当向拍卖人提供有关文件证明其身份。若委托人是自然人,应向拍卖人提供其有效身份证、护照或其他我国政府认可的身份证明文件;若委托人是法人或其他组织,应向拍卖人提供其有效法人注册登记证书(营业执照)、法定代表人身份证明或者其他合法的身份证明文件。委托人请他人代为办理委托拍卖手续的,还需提供代理人的身份证明。委托人应当主动提供能够证明其身份的文件,证明过程应强调诚实信用,被证明的身份应当是实名的和唯一的。

委托人应当按照拍卖人的要求,提供拍卖标的的所有权证明或者依法可以处分拍卖标的的证明及其他资料。所有权和处分权证明文件包括:能够说明权利的原始凭证、财产证书、司法判决或裁定、国家有关机构颁发的授权证书或审批证书等。委托人提供的证明和资料应当符合拍卖人的要求,证明过程应强调诚实信用,证明结果应当尽可能地充分说明所有权或处分权。

我国《拍卖法》对某些拍卖标的通过拍卖方式转让有特殊要求,该法第8条规定:依照法律或者按照国务院规定需经审批才能转让的物品或者财产权利,在拍卖前,应当依法办理审批手续。委托拍卖的文物,在拍卖前,应当经拍卖人住所地的文物行政管理部门依法鉴定、许可。第28条规定:拍卖国有资产,依照法律或者按照国务院规定需要评估的,应当经依法设立的评估机构评估。上述规定直接影响到委托人对相关拍卖标的的处分权,委托人在证明其权利时应当满足法律规定的要求,向拍卖人提供相应的证明文件及其他资料。

(二)拍卖人核实委托人的身份和权利

按照我国《拍卖法》的规定,拍卖人应当对与委托人身份和权属相关的文件、资料进行核实。"核实"的本意是仔细查对,其目的是确保结果的翔实、准确。因此,对于拍卖人来说,核实委托人的身份和权利并非易事。

拍卖实践中,许多拍卖人并未切实履行核实义务。就委托人的身份而言,一些拍卖人满足于拿到一份身份证明文件,既不问该文件的真伪和权威性如何,也不问该文件证明谁的身份。就拍卖标的的权属而言,一些拍卖人满足于谁持有就归谁的结论,根本不对拍卖标的权属作任何核实。拍卖纠纷常常因拍卖人不切实履行核实义务而起,置此情形,应追究拍卖人的责任。

但也不应过分夸大拍卖人核实义务的程度和范围。核实不同于调查,就程度而言,核实义务一般应针对表面合法性和真实性。例如,证明委托人身份的文件应以原件为准,当事人提供复印件的,要核对原件;委托人提供的产权证书应全面反映权利状况,核实时不能忽视产权证书中对第三方权利的表述等。只有当表面合法性和真实性受到质疑时,才需要进一步查证。拍卖人一般无须对委托人的身份和权利进行深入调查。① 就范围而言,拍卖人的核实义务仅针对委托人的身份和权利本身,不涉及身份和权利的延伸内容。例如,当委托人是自然人时,核实的范围应包括能说明其身份的内容,诸如姓名、年龄、姓别、住址等,委托人过去的经历、是否受到过处罚等不在核实的范围之内;关于委托人对拍卖标的的权利,只要文件能够充分说明委托人对拍卖标的拥有所有权或处分权即可,拍卖标的是否存在瑕疵、是否还有其他权利人等不在核实范围之内。

拍卖实践中,核实委托人对拍卖标的的拥有权利的难度要远大于核实委托人的身份。在许多情况下,委托人除占有拍卖标的外,很难拿出拥有拍卖标的所有权或处分权的凭证。此外,当拍卖标的上存在第三方权利时,如果委托人不说,拍卖人几乎无法核实。为此,拍卖人习惯于以"委托人之保证"应对。不少拍卖企业的拍卖规则或拍卖须知中有"委托人之保证"条款,大致内容是:委托人就其委托本公司拍卖的拍卖标的的不可撤销地向本公司及买受人保证:(1)委托人对该拍卖标的的享有绝对的所有权或享有合法的处分权,对该拍卖标的的拍卖不会侵害任何第三方的合法权益;(2)如果委托人违反上述保证,造成拍卖标的的实际所有权人或声称拥有权利的第三人提出索赔或诉讼,致使本公司和/或买受人蒙受损失时,则委托人应负责赔偿本公司和/或买受人因此所遭受的一切损失,并承担因此而发生的一切费用和支出。②

关于"委托人之保证"条款,作为对拍卖人核实义务的补充,有

---

① 有些人往往就拍卖人的核实义务提出过高的要求,希望拍卖人像公安、工商等执法机关那样对委托人的身份和权利进行深入、彻底的调查,这是不切实际的。其一,拍卖人是商业单位,它没有如公安、工商机关那样的执法权力;其二,拍卖人从事的是商业行为,其一举一动要进行成本核算,过高的调查费用是拍卖人无法承受的。

② 参见《中国嘉德国际拍卖有限公司拍卖规则》第 8 条、《香港苏富比公司业务规则》C 款、《南京经典拍卖有限公司拍卖规则》第 8 条、《四川嘉禾国际拍卖有限公司拍卖须知》第一部分、《北京德宝国际拍卖有限公司拍卖须知》第一部分等。

其存在的必要。但应注意两点：第一，该条款并不完全免除拍卖人的核实义务，拍卖人不能因为此条款的存在而对委托人的身份和权利不作任何核实，如果委托人的身份和权利问题属于表面性问题，只要经过简单的核查就能发现，该条款不能免除拍卖人未尽核实义务的责任。第二，该条款不能仅仅出现在拍卖企业的拍卖规则或拍卖须知中，它的理想存在形式是规定在委托拍卖合同中。"委托人之保证"作为委托人对他人的承诺，以拍卖人单方制定的拍卖规则或拍卖须知作为载体存在，其效力显然不充分。

二、拍卖人审查拍卖标的

审查拍卖标的要解决有关物品或者财产权利是否被允许或者适合于通过拍卖方式转让的问题。审查拍卖标的主要属于拍卖人的职责，应当在签订委托拍卖合同之前进行。

按照我国《拍卖法》的规定，不是所有的物品或者财产权利都可以通过拍卖方式转让，法律、行政法规禁止买卖的物品或者财产权利，不得作为拍卖标的。《拍卖管理办法》第 29 条对于禁止拍卖的物品或者财产权利作了进一步列举。[①] 我国法律的上述规定属于强制性的，不以拍卖当事人的意志为转移，也不受委托人权利是否充分的影响，因此要求拍卖人审慎审查。若拍卖人发现拍卖标的涉及我国法律禁止拍卖的物品或者财产权利，应果断终止程序。

除禁止拍卖的物品或者财产权利外，还有一些物品或者财产权利因其财产属性或者因其被拍卖的社会效果、经济效果等，不适合于拍卖。[②] 物品或者财产权利是否适合于拍卖不受法律强行规范，拍卖人可以对此自由裁量决定。若拍卖人认为委托的物品或者财产权利不适合于拍卖，可以果断终止程序。

三、签订委托拍卖合同

签订委托拍卖合同是相关当事人在委托拍卖程序中要做的最为

[①] 详见本书第一章第二节。
[②] 同上。

重要的事项。我国《拍卖法》第 42 条规定：拍卖人接受委托的,应当与委托人签订书面委托拍卖合同。第 44 条规定：委托拍卖合同应当载明以下事项：委托人、拍卖人的姓名或者名称、住所；拍卖标的的名称、规格、数量、质量；委托人提出的保留价；拍卖的时间、地点；拍卖标的的交付或者转移时间、方式；佣金及其支付方式、期限；违约责任；双方约定的其他事项。

（一）签订委托拍卖合同概述

委托拍卖合同是委托人和拍卖人约定,由拍卖人以拍卖方式为委托人转移标的物的权利于他人,委托人支付佣金的合同。委托拍卖合同属诺成性合同,一方提出要约,经相对人承诺后合同即成立；委托拍卖合同属有偿性合同,拍卖人为委托人向他人转移标的物的权利依法可以获得报酬,拍卖人获得的报酬习惯上称为"佣金"。

虽然拍卖缔约方式具有很大的特殊性,但就缔结委托拍卖合同本身而言,一般还是采取谈判缔约方式,其缔约过程大致可分为三个阶段：准备—谈判—签约。准备阶段时,主要完成寻找合同伙伴、接洽、准备合同文本事宜。为缔结委托拍卖合同,寻找合同伙伴是双向的,但由于拍卖人在市场上的特殊地位,其寻找合同伙伴的方式通常是树立自己的市场形象,通过优质服务吸引客户；接洽旨在了解对方虚实,衡量各自在交易中的利益,委托人较为关心拍卖人的资质和经营能力,而拍卖人则更加关心拍卖标的的市场需求；准备合同文本是缔约双方的权利,但实践中往往以格式合同文本为基础。谈判阶段时,主要完成对合同条款的修改、添加、审定事宜。为使交易公正,谈判过程中双方当事人应摆正各自在法律上的地位,合同当事人在法律上的地位不同于其在市场上的地位,市场上的地位由其经济实力决定,而法律上的地位应当是平等的,不允许任何一方将自己的意志强加于另一方。签约阶段时,主要完成签字、盖章手续。委托拍卖合同自双方签字、盖章时生效。签约后的合同文本各执一份,以作为履行的凭证。

根据我国《拍卖法》的规定,委托拍卖合同应当采用书面形式。所谓书面形式是指合同书、信件和数据电文（包括电报、电传、传真、电子数据交换和电子邮件）等可以有形地表现所载内容的形式。当事人未采用书面形式但一方已经履行主要义务,对方接受的,或者在签字、盖章之前,当事人一方已经履行主要义务,对方接受的,委托拍卖合同成立。

(二)委托拍卖合同的主要条款

委托拍卖合同是由一系列条款构成的,合同的内容可能有粗细,条款的设置可能有多寡,但合同应具备的基本要素却不可或缺。下面,依据我国《拍卖法》第44条的规定,简述委托拍卖合同的主要条款及其内容。

1. 合同当事人条款。此条款旨在确定合同当事人及其有关信息。委托人和拍卖人是委托拍卖合同的双方当事人,故合同当事人条款应明确委托人、拍卖人的姓名或者名称、住所。如当事人是自然人的,列出姓名,并以其户籍所在地或经常居住地为其住所;当事人是法人或其他组织的,列出其名称和法定代表人(负责人),并以其主要办事机构所在地为其住所。合同当事人条款说明了交易双方及其地位,此条款要求准确、真实。

2. 拍卖标的条款。此条款旨在对拍卖标的的名称、规格、数量、质量等进行客观的陈述。拍卖标的条款的内容由委托人提供,但拍卖人可以要求委托人作具体陈述。拍卖标的条款宜具体、准确,切忌作不实陈述。

3. 保留价条款。此条款旨在确定保留价公开或是保密问题。虽然从权利归属上说,委托人拥有保留价的确定权,但由于保留价的确定直接关系到拍卖的成败,所以拍卖人会极力参与提供意见,进行协商。从合作关系上考虑,委托人应尽可能地尊重拍卖人的意见,充分利用拍卖人在长期拍卖实践中积累起来的经验,同时,拍卖人也应尊重委托人的权利,切忌将自己的意见强加于人。保留价一经确定,须以具体的数字表示,同时应明确是公开的保留价还是保密的保留价。

4. 拍卖的时间和地点条款。此条款旨在确定拍卖会的时间和地点。拍卖会举行的时间通常以具体的年、月、日、时表示;如果在委托阶段尚难以确定具体时间的,也可以将拍卖的时间确定在一个较短的期间之内。拍卖会举行的地点通常指明在某一个城市,也可以具体到某一个场所。拍卖的时间和地点需要双方协商,充分考虑双方的需求,以恰当为宜。

5. 拍卖标的交付的时间和方式条款。此条款旨在确定委托人向拍卖人交付拍卖标的的时间和方式。为举行拍卖会，委托人应当向拍卖人交付拍卖标的；交付的时间应当定在合同签订后，展示拍卖标的之前，具体时间由双方协商确定。委托人向拍卖人交付拍卖标的的方式可视拍卖标的的性质及是否方便移转保管而有区别；拍卖标的是一般动产的，双方可约定由委托人将拍卖标的送到拍卖人指定的存放地点，交由拍卖人保管；拍卖标的是不动产或者其他不方便移转保管的物品的，双方可约定不转移拍卖标的的存放地点，但移交拍卖标的的管理权，或者仍由委托人管理，但应为拍卖程序的正常进行提供方便。

6. 佣金和费用条款。此条款旨在确定拍卖人向委托人收取佣金和费用的比例、数额，佣金和费用的支付方式和期限。(1) 关于佣金和费用的比例、数额。我国《拍卖法》第56、57条规定：委托人可以与拍卖人约定佣金的比例；双方未作约定，拍卖成交的，拍卖人可以向委托人收取不超过拍卖成交价5%的佣金；收取佣金的比例按照同拍卖成交价成反比的原则确定；拍卖未成交的，拍卖人可以向委托人收取约定的费用；双方未作约定的，拍卖人可以向委托人收取为拍卖支出的合理费用；拍卖本法第9条规定的物品成交的，拍卖人不得向委托人收取佣金。(2) 关于佣金和费用的支付方式。佣金和费用的支付方式由双方当事人约定，可以使用现金支付、票据支付、从拍卖所得中扣收、另行支付等方式。拍卖实践中最常见的方式是，待拍卖成交后，拍卖人将确定的佣金数额从拍卖所得中扣除；拍卖不成交时应支付的拍卖费用，委托人应当另行支付。(3) 关于佣金和费用的支付期限。佣金和费用的支付期限由双方当事人约定。拍卖实践中通常以一个确定的日期为准设定期间，支付应当在此期间内完成。

7. 价款的支付方式和期限条款。此条款旨在确定拍卖人将拍卖所得支付给委托人的方式和期限。(1) 关于价款支付的方式。价款支付的方式由双方当事人约定，可以用现金支付，也可以用票据支付。拍卖实践中最常见的方式是，拍卖人在扣除佣金后，将余下的拍卖所得支付给委托人。(2) 关于价款的支付期限。价款的支付期限由双方当事人约定。拍卖实践中通常以一个确定的日期为准设定期间，支付应当在此期间内完成。

8. 违约责任条款。此条款旨在确定违约的情形及承担违约责任的形式。违约责任应针对委托拍卖合同所涉及的所有权利义务。例如，委托人不履行对拍卖标的的保证义务或者履行不符合约定的，委托人不履行交付拍卖标的的义务或者履行不符合约定的，委托人不履行支付佣金和费用的义务或者履行不符合约定的，委托人违反约定撤回拍卖标的的等；或者拍卖人不履行对拍卖标的的保管义务或者履行不符合约定的，拍卖人不履行相关的保密义务或者履行不符合约定的，拍卖人不履行约定的拍卖时间、地点、方式等义务的，拍卖人不履行支付价款义务或者履行不符合约定的等，均应承担违约责任。承担违约责任的形式可以是继续履行、采取补救措施或者赔偿损失等；违约责任的不同形式可以单独采用，也可以根据具体情况结合采用。约定违约责任应当注意：(1) 不得与法律的强行规定相冲突；(2) 应体现责罚相当；(3) 特别关注法律规定不甚明确而实践中经常产生纠纷的情形。

在委托拍卖合同中，除上述应当载明的条款外，拍卖人和委托人还可以就其他事项作出约定，如拍卖标的的保管、拍卖标的的保险、拍卖方式、撤回拍卖标的和撤销拍卖的条件、救济方法、法律适用等。

四、拍卖委托过程中的鉴定

鉴定不是建立委托拍卖关系的必经程序，如果拍卖人认同了委托人对拍卖标的状况的描述，鉴定可以不发生；但如果拍卖人怀疑委托人对拍卖标的的状况描述的真实性或准确性，双方就可能对拍卖标的的状况描述产生异议。拍卖委托过程中的鉴定是因这种异议而发生的。我国《拍卖法》第43条规定：拍卖人认为需要对拍卖标的进行鉴定的，可以进行鉴定。鉴定结论与委托拍卖合同载明的拍卖标的的状况不符的，拍卖人有权要求变更或者解除。

《拍卖法》的上述规定有三方面的意义：其一，指明了拍卖委托过程中的鉴定旨在揭示拍卖标的的真实状况；其二，明确了拍卖委托过程中的鉴定由拍卖人启动；其三，强调了拍卖人有权根据拍卖标的的真实状况签订委托拍卖合同。其核心意义围绕着拍卖人的相关责任。拍卖程序中，如何描述拍卖标的的状况不仅对委托人关系重大，对拍卖人也有重要影响。委托人和拍卖人一经确定对拍卖标的状况的描述,将见诸拍卖公告、拍卖标的目录及其他一切为拍卖所作的宣传资料。如果描述不实,将直接引致拍卖人对竞买人和买受人的责任。因此,起码从理论上说,拍卖人应当充分利用《拍卖法》的上述规定为自己创造的条件,谨慎地审查拍卖标的,一经发现委托人对拍卖标的状况描述的真实性或准确性有问题,即果断启动鉴定程序,还拍卖标的状况以本来面目。但在拍卖实践中,这种拍卖委托过程中的鉴定却很少发生,笔者以为,这是因为围绕鉴定存在的以下问题没有一个确定的结论。

(一)关于鉴定主体及其选择

要鉴定就要有鉴定主体,简单地说,就是要解决由谁来鉴定的问题。鉴定主体从机构和个人来划分,可分为机构鉴定和个人鉴定。所谓个人鉴定就是由专家以个人的名义对拍卖标的进行鉴定,从我国拍卖实践看,并不排斥个人鉴定。一些较为著名的拍卖案例中,人民法院都在不同程度上考虑了个人鉴定结论的证据效力。所谓机构鉴定就是由依法设立的鉴定机构对拍卖标的进行鉴定,虽然机构鉴定也要依赖专家,但这时专家不是以个人名义所为,而是在机构的名义下实施的。由于机构鉴定相对更具有组织性和程序性,也就更多地被社会所认同。

目前,我国的鉴定机构数不胜数,大致可分为下述类别:司法鉴定机构①、商品鉴定机构②、文物鉴定机构③及一些特殊商品类别的鉴

---

① 我国依法设立的司法鉴定机构多如牛毛,仅北京市司法局负责管理的司法鉴定机构就有几百个之多。司法鉴定机构的业务范围包括:法医类鉴定,即法医病理鉴定、法医临床鉴定、法医精神病鉴定、法医物证鉴定、法医毒物鉴定等;物证类鉴定,即文书鉴定、痕迹鉴定、微量鉴定等;声像资料鉴定,即对录音带、录像带、磁盘、光盘、图片等载体上记录的声音、图像信息的真实性、完整性及其所反映的情况过程进行的鉴定和对记录的声音、图像中的语言、人体、物体作出种类或者同一认定。

② 我国的商品鉴定机构主要指根据《进出口商品检验鉴定机构管理办法》设立的企业性鉴定机构,其业务范围主要是进出口商品检验、鉴定。

③ 我国文物鉴定机构的层次参差不齐,上至国家文物鉴定委员会,下至各拍卖企业、古玩商店等在企业内设置的文物鉴定部门,其间也有一些在国内外较有影响的专业文物鉴定组织,如北京市文保文物鉴定中心、北京德隆宝文物鉴定中心。除国家文物鉴定委员会主要为国家文物保护提供服务,较少参与商业性鉴定外,其他文物鉴定机构都可应当事人的要求,提供鉴定服务。其主要业务范围包括:鉴别文物的真伪;提供收藏建议鉴定证书;提供古玩的历史、艺术、市场价值参考等。我国自 2003 年 7 月建立了文物鉴定师的职业标准,确立了资格证书制度,截至 2006 年,我国获得文物鉴定资格证书的人员不足百人,主要集中在北京、上海等大城市。

定机构等。上述鉴定机构基本上可以满足为拍卖而鉴定的市场需求。我国各类鉴定机构互不隶属,独立存在,哪一个鉴定机构为当事人提供服务完全取决于当事人的选择。

我国《拍卖法》虽规定由拍卖人启动鉴定程序,却并没有规定由拍卖人单方选择鉴定主体。鉴于我国鉴定主体众多这一实际情况,笔者以为,从公平角度考虑问题,原则上应由拍卖人和委托人协商确定鉴定主体,这样最起码能够保证在理论上双方均接受鉴定结论。但如果双方无法就鉴定主体达成一致时,问题就进入了僵局。这时唯一的解决方法是由拍卖人单方选择鉴定主体,但这样做的代价是必然在鉴定结论的可接受性和鉴定费用负担问题上产生纠纷。

(二) 关于鉴定费用的负担

鉴定会有费用支出,无论是个人鉴定或是机构鉴定,鉴定费用由谁负担都是一个不可回避的问题,而《拍卖法》的规定却没有为鉴定费用负担提供明确的依据。实践中,拍卖人倾向于由委托人支付鉴定费用,其理由是:鉴定是为了弄清拍卖标的的真实状况,而向拍卖人真实地描述拍卖标的的状况原本就是委托人的义务,因此,鉴定是在协助委托人履行义务,费用当然应当由委托人承担。而委托人方面对于要由其负担鉴定费用极为抵制,委托人认为,自己已经向拍卖人真实地描述了拍卖标的的状况,再通过鉴定去证实状况的真实性属于多此一举,况且,鉴定的要求是拍卖人提出的,拍卖人的目的又主要是为了摆脱自己对于第三人的责任,因此,由拍卖人支付鉴定费用才属合理。

以上双方的理由都各有一定的可取之处,因此,解决鉴定费用负担的最好方法是双方协商,无论其结论是拍卖人负担或者是委托人负担,都应被认为是合理的。但如果协商未果,问题就又一次陷入僵局。打破僵局的一个较好方法是:如果鉴定结论与委托人对拍卖标的的描述的状况基本一致,则鉴定费用由拍卖人负担;如果鉴定结论推翻了委托人对拍卖标的的描述,则鉴定费用由委托人负担。但采用以上方法的基础是拍卖人和委托人双方均认可鉴定结论,如果委托人从根本上否定鉴定结论呢?可见僵局并未完全被打破,纠纷依然存在。

(三) 关于鉴定结论对后续争议的约束性

所谓鉴定结论对后续争议的约束性问题，主要是指买受人是否受鉴定结论约束，即当买受人根据瑕疵请求规则指控拍卖人和/或委托人拍卖瑕疵标的时，拍卖人和/或委托人是否可以鉴定结论抗辩。依笔者的看法，这个问题才是在拍卖委托过程中进行鉴定的关键问题。拍卖人和委托人，特别是拍卖人，之所以要在拍卖委托过程中对拍卖标的进行鉴定，是要揭示拍卖标的的真实状况，更重要的是要摆脱之后可能产生的瑕疵责任。如果鉴定结论对于后续争议没有约束性影响，最起码拍卖人和委托人会认为，这样的鉴定没有实质意义，从而失去进行鉴定的动力。

从我国《拍卖法》的相关规定看，没有为解决约束性问题提供任何依据；从我国相关实践看，也缺乏对拍卖委托过程中的鉴定结论的有力支撑。究其原因在于：其一，我国各类鉴定机构和鉴定人众多，很难说其中哪一家鉴定机构或者哪一个鉴定人更具权威性；其二，我国的鉴定机制强调双方协商情形下的鉴定，而拍卖委托过程中产生的鉴定结论，无论是否由拍卖人和委托人协商，对于后续争议而言，均属于一方当事人自行委托的鉴定；其三，我国鉴定机制对于重复鉴定持十分宽容的态度，一事多次鉴定、多头鉴定的情形比比皆是；①其四，属于拍卖标的描述差异又要求鉴定的，多为真伪和品质问题，而就目前的科技发展水平而言，针对拍卖标的的真伪和品质问题的鉴定结论，只能说到相对性，不具备绝对真实和准确性。鉴于以上种种原因，我国目前存在的鉴定结论对后续争议无约束性的状态也在情理之中，但长此以往，可能影响当事人在拍卖委托过程中寻求鉴定的积极性，最终导致《拍卖法》第43条的规定形同虚设。

五、委托拍卖程序中的相关实践问题

（一）关于委托拍卖合同的标准化问题

委托拍卖合同的标准化是指由国家有关部门根据《拍卖法》和

---

① 最高人民法院《关于民事诉讼证据的若干规定》第28条规定：一方当事人自行委托有关部门作出的鉴定结论，另一方当事人有证据足以反驳并申请重新鉴定的，人民法院应予准许。

相关法律制定具有标准格式和内容的示范合同文本,并倡导委托人和拍卖人在此基础上进行充分协商,签订委托拍卖合同。当前委托拍卖合同标准化的进程由各地方的工商行政管理部门主导,北京、上海、重庆、广东、江苏等地的工商行政管理部门均颁布了委托拍卖合同的示范文本,要求在拍卖业内推广使用。各地的示范文本略有差异,概括起来除双方当事人的基本情况和联系方式外,包括下述条款:拍卖标的条款、保留价条款、评估和鉴定条款、拍卖期限及地点条款、拍卖标的交付及其期限和方式条款、佣金和费用条款、价款支付方式和期限条款、拍卖标的撤回和撤除条款、拍卖标的未售出的约定条款、保密条款、违约责任条款、争议解决方式条款、生效条款、其他约定条款等。

委托拍卖合同标准化的进程起因于委托拍卖格式合同的盛行。委托拍卖格式合同是指由拍卖人(企业)事先拟定的有固定格式和内容的合同。20世纪90年代初,委托拍卖格式合同盛行于拍卖实践之中,几乎每个拍卖企业均有自己的委托拍卖格式合同文本。一些拍卖企业的格式合同文本十分详尽,遇有委托事宜,只需简单地填具相关的内容,就可签署。委托拍卖格式合同的应用适应了拍卖业规模化发展的需要,简化了拍卖人和委托人订立委托拍卖合同的过程,提高了拍卖交易的效率。但是,委托拍卖格式合同的应用也引发了一些问题,主要表现为:一些格式合同突出表述拍卖人的权利,绝少表述拍卖人应承担的义务;一些格式合同中出现大量针对拍卖人的免责条款,同时加重了委托人的合同责任;一些格式合同严重缺乏条款的完整性,将过多的权利义务内容置于未定状态等。委托拍卖格式合同实践存在的上述问题,一般可归因于拍卖人利用其强势的市场地位。通常情况下,拍卖人是委托拍卖关系中的强势一方,其总是习惯于将自己的意志强加于人,格式合同中的不公平条款只不过是强势意志的具体表现,而这种强势意志却在格式合同中找到了合法的形式。合同是双方当事人意思自治的产物,意思自治的基础是意思表达的自由,而双方当事人各自在市场上的地位总是影响着对方意思的自由表达,格式合同现象更是凸显了强势一方对弱势一方的压迫。为了维持当事人法律地位平等,遵循公平原则确定权利义务,国家着手对格式合同进行干预。干预的方法有二:其一是通过法律对格式合同提供方附加责任;[①]其二便是推动合同标准化进程。

目前,由各地工商行政管理部门颁布的委托拍卖合同标准化文本,除保留原格式合同的优点外,还有以下优点:(1)合同条款较为齐备、完整,全面覆盖了《拍卖法》第44条对委托拍卖合同要求明确的事项,并结合拍卖实践情况作了若干添加,有利于当事人全面考虑权利义务,不致产生遗漏。(2)因为合同文本的制定者超脱于合同利益之外,致使合同条款的内容维持了双方当事人权利义务的基本平衡,无论哪一方处于弱势地位,都能在合同文本中找到自己权益的有力支撑。因此,委托拍卖合同标准化的进程对于推动拍卖实践遵循公开、公平、公正、诚实信用原则,维护双方当事人的正当权益,起到了有益作用。

但是,在委托拍卖合同标准化的进程中,也产生了一些问题,需要解决。其一,委托拍卖合同标准化文本是否应强制采用。目前,许多地方的工商行政管理部门对于推广委托拍卖合同标准化文本不遗余力,甚至要求所有拍卖企业直接采用工商行政管理部门印制的委托拍卖合同标准化文本,这种方法中的强制性又通过拍卖企业传导给委托人,致使委托人确信,要建立委托拍卖关系,就必须采用工商行政管理部门印制的标准化文本。笔者以为,这种方法连同结果都是不妥当的。委托拍卖合同标准化文本虽然出自国家有关部门之手,却没有强制采用的法律根据。因为,既然是合同,就应当遵循合同自愿原则,包括双方当事人自愿选择合同条款及其内容,标准化文本只是给当事人进行选择提供了更加充分、合理的条件。况且,标准化文本只能针对一般情况,情况特殊时,标准化文本中的条款及其内容就不一定合适。例如,委托拍卖《拍卖法》第9条规范的标的时,标准化文本中的佣金条款就不适用。因此,委托拍卖合同标准化文本,无论是不是工商行政管理部门印制的,从本质上说都属于示范性质,可以倡导、推荐采用,但不适宜强制采用。其二,当事人采用工商行政管理部门推荐的标准化文本缔结的委托拍卖合同,是否适用

[①] 参见《合同法》第39条、第40条和第41条。

《合同法》第 39 条、第 40 条和第 41 条的规定（以下称"《合同法》相关条款"）。《合同法》相关条款是《合同法》中关于格式条款或格式合同的规定，因为格式条款或格式合同是当事人为了重复使用而预先拟定的，并在订立合同时未与对方协商，故《合同法》对格式条款或格式合同的提供方附加了某些义务，并对其生效和解释附加了某些限制。但问题在于，标准化文本不是一方当事人拟定的，而是工商行政管理部门为双方当事人拟定的，所以实践中倾向于凡采用标准化文本的不适用《合同法》相关条款。但笔者不这样认为，首先，标准化文本主要是通过拍卖人运用于实践之中的，也就是说，委托人拿到的是拍卖人提供的标准化文本，这与签订格式条款或格式合同的情形无异；其次，因为标准化文本仅具示范性质，它不是不可以改动，许多标准化文本已经过拍卖人的改造，删去了某些条款并/或增加了某些条款，在使它更实用的同时也更符合拍卖人的利益；最后，即使拍卖人直接采用工商行政管理部门印制的委托拍卖合同文本，也不能禁止其在文本中增加某些条款，这种增加不仅是允许的，在有些情况下还是必需的。因此，所谓凡采用标准化文本就不适用《合同法》相关条款的观点过于绝对，实践中，标准化文本可能失却其本来面目，被深深打上拍卖人的烙印，置此情形，当然应适用《合同法》相关条款。

（二）关于委托方佣金问题

佣金是拍卖人提供拍卖服务的收益，根据我国法律，拍卖人原则上可以向委托人和买受人各收取一定比例的佣金。我国《拍卖法》第 56 条第 1 款和第 2 款、第 57 条第 1 款对委托方佣金进行了规范。规范体现了下述原则：自由约定佣金比例原则；未作约定实行最高比例限制原则；佣金比例按成交价确定原则；佣金比例的高低按成交价的高低成反比确定原则；特定物品免收佣金原则等。实践中，围绕这些规范和原则存在一系列需要理解和澄清的问题。

首先，佣金比例适宜个案约定还是明码标价？由于佣金要以成交价为基础确定，又鉴于拍卖成交价的特殊确定方式，能够供委托人和拍卖人事先约定的往往是确定佣金的比例。目前，约定佣金比例的实践方式有两种：一种是个案约定方式，即强调每个拍卖案例有各自的独特性,哪怕相同内容的拍卖,成交价也在同一档次,只要当事人同意,佣金比例可以大相径庭;另一种是明码标价方式,即拍卖人明确将成交价分为若干档次,每一档次的成交价对应于确定的佣金比例,委托人与拍卖人签订委托拍卖合同时,对此明码标价予以确认,无论拍卖的内容如何,只要成交价在同一档次,佣金比例大体相当。两相比较,各有利弊。个案约定方式的优点是更接近《拍卖法》有关规定的文义解释,也照顾到了拍卖案例特点不同,但缺点在于委托人在与拍卖人谈判佣金比例时没有可参照的基础,需要更多地依据自己的谈判能力,而一般情况下,委托人相比拍卖人,不具备谈判的优势。因此,笔者更倾向于支持明码标价方式。明码标价方式更加符合我国的市场规则,拍卖业属于服务性行业,佣金是拍卖企业提供服务的酬劳,其他服务性企业对自己的酬劳能够明码标价,拍卖企业为何不可?因此,拍卖人收取的佣金比例应当明码标价,以作为委托人和拍卖人谈判的基础。

其次,佣金比例的高低按成交价的高低成反比确定的原则是否只适用于当事人对佣金比例未作约定的情形?所谓佣金比例的高低按成交价的高低成反比确定的原则是指,佣金比例的高低决定于成交价的高低,成交价越高,佣金比例越低,成交价越低,佣金比例越高。该原则规定在《拍卖法》第56条第2款,表面上看,它是对当事人未约定佣金比例时,确定佣金比例的限制,实则不然,该原则所反映的公平理念,应当适用于确定佣金比例的所有情形。按反比确定酬金的原则在许多服务行业均采用,其原因是该原则在很大程度上反映了收取酬金的公平性。以拍卖为例,针对每一宗物品的拍卖,拍卖人提供的服务有一个基数,它不会因为成交价较低就大打折扣,也不会因为成交价较高就大大增加,就如同拍卖人为10000元成交价拍卖所付出的劳动不可能是5000元成交价拍卖的两倍,同样,拍卖人为100元成交价拍卖所付出的劳动也不会是10000元成交价拍卖的百分之一,因此,同样比例的佣金不仅对委托人不公平,对拍卖人也不公平。要摆脱这种不公平,按反比确定酬金是个很好的原则,不仅当事人未约定佣金比例时需要这个原则,当事人在约定佣金比例时也需要这个原则。当然,只有采用明码标价方式约定佣金比例,才能更好地体现这个原则。

最后,佣金应当覆盖哪些成本?佣金是拍卖人提供服务的酬劳,但佣金不是拍卖人的利润,这其中有很大的区别。作为利润,意味削去了提供服务的成本;而作为酬劳,应当包含提供服务的成本。实践中,虽然没有哪一家拍卖企业认为佣金纯粹是自己的利润,但有些拍卖企业却有将佣金视为自己利润的倾向。例如,有些拍卖企业要求委托人为拍卖期间保管拍卖标的另付保管费,或要求委托人为拍卖人的风险责任另付保险费,或要求委托人为拍卖所制作的各种书面资料另付纸张、印刷费,或要求委托人为拍卖公告另付版面费等。笔者认为,拍卖企业在佣金之外如此收费不妥当。实际上,上述费用均为拍卖人提供拍卖服务的正常支出,收取佣金的目的在很大程度上就是为了弥补这些支出,故应当属于拍卖人提供服务的成本,在佣金中无列支,而不应当向委托人另外收取费用。只有当委托人为拍卖提出特殊要求且涉及费用支出时,拍卖人方可为这些支出向委托人另行收取费用。

第二节 公告与展示程序及其规则

公告与展示程序是指在公告与展示阶段,拍卖当事人为履行其权利和义务而应遵循的方式和途径。公告与展示程序自拍卖人和委托人签署委托拍卖合同后开始,至拍卖会举行前结束,在拍卖的全过程中,属于承前启后的程序。公告与展示程序具体分为公告程序和展示程序,前后相互衔接,各有一些相关规则。

一、拍卖公告程序

(一)拍卖公告及其意义

拍卖公告是拍卖人向公众发布拍卖信息的法定方式。我国《拍卖法》第45条规定:拍卖人应当于拍卖日7日前发布拍卖公告。由此可见,"发布拍卖公告"是通向拍卖会的必经程序。

拍卖是以公开竞价的形式决定成交者的买卖活动,公告是反映其公开的特色之一。拍卖公告从形式上看类似于广告,但却有本质的不同。广告是企业的自愿行为,企业为了自身的利益可以做广告,也可以不做广告;而拍卖人应当进行拍卖公告,对于拍卖人而言,发布拍卖公告既是它的权利,也是它的义务。未经拍卖公告而举行的拍卖会,属于程序违法,由此损害其他拍卖当事人的实体权利的,受损害者可以请求损害赔偿。

法定拍卖公告有其意义。首先,拍卖不是定期举行的,每次拍卖的标的也各不相同,如果不进行事先的公告,就不可能集合相关竞买人,拍卖无异于形同虚设。其次,围绕拍卖,拍卖公告对于每一个拍卖当事人都有重要作用。竞买人可以从其中获得各种有关拍卖信息,从而决定是否参加竞买,参加后选择哪些拍卖标的,竞争中如何掌握报价等;委托人可以通过公告扩大拍卖标的的影响,招徕潜在的买主,提高拍卖成交的可能性;拍卖人除能享有委托人享有的利益外(拍卖人与委托人的利益有一致性),还能通过公告宣传自己,扩大企业的品牌和影响力。再次,拍卖公告也具有通告有关权利人前来提出异议的意义。实践中,谁对拍卖标的拥有权利有时很难证明,如民间收藏的文物,在办理委托时基本上都拿不出权利凭证,拍卖人原则上只能按谁占有、谁提供,谁为所有权人来办理委托,这样就难以避免在拍卖之后产生权利纠纷,使问题复杂化。而公告却可以给有关权利人提供一种机会,方便其适时地提出权利异议,阻止侵权的发生。据报道,发生在1993年的著名画家吴冠中与上海某拍卖企业的纠纷,吴冠中先生就是通过拍卖公告发现《毛泽东肖像》一画有侵权情节,也及时向拍卖企业提出了异议。遗憾的是,此异议未引起拍卖企业的足够重视,从而导致了一场不应该发生的诉讼。

(二)拍卖公告期间

公告期间是指自发布拍卖公告至举行拍卖会之间的时间长度。根据《拍卖法》第45条规定,拍卖人应当于拍卖日7日前发布拍卖公告。根据此条规定,公告期间不得少于7日。

法律上设定公告期间及公告期间的长短,主要考虑拍卖人和竞买人的方便。公告期间过短不利于竞买人,竞买人可能没有充裕的时间去收集、了解拍卖和拍卖标的的信息,或者没有时间筹集购买资金,或者没有时间安排行程;公告期间过长可能让拍卖人感到为难,因为时间越长变化越多,拍卖人可能难以掌控,而且可能减低公告本身的影响力。对于公告期间的长短,拍卖人应当妥善掌握,如果拍卖标的比较昂贵,参与竞买需要筹集较多资金,或者竞买人分布在世界各地,前来参加拍卖会需要较多行程,公告期间可以在7天的基础上适当延长。

公告期间来自于法律的明文规定,遵守公告期间是拍卖人的法定义务;如果拍卖人违反公告期间的规定,属于程序违法,由此损害其他拍卖当事人的实体权利的,受损害者可以请求损害赔偿。

(三)拍卖公告范围和方式

一般来说,公告的方式由公告的范围决定,要求公告的范围越广,相应采用的公告方式就应有越大的覆盖面。拍卖公告的主要目的在于告知所有对拍卖标的有兴趣的人前来参与竞买,因此,可能的竞买人①的分布就决定了公告的范围。如果可能的竞买人局限于某市,公告的范围就是该市;如果可能的竞买人分布在国内各省市,公告的范围就是全国;如果可能的竞买人分散在世界各地,则公告的范围就是全球。

对应于公告的范围,历史上曾采用过的公告方式有很大的局限性。当时由于新闻媒介不甚发达,招徕竞买人主要靠一些传统的公告方式,诸如将公告张贴在公告栏内、建筑物上,或者将公告印成传单或小册子散发等,其影响力大都是地区性的,甚至可能局限在很小的区域内。自从新闻媒介有了很大的发展,成为人们喜闻乐见的信息传播方式以来,通过新闻媒介发布拍卖信息是实践中最为流行的公告方式,而传统的公告方式仅起辅助作用。

关于公告方式,我国《拍卖法》第47条规定:拍卖公告应当通过报纸或者其他新闻媒介发布。其中"其他新闻媒介"应当包括广播电台、电视台、网络等。法律规定中的用语肯定而明确,拍卖人负有通过新闻媒介发布拍卖公告的义务,拍卖人不妥善履行该义务属于程序违法,由此损害其他拍卖当事人的实体权利的,受损害者可以请

---

① 所谓"可能的竞买人"并非指客观上的,而是指委托人和拍卖人主观上的,指他们希望其前来参与竞买的人。

求损害赔偿。

实践中,我国拍卖企业习惯于固定选择一家报纸作为发布拍卖公告的平台,这不能说不符合法律规定,但应当注意报纸的覆盖面有大小之分,在考虑公告方式符合法律规定的同时,也应考虑公告的范围,即考虑公告方式的实际效果。因此,拍卖企业可以更多地考虑利用网络发布拍卖公告,或者在确有需要时,选择覆盖范围更广的新闻媒介。同时,一些传统的公告方式也可以利用,如拍卖建筑物时,除通过新闻媒介发布公告外,再在建筑物上张贴公告;拍卖土地时,除通过新闻媒介发布拍卖公告外,再在拟拍卖的土地上插块牌子,张贴公告,这些切实可行的方式也能收到较好的公告效果。

(四)拍卖公告的内容

拍卖公告的内容可简可繁,但以覆盖法律规定的事项为原则。我国《拍卖法》第46条规定:拍卖公告应当载明下列事项:拍卖的时间、地点;拍卖标的;拍卖标的展示的时间、地点;参与竞买应当办理的手续;需要公告的其他事项。下面仅举两例说明实践中的做法。

例一　　　　第107届艺术品拍卖会公告

> 拍卖日期:2007年5月20日(周日)下午1:30始
> 展示日期:5月18—19日9:00—17:00
> 展拍地点:上海延安西路200号 上海文艺活动中心(文艺宾馆)
> 本次拍卖会共有古代、近现代书画、瓷杂等拍品400余件,欢迎各位新老客户届时光临。参加拍卖的客户需持本人有效身份证件并交付保证金人民币贰万元整领取竞拍号牌。
> 本公司常年提供书画艺术品免费鉴定、估价服务,欢迎垂询。
> 联系人:唐福珍、单炯
> 地址:上海市南京西路450弄33号
> 电话:021-63181666　传真:021-63725748
> E-mail:webmaster@nc-yu.com
> 公司网址:http://www.nc-yu.com

例二 　　　　　某某拍卖有限公司拍卖公告

受有关单位委托,我公司将于2005年9月15日至9月18日在北京军事博物馆展览大厅举办2005北京汽车展销会(秋季)现车拍卖会,具体如下(市场价为当前市场价,车型以现场为准):

日期	标的名称	起拍价	市场价
9月15日	1.5两厢白色无极变速飞度	5.8万	11.68万
	上海华普海域205手动	2.8万	54999元
	标致307XT2.0手自一体(星光灰)	10.8万	17.78万
	标致307XT2.0MT(星光灰)	10万	16.18万
9月16日	标致307XT2.0MT(金属灰)	10万	16.18万
	标致307XT2.0MT(中国蓝)	10万	16.18万
	上海华普海域303手动	3.6万	65888元
9月17日	奥德赛天窗版丝缎银	16.8万	25.48万
	标致307XS1.6MT(中国蓝)	5万	12.98万
	标致307XT2.0MT(爱情海蓝)	10万	16.18万
	上海华普海域205手动	2.8万	54999元
9月18日	标致307XT1.6MT(月光灰)	6.88万	14.48万
	标致307PT2.0AT(星光灰)	11.2万	19.18万
	上海华普海域303手动	3.6万	65888元

拍卖时间:2005年9月15—18日,每日10:00—10:30

预展咨询时间:即日起至9月18日,9:00—17:30

办理竞买手续可于即日起至9月18日,每日9:00—16:00到北京艺海拍卖有限公司或展会现场办理。(竞买人须交纳押金1000元人民币和本人身份证复印件一张)

公司地址:北京市海淀区长春桥路5号新起点嘉园4-1008(苏州桥西300米路北)

联系电话:010-82563280　　联系人:张先生

网址:www.beijingyihai.com

关于拍卖的时间、地点。拍卖的时间和地点需要准确确定,拍卖的时间以年、月、日、时表示,如上述例二中表述为"2005年9月15—18日,每日10:00—10:30";拍卖的地点要明确举办拍卖会的具体地理位置,如上述例一中表述为"上海延安西路200号上海文艺活动中心(文艺宾馆)",而上述例二中所表述的拍卖地点就不甚明了。

关于拍卖标的。拍卖标的是拍卖公告中重点表述的部分,也是竞买人最关心的内容。这部分内容通常应当包括拍卖标的的种类、数量、品质、规格等。通过阅读公告中有关拍卖标的的内容,应使竞买人对拍卖标的有基本的了解,从而决定是否参与竞买。上述例二中对拍卖标的的表述简洁、明了,而上述例一中对拍卖标的的表述却过于简单。

关于拍卖标的的展示时间、地点。展示时间通常以一段不少于两天的期间表示,如在上述例一中的展示时间为:"5月18—19日9:00—17:00";展示地点要明确具体的地理位置,展示的地点可以与拍卖的地点一致,也可以不一致。上述两例中,展示地点都与拍卖地点一致。

关于参与竞买应当办理的手续。决定参加竞买的人一般应在拍卖会前办理必要的手续,因此,拍卖公告中应明确办理手续的时间、地点、应携带的证明其身份的文件等。在上述两例中,例二的表述为:"办理竞买手续可于即日起至9月18日,每日9:00—16:00到北京艺海拍卖有限公司或展会现场办理。(竞买人须交纳押金1000元人民币和本人身份证复印件一张);公司地址:北京市海淀区长春桥路5号新起点嘉园4-1008(苏州桥西300米路北)",较例一的表述更加完整、准确。

关于需要公告的其他事项。需要公告的其他事项因各次拍卖的具体情况不同而有异,但一般应表述拍卖人的名称、地址、网址、联系人、联系电话等。如果需要对竞买人的范围进行限制,或者对拍卖标的出入国境有所限制,或者引起拍卖的原因较为特殊等,只要可能影响到竞买人权益的,均应在拍卖公告中加以说明。

二、拍卖标的展示程序

(一) 展示及展示程序

展示又称"看样",旨在使可能的竞买人对拍卖标的有更进一步的了解和认识,为参与竞买作最后的决断。展示由拍卖人组织实施。展示分实物展示和文件、资料展示,拍卖有形财产应展示实物,同时也可以配备一定的资料;拍卖无形财产应尽可能地展示其载体,即与该财产相关的文件和资料。拍卖动产适合于集中展示,各委托人应根据拍卖人的指示将拍卖标的运往指定地点,由拍卖人收集后集中展示;拍卖不动产适合于就地展示,各委托人应根据拍卖人的指示做好一切准备,为展示提供方便。展示时,拍卖人应指定其工作人员,根据委托人的陈述或者根据鉴定的结论,如实地向可能的竞买人介绍拍卖标的。

展示程序是指在规定的期间内拍卖人和可能的竞买人为完成拍卖会前的准备而实施一定行为的方法和途径。在展示程序中,拍卖人和可能的竞买人要实施的行为包括:分发、阅读拍卖标的目录和相关资料;查验拍卖标的;分发、阅读竞买须知并进行协商;办理参与竞买的手续等。其中每一个行为都有确定的目的和意义。

在我国现行拍卖实践中,往往不分展示和展示程序,简单地将展示程序理解为"看样",即查验拍卖标的,致使虽然存在许多拍卖人和买受人(竞买人)的权利义务内容,但这些权利义务内容却没有相对应的程序载体,从而导致草率决定两者之间的权利义务关系,引发纠纷。笔者认为,我国拍卖实践有必要重构展示程序,展示不能简单地理解为查验拍卖标的,它还应包括一系列为确定拍卖人和买受人(竞买人)权利义务关系而必须实施的行为及其方法和途径。

(二) 展示期间

展示期间是指展示拍卖标的的时间长度。在我国拍卖实践中,展示是法定行为,展示期间也是法定期间。《拍卖法》第48条第2款规定:拍卖标的的展示时间不得少于两日。拍卖标的的展示期间等于或多于两日的,符合法律的规定。法律上规定展示期间要满足一定的时间长度主要考虑竞买人的利益,竞买人在参与竞买前,有权查验拍卖标的并了解与参与竞买相关的事宜,以便作出是否参与竞买的最后决断。同时,规定展示期间对于拍卖人和委托人也不无益处。从《拍卖法》规定的上下文不难看出,遵守法定展示期间是拍卖人的义务,如果拍卖人违反展示期间的规定,属于程序违法,由此损害其他拍卖当事人的实体权利的,受损害者可以请求损害赔偿。

(三) 分发、阅读拍卖标的目录和相关资料

在展示期间,拍卖人应当向前来查验拍卖标的的人分发或者提示该人领取拍卖标的目录和相关资料,以方便这些可能的竞买人深入了解和认识拍卖标的。

拍卖标的目录又称"拍品目录",是指对拍卖的标的作出编号排列并加以文字(图示)具体说明的书面文件。拍卖标的目录由拍卖人制作,其内容相比较拍卖公告中对拍卖标的的描述更加详细、具体。下面仅举两例予以说明。

例一 摘自厦门盈胜通拍卖行有限公司拍卖标的目录[①]

> 拍卖标的编号:2号
> 拍卖标的:湖里区金泰里83号701室
> 参考价:51.5万元
> 付款期限:7天
> 保证金:5万元
> 佣金:5%
> 备注:标的建筑面积约70.84平方米,位于一幢7层混合结构住宅楼,建于1998年,土地/房屋用途为住宅,土地使用权类型为划拨;过户一切税、费(包括所欠水电费、物业管理费、煤气费、有线电视费等相关费用以及土地出让金)全部由买受人承担。

[①] 资料来源:http://www.xmyst.com/WebPages/Content.asp? ContentID=98,2006年12月25日访问。

例二　　摘自索士比拍卖行艺术品拍卖目录

> 拍卖标的编号：××号 《女招待的肖像》
> 作者：简·弗美尔·范德福特
> 绘制年月：1660年
> 简短说明：全身侧面像，人物身体向右，蓝裙白斗篷，房间挂着白色窗帘
> 类型尺寸：油画,48厘米×45厘米
> 作品流转出处：罗德斯坦公司,巴黎,1895年
> 　　　　　　　阿曼德·鲍蒙特公司,1895年
> 　　　　　　　奥古斯特·唐纳德,巴黎,1899年
> 　　　　　　　查尔斯·唐纳德,俄亥俄州克利夫兰,1947年
> 参考文献：《巴罗克艺术风格的荷兰绘画》,B.贝希特著,
> 　　　　　1932年阿母斯特丹出版,第278页
> 　　　　　《弗美尔分科排列目录》,马克斯·博塔里著,
> 　　　　　1953年,伦敦出版

上述两例，一中一外，一个针对房产，一个针对艺术品，各有不同的风格和特色。然而，结合拍卖标的目录本身的属性分析，索士比拍卖行的目录更胜一筹。拍卖标的目录中的描述要关注拍卖标的本身，而非拍卖标的的参考价、付款期限、保证金、佣金等，如果例一中的描述能增加建筑容积率、密度和建筑周边的环保、园林绿化、卫生状况、交通、消防等，那将比目前的描述有更好的效果。

拍卖人应当谨慎、准确地制作拍卖标的目录，所有的描述都应当有根据和出处，必要时可以配备图示；拍卖人应当对自己的不实描述承担责任。

有竞买打算的人应当认真地阅读拍卖标的目录和其他相关资料，并在此基础上查验拍卖标的。实践证明，在阅读过拍卖标的目录和相关资料基础上查验拍卖标的，有事半功倍的效果。

（四）查验拍卖标的

查验拍卖标的是展示期间的核心内容，是法律设置展示期间的

宗旨所在。所谓查验拍卖标的是指有意参与竞买的人在拍卖人及其工作人员的协助下检查、验证拍卖标的的现实状况。有意参与竞买的人应当不失时机地亲临展示现场,进行查验;对于随意放弃查验的竞买人,可以一般推定其已认可了拍卖标的的现状,但对于较为隐蔽的拍卖标的的瑕疵又当别论。① 在查验拍卖标的时,有意参与竞买的人应结合自己在阅读拍卖标的目录及其相关资料时所掌握的信息,仔细核对。对拍卖标的的观察应当深入、细致,发现有疑问之处,应当随时提出,务求掌握拍卖标的的真实状况。查验的重点应当放在拍卖标的的真伪和品质等可能对其价值有重大影响的问题上,在这些重大问题上不能放过任何一个疑点,要求拍卖人给予确定的回答。拍卖人应当指示其工作人员到展示现场,自始至终,组织协调,随时回答有关拍卖的各种问题;遇有人对拍卖标的的现状提出疑问,拍卖人及其工作人员有义务给予肯定或否定的答复。

查验拍卖标的对有意参与竞买的人来说,意义重大:其一,一个理智的人应当根据查验的结果来决定是否参与竞买、以什么样的价格参与竞买以及参与竞买的战略;其二,对于经查验即可发现的显而易见的拍卖标的的瑕疵,展示具有告知的意义,竞买人日后不能针对这类瑕疵主张请求权。

(五) 分发、阅读竞买须知并进行协商

在展示期间,拍卖人应当向前来查验拍卖标的的人分发或者指示其领取竞买须知;有意参与竞买的人应当认真研读竞买须知;拍卖人和有意参与竞买的人应在竞买须知的基础上就需要协商的问题进行充分协商。

竞买须知又称"拍卖须知"、"竞投须知"。实践中,每个拍卖企业都有其自己制作的竞买须知,但格式和内容均有差异,在拍卖过程中发挥作用的程序更有天壤之别。以下仅举一例加以评论。

---

① 对于较为隐蔽的拍卖标的的瑕疵,拍卖人不能以竞买人未到现场查验拍卖标的为由,得出竞买人已认可了拍卖标的的现状,从而拒绝承担瑕疵责任。

例 广西正槌拍卖有限责任公司竞买须知[①]

> 本公司依照《中华人民共和国拍卖法》和相关的法律法规及有关的政策规定,严格遵守"公开、公平、公正、诚实信用"的原则,严谨、规范地开展委托拍卖业务。为使拍卖活动顺利进行,保证竞买人公平参与竞买,本公司对竞买人参加竞买活动告知如下,敬请认真阅读并遵守:
>
> **一、竞买人** 竞买人是指参加竞买拍卖标的的公民、法人或者其他组织。竞买人之间不得恶意串通,损害他人利益。竞买人之间恶意串通给他人造成损害的,拍卖无效,且按照《拍卖法》第六十五条的规定承担法律责任和赔偿责任,并由工商行政管理部门处拍卖标的最高应价10%以上、30%以下的罚款。
>
> **二、买受人** 买受人是指增价拍卖以最高应价、减价拍卖以最先应价购得拍卖标的的竞买人。买受人应当按照《拍卖成交确认书》约定支付拍卖标的的成交价款和佣金。未按约定支付价款的,应当按照《拍卖法》第三十九条的规定承担违约责任。
>
> **三、竞买资格** 1.境内竞买人 须持有效身份证明或法律证明,法定代表人证明书或法人授权书等与拍卖标的竞买条件相适应的证明文件。2.境外竞买人 须持有境外公司之政府注册文件、银行资信证明和个人有效身份证件。3.专营、专卖物品竞买人 须持有该项物品专营、专卖的文件。
>
> **四、竞买申请** 竞买人需在本公司公告规定的时间内持上述资格证明文件、证件的原件办理竞买申请手续,经确认竞买资格后,留下复印件登记备案,本公司即予签发《临时竞买证》(限当期有效)。每证原则只准许二人入场。
>
> **五、拍卖公告** 本公司在法定公告日内在报纸或其他新闻媒体及本公司网站发布拍卖公告,竞买人参加报名即视为应当阅知。

[①] 资料来源:http://www.zcpm.net/liuc.asp,2007年10月10日访问。

六、拍卖标的 本公司每期拍卖会均印有当期拍卖标的的资料,旨在介绍本期拍卖标的名称、规格、数量,并尽可能就其品质现状作客观描述,为竞买人提供参考意见。拍卖标的资料一律凭《临时竞买证》领取。

七、拍卖标的价格 拍卖标的价格分为拍卖保留价(即底价)、参考价、起拍价、成交价四种:1. 拍卖保留价 是委托人和拍卖人约定的拍卖成交最低价。委托人和拍卖人对拍卖保留价保密,不对外公布。2. 参考价 本公司根据同类物品提出的市场估计价。参考价仅供竞买人参加竞价时参考,对拍卖当事人不具有任何约束力。每个标的的参考价只限于当期参考,逾期无效。3. 起拍价 即本公司拍卖会上拍卖标的起叫价。竞买人须预先估价,并以自己所能承受的最高价为底线参加竞买。4. 成交价 即本公司在拍卖会上对拍卖标的拍卖的敲槌价,也是最后的价格。成交价不包括佣金。鉴于拍卖是竞价的交易方式,所以一经敲槌即具有法律效力,任何人无权更改,双方亦不得反悔。

八、佣金和佣金率 竞买人、买受人可以与拍卖人约定佣金率。1. 佣金率 是指佣金占拍卖标的成交价的比例。一般物品最高不超过5%,艺术品为10%。2. 佣金 是指《拍卖成交确认书》约定的佣金率乘以拍卖标的的成交价(佣金=成交价×佣金率)。3. 佣金的收取 买受人与拍卖人对佣金率未作约定的,拍卖成交后,拍卖人可以向买受人收取不超过拍卖成交价百分之五的佣金。

九、看货看样 1. 本公司依照国际惯例,按照拍卖标的现状进行拍卖,对拍卖标的真伪或者品质,不承担瑕疵担保责任,所以要求竞买人在拍卖前务必十分仔细看货看样。2. 竞买动产:竞买人必须严格遵守拍卖标的的仓库管理制度,不得损坏拍卖标的,否则须加倍赔偿。竞买不动产:本公司安排竞买人进行实地考察。3. 按规定竞买人有权查验拍卖标的,查阅拍卖标的的有关资料。若竞买人参加应价,视为认可拍卖标的现状。

十、拍卖竞买程序 1. 竞买人须在报名截止日之前报名竞买,并缴付"竞买保证金",超过报名截止日期,本公司拒不受理。如不成交,在拍卖会结束后退回"竞买保证金"(不计息);如成交,竞买前交的"竞买保证金"首先转为佣金,剩余部分转为成交价款或定金,不再退回。2. 拍卖会进场前,需凭《临时竞买证》和《竞买保证金收据》换取号牌及有关资料。3. 拍卖开始,拍卖师按当期拍卖标的资料的序号进行拍卖。4. 拍卖师报价后,若竞买人应价,必须举号牌。竞买人一经举牌应价不得撤回。当其他竞买人有更高应价时,原应价即丧失约束力。应价时既可无声举牌,亦可举牌的同时口头报价,口头报价可以高于拍卖师宣布的加价幅度。5. 拍卖师在最后报价的基础上加价,三声报价,如无人应价,便敲槌一次,以示成交。买受人须当场签署《成交凭证》,确认此成交的法律效力。6. 拍卖师报出起拍价后,若三次无人应价,本公司即将此拍卖标的作无成交处理。委托标的有保留价的,拍卖竞价达不到保留价的,作为不成交处理。7. 拍卖会结束后,竞买人须交回号牌方可离场。买受人须持《成交凭证》与本公司当场签订《拍卖成交确认书》,办理相关付款手续后方可离场。

十一、拍卖成交确认书 买受人与本公司签订《拍卖成交确认书》为一式四份,一经双方共同签字,立即生效,具有法律效力,不得悔约。

十二、佣金和成交价款结算 1. 买受人与本公司签订《拍卖成交确认书》后,须按《拍卖成交确认书》的约定向本公司缴付佣金和成交价款。买受人竞买前交付的"竞买保证金"首先转为佣金,剩余部分转为成交价款或定金。2. 买受人不能一次性结清成交价款的,必须在《拍卖成交确认书》约定的期限内与本公司或委托人结清余款,不能依约结清的按违约承担相应的法律责任。3. 逾期不结清余款者,本公司有权依照《拍卖法》第三十九条的规定将成交标的再行拍卖,原所缴的"保证金"、"成交价款或定金"不予退回。再次拍卖的费用和第一次拍卖中买受人及委托人应当支付的佣金由原买受人承担。再次拍卖的成交价款低于原拍卖成交价款的,其差价由原买受人负责补足差额。

十三、拍卖成交证明文件 买受人缴清应付款后,由本公司提供成交证明文件,买受人凭成交证明文件提货。

十四、提货 1. 拍卖标的是动产的,付清全部款项,办妥各项手续,即可提货。拍卖标的是不动产的,买受人凭本公司提供的证明文件和委托人办理证照变更、产权过户、产权登记手续。2. 拍卖标的由本公司保管的,买受人持货单七日内提清全部货物,否则本公司有权按成交价每日5%计收成交标的的保管费。买受人提货时,应当场清点验收,若发现成交标的的现状与委托人提供的资料有出入,请于当日与本公司联系查询,否则本公司概不负责。3. 拍卖标的由委托人保管的,本公司提供成交证明文件后,由买受人直接找委托人提货。4. 拍卖标的需要依法办理证照变更、产权过户和产权登记手续的,委托人、买受人应当持拍卖人出具的成交证明文件到有关行政管理机关办理手续,所产生的费用,除委托人另有约定外,均由买受人自理。

竞买须知的重要作用及其在实践中发挥作用的程序,至今尚未被拍卖业界正确认识。目前拍卖业界的主流做法是:竞买须知由拍卖人制作,完全代表拍卖人的意志,其中的内容无须与竞买人(买受人)协商,拍卖人仅在拍卖会开始时向所有竞买人宣读竞买须知,要求竞买人(买受人)无条件遵守竞买须知的规定。笔者认为,实践当中的这种做法存在重大问题,值得认真研究。

首先,应弄清楚竞买须知究竟是什么。目前,多数拍卖人认为,竞买须知就是明确竞买人在拍卖会上应当遵守的纪律的文件。但这与竞买须知在实践中发挥的作用并不相符,拍卖实践中,拍卖人与竞买人(买受人)之间的许多权利义务是按竞买须知中的内容确定的。因此,正确的理解是:竞买须知是拍卖人制作并经拍卖人和竞买人协商,用以确定拍卖人与竞买人(买受人)之间权利义务关系的法律性文件。

其次，应正确认识竞买须知的作用。实践充分证明，竞买须知是构建拍卖人与买受人（竞买人）关系的重要文件，拍卖人与竞买人（买受人）之间的权利义务内容，除拍卖标的价格外，都由竞买须知的内容决定。考察各拍卖企业的竞买须知不难发现，其中包含的内容虽然复杂，但可以简单地分为两大类，即无须与竞买人协商的内容和应当与竞买人协商的内容。对于无须与竞买人协商的内容，如办理手续的规定、报价的规定等，拍卖人的意志起决定性作用；而对于应当与竞买人协商的内容，如佣金的比例、保证金的交纳和处理、约定责任等有必要在拍卖成交确认书中约定的内容，[①]不能仅由拍卖人简单地宣示，必须与竞买人（买受人）协商。其中的道理很简单，拍卖会上只决定拍卖标的的价格，而拍卖人与竞买人，特别是买受人之间的合同关系绝不仅仅是价格问题，既然实践中以竞买须知的方式来承载合同中的其他内容，则应当就竞买须知中的内容进行协商，否则既不合法，也不合理。

最后，应正确认识竞买须知发挥作用的程序。目前采用的仅在拍卖会开始时向竞买人宣读竞买须知的做法是有问题的，竞买须知发挥作用的核心是协商，协商就要有协商的程序。鉴于竞买须知的重要作用，拍卖人应当在展示期间将自己制作的竞买须知向每一个有意参加竞买的人分发，并提示其认真研读，除为维持拍卖会秩序所涉及的纪律性条款外，双方应进行充分协商，最终所确定的内容应同时代表双方的意志，并由双方签字。

有业内人士建议，可以将竞买须知中需要与竞买人协商的内容单独列出，作成承诺书的形式，在展示期间向有意参加竞买的人分发，并在此基础上进行协商，确认后，由有意参加竞买的人单方签字。笔者认为，此议甚妥。总之，竞买须知在确定拍卖人与竞买人（买受人）权利义务方面的重要作用是无可替代的，只有明确相关程序，其重要作用才能得到充分发挥。

（六）办理参与竞买的手续

决定参与竞买的人应当按照拍卖人在竞买须知中明示的要求，

---

① 上例中的内容并不全面，竞买须知应当覆盖拍卖成交确认书的所有实质性内容。

办理参与竞买的手续,正式成为竞买人。办理参与竞买手续通常在展示期间,当然也可以在拍卖会开始前完成。

办理参与竞买手续时,有意参与竞买的人应当向拍卖人提交能够证明其身份的有关文件复印件,并出示该文件的原件以供拍卖人验证。办理参与竞买手续时,有意参与竞买的人应当按拍卖人的要求交纳竞买保证金。保证金的性质不同于定金,它是为了使竞买人更加审慎地报价而设定的,如果竞买人虽经竞争却未成为买受人时,拍卖人应当将保证金如数退还竞买人。但保证金可以转化为定金,如果竞买人竞买成功,保证金便转为定金,以担保买受人履行拍卖成交合同。拍卖人确定的竞买保证金数额应当合理。完成上述手续后,竞买人将领取拍卖人核发的参加竞买的证件或号牌,并按照规定的时间、地点参加拍卖会。

第三节　拍卖会程序及其规则

拍卖会程序是指在拍卖会阶段,拍卖当事人为履行其权利和义务而应遵循的方式和途径。拍卖会程序自拍卖师宣读参加竞买应注意的相关事宜开始,至拍卖人和买受人签署拍卖成交确认书或拍卖人宣布不成交为止。此阶段的拍卖程序涉及一系列内容和规则。

一、关于拍卖方式

拍卖方式有广义和狭义两种理解,广义的拍卖方式源自《拍卖法》第3条的界定,[1]泛指一种买卖方式;而狭义的拍卖方式特指在拍卖会上竞买人的竞争方式,或者说是竞买人在拍卖师主持下表达意志的方式。本节所论拍卖方式属于狭义的范畴。我国《拍卖法》并未就拍卖方式问题作出任何规定,各种拍卖方式及其规则均来自于长期实践中所形成的习惯。在我国实践中,拍卖方式主要有三种,即增价拍卖方式、减价拍卖方式和密封递价拍卖方式。

---

[1] 《拍卖法》第3条规定:拍卖是指以公开竞价的形式,将特定物品或者财产权利转让给最高应价者的买卖方式。

（一）增价拍卖方式

增价拍卖方式是拍卖的最普遍形式，又称"英国式拍卖"，是指竞买人从较低的价位上开始报价，并循着由低至高的次序逐次竞争，拍卖师只能选择不低于保留价的最高报价成交，由于竞争中的价格走向是逐渐增加，故称增价拍卖方式。

增价拍卖方式的操作较为复杂。首先，由拍卖师宣布拍卖标的的开叫价和加价幅度，[①]同时对于无保留价的拍卖标的进行说明，并示意竞买人开始竞争；其次，竞买人按既定的开叫价和加价幅度开始报价竞争，报价过程中拍卖师可以随时调整加价幅度以适应竞争，但竞争的价格走向只能由低至高；最后，拍卖师以其自身的风格调节拍卖会现场的气氛，不断重复较高的报价，直至无人再报价。如果最高报价已超过保留价或者该拍卖标的无保留价，则拍卖师宣布成交；如果最高报价不达保留价，则拍卖师宣布不成交。

增价拍卖方式有无声报价和有声报价两种形式。无声报价是指竞买人报价时不发声，只是以举牌或者约定的手势等表示报价。采用无声报价形式可以保持拍卖会现场秩序井然，这对于有众多竞买人参与竞争的拍卖会十分有利。此外，当某些竞买人不愿在拍卖会现场引起他人注意时，这也是一种很好的选择。然而，无声报价也有不足：其一，竞买人意定的报价超过加价幅度或者无加价幅度规定时，无法准确表示；其二，对于位于前排的竞买人来说，后排竞买人的报价只有经拍卖师的复述获知，如果拍卖师的复述迟缓，容易引起误解；其三，拍卖会现场的气氛较为冷淡。有声报价是指竞买人发声报价，即竞买人意定的报价不仅仅通过举牌、手势等表示，而主要是通过口头表示。采用有声报价形式可以活跃拍卖会现场气氛，增加竞争的激烈程度，同时竞买人还可以口头报出其意定的任何一个价格，无需其他形式的辅助。但有声报价也有不足，如竞买人较多且竞争激烈时，给人以嘈杂的感觉，甚至使拍卖师难以分辨报价及报价的数额。其实，无声报价和有声报价仅是一种习惯，并无法律明文规定的要求，而无声和有声都各有利弊，趋利避害是选择采用的法宝。我国

---

① 拍卖师亦可既不宣布开叫价，也不宣布加价幅度，但在实践中不常见。

拍卖实践多见无声拍卖,如遇竞买人意定的报价超过加价幅度或者无加价幅度规定时,可以发声,可见已将两者有机结合,也不失为一种较好的选择。

增价拍卖方式之所以被我国拍卖实践普遍看好,是因为它有十分突出的适用特点。第一,增价拍卖方式的适应性强。增价拍卖方式适合于所有类别的拍卖,无论是罚没财产拍卖或是其他财产拍卖,强制拍卖或是任意拍卖,有保留价拍卖或是无保留价拍卖,定向拍卖或是非定向拍卖,都适合采用增价拍卖方式。增价拍卖方式适合于所有类别的拍卖标的,无论拍卖的是有形财产或是无形财产,动产或是不动产,艺术品、文物、生活用品或是机器设备,都能通过增价拍卖方式获得较好的拍卖效果。第二,增价拍卖方式的竞争性强。增价拍卖方式蕴涵着引发激烈竞争的内部机制,价格走向由低至高、多轮报价等,使它十分适合价值昂贵的拍卖标的和价值难以估定的拍卖标的。与其他拍卖方式相比,竞买人在增价拍卖方式中的竞争是完全公开化和白热化的,相互之间往往要经过多轮报价才能分出高下,特别是当拍卖标的的价值难以估定时,增价拍卖方式提供了一种较为合理的定价机制。

(二)减价拍卖方式

减价拍卖方式又称"荷兰式拍卖",是指在一个事先确定的价位上,由拍卖师按照既定的降价幅度,循着由高至低的次序逐次报价,直到有竞买人应价时击槌成交。由于拍卖师报价的走向是逐渐减少,故称减价拍卖方式。

减价拍卖方式的操作较为简单。拍卖师宣布拍卖开始后立即报出第一个价格,然后停顿片刻以待竞买人应价。无人应价时拍卖师再按照既定的降价幅度报出第二个价格,[①]然后再停顿片刻以待竞买人应价……拍卖师逐次报价,直至有竞买人应价时击槌成交。如果无竞买人应价,或者在有保留价拍卖中拍卖师的报价已降至保留价,但依然无竞买人应价,拍卖师应当在停顿片刻后立即宣布拍卖不

---

① 减价拍卖方式中的降价幅度由拍卖师掌握,可以事先对外宣布,也可以不事先对外宣布。但即使事先宣布了减价幅度,拍卖师也可以在拍卖过程中视情形调整减价幅度。

成交。

减价拍卖方式有无声应价和有声应价两种形式。无声应价是指竞买人应价不发声，而是以举牌或约定的手势等表示应价。有声应价是指竞买人发声应价，即竞买人意定的应价不仅仅通过举牌、手势等表示，而主要是通过口头表示。无论是无声应价还是有声应价，均无明显的优缺点，至于我国实践中多采用无声应价形式，那纯粹是一种习惯。

采用减价拍卖方式拍卖有下述明显优点。其一，减价拍卖方式节省拍卖时间。采用减价拍卖方式时，一般成交极快，拍卖师报出一个价格后，只要有竞买人应价，立即成交，无须再等其他竞买人应价。减价拍卖方式中的价格竞争是十分特殊的，它更多地表现为是一种内在的竞争，而非外在的竞争。当拍卖师报价后，竞买人立即开始内在的较量，既要考虑他人应价的可能性，又要衡量自己的心理价位，这一切都需在瞬间完成，而且只要他人一应价，自己的机会就彻底失去了。故减价拍卖方式的竞争性也极强，只不过表现的形式不一样。其二，减价拍卖方式的成交率很高。减价拍卖方式给竞买人以很强的心理压力，对失去机会的恐惧，使他们在接近心理价位时立即应价，故成交率极高。特别是当无保留价拍卖时，采用减价拍卖方式几乎没有不成交的。但同时我们也应当对于方式的选择作某些方面的思考。

根据减价拍卖方式的以上优点，减价拍卖十分适合于下述拍卖：第一，减价拍卖方式适合于价值较为确定的拍卖。采用减价拍卖方式时，开叫价即为最高报价，这意味着委托人和拍卖人均对拍卖标的的价值不会超过开叫价位十分确信，而这种确信又建立在拍卖标的的价值较为确定的基础之上；反之，如果拍卖标的的价值模糊，难以估定，就不宜采用减价拍卖方式。第二，减价拍卖方式适合于再行拍卖。再行拍卖在两种情况下发生，即初次拍卖不成交后委托人要求再行拍卖和买受人违约后委托人要求再行拍卖，无论出现哪种情况，均说明了委托人希望成交的决心，故可利用减价拍卖方式成交率高的优势。另外，有了初次拍卖的经验，委托人和拍卖人对于拍卖标的可能的成交价都有了较为清醒的认识，这对于帮助他们确定开叫价位十分有利。第三,减价拍卖方式适合于价值不高的拍卖标的的拍卖。其理由是:其一,拍卖价值不高的拍卖标的时,开叫价位比较容易确定;其二,即使开叫价位确定的不足,其受到的损失也十分有限,相比较快速成交的益处,还是值得的。但应注意,绝不能将国有资产与廉价拍卖标的同列,除情况特别外,国有资产拍卖不宜采用减价拍卖方式。

(三)密封递价拍卖方式

密封递价拍卖方式是指竞买人根据自己掌握的拍卖标的的有关情况,在规定的时间内将自己的报价密封寄送或者递送至拍卖人,拍卖人在规定的时间、地点当众开封并公开各竞买人的报价,拍卖标的由满足成交条件的竞买人获得。

密封递价拍卖方式的操作程序较其他方式略有不同,采用密封递价拍卖方式时,没有一般意义上的拍卖会形式。其程序是:首先,由拍卖人发布拍卖公告,公告的内容除包括拍卖标的、展示时间和地点、参与竞买应当办理的手续等外,应特别告知送交报价密封的时间和地点、送交报价密封的方法、保留价、开封的时间和地点等。其次,有参与竞买意愿的人按照规定的时间和地点参加展示,查验拍卖标的,研读与拍卖标的有关的资料;确定竞买意愿后,办理参与竞买手续,成为竞买人。再次,竞买人在规定的时间内将报价密封寄送或者递送至拍卖人。采用寄送方式的,报价时间以邮戳为准;采用递送方式的,报价时间以交接为准,拍卖人应一一记录在案。最后,由拍卖人于规定的时间、地点当众开封并公开各竞买人的报价,宣布与满足条件的竞买人成交。

密封递价拍卖方式类似招投标,故又有"投标拍卖"之称。但实际上两者有明显不同:其一,招投标程序中有"评标"这一阶段,且评标在招投标程序中的作用是无可比拟的,而在密封递价拍卖方式中没有这一阶段。其二,招投标程序采用评分制度,招标人依法组建的评标委员会根据招标文件确定的标准和方法,综合各种因素,[①]对投

---

① 在招投标程序中,决定中标的因素很多,诸如投标人资质、投标人工作经历等,都可能是决定中标的因素,而投标价格仅仅是其中的一个因素。在招投标实践中,甚至会出现虽有适当的投标价格,但其他因素不符合招标文件的实质要求,而被否决的情形。

标人的标书进行打分,评分最高者中标,因此会出现价高者不得的现象;而密封递价拍卖方式只考虑价格这唯一的因素,价高者得。至于实践中,有拍卖企业将密封递价方式与招投标方式混同操作,这种做法并不规范,如果价格因素不是委托人决定出售标的要考虑的唯一因素的话,不宜采用密封递价方式。

密封递价拍卖方式虽与增价拍卖方式和减价拍卖方式同源,但也有区别。采用密封递价拍卖方式时,每一个竞买人均有一次报价机会,这一点既不同于减价拍卖方式,也不同于增价拍卖方式。但密封递价拍卖方式的一次报价制度也会有表现形式的例外。据报道,上海于2008年1月1日起修改自2000年以来推行的私车牌照投标拍卖制度,改一次报价为多次报价。具体做法是:将报价分为两个时段,第一个时段为报价时段,在该时段每一个竞买人必须报价;第二个时段为修改报价时段,在该时段拍卖人公布第一时段的报价信息,包括当前系统时间、当前报价人数、当前时间的最低可成交价等,竞买人可根据拍卖人公布的信息,两次修改自己在第一时段的报价。[①]笔者认为,此种做法增加了密封递价拍卖方式的透明度,也能够起到缩小成交者之间成交价差别的效果,但从本质上说依然是一次报价,只不过该报价可以在一定范围内修改。

密封递价拍卖方式特别适合于拍卖同样数个拍卖标的的情形。所谓拍卖同样数个拍卖标的是指,在一次拍卖过程中,有数个同样的拍卖标的需要出售,且不是整体出售。如遇此种情形,采用其他拍卖方式会有障碍,而采用密封递价拍卖方式却游刃有余。它依然可以实行价高者得的规则,宣布与超过保留价的如数报价较高者成交。上海国际商品拍卖有限公司在上海拍卖私车牌照,所采用的就是典型的密封递价拍卖方式。该公司每次拍卖的同样私车牌照有数千张之多,购牌人按照公司规定的报价规则,一次性密封报价,公司将购牌人的报价由高至低排列,取报价在前的同样数量的购牌人成交。当然,密封递价方式也可以适用于唯一拍卖标的的情形,但由于其竞

---

① 参见《私车额度拍卖新规:可三次出价》,载《东方早报》2008年1月4日A1和A4版。

争激烈程度相对较弱,公开程度相对较低,成交规则又十分特别,故在唯一拍卖标的的场合,一般不采用密封递价拍卖方式。

密封递价拍卖方式坚持竞买人一次报价原则,这就不可避免地会碰到相同最高或者较高报价的情形,因此,采用密封递价拍卖方式时,需要有针对性地确立一些特别的成交规则。特别的成交规则是:如在成交价位上有两个以上竞买人的,以先递送报价密封者为买受人;两个以上竞买人同时递送报价密封的,以先开封者为买受人。

二、关于竞买

竞买即竞买人在拍卖会上围绕购买拍卖标的的竞争。竞买在拍卖师主持下进行,其程序由拍卖方式决定,采用不同的拍卖方式,就有不同的竞买程序。以下仅以增价拍卖方式为例,论述竞买程序及其规则。

(一) 宣布开叫价

开叫价是指特定拍卖标的的报价竞争的起始价。开叫价由拍卖师在拍卖会上向所有参与特定拍卖标的的竞买的竞买人宣布,竞买人应当在此价位基础之上报价。开叫价以具体的价格数目表示,如1000元人民币。开叫价的价位可以等于保留价,可以高于保留价,也可以低于保留价。但如果保留价已经公开,则将开叫价的价位确定在保留价之下就无任何意义。根据实践经验,确定的开叫价不宜过分高于或者低于保留价;开叫价过分高于保留价容易引起竞买人反应冷淡,不能展开充分报价,其竞争效果适得其反;开叫价过分低于保留价也容易使竞买人产生误解,导致不成交。例如,在一次由佳士得拍卖公司举办的拍卖会上,拍卖一幅张大千的《文汇图》,保留价定为150万港元,但拍卖师误将开叫价确定在10万港元,经过多轮竞价才达26万港元,待到发现并加以纠正为时已晚,重新确定开叫价后引起现场一片哗然,买家情绪大减,导致无法成交。[①] 因此,确定好开叫价对于拍卖成交以及在何种价位成交,关系非同一般。

开叫价的确定权虽属一个较为重要的问题,但我国《拍卖法》并

---

① 参见《拍卖官叫错价,〈文汇图〉遭流标》,载《新民晚报》1996年11月9日。

未就开叫价确定权的归属作出明文规定,拍卖实践中,往往由拍卖人行使开叫价的确定权。笔者以为,实践中的做法不无理由。虽然开叫价与保留价有关联,也会影响成交,但它与保留价有实质区别;保留价以委托人的利益为核心,对于低价成交起限制作用,而开叫价并无此种作用。因此,保留价确定权属于实体性权利,而开叫价确定权属于程序性权利。从拍卖程序由拍卖人主导这一理念出发,由拍卖人行使开叫价确定权是妥当的。当然,如果委托人有意对开叫价价位施加影响,拍卖人也应当充分听取委托人的意见。

(二)报价和击槌

报价又称"应价"、"叫价",[①]是指竞买人在拍卖会上为购得特定拍卖标的所为的要约行为。报价以拍卖人在拍卖须知或拍卖规则中规定或认可的方式表示,如举牌、举手、出声示价等。每一次报价对应于一个具体的价位,表明发出该报价的竞买人愿意在该价位上与拍卖人成交。每一个竞买人都拥有为达成交易而进行多次报价直至成为最高报价者的权利。但报价不是竞买人的义务,竞买人有权选择不报价或者在一个确定的价位上放弃。

竞买人报价应当遵守如下规则:(1)报价的数额必须高于前一个报价的数额。报价竞争首先以各竞买人报价数额的高低为准,每一个价位只有一个竞买人可以主张权利,报价较高者主张成交权,这就要求每一个报价在数额上都必须高于前一个报价。(2)相同数额的报价以在先的报价为准。报价竞争也要考虑报价时间的先后,当两个或两个以上竞买人报出同一个价位时,应确认在先报出该价位的竞买人报价有效。在拍卖会现场,拍卖师有权确认哪一个竞买人报价在先。(3)报价与前一个报价相比,必须等于或高于拍卖师宣布的加价幅度。加价幅度是指竞买人在报价竞争时高出前一报价人报价数额的最低数。加价幅度由拍卖师确定,并可在报价过程中随时修订。一般规律是:报价竞争之初加价幅度大,越接近尾声加价幅度越小;竞争激烈时加价幅度大,表现平和时加价幅度小;加价幅度

---

① 我国《拍卖法》统称报价为"应价",意为对拍卖人的回应。笔者以为这种表述未必准确。准确地说,竞买人的第一个报价称为叫价,而对于上一个报价的回应称为应价,所以统称为报价较为妥当。

的大小可用以调节竞争强度。(4)报价一经作出不得撤回。报价是竞买人的要约行为,与其他买卖方式买方要约不同的是,竞买人的报价一经作出立即到达相对人,同时影响其他竞买人,故竞买人应当受其报价约束,直至出现其他竞买人更高的报价。我国《拍卖法》第36条规定:竞买人一经应价,不得撤回,当其他竞买人有更高应价时,其应价即丧失约束力。(5)报价必须在拍卖师击槌前作出。拍卖师击槌即宣告当前拍卖标的的拍卖结束,击槌后的报价因无对应的拍卖标的而无任何意义。因此,报价的有效期间自拍卖师宣布开始报价至拍卖师击槌。(6)不达保留价的报价不发生达至成交的要约效力。拍卖师宣布的开叫价低于保留价时,竞买人可能在保留价之下报价,这样的报价虽说依然有程序上的效力,但这样的报价不能达至成交。因此,不达保留价的报价不是一个真实的要约。

击槌又称"落槌",是指拍卖师以槌击板表示成交的承诺行为。虽然拍卖实践中还有其他表示成交的方式,但击槌无疑是所有表示成交的方式中最正规、最普遍的方式。击槌是只能由拍卖师作出的规范行为。① 无论在拍卖会上竞买人有多少次报价,针对每一件拍卖标的拍卖师最多只能有一次击槌行为;拍卖师的击槌行为应当在经竞买人充分竞价后作出。我国《拍卖法》第51条规定:竞买人的最高应价经拍卖师落槌或者以其他公开表示买定的方式确认后,拍卖成交。

击槌应遵守如下规则:(1)只有当竞买人的最高报价等于或者超过保留价时拍卖师方可击槌。在拍卖会上,击槌的唯一含义是成交,如果竞买人的最高报价不达保留价,拍卖师应当宣布不成交,从而结束该拍卖标的的拍卖。宣布不成交不能以击槌的方式表示,以免引起竞买人的误解。(2)拍卖师在击槌前应留片刻时间等待新的报价或者以明显的动作表示将要击槌。拍卖师如此作为旨在给予竞买人最后的报价机会,这对于实现充分竞争是完全必要的。实践中,一些拍卖师习惯于在击槌前连续三次重复最高报价,以示将要击槌,实践效果良好,值得借鉴。(3)击槌应当以较明显的动作在所有竞

---

① 在拍卖实践中,有些拍卖师习惯于以槌连续击板旨在维持会场秩序,这是极不严肃的,应当禁止。

买人可视的情况下作出,击槌应当发出声响。拍卖师如此作为旨在将成交的意思表示第一时间传达给所有竞买人,它对于成交的竞买人(买受人)和未成交的竞买人都有重要意义。(4)击槌不得撤回。拍卖师应当谨慎为击槌行为,一旦击槌,在宣告拍卖成交的同时,意味围绕当前拍卖标的拍卖的结束,拍卖师不再接受对该拍卖标的新的报价,事后委托人和拍卖人也不得拒绝与买受人完成拍卖标的的交割,否则,视为违约。

(三)关于拍卖笔录

拍卖笔录是拍卖会现场情况的真实记录。拍卖笔录由拍卖师指定其工作人员为之,在每场拍卖会上,应当由专门人员负责该项工作。我国《拍卖法》第53条规定:拍卖人进行拍卖时,应当制作拍卖笔录;拍卖笔录应当由拍卖师、记录人签名;拍卖成交的,还应当由买受人签名。

拍卖笔录应力求客观、准确、详细。拍卖笔录的客观性是首要的,作为拍卖会现场的原始记录,应力争做到真实反映拍卖会现场的情况,不因要扬善而虚构任何情节,也不因要避丑而忽略任何情节。之所以要强调拍卖笔录的客观性,一方面在于它是日后发生争议时确定事实的基础,另一方面在于它本身就是拍卖成交合同的重要内容。拍卖笔录的准确性同样重要,作为拍卖会现场的文字记录,应力争做到准确反映拍卖会现场的情况,既不过分渲染,也不刻意避讳,遣词用句应有分寸,朴实无华力求本意。拍卖笔录应详细描述拍卖会现场的情况,所谓详细,即拍卖笔录应包含能客观表现拍卖会进程的各要素,这些要素有拍卖时间、拍卖地点、拍卖标的及其编号、拍卖师姓名、竞买人数、是否有保留价及其数额、开叫价、加价幅度及其变化、每一次报价者及其所持号牌、最高报价、是否成交等。为能客观、准确、详细记录拍卖会各细节,对拍卖会现场进程进行录像是一个可以采取的方法。

拍卖人应在一定时期内妥善保管拍卖笔录,使之处于可随时调阅的状态。我国《拍卖法》第54条规定:拍卖应当妥善保管有关业务经营活动的完整账簿、拍卖笔录和其他有关资料。上述账簿、拍卖笔录和其他有关资料的保管期限,自委托拍卖合同终止之日起计算,不得少于五年。

(四)关于拍卖成交确认书

拍卖成交后,买受人和拍卖人应当以书面形式对成交作出确认,作出确认的文书称为"成交确认书"。我国《拍卖法》第 52 条规定:拍卖成交后,买受人和拍卖人应当签署成交确认书。拍卖成交确认书通常包括下述内容:拍卖人、买受人的名称或者姓名、地址;拍卖标的的有关情况;拍卖成交的时间、地点;拍卖成交价格及其支付方式、期限;佣金、费用及其支付方式、期限;拍卖标的移交时间、地点和方式;其他需要约定的事项等。签署拍卖成交确认书是法律的要求,成交确认书的内容可根据具体情况确定。现实情况是,我国各拍卖企业均有自己的格式文本,有些文本由有关行政部门制作,在特定地区内统一适用。下面以广东省工商行政管理部门推荐的文本为例,评论拍卖成交确认书的性质。

例 **拍卖成交确认书**[①]

拍卖人:_____ 买受人:_____ 签订时间:

签订地点:

合同编号:

买受人于_____年_____月_____日在拍卖人_____举行的第_____期拍卖会上,通过公开竞价成交下列拍卖标的,依照《中华人民共和国拍卖法》及有关法规的规定,双方签订成交确认书如下:

一、成交的拍卖物:

编号	拍卖物名称	规格	数量	质量	成交价	佣金率	佣金额	总金额
合计金额(大写):					(小写):			

[①] 资料来源:http://www.gdgs.gov.cn/table/doc/ht/pmcjqrs.doc,2008 年 2 月 15 日访问。

二、本拍卖成交确认书生效后,买受人即应向拍卖人以_____方式支付拍卖物成交金额及佣金。

买受人不能当场全部支付拍卖物成交金额及佣金的,应向拍卖人支付定金_____元,并承诺在_____年_____月_____日前付清余款_____元。买受人逾期不付清款项,拍卖人应通知买受人在确定的期限内支付。买受人经通知后仍不能在确定的期限内支付的,则无权要求返还定金。拍卖人经委托人同意对该项成交的拍卖物再行拍卖时,买受人应承担再行拍卖所产生的费用,再行拍卖成交金额低于原拍卖成交金额的,其差价由买受人负责支付。

三、买受人在付清全部款项后应于_____天内到_____(拍卖物存放地)提取成交的拍卖物;买受人过期不提取拍卖物的,应向拍卖人支付拍卖物成交金额每天_____%的保管费,超过保管期限又不宜保存的物品,拍卖人可依法再行拍卖,所得款项扣除支出的费用后,多余款项退回原买受人或以其名义存入银行。

四、拍卖人到期不能交付拍卖成交的拍卖物,应向买受人双倍返还定金,没有定金的,按拍卖物成交(总)金额的20%计算违约金;拍卖人逾期交付成交拍卖物的,应向买受人支付成交拍卖物总金额每天_____%的违约金。

五、买受人要求对其身份进行保密的,拍卖人应予保密。

六、买受人在提取成交拍卖物时,应对拍卖物进行认真验收。若发现拍卖物与拍卖资料不符,应当场向拍卖人提出,拍卖人应予以解决。

七、本确认书在履行中若发生争议,双方应协商解决,协商不成的,可以采取下列第(　　)种方式解决:

(1)向_____仲裁委员会申请仲裁;

(2)向_____人民法院起诉。

八、买受人办理的竞买申请手续及其提供的文件和资料为本确认书的有效组成部分;拍卖人在拍卖前宣布的拍卖规则,与本拍卖成交确认书有不同规定的,以本拍卖成交确认书的规定为准。

九、本拍卖成交确认书自双方签字盖章后生效。

十、其他约定。

买受人(盖章):	拍卖人(盖章):	鉴证机关意见:
法定代表人(签字):	法定代表人(签字):	
委托代表人(签字):	委托代表人(签字):	
电话:	电话:	经办人:
地址:	地址:	
开户银行:	开户银行:	
账号:	账号:	日期:

拍卖成交确认书是拍卖成交合同的书面证明。拍卖成交合同在拍卖会上缔结,拍卖师击槌标志着拍卖成交合同成立,而拍卖成交确认书在拍卖会后签署,未经买受人和拍卖人共同签署不生效力。这就产生了拍卖成交确认书是合同还是合同证明的性质问题。有人认为,拍卖成交确认书才是买受人与拍卖人之间的成交合同,在双方签署拍卖成交确认书之前,成交合同尚在签署过程中。这很容易使人联想到:竞买人的报价和拍卖师的击槌所表达的意思虽然重要,但据此并未成立合同,拍卖成交确认书才是正式合同,双方当事人的权利义务以拍卖成交确认书为准。这实在是一种重大误解。

拍卖成交合同是一种特殊类型的合同,自古以来就以一种特殊的方式缔结,竞买人以报价表示要约,拍卖师以击槌表示承诺,从承诺的意思表示传达到要约人时合同成立,即使没有拍卖成交确认书也不能否认拍卖成交合同的存在。因此,拍卖成交合同属要式合同,所谓要式,特指报价、击槌等,而书面形式并非必要条件。至于拍卖成交确认书,实在是为确认合同存在而在事后所作的书面证明。一旦法律规定签署拍卖成交确认书是"应当的",它就作为一种程序要件而存在,但它本身不是合同,而是合同的书面证明。

认定拍卖成交确认书是拍卖成交合同的书面证明有如下现实意

义：第一，拍卖成交确认书必须真实反映拍卖成交合同的内容，否则不具有法律效力，即在效力问题上一定要强调两者之间的依赖关系。第二，禁止利用拍卖成交确认书修改拍卖成交合同中双方已公开约定过的内容，即使买受人和拍卖人一致同意也不例外。其理由在于拍卖成交合同是当众公开缔结的，而拍卖成交确认书却可以在私下签署，如果允许双方利用成交确认书修改成交合同的内容，则拍卖方式的公开、公平、公正性质就荡然无存了。

总之，不应将拍卖成交确认书理解为拍卖成交合同，拍卖成交合同随着拍卖师的槌声已经成立，它的内容通过拍卖公告、拍卖规则、查验拍卖标的、拍卖须知、报价、击槌中双方当事人公开表达的意思决定，这些内容在不违反国家强制性规定的前提下，构成了双方当事人的权利义务。当然，在完全不抵触拍卖成交合同约定的情况下，可以允许买受人和拍卖人通过协议增加一些内容，如违约责任和争议解决方式等，视为对拍卖成交合同的补充。

第五章 强制拍卖规则研究

第一节 强制拍卖概述

一、强制拍卖及其特征

强制拍卖在我国已有较长时间的实践,《拍卖法》颁布之前,甚至在我国市场上重新恢复拍卖方式之前,我国司法实践中就已经有了强制拍卖实践。[①] 但我国纵有如此长时间的实践,除少数学者对强制拍卖的定性、一般原则、效力等问题有所研究外,一直缺乏对强制拍卖进行全面而深入的研讨,以至于时至今日,强制拍卖的外延和内涵所涉的许多法律问题尚处在模糊状态。有些人将强制拍卖与法定拍卖、公物拍卖、国有资产拍卖等混为一谈;有些人并不认可强制拍卖属于相对独立的系统,坚持以《拍卖法》的规定规范强制拍卖行为;有些人则反其道而行之,否认强制拍卖具有与非强制拍卖相同的任何属性等,莫衷一是,实有必要特别予以界定。

强制拍卖特指人民法院在强制执行程序中,将已被查封、扣押、冻结的被执行人财产通过拍卖方式处分,以实现执行申请人和其他执行债权人利益的强制执行措施。

首先应当看到,强制拍卖具有某些与非强制拍卖相同的属性。其一,均采用通过竞买人竞争报价、价高者得的拍卖方式。拍卖方式

---

① 1985年10月18日,上海海事法院对帕莫那号轮船进行了拍卖(Sale of M. Y. "POMONA" by Auction)。此时拍卖在我国法律上尚无直接根据,市场上也无拍卖实践。参见韩启建、朱妙春:《帕莫那号轮拍卖的法律依据》,载《上海法苑》1986年第2期,第17页。

独特性的最根本之处就在于它的成交方式,它既不是通过买卖双方之间的谈判成交,也不是按照卖方决定价格、买方按价购买的模式成交。买方竞争,价高者得,是拍卖方式的本质属性。在这一点上,强制拍卖和非强制拍卖是相同的。其二,两者共用许多实体规则。能够被两者共用的实体规则有:价高者得规则、保留价规则、禁止拍卖人参与竞买规则、禁止拍卖人拍卖自有物品或者财产权利规则、保管义务规则、保密义务规则、交付义务规则等。但应当强调,这其中的某些规则虽然可以被两者共用,但其内涵可能会有差异。其三,两者共用许多程序规则。能够被两者共用的程序规则有:发布拍卖公告的规则、展示拍卖标的的规则、报价规则、击槌规则、关于拍卖笔录的规则、关于拍卖成交确认书的规则等。有鉴于此,笔者以为,强制拍卖也是拍卖,有必要将强制拍卖法规纳入我国拍卖法规体系之中,并在该体系中充分实现与其他类型拍卖法规之间的协调。

其次应看到,虽然强制拍卖具有某些与非强制拍卖相同的属性,却也有自身不容忽视的特征。其一,强制拍卖属于司法强制执行措施。这是强制拍卖与非强制拍卖之间最本质的区别。强制拍卖的这一特征几乎带动了其与拍卖方式相关的所有方面,诸如拍卖的商业性质被淡化,构建拍卖法律关系的意思自治让位于司法强制,变拍卖人主导拍卖程序为人民法院主导拍卖程序,改拍卖标的所有人启动拍卖程序为法院启动拍卖程序,许多拍卖规则在相同的名称下被打上了司法的烙印等。其二,强制拍卖适用特别的法律、法规。以我国若干诉讼法中所规定的强制执行措施为依据,自 20 世纪 90 年代中期以后,最高人民法院相继出台了近十个司法解释性法规,用以指导强制拍卖,[①]其中最为典型的是《关于民事执行中拍卖、变卖财产的规定》。这些法规结合我国各地区人民法院发布的与之配套的法律文件,构成一个相对独立的法规系统,作为强制拍卖的法律基础。正因为如此,我国拍卖实践中,强制拍卖与《拍卖法》的关系十分微妙,对此,笔者将在后文中论述。其三,强制拍卖法律关系表现出较强的

---

① 从制订法规的目的来看,最高人民法院颁布这些法规并非单纯为规范强制拍卖,其中所涉内容也有多少之分,但这些法规对于强制拍卖均有指导意义,这是毋庸置疑的。

公法属性。诉讼法属于公法的范畴,源自诉讼法的规则自然也在该范畴之中,在此基础上构建的法律关系即具有公法属性。强制拍卖法律关系的公法属性主要表现为:强制、权利义务不对等、法律地位不平等、无偿等。当然,这些公法属性并非在强制拍卖过程中贯彻始终,但它与非强制拍卖所表现出来的自愿、协商、平等、有偿等,形成巨大的反差。有鉴于此,笔者以为,强制拍卖是特别类型的拍卖,为该类拍卖建立特别制度系统是有必要的。

强制拍卖与法定拍卖分属不同的范畴类型,却也有一些共同的属性,其中最突出的共性就是均具有强制性,由此导致我国的一些学者和拍卖专业人士混淆不同的范畴类型。上述混淆有两种表现形式:一是将两个范畴类型合二为一,认为是同一范畴的不同表述;二是将两个并行的范畴类型理解为具有包容关系,其中法定拍卖属于上位范畴,强制拍卖属于下位范畴。[①] 首先,强制拍卖与法定拍卖不是同一范畴类型的不同表述,两者的明显区别在于:其一,强制拍卖只能由人民法院提起,本质上隶属于司法强制执行措施,故实践中又称这类拍卖为司法拍卖;而法定拍卖除人民法院外,更主要的是由行政执法机关或者行政事业单位提起,包括但不限于海关、工商、公安、税务、邮政、运输等行政部门或单位。其二,强制拍卖是为实现债权人利益而进行的拍卖,拍卖标的是债务人的财产;而法定拍卖是为实现国家利益而进行的拍卖,拍卖标的是国家财产。其三,强制拍卖的强制性仅针对拥有被执行财产所有权的被执行人,具体表现为拍卖被执行人财产无须征得被执行人同意,但人民法院如选择拍卖以外的方式执行也是合法的;而法定拍卖的强制性针对所有拥有相关标的处分权的行政执法机关或者行政事业单位,表现为进入拍卖程序是唯一合法的选择,任何其他的财产处分方式均是非法的。其次,强

[①] 有学者认为:"法定拍卖是强制拍卖的上位范畴,它包括的范围很广,除了强制拍卖,还包括公物拍卖、破产企业财产的拍卖、出让国有土地使用权的拍卖等。"参见中国拍卖行业协会编著:《拍卖通论》,中国财政经济出版社 2005 年版,第 93 页。笔者不同意书中的观点。首先,笔者认为所谓公物拍卖、破产企业财产拍卖和出让国有土地使用权拍卖不能与法定拍卖、强制拍卖同列,因其分类标准不同,根本没有可比性。其次,笔者认为强制拍卖和法定拍卖不具有上、下位范畴关系,对此将在正文中论述。

制拍卖与法定拍卖之间不具有包容性,也不具有下位范畴和上位范畴的关系。不包容性包括两个方面:一方面,不相互包容,某一拍卖被定性为强制拍卖就不可能同时定性为法定拍卖,反之亦然;另一方面,不单向包容,即相互之间不具有上、下位范畴关系,法定拍卖不是强制拍卖的上位范畴。澄清强制拍卖与法定拍卖之间的非包容关系很有必要,法定拍卖受《拍卖法》规范,《拍卖法》中的一系列规则完全适用于法定拍卖;但强制拍卖却不然,强制拍卖在多大程度上受《拍卖法》规范,《拍卖法》中相关规则对于强制拍卖的可适用性,是一个值得研究的问题。

二、强制拍卖与《拍卖法》的关系

在我国《拍卖法》颁布后的较长时间内,该法与强制拍卖基本是无缘的,即强制拍卖在此一期间并不受《拍卖法》规范。这一现象主要源于立法者对《拍卖法》调整范围的限定。回顾1995年,我国立法机构正紧锣密鼓地对《拍卖法(草案)》进行审议,当时面对的实践情况是我国有两类拍卖活动,其一是依法成立的拍卖企业(拍卖人)接受委托举办的拍卖活动,其二是人民法院依法行使强制执行权进行的拍卖活动。由于人民法院依法行使强制执行权进行的拍卖活动是强制执行的一种措施,我国《民事诉讼法》对此已作了原则规定,根据最高人民法院的意见,《拍卖法(草案)》没有将其纳入调整范围。后来全国人大的审议认同了《拍卖法(草案)》的这一安排,[①]从而形成了我国《拍卖法》很独特的调整范围的规定。《拍卖法》第2条规定:本法适用于中华人民共和国境内拍卖企业进行的拍卖活动。

《拍卖法》仅调整"拍卖企业进行的拍卖活动",其言下之意是,人民法院依法行使强制执行权进行的拍卖活动不在《拍卖法》调整范围之内。仅就上述规范本身而言,是从拍卖人的角度对《拍卖法》调整范围所作的界定:拍卖企业(商业组织)作为拍卖人进行的拍卖活动受《拍卖法》规范,人民法院(司法机构)作为拍卖人进行的拍卖

[①] 参见国内贸易部部长陈邦柱于1995年12月所作的《内贸部关于〈中华人民共和国拍卖法(草案)〉的说明》;全国人大法律委员会主任委员薛驹于1996年7月所作的《关于拍卖法(草案修改稿)修改意见的汇报》。

活动不受《拍卖法》规范。这一界定在《拍卖法》颁布之前和颁布之后的较长期间有现实意义,①但随着人民法院淡出拍卖人角色,而以委托人角色进入拍卖关系,这一界定的效果开始模糊了。1998 年,最高人民法院颁布《关于人民法院执行工作若干问题的规定(试行)》(以下简称《执行工作若干问题的规定》)。依据《执行工作若干问题的规定》,人民法院不再作为拍卖人进行拍卖活动,如需拍卖被执行人财产时,"应当委托拍卖机构进行拍卖"②。拍卖业内人士普遍认为,最高人民法院的这一司法解释自然产生了将强制拍卖纳入《拍卖法》规范的效果,其逻辑链接是:人民法院"应当委托拍卖机构进行拍卖",拍卖机构进行拍卖受《拍卖法》规范。

但笔者以为,这一效果依然是模糊的。立法之初,《拍卖法》未将强制拍卖纳入其调整范围,绝非仅仅因为人民法院在其中扮演的角色,而是因为强制拍卖所具有的司法属性。如今依据《执行工作若干问题的规定》,人民法院扮演的角色转换了,但拍卖的司法属性未变,强制拍卖依然是强制拍卖。因此,需要探讨的绝不仅仅是强制拍卖是否可以和《拍卖法》实现逻辑上的链接,而是《拍卖法》是否可以适应强制拍卖的司法属性。

笔者认为,《拍卖法》难以完全适应强制拍卖的司法属性。由于前述原因,我国在制定《拍卖法》时更多地将其定位在商业性立法之上,并未顾及拍卖的司法强制执行措施性质,从而导致《拍卖法》确立的规则充分体现了意思自治、平等协商、等价有偿等私法理念,在强制执行机制中运作遇到障碍。在《拍卖法》确立的实体规则和程序规则中,有些规则完全不能在强制拍卖中运用,如瑕疵请求规则、签订委托拍卖合同过程中的规则等;有些规则在运用于强制拍卖时,需作重大调整或者解释,如价高者得规则、保留价规则、保密规则、发

---

① 在这段时间内,人民法院为行使强制执行权可以有选择性地扮演不同角色,有些人民法院将拍卖标的委托给拍卖企业拍卖,从而以委托人角色示人;也确有相当数量的人民法院自己组织拍卖活动,直接而不是委托他人拍卖债务人的财产。

② 参见《执行工作若干问题的规定》第 46 条。该条全文是:"人民法院对查封、扣押的被执行人财产进行变价时,应当委托拍卖机构进行拍卖。财产无法委托拍卖、不适合于拍卖或者当事人双方同意不需要拍卖的,人民法院可以交由有关单位变卖或自己组织变卖。"

布拍卖公告的规则、拍卖中止和终止规则、佣金规则等;同时,强制拍卖要求增加一些在《拍卖法》中未规定的规则,如拍卖多项财产时合并拍卖和分别拍卖规则、关于拍卖标的上原有的担保物权及其他优先受偿权规则、各类期间规则等。正因为《拍卖法》难以完全适应强制拍卖的司法属性,最高人民法院继《执行工作若干问题的规定》之后,又先后颁布了《关于冻结、拍卖上市公司国有股和社会法人股若干问题的规定》、《关于民事执行中拍卖、变卖财产的规定》等多个司法解释,专门用以规范强制拍卖行为,同时也为《拍卖法》难以完全适应强制拍卖的司法属性作出了最好的诠释。

但是,《拍卖法》对于强制拍卖也非完全没有意义。首先,强制拍卖法规是拍卖核心法规在司法领域中的表现形式,此处所谓拍卖核心法规主要指《拍卖法》。考察我国的强制拍卖法规,不难发现其《拍卖法》背景,除纯粹诉讼程序规则外,大多数规则均与《拍卖法》中的规则一一对应,只不过这些规则大都因其司法属性而作了若干调整。如保留价规则,两类法规中都有,只不过在强制拍卖法规中因其司法属性,将保留价由可能变为必须,并增加了再行拍卖时如何确定保留价和保留价与优先债权、强制执行费用之间关系的内容,但即使如此,两类法规中的规则依然共用相同的名称和原理。其次,既然强制拍卖由拍卖机构(拍卖人)实施,拍卖机构在实施强制拍卖过程中就不可能不考虑到《拍卖法》。应当注意到,我国建立的强制拍卖规则体系和依《拍卖法》建立的规则体系在其完善程度上有较大差异,其中,后者在大量习惯规则的支撑下相比前者更加完备。笔者以为,我国强制拍卖规则体系不甚完备并非属于最高人民法院的疏漏,而是其考虑到《拍卖法》中的某些规定在强制拍卖中完全可以适用,无须重复规定,如《拍卖法》中关于拍卖人和竞买人的基本规定、关于拍卖师的基本规定、关于拍卖标的展示的规定、关于拍卖实施的某些规定、关于拍卖人和竞买人责任的某些规定等。没有这些规定,强制拍卖程序无法正常进行。因此,应当认定这些规定是通用的,既可在非强制拍卖中适用,也可在强制拍卖中适用。有鉴于此,应当认为《拍卖法》对于强制拍卖的意义非同一般,有必要引起重视。

综上所述,笔者认为,强制拍卖与《拍卖法》的关系是复杂的,一概肯定和一概否定都有失偏颇。正确而简单的理解应当是:强制拍卖规范中有规定的,适用强制拍卖规范中的规定;强制拍卖规范中没有规定的,可以适用《拍卖法》中的规定。对此种理解,我国《海事诉讼特别程序法》第42条的规定给予了最直接、最有力的证明,该条规定:"除本节规定的以外,拍卖适用《中华人民共和国拍卖法》的有关规定。"但即使适用《拍卖法》中的规定,也不能忽视强制拍卖的司法属性,它可能因具体情形对这些规定发生某些影响。

三、强制拍卖法规

我国强制拍卖法规自成一类,自20世纪80年代末开始,[1]逐渐形成。我国强制拍卖法规一般可分为三个层次:处在第一层次的是全国人大颁布的法律,主要包括《民事诉讼法》、《行政诉讼法》、《海事诉讼特别程序法》等,构成了我国强制拍卖法规的根据和基石;处在第二层次的是我国最高人民法院颁布的司法解释,主要包括《最高人民法院关于适用〈中华人民共和国海事诉讼特别程序法〉若干问题的解释》(以下简称《海事诉讼特别程序法的解释》)、《执行工作若干问题的规定》、《关于冻结、拍卖上市公司国有股和社会法人股若干问题的规定》、《关于民事执行中拍卖、变卖财产的规定》等,构成了我国强制拍卖法规的本体部分,主要的强制拍卖规则均来自于该部分法规;处在第三层次的是我国各地高级人民法院发布的有关强制拍卖的规范性文件,这部分规范性文件数量众多,名称各异,[2]构成了我国强制拍卖法规的实施细则,具体解决各地区在实践中可能遇到的问题。

强制拍卖法规的根据和基石主要来自于《民事诉讼法》和《海事

---

[1] 1987年8月29日最高人民法院印发的《关于强制变卖被扣押船舶清偿债务的具体规定》(已失效)应当是我国最早的强制拍卖法规。该规定虽然名称上为"强制变卖",但实为"拍卖",其第1条第10款规定:"变卖船舶采用公开拍卖的方式进行,以底价以上的最高报价成交。如报价低于低价,可进行第二次公开拍卖或者以其他方式变卖。"

[2] 我国各地高级人民法院为规范强制拍卖而发布的法律文件使用下列名称:规定、办法、细则、规程、通知等。

诉讼特别程序法》中的规定。①《民事诉讼法》有两条规定涉及拍卖,其完整内容如下:"被执行人未按执行通知履行法律文书确定的义务,人民法院有权查封、扣押、冻结、拍卖、变卖被执行人应当履行义务部分的财产。但应当保留被执行人及其所扶养家属的生活必需品。采取前款措施,人民法院应当作出裁定。""财产被查封、扣押后,执行员应当责令被执行人在指定期间履行法律文书确定的义务。被执行人逾期不履行的,人民法院可以按照规定交有关单位拍卖或者变卖被查封、扣押的财产。国家禁止自由买卖的物品,交有关单位按照国家规定的价格收购。"②《海事诉讼特别程序法》中规定有拍卖内容的条文较多,涉及到两章 18 条,即第三章"海事请求保全"中的第 29—43 条、第 48—50 条和第十章"债权登记与受偿程序"中的第 119 条。其内容涉及拍卖船舶和拍卖船载货物申请、准予拍卖裁定、终止拍卖裁定、拍卖公告、通知被拍卖船舶登记国的登记机关和已知的有关权利人、拍卖船舶委员会和拍卖船载货物组织及其职责、竞买人登记、拍卖船舶展示、买受人的付款义务、移交船舶、公布拍卖结果和移交情形、船舶所有权登记和注销、禁止竞买人恶意串通、关于《拍卖法》的适用、拍卖船舶所得价款及其利息的分配、期间规定等。

我国最高人民法院为规范强制拍卖颁布的司法解释较多,按其制定根据划分,可以分为两个部分。第一个部分主要以《民事诉讼法》为根据。为落实《民事诉讼法》中有关拍卖的条款,在《拍卖法》颁布后,最高人民法院就开始有目的、有步骤地制定规则,建立《拍卖法》以外的制度系统。到 2005 年,最高人民法院颁布的不同程度上涉及强制拍卖的法规不下 10 个,其标志性成果是《关于民事执行中拍卖、变卖财产的规定》。该规定共有 36 个条文,其中除个别条款为变卖财产的规定外,均为对强制拍卖的规范。其内容涉及拍卖优

---

① 虽然发生法律效力的行政判决书、行政裁定书、行政赔偿判决书和行政赔偿调解书的执行也涉及拍卖措施,但《行政诉讼法》本身及其司法解释并未就强制拍卖作出任何直接规定。但我们不能据此完全否认《行政诉讼法》及其司法解释作为强制拍卖的根据和基石,因为根据《最高人民法院关于执行〈中华人民共和国行政诉讼法〉若干问题的解释》第 97 条,行政诉讼法中未规定的,可以参照民事诉讼法的相关规定。因此可以认为,《民事诉讼法》中与强制拍卖相关的规定内容,同样适用于行政诉讼的强制执行。

② 参见《民事诉讼法》第 220、223 条。

先原则、委托拍卖机构、拍卖标的评估、选择评估机构、选择拍卖机构、确定和变更保留价、调查拍卖标的现状、拍卖公告、竞买保证金、通知相关权利人、行使优先购买权、拍卖多项财产时的分别拍卖和合并拍卖、拍卖程序中的抵债、撤回拍卖委托、暂缓和中止拍卖程序、拍卖成交和财产抵债裁定、买受人付款、重新拍卖、第三次拍卖、移交拍卖标的、拍卖对相关权利的影响、佣金和费用、适用《关于冻结、拍卖上市公司国有股和社会法人股若干问题的规定》、期间规定等。第二个部分以《海事诉讼特别程序法》为根据,所涉司法解释只有一个,即《海事诉讼特别程序法的解释》。《海事诉讼特别程序法的解释》共有 98 个条文,由于《海事诉讼特别程序法》已经对强制拍卖作了较为具体的规定,故该解释中只有 11 个条文规范强制拍卖。其内容涉及诉讼和仲裁的被申请人申请拍卖船舶和拍卖价款提存、拍卖连续公告、终止拍卖申请及其期限、告知有关权利人、船舶展示和船舶现状、船舶移交和登记、小型船艇拍卖、拍卖留置货物等。

我国各地高级人民法院为规范强制拍卖发布了大量规范性文件,几乎所有省、自治区、直辖市的高级人民法院都发布了一个以上的规范性文件,在规范强制拍卖方面起到了不可低估的作用。各地高级人民法院所发规范性文件的着力点主要在以下方面:其一,对最高人民法院司法解释的内容进行细化和补充。如《北京市高级人民法院关于执行中委托评估、拍卖和变卖工作的若干规定(试行)》等,对于之前的最高人民法院的司法解释作了多方面的细化和补充,涉及内容包括:执行人员不干预评估机构对价格的评估;及时告知当事人评估、拍卖、变卖及其结果;保留价的确定和保密;中止拍卖的情形;撤销拍卖委托的情形;撤销拍卖措施的情形;禁止人民法院工作人员及其亲属参与竞买等。其二,规范人民法院对拍卖机构的选择。如《广东省高级人民法院关于人民法院审查确定当事人协商选定评估、拍卖机构的若干问题的意见(试行)》等,围绕构建公开、公平、合理的拍卖机构选择机制,进行了很好的尝试。其三,规范与强制拍卖相关的评估、鉴定问题等。如《安徽省高级人民法院关于成立全省法院执行案件评估鉴定专家咨询委员会的通知》、《山东省人民法院对外委托司法鉴定管理实施细则》等,着力于委托评估、鉴定机制建设,为强制拍卖的公正性打下了良好的外围基础。

另外,我国《民事强制执行法》正在起草和论证过程中,该法颁布后,将成为我国最重要的强制拍卖法规之一。在该法中,拍卖作为强制执行中的一种重要的变价手段应当遵循一系列规则,这些规则将对下述方面进行规范:变价期限、拍卖与变卖的适用范围、自行变价与委托变价、受让人资格限制、拍卖物价格评估、拍卖保留价、拍卖和评估机构的确定、拍卖公告及其期限、拍卖公告中应当包括的内容、拍卖公告的范围及媒体、拍卖保证金、通知当事人到场、拍卖方式、拍定方式、优先购买权的保护、价金足够清偿后停止拍卖、拍卖笔录、以物抵债、第二次拍卖、价金的交付、买受人不能交付价金时的再行拍卖、拍卖物的交付、拍卖物权利转移、优先权和担保物权因拍卖而消灭、物的瑕疵担保请求权、拍卖无效等。① 由上述方面可见,《民事强制执行法》对强制拍卖起着重要作用,为此,本书将在下文中结合《民事强制执行法草案(第四稿)》的内容进行论述。

第二节 强制拍卖制度设计

一、强制拍卖的性质和法律原则

于设计强制拍卖制度计,有必要先讨论强制拍卖的性质和法律原则。自我国着手制定《民事强制执行法》以来,强制拍卖作为强制执行的一种必要手段,其性质问题就一直是学者们讨论的焦点。学者们围绕强制拍卖性质的讨论形成三种不同的观点,即私法说、公法说和折中说。② 私法说认为,强制拍卖与非强制拍卖大致相同,在当事人之间存在私法上的买卖合同关系。拍卖公告属于要约引诱,应买(竞买)属于要约,拍定的表示(击槌)属于承诺,二者合致而成立

---

① 参见 2003 年 7 月 10 发布的《民事强制执行法草案(第四稿)》第八章第二节。
② 参见赵晋山:《强制执行程序中的拍卖问题研究》,载沈德咏主编:《强制执行法起草与论证》(第一册),中国法制出版社 2002 年版,第 343—346 页。

买卖合同。拍定人(买受人)继受取得拍卖标的的所有权。① 关于何人为强制拍卖的出卖人问题,持私法说观点的学者有四种不同的主张,即债务人为出卖人、债权人为出卖人、执行机关为出卖人和担保物的所有人为出卖人。公法说认为,强制拍卖与非强制拍卖完全不同,强制拍卖是公法上的处分行为,该种行为虽以买卖的方式进行,但其法律效果并不当然适用民法上买卖合同的原则,故强制拍卖的效力,能使拍定人原始取得拍卖标的的所有权。关于如何类比公法上的处分行为,持公法说观点的学者有三种不同的主张,即类似公用征收处分、类似公法合同处分和类似裁判上的形成行为。折中说认为,强制拍卖具有双重性质,就程序法方面而言,强制拍卖是公法上的强制处分,就实体法方面而言,强制拍卖又具有私法上买卖的性质和效果。

围绕强制拍卖性质的讨论虽然有三种不同的观点,但我国学者大都倾向于公法说的观点,这是有一定道理的。其一,强制拍卖源于公法上的规定,本身属于强制执行措施,其公法本源赋予了它很强的公法性质。这是从强制拍卖的来源上考察其性质。强制拍卖来源于民事诉讼法或者强制执行法上的规定,而后者属于公法范畴,这就必然地、不可避免地要求强制拍卖表现出公法的性质,以适应公法所确立的环境之需要。其二,强制拍卖于执行债务人而言表现出的强制性、非自愿性,无法从纯粹的私法原理中导出。执行债务人是强制拍卖标的的所有权人,经人民法院裁定查封后,虽未改变执行债务人对强制拍卖标的的所有权,却限制了其处分权,因此,人民法院为拍卖裁定时,无须取得执行债务人的同意,且执行债务人不得不接受其财

---

① 似乎有意为与《拍卖法》相区别,我国《民事强制执行法草案(第四稿)》采用了许多有别于《拍卖法》使用的名称,来表示相同的含义,如不称拍卖标的而改称"拍卖物",不称竞买人而改称"应买人",不称拍卖成交而改称"拍定",不称买受人而改称"拍定人",不称保留价而改称"底价"等,笔者认为实在没有必要。一国法律体系中的法律,无论其性质有无差别,相同的含义采用相同的名称是基本常识。如不能因为"诉讼"和"打官司"同义,就分别在不同的法律中使用不同的名称。用不同的名称表达相同的含义也容易引起误解。另外,《民事强制执行法草案(第四稿)》在行文中有时用"应买人"、"底价"、"拍定人",有时又用"竞买人"、"保留价"、"买受人",也极不严肃。为防读者误解,笔者在此声明,下文中所涉上述用语时,除非事涉原文要求,一般采用《拍卖法》使用的名称,但不同的名称并无含义上的差别。

产被强制拍卖的结果。这种针对执行债务人的强制性极大地改变了拍卖的基本架构,拍卖的运行也无法用纯粹的私法原理来解释了。其三,人民法院主导拍卖程序为强制拍卖增添了极强的公法色彩。人民法院在强制拍卖程序中的地位极其重要,诸如拍卖程序由人民法院启动,人民法院可以自为拍卖也可以委托拍卖机构为之,拍卖程序中的令行禁止由人民法院决定等。值得强调的是,人民法院在强制拍卖中的所作所为既不是代表国家的经济利益,也不是出于自己的经济利益,而是在行使法律赋予的执行权、变价权,即人民法院的所作所为是在行使公权力;作为强制拍卖法律关系的一方当事人,参与法律关系的目的在于行使公权力,其公法性质可见一斑。

然而,笔者并不赞同纯粹以公法说界定强制拍卖性质的观点。笔者以为,面对一种不那么纯粹的情形,而以纯粹的理论去套用,往往会得出十分极端的结果。我们面对要界定的并非限于民事诉讼法或者强制执行法是否为公法这样简单的问题,这个问题的结论是毫无异议的;我们要界定的是以公法为基础的措施在实施过程中是否也可以或者是否也应该体现私法原则。强制拍卖的确是司法强制执行措施,这在国家的相关法律上规定得很清楚,但这种措施的强制性是否在强制拍卖过程中贯穿始终?公法说的理念是否足以覆盖强制拍卖的全过程?事实并非如此。以下仅举两例以求证。其一,在强制拍卖实施过程中竞买人(买受人)的地位问题。竞买人是强制拍卖法律关系中重要的一方当事人,他们应拍卖公告的召唤,自愿参与强制拍卖法律关系,旨在购买符合其意愿的拍卖标的。在强制拍卖过程中,他们享有参与或不参与的自由、报价或不报价的自由、报高价或报低价的自由等,他们既不受制于执行措施的强制性,也不处在被支配的地位。对于他们来说,参与强制拍卖和参与非强制拍卖相比,并无太大的差别。其二,在强制拍卖实施过程中拍卖人(拍卖企业)的地位问题。[①] 拍卖人是强制拍卖法律关系中另一重要的当事

---

① 较多学者主张,实施强制拍卖应当以人民法院自行拍卖为主,委托拍卖机构拍卖为辅。关于此种设计是否妥当,笔者将在下文中论述。但即使如是设计,也没有从根本上否定拍卖机构在强制拍卖中的地位,况且现行制度要求人民法院委托拍卖机构为强制拍卖。

人,他们受人民法院委托,自愿参与强制拍卖法律关系,担当拍卖的组织和实施重任。对于拍卖人而言,强制拍卖与非强制拍卖一样,都是他们的业务范围。他们有选择接受委托和不接受委托的自由,有在法律规定的范围内与对方当事人协商佣金比例的自由等,他们同样不受制于执行措施的强制性,也不处在被支配的地位上。在以上两例中表现出了极为典型的意思自治、平等协商、等价有偿等私法原理和理念,这不能简单地以一个所谓公法说而加以覆盖。实际上,强制拍卖的公法性质主要体现在人民法院与执行当事人(执行债权人、执行债务人、执行第三人)的关系上以及拍卖作为强制执行措施的程序性事项上,而在拍卖的实体权利义务方面,更多体现的是私法原理和理念。诸如竞争定价、价高者得;保留价按照市场价或者第三方的评估价确定;优先债权先于普通债权受清偿;动产所有权随交付转移、不动产所有权按特定方式转移;用益物权负担随所有权转移;恶意串通导致行为无效等,都应认定为私法原理,而不是公法原理。

现在为公法处分采用私法原理已是司空见惯的事情,就如矿业权、渔业权、土地使用权的分配,原本属于公法性质的处分,但自我国实行市场经济体制后,采用了大量市场手段以改变原来的分配不合理、分配不公平、分配无效率等弊端,被实践证明大有益处。如拍卖,当1992年发布《国务院关于公物处理实行公开拍卖的通知》推行公物处理的公开拍卖制度时,其目的就是要引进商品规律和私法原理,以改变长期沿用的公物处理的公法方法。如果否定其中的私法性质和私法原理,拍卖将一无是处。

综上所述,笔者并非一概否定强制拍卖的公法性质,只是反对过分渲染强制拍卖的公法性质以至于掩盖了其中的私法性质。强制拍卖也是拍卖,只不过较非强制拍卖为特殊而已;对于人民法院而言是在采取强制执行措施,为公法性行为,而对于竞买人(买受人)而言是在做一桩交易,为私法性行为。所以,强制拍卖应当兼具公、私法性质,它是公法其表,私法其里;壳是公法的壳,核主要是私法的核。[①]

[①] 这里讲"主要",是因为公法之壳不可能不对私法之核发生影响,但这种影响只在某些方面,而不会是全面的。

根据上述对强制拍卖性质的分析,笔者认为,强制拍卖和非强制拍卖存在某些共性是不言而喻的,这就要求在为强制拍卖制度设计时,坚持《拍卖法》为非强制拍卖制度设计所确立的原则。因此,笔者认为,《拍卖法》规定的法律原则也能适用于强制拍卖,即强制拍卖及其规则也应当体现公开、公平、公正和诚实信用原则。但既然强制拍卖又同时具有公法性质,它的某些规则较非强制拍卖为特殊,在为强制拍卖制度设计时,就不能不为其确立一些特殊的法律原则,以作为这些特殊规则的原理和基础。强制拍卖的特殊法律原则如下:

第一,司法程序优先原则。该原则是为强制拍卖的特殊性而确立的最为典型的原则,贯彻于强制拍卖程序始终。拍卖有其固有的程序,其中有些程序可以适应司法程序的要求,如先行公告后再查验拍卖标的,而有些程序却无法满足司法程序的要求,如拍卖人应当与委托人签订书面委托拍卖合同。遇有拍卖程序无法满足司法程序的要求时,应坚持司法程序优先原则。这是因为:其一,没有司法程序的启动就没有强制拍卖程序,强制拍卖程序的始终都由人民法院主导,这充分说明强制拍卖程序本身是司法程序的延伸,理所当然应坚持司法程序优先原则;其二,国家建立强制拍卖制度是为了完善强制执行体系,采用一种更公正、更经济、更有效率的方法执行发生效力的法律文书,这充分说明强制拍卖程序的目标是服务于司法程序的,这就需要在为强制拍卖制度设计时,坚定地维护司法程序的要求,坚持司法程序优先原则。

第二,强制性原则。与非强制拍卖一以贯之的意思自治相比较,强制拍卖过程中体现的强制性是一个十分显著的特点。强制拍卖建立在执行债务人非自愿履行生效法律文书的基础之上,为维持执行债权人和执行债务人之间的私法秩序,人民法院运用国家赋予的公权力予以干涉,这就不能不在拍卖的基本架构中注入强制性。另外,强制性原则也是司法程序优先原则的要求和体现。强制性原则的确立,对强制拍卖制度设计至关重要,它是强制拍卖得以合法启动和拍卖标的所有权得以有效转移的原理,是司法程序得以在拍卖程序中贯彻实施的根据。当然,强制性原则并非在强制拍卖过程中贯彻始终,如前所述,它主要应体现在人民法院与执行当事人(执行债权人、执行债务人、执行第三人)的关系上以及拍卖作为强制执行措施的程序性事项上,若过分扩大它的适用面,对合理协调强制拍卖当事人的利益关系并无益处。

第三,公定力原则。所谓公定力(又称公信力),是指在国家及其机关与私人的关系上,国家及其机关的意思行为有决定该关系的权力;而这种行为,至被有正当权限的机关取消或者确认无效时为止,是受"合法的"推定的,私人不得否认其效力。[①] 强制拍卖源于强制执行,而强制执行又源于执行债权人的申请,人民法院凭借执行债权人的申请获得执行名义,得以代表国家行使公权,而人民法院行使公权的行为具有公定力,此谓司法公定力。对司法公定力覆盖下的行为而言,除受其本身体制上的自制和诚信的制约外,不受来自于外力的任何干扰,私人不得对该行为提起诉讼,行政机关也必须尊重该行为。公定力原则是维持司法权威、确保司法制度在国家体制中发挥正常效能之必须,作为具有司法性质的强制拍卖,在其制度设计中理所当然应体现公定力原则。但在强制拍卖中所体现的公定力原则也应有个限度,即这个公定力只能体现在人民法院的行为上,不能赋予所有强制拍卖当事人的行为以公定力,如拍卖人收取佣金的行为就不应当被赋予公定力。因此,在为强制拍卖制度设计时,应谨慎运用公定力原则,确保该原则之效能服务于公共利益,具体而言,就是要恰当地将相关行为归于人民法院的名义之下。

第四,效率原则。效率极具司法价值,"迟到的正义不是正义"、"让正义成为看得见的正义"等观念日益被我国司法体制所接受,作为司法程序延伸的强制拍卖程序自应体现效率原则。坚持效率原则,要求严格规范强制拍卖期间,查封多长时间后为拍卖裁定,裁定多长时间后为拍卖公告,公告多长时间后为现场拍卖等,都应当有确定的期间限定,避免程序无谓延宕;坚持效率原则,要求尽量简单、清晰地界定各种权利,包括执行债权人和执行债务人的权利、第三人的权利、拍卖人的权利、竞买人(买受人)的权利、物上的权利等,为实

[①] 参见〔日〕美浓部达吉:《公法与私法》,黄冯明译,中国政法大学出版社2003年版,第112—116页。

施强制拍卖对这些权利进行适当的安排和剥离,以防因拍卖而引起更为复杂的纠纷;坚持效率原则,可以在强制拍卖程序中引入抽签成交、以物抵债等方法,以利于迅速、有效地实现变价目标,完成执行使命。可见,效率原则在强制拍卖制度设计中的作用不可小视。

综上所述,强制拍卖的特殊法律原则都与司法相关,体现了强制拍卖的公法属性。上述法律原则与《拍卖法》规定的法律原则一起构成强制拍卖制度及其规则的原理和根据,指导强制拍卖程序的运行。

二、人民法院在强制拍卖法律关系中的地位问题

除海事船舶强制拍卖外,我国强制拍卖的法律根据始自《民事诉讼法》的相关规定。① 在最高人民法院作出明确的司法解释之前,这些相关规定导致两种司法实践:其一,人民法院自主拍卖被执行人的财产,即拍卖由人民法院组织实施,拍卖会由人民法院派员主持;其二,人民法院委托拍卖机构拍卖被执行人的财产,即拍卖由拍卖机构组织实施,拍卖会由拍卖师主持。上述两种司法实践均有法律根据,但就拍卖法律关系分析,人民法院在不同的司法实践中处于不同的地位。人民法院自主拍卖被执行人财产时,它既是拍卖人又是委托人,在拍卖的三方(拍卖人、委托人、竞买人)关系中同时具有两方的人格;人民法院委托拍卖机构拍卖被执行人财产时,它不具有拍卖人身份,确定地居于委托人的地位。

人民法院在强制拍卖法律关系中的地位问题引起广泛的争议。以最高人民法院颁布《执行工作若干问题的规定》为界,争议可以分为两个阶段。第一个阶段是在《执行工作若干问题的规定》颁布之前,该阶段争议的主流倾向是,人民法院应当放弃自主拍卖的做法,将拟强制拍卖的财产委托专业拍卖机构拍卖。为此列举了人民法院自主拍卖的种种不利和缺陷,直接导致《执行工作若干问题的规定》的颁布,《执行工作若干问题的规定》第 3 条明确规定:人民法院拍

---

① 在我国民事诉讼法上为强制拍卖建立明确的法律规定相对较晚。1982 年我国颁布的《民事诉讼法(试行)》中列举了四种强制执行手段,包括查封、扣押、冻结、变卖,其中并无拍卖。直到 1991 年,我国正式颁布《民事诉讼法》,才增加了拍卖这一强制执行手段。

卖被执行人财产,应当委托具有相应资质的拍卖机构进行,并对拍卖机构的拍卖进行监督,但法律、司法解释另有规定的除外。第二阶段是在《执行工作若干问题的规定》颁布之后,该阶段争议的主流倾向是,人民法院应当收回拍卖的自主权,强制拍卖应当以人民法院自主拍卖为原则。为此列举了委托专业拍卖机构拍卖的种种不利和缺陷,直接导致《民事强制执行法草案(第四稿)》有关条款的成形,《民事强制执行法草案(第四稿)》第129条明确规定:拍卖、变卖可以由执行员自行实施,也可以委托有关机构实施;委托有关机构进行变价的,执行员应当监督其按照本法的规定进行。上述两个阶段的争议结论有个共同点,即在自主拍卖和委托拍卖之间都没完全否定另一种选择;但其区别是基本的,前者强调以委托拍卖为原则,后者强调以自主拍卖为原则。

人民法院在强制拍卖法律关系中的地位问题于强制拍卖制度而言关系重大,选择自主拍卖还是选择委托拍卖,牵动着强制拍卖制度设计的方方面面。从我国以往的实践经验考察,无论选择人民法院自主拍卖还是选择人民法院委托拍卖机构拍卖,都是有利有弊的,不可能出现在绝对有利情况下的选择,也正因为如此,选择需要平衡利弊。

第一,从公正性上考量利弊。谈到公正性,当然首选人民法院自主拍卖。人民法院与拍卖机构相比较,具有后者无法企及的主体公正性。作为国家的司法机构,人民法院按照公正的原理组建并被赋予职责,作为经济利益的裁判者,法律要求其本身超然于各种经济利益之外,这些都确保了人民法院具有无可比拟的公正基础。当然,这里并非说拍卖机构实施拍卖就不具有公正性,但拍卖机构属于营利性机构,在拍卖过程中可能有自己的利益取向。所以,拍卖机构实施拍卖的公正性主要体现在机制中,属于机制公正性,而非主体公正性。因此,从公正性上考量利弊,人民法院自主拍卖既有机制公正性,又有主体公正性,其公正性表现得更加充分,这与拍卖方式的要求正相吻合,选择的天平应当向人民法院自主拍卖倾斜。

第二,从拍卖程序和司法程序的协调性上考量利弊。就协调性而言,选择人民法院自主拍卖更合情理。拍卖程序和司法程序各有自己的特性,为强制拍卖时,拍卖程序是司法程序的延伸;司法程序必须由人民法院掌控,而拍卖程序既可由人民法院掌控,也可由拍卖机构掌控;如果选择人民法院自主拍卖,则拍卖程序和司法程序融为一体,而如果选择人民法院委托拍卖机构拍卖,则拍卖程序需要人为协调,才能适应司法程序要求。两相比较,自然以选择人民法院自主拍卖更有利。正如有学者所说,强制拍卖作为执行程序中的一个阶段,可能会涉及更多、更复杂的法律关系,在很多情况下由既熟悉案情,又具备专门法律知识的人民法院执行人员来实施,可能会取得更好的效果。① 另外,为强制拍卖时,拍卖程序实际上已经过司法改造,其中表现出的强制性非《拍卖法》所规定的程序可比,置此情形下,由人民法院实施更显合理,一方面能更准确地体现规范的要求,另一方面也可少受到来自其他拍卖参与人的责难。

第三,从拍卖的效率和效益方面衡量利弊。拍卖的效率和效益直接关系到执行效果,无论是从人民法院角度计,还是从执行债权人或者执行债务人角度计,都不应该忽视这两方面。拍卖的效率主要根据竞买人的参与程度和拍卖的一次成功率评价,拍卖的效益主要从拍卖过程中的竞争程度和成交价的高低评价。追求更多的竞买人参与和追求拍卖过程中的充分竞争,追求拍卖的一次成功率和追求更高的成交价,不仅是非强制拍卖的目标,同时也是强制拍卖的目标。从这些方面考虑,选择人民法院委托拍卖机构拍卖更有优势。这是因为:其一,实现拍卖的效率和效益需要商业运作,即使为强制拍卖,也是如此。一次成功的拍卖背后,需要大量的商业知识和手段,诸如了解拍卖标的在市场上的需求程度、哪些人是潜在的竞买人、如何调动潜在的竞买人参与竞买、怎样进行有针对性的宣传等;这些都不是一纸拍卖公告能够解决的问题,它需要精心的组织和安排。相比较人民法院,拍卖机构在这些方面更有优势。其二,主持拍卖具有相当的专业性,它要求拍卖主持人具备较好的商品知识,熟悉竞买人的心理,在拍卖过程中恰当地唱价、引导、击槌等。因此,我国

---

① 参见赵晋山:《强制执行程序中的拍卖问题研究》,载沈德咏主编:《强制执行法起草与论证》(第一册),中国法制出版社2002年版,第359页。

将拍卖主持人纳入专业资格系统进行管理,严格考试、定点实践、定期培训,并授予其拍卖师资格。人民法院执行人员当然也要具备资格,但两种资格属于不同的系统,有完全不同的知识结构和经验背景,不能同等而论。要求个别执行人员达到拍卖师的水平当然不难,但要求较多的执行人员达到这一水平就困难重重了。况且,要求人民法院的执行人员成为一个好的拍卖师,总让人感觉有点风马牛不相及。

第四,从利益驱动的影响方面衡量利弊。有学者认为,拍卖机构与人民法院相比,前者是纯粹的营利机构,更容易受到利益驱动的影响,而人民法院的中立性和非营利性使其超然于双方当事人的利益之外,更有利于防止受到利益驱动影响。[①] 笔者不同意这种观点:其一,该观点意在否定强制拍卖中的利益驱动,这是不正确的。剥开外壳,我们不难发现,强制拍卖也是买卖;其中包括拍卖标的所有权易主、按照市场规律决定拍卖标的价格等。因此,在强制拍卖中需要有较为完善的利益驱动机制,否则,拍卖过程中就不会产生有效竞争,不会产生合理的价格,当然也就难以充分实现债权。其二,该观点混淆了利益驱动影响的正当性,以拍卖机构与人民法院相比来衡量利益驱动的负面影响是错误的。拍卖机构是营利性的,它受利益驱动影响不仅是正常的,而且是正当的;而人民法院具有中立性和非营利性,它受利益驱动影响不仅是不正常,而且是不正当的。因此,应当认为,利益驱动对拍卖机构的影响是正面的,不仅不应当防止,还应当提倡;而利益驱动对人民法院的影响是负面的,易于引起权力寻租和腐败,在设计强制拍卖制度时,应尽可能地置人民法院于经济利益之外。鉴于此,从利益驱动的影响方面看,选择人民法院委托拍卖机构拍卖更为有利。

第五,从机制合理性方面衡量利弊。自拍卖成为一种特殊的买卖方式并成功运作以来,它就是三方架构:委托人、拍卖人、竞买人。三方各有其独立的经济利益取向和市场职能,相互关联与牵制,由此

[①] 参见赵晋山:《强制执行程序中的拍卖问题研究》,载沈德咏主编:《强制执行法起草与论证》(第一册),中国法制出版社2002年版,第357页。

维系着权利义务的平衡。维持拍卖的三方架构于拍卖的市场运作是十分重要的。回顾拍卖的历史,并非没有两方(买卖双方)架构的拍卖,直到今天,两方架构的拍卖还存在,但被实践证明是不成功的。因为,其一,它无法通过集中各类拍卖标的来抵消高昂的拍卖成本。与其他的买卖方式相比较,组织实施拍卖需要更多的花费,虽然卖方自主拍卖可以简化一些拍卖程序,但是发布公告、组织查验拍卖标的、组织拍卖会这些基本程序不可省略,这意味着高昂的销售成本。专业拍卖人是通过收集来自不同委托人的拍卖标的,一次组织实施,集中拍卖多个拍卖标的,从而分摊成本的方法解决这个问题的,而卖方自主拍卖无法解决这个问题。其二,它无法解决一些卖主无市场经营权的问题。在一个法治社会中,并非所有的人都可以在市场上销售自己的财产,这在市场管制相对严格的国家尤其如此。如国家机关,鉴于其身份的特殊性,同时赋予它市场经营权是不恰当的。它可以处分其权限内的财产,但一般不可以直接在市场上进行销售行为。面对如此困境,采用委托拍卖的模式,由有市场经营权的专业拍卖机构直接面对市场,是一个两全其美的选择。其三,它无法像三方架构那样体现机制上的公开、公平、公正。两方架构的拍卖使许多拍卖规则如同虚设,对其他一些拍卖规则也有重要影响。在三方架构的拍卖中,拍卖人不仅为拍卖提供专业上的支撑,它的存在还是各种权利义务的重要约束力量,通过这种约束力量使拍卖既取信于卖方,也取信于买方。上述理由在证实三方拍卖架构的成功方面是很充分的,但问题在于这些影响市场层面的理由在强制拍卖中是否也有同样的价值?笔者以为,它们在强制拍卖中的价值并无本质的不同,在某些方面甚至有过之而无不及。如人民法院无市场经营权,它一般不可以在市场上直接进行销售行为,即使国家通过法律赋予它在特殊情形下可以行使此种权力,其结果的公正性也是值得怀疑的。人民法院自主拍卖,直接面对市场,交易者之间的纠纷通过何种途径解决?那等于宣布强制拍卖无交易者之间的纠纷,或者说不允许产生交易者之间的纠纷,而这是不现实的,或者强制这样做的话就是不公正的。因此,从机制合理性方面衡量,三方拍卖架构远胜于两方拍卖架构,在强制拍卖中也是如此。

第六,从拍卖费用负担方面衡量利弊。最高人民法院通过《执行工作若干问题的规定》确立的人民法院委托拍卖模式受到许多责难,责难之一就来自于拍卖费用负担方面。一些学者认为,人民法院是非营利性的,它不会因自己组织实施拍卖收取佣金,而拍卖机构是营利性的,它必然为自己组织实施拍卖收取相当比例的佣金,因此,委托拍卖机构拍卖和人民法院自主拍卖相比,存在佣金上的负担,这对于那些本来就难以从拍卖价金中得到清偿的债权人来说无疑增加了债权实现的难度,对于债务人而言也无疑增加了额外的负担。更有甚者,一些学者认为,最高人民法院实行的委托拍卖机构拍卖制度是将一种作为司法权限存在的拍卖变成了营利性机构的商业机会,造就了一个利润丰厚的拍卖业,却并没有对执行活动的权威性和公信力产生积极的影响。① 笔者认为,上述责难的言论有哗众取宠之嫌,在论证问题时太过片面,有失偏颇。强制拍卖在一定程度上给拍卖业提供了机会,这是事实,但拍卖业在强制拍卖业务上的利润并非丰厚,更重要的是由拍卖机构接受委托组织实施强制拍卖,对于司法执行活动以及对于当事人的合法利益,有积极作用。首先,拍卖机构为强制拍卖并非如某些学者所言向买卖双方收取成交价10%的高额佣金。根据最高人民法院的规定,拍卖机构为强制拍卖成交的,只能向买受人一方收取成交价一定比例的佣金,收取佣金的比例根据成交价由低至高依次递减,最高不超过5%。② 这样的收益率对于维持拍卖这个特殊的行业而言只能说一般,③谈不上丰厚的利润。其次,拍卖机构收取佣金对于债权人实现债权的影响,以及为债务人增加的负担是间接的,十分有限。根据最高人民法院的前述规定,组织实施强制拍卖时,拍卖机构只向买受人收取佣金,无委托方的佣金负担,因此,用于实现债权的金额并无来自于佣金的直接减损。当然,

---

① 参见赵晋山:《强制执行程序中的拍卖问题研究》,载沈德咏主编:《强制执行法起草与论证》(第一册),中国法制出版社2002年版,第360页;方流芳:《民事诉讼收费考》,载《人大法律评论》,2000年卷第1辑;肖建国:《强制拍卖中的利益衡量与制度设计》,http://www.laim.cn/lawcxfzt/121/299/2007032581213.html,2008年1月25日访问。

② 参见最高人民法院《关于民事执行中拍卖、变卖财产的规定》第32条。

③ 拍卖不同于零售,组织实施一场拍卖需要若干时间,它不可能维持每天都有成交。

考虑到佣金负担,竞买人在报价时可能会有所约束,这不能不说会影响成交价,从而间接影响债权的实现并会增加债务人的负担,但这种影响是十分有限的,甚至可能是微乎其微的。再次,拍卖机构的有效率运作不仅将折抵其收取佣金可能给实现债权带来的负面影响,而且会为实现债权带来正面效益。在考虑佣金对实现债权的影响时,不能机械地考虑佣金的减损效用,而忽视它对于收益的放大效用。实践证明,拍卖由拍卖机构运作和由人民法院运作其市场效果有很大差异,如前所述,人民法院通常不具备拍卖机构所拥有的商业知识和手段,它运作拍卖固然不产生来自佣金的成本,但收益可能更低。因此,从成本收益所带来的经济效率看,拍卖机构收取佣金"增加了债权实现的难度和增加了债务人额外的负担"这一命题,是难以成立的。最后,佣金负担具有正当性。佣金不是利润,最起码它不全是利润。拍卖是一种较为昂贵的买卖方式,发布拍卖公告需要费用,租用查验拍卖标的和实施拍卖的场地需要费用,组织实施拍卖的人员需要工资酬劳,维持拍卖机构需要费用等,所有这些都将在佣金中支出。因此,佣金在很大程度上代表了选择拍卖而要承担的成本。问题在于,如果选择人民法院自主拍卖的模式就没有这些成本了吗?不仅如此,如果选择人民法院自主拍卖的模式,将无法如同拍卖机构经营那样,集中多个委托人的拍卖标的以降低成本,最后成本反而会更高。两者所不同之处在于,人民法院自主拍卖将原本应当由当事人承担的交易成本转而由国家承担,由国家所代表的整个社会承担。这是不正当的。因此,从拍卖费用负担方面衡量,选择人民法院委托拍卖机构拍卖有更好的社会效果。

通过以上利弊分析和衡量,笔者倾向于人民法院委托拍卖机构组织实施拍卖的模式,倾向于委托拍卖原则。笔者作出如此选择,不仅仅在于数量上的优势,即委托拍卖的模式在较多方面的分析中利大于弊,更在于委托拍卖的弊端,如主体公正性较弱、司法程序和拍卖程序的协调性较差,可以通过人民法院的监督、指导而化解,这在本质上符合人民法院的固有职责,而人民法院自主拍卖的弊端,如效率和效益较差、利益驱动的负面影响、机制不甚合理、费用负担不正当等,需要改变人民法院的工作机制才能化解,这在本质上不符合人民法院的固有职责。无论是非强制拍卖还是强制拍卖,都要面对市场,实施被普遍认为属于商业性质的行为,因此在选择何种机构直接面对市场时,应当考虑该机构的性质。人民法院属于国家司法机构,它的性质不适宜直接面对市场,组织实施具有商业性质的行为。较好的选择是,通过拍卖机构这个中介,保证人民法院与商业行为的适当隔离。

实际上,由人民法院委托拍卖机构组织实施拍卖原本就是我国《民事诉讼法》的本意。比较《民事诉讼法》第223条和第226条的规定可知,该法第223条赋予人民法院的拍卖权并非指由人民法院组织实施拍卖,而是指由人民法院决定(通过裁定的方式)采取拍卖措施,具体组织实施应"按照规定交有关单位"。① 而由人民法院通过委托的方式,交专业拍卖机构组织实施,与上述法律的规定完全吻合。

对于本部分论述的主题而言,以上讨论只解决了一个问题,即除非法律另有规定或者确有必要,人民法院不宜作为拍卖人,那么人民法院在强制拍卖关系中究竟处在何种地位上呢?笔者认为,人民法院在强制拍卖关系中的恰当地位是委托人。关于谁更适合作为强制拍卖的委托人,学理上有三种不同的主张,分别指向债权人、债务人和人民法院。但笔者以为,债权人和债务人作为强制拍卖的委托人都不适格。从债权人角度分析,其有着强烈的委托拍卖愿望,但缺乏处分债务人财产的能力。在未设定担保物权的情况下,债权人的债权并不对应于债务人的具体财产,如何实现债权,完全依赖于人民法院的判决或裁定。即使在设定担保物权情况下,除非债务人同意,②债权人也不能自由处分债务人的财产,其必须通过诉讼的途径,由人

---

① 《民事诉讼法》第223条规定:被执行人未按执行通知履行法律文书确定的义务,人民法院有权查封、扣押、冻结、拍卖、变卖被执行人应当履行义务部分的财产。但应当保留被执行人及其所扶养家属的生活必需品。采取前款措施,人民法院应当作出裁定。该法第226条规定:财产被查封、扣押后,执行员应当责令被执行人在指定期间履行法律文书确定的义务。被执行人逾期不履行的,人民法院可以按照规定交有关单位拍卖或者变卖被查封、扣押的财产。国家禁止自由买卖的物品,交有关单位按照国家规定的价格收购。

② 如果债务人同意,正常的做法是由债务人委托拍卖,但如此做法所引起的拍卖就不再是强制拍卖了。

民法院出面处分。再从债务人角度分析,其不缺乏处分财产的能力,但没有委托拍卖的愿望,为强制拍卖时,债务人只是被动地接受拍卖的结果,如此状态下,说债务人是事实上的"卖方"尚有一定道理,因为界定卖方强调的是财产权利转移的最终承受者,而说债务人是事实上的"委托人"就过于牵强了,因为界定委托人强调的是委托的意思。根据上述分析可知,作为强制拍卖的委托人,必须具备两个基本条件:其一,必须有委托拍卖意愿;其二,必须有处分拍卖标的的能力。人民法院作为委托人,可以同时符合上述两个基本条件。首先,人民法院不缺乏委托拍卖的意愿,当其作出裁定时,委托拍卖的意愿十分清晰。其次,人民法院不缺乏处分债务人财产的能力,它虽然不是财产的所有权人,但法律赋予了它执行法律的绝对权威,其中包括强制执行被执行人财产,即在判决或裁定的范围内,人民法院拥有处分一切财产的权利。另外,人民法院的委托人地位与下列事实相吻合:人民法院选择拍卖人、确定拍卖标的、确定拍卖标的保留价等。人民法院事实上在行使委托人的一切权利,因此,为强制拍卖时,处于委托人地位的应当是、也只能是人民法院,强制拍卖的委托人非人民法院莫属。

三、强制拍卖法律关系中的拍卖人

(一) 拍卖人的特殊资格问题

一般而言,拍卖人是指依照《拍卖法》和《公司法》有关规定设立的从事拍卖活动的企业法人。《拍卖法》和《公司法》为拍卖人设定了一般的资格条件。问题是满足一般的资格条件对于拍卖人从事强制拍卖是否充分?事实上,这个问题于20世纪90年代末我国各地为贯彻落实《拍卖法》第9条的规定,在各自的实践中已经给出了明确的回答:一般的资格条件是不充分的。[①] 目前要做的只不过是将

[①] 《拍卖法》第9条规定:国家行政机关依法没收的物品、充抵税款、罚款的物品和其他物品,按照国务院规定应当委托拍卖的,由财产所在地的省、自治区、直辖市的人民政府和设区的市的人民政府指定的拍卖人进行。为贯彻落实上述规定,充分利用市场上的优质资源,各地人民政府纷纷在《拍卖法》和《公司法》有关规定的基础之上,为遴选优秀拍卖企业而附加拍卖人的资格条件,要求罚没物品拍卖人具备特殊资格。

《拍卖法》第 9 条的实践延伸或者说移植到强制拍卖中来。

要求从事强制拍卖的拍卖人具备特殊的资格条件是有道理的。其一,强制拍卖与司法执行密切相关,具有较强的公法性质,这就要求其实施者具有较一般拍卖人更强的公正性,能够在实施过程中公正行事。具体而言,一个有资格从事强制拍卖的拍卖人应当是在其市场经营过程中严格遵守法律、法规和商业道德,在其市场经营历史上或者近几年不存在违法、违规、违反商业道德记录的人。其二,强制拍卖的最终目标是在最大限度范围内实现债权人的债权,这就要求其实施者具备较一般拍卖人更强的商业信誉,能够在实施过程中更有效率地行事。具体而言,一个有资格从事强制拍卖的拍卖人应当是市场中的佼佼者,其了解市场,熟悉商业规律和拍卖技巧,业绩优良。上述两方面是对公正和效率的进一步要求,属于强制拍卖拍卖人的特殊资格条件。

实践中,我国各地人民法院在为强制拍卖遴选拍卖人时,已经开始关注特殊资格要求。以上海为例,2004 年 2 月 5 日,上海市司法委托拍卖工作领导小组办公室在向各有关拍卖企业发出的通知中,明确了拍卖人的特殊资格要求。要求有四:(1) 依法设立的企业法人;(2) 2002 年 1 月 1 日以前登记注册的企业;(3) 2002、2003 年的年拍卖成交额不低于注册资本的 5 倍,且连续保持盈利;(4) 2002、2003 年,没有因经营行为违法或违规,受到行政机关处罚或在民事诉讼中败诉。在上述要求中,除(1)外,(2)、(3)、(4)分明是对拍卖人的特殊资格要求。其中(2)属于对拍卖人成立年限的要求,一般而言,较长时间的经营可以积累更多的经验,也更熟悉商业规律和拍卖技巧;(3)属于对拍卖人业绩的要求,业绩可以反映经营能力,它对于确保强制拍卖效益关系重大;(4)属于对拍卖人保持良好行为的要求。除此之外,评审机构还从企业人员构成、是否拥有各种资质证书、是否获得各种荣誉称号等方面进行考察,其目的在于确保由优质拍卖机构从事强制拍卖。

(二) 拍卖人的确定方法

根据最高人民法院的司法解释,确定拍卖人的方法有三种,即当事人协商确定拍卖人、执行法院随机确定拍卖人和招标确定拍卖人。

上述司法解释在某些地区实践中有了更翔实的含义。所谓当事人协商确定拍卖人,是指强制执行申请人(债权人)和被申请人(债务人)通过协商一致的方法,在已确定的有资格从事强制拍卖的企业名单中选定实施强制拍卖的拍卖机构,并由执行法院办理委托手续;所谓执行法院随机确定拍卖人,是指执行法院通过摇珠选定机制,在已确定的有资格从事强制拍卖的企业名单中选定实施强制拍卖的拍卖机构,并办理委托手续;所谓招标确定拍卖人,是指经双方当事人申请,由有资格从事强制拍卖的企业根据招标人开列的条件投标,选定中标人作为实施强制拍卖的拍卖机构,并由执行法院办理委托手续。[1]

按最高人民法院的司法解释和某些地区的实践,在上述三种确定方法中,当事人协商的方法是基础,除一些特殊情形外,摇珠选定的方法只在当事人协商不成时采用,招标的方法也须经双方当事人申请后方可采用。以当事人协商一致作为选定拍卖人的基础有助于提高程序公正性,但它在实践中的实际效果值得怀疑。其一,双方当事人协商需要时间,它还可能带来变更、撤销、重新选定等一系列问题,影响到执行效率。其二,在绝大多数情况下,债务人是不会同意拍卖其财产的,加之争执发展到如此程度,债务人一般不愿直面债权人,双方能够坐下来协商并达成一致的可能性微乎其微,因此,强调双方协商一致是一种过于理想化的考虑,它的实践效果往往是等待双方协商期间的结束。因此,在选定拍卖机构问题上过分强调和依赖双方当事人协商未必有好的效果,摇珠机制同样公正,且更有效率。当然,这一切还有待实践经验的总结。

在某些地区实践的层面上,以上三种方法的采用有一个前提条件,即事先确定有资格从事强制拍卖的企业名单,或称"入围企业名单"。入围企业名单有如下特点:其一,名单中的企业均概括性地同意接受强制拍卖委托,即入围企业需提出申请,申请不针对具体强制拍卖业务,而是概括性地针对入围后的所有强制拍卖业务。其二,名单中的企业符合从事强制拍卖的特殊资格,即入围企业的资格需经

---

[1] 以上对三种方法的说明参见2005年3月4日发布的《广东省高级人民法院关于人民法院审查确定当事人协商选定评估、拍卖机构的若干问题的意见(试行)》和2004年2月4日发布的《上海市司法委托拍卖工作试行办法》。

审查。① 其三,名单中的企业具有地区性,且在本地区所有拍卖企业中占有一定比例。

按照最高人民法院《关于民事执行中拍卖、变卖财产的规定》第7条规定,最起码在采用当事人协商确定拍卖人方法和招标确定拍卖人方法时,无须借助入围企业名单。所以,以入围企业名单作为采用三种方法的基础,是某些地区实践的一种创新。笔者认为,创新是有意义的,它使确定拍卖人的方法和对拍卖人的特殊资格要求有机结合,也使这两种方法在实践中还留有一定的价值。笔者难以设想,如果没有入围企业名单作为基础,当事人协商和招标的方法将如何有效率地运作?② 当然,这样做的结果可能会被人认为牺牲掉了那么一点点当事人的意思自治权利,但面对真切的实践价值和强大的效率功用,那么一点点理论意义上的意思自治权利毫无价值可言。可是,入围企业名单也留有制度层面的缺陷,由于各地只在其辖区范围内遴选入围企业,故入围企业名单是地区性的,如果没有上一级直至中央层面的协调,极容易成为异地执行的障碍,同时也人为分割了拍卖市场。

围绕如何遴选入围企业问题,各地的做法有很大差异。既有人民法院负责遴选的,也有人民法院会同政府有关部门共同负责遴选的;既有以基层人民法院辖区作为范围进行遴选的,也有以更高一级人民法院辖区作为范围进行遴选的。对于三方架构的强制拍卖而

---

① 例如,按照前述上海市司法委托拍卖工作领导小组办公室通知的要求,申请入围的拍卖企业须提交下列材料和证明,以供审查之需:营业执照、办公经营场所的产权证明或租用合同、拍卖委托书并制订明细汇总表、成交确认书并制订明细汇总表、财务报表、营业税及附加税单、所得税率、拍卖公告并制订明细汇总表、资格证书(含注册拍卖师、从业人员、房地产评估师、土地评估师、机动车评估师、产权经纪人、证券执业或从业资格人员等)、罚没物资拍卖资质批准文件、国际质量管理体系认证证书、"守合同重信用企业"证书、已接受各级法院委托拍卖的法院名单、中国拍卖行业协会A级资质证明、财务会计信用等级证书、各类省市级荣誉称号和证书、其他可提交的证明材料。通知要求企业报送的材料须真实、可靠,如有弄虚作假、谎报材料,一经查实,立即取消入围资格,并在以后三年之内不得入围。

② 按照《关于民事执行中拍卖、变卖财产的规定》第7条规定,采用当事人协商的方法时,拍卖机构由当事人协商一致后报经人民法院审查确定。这就产生两个问题:人民法院根据什么进行审查?人民法院审查不通过怎么办?如果没有入围企业名单作为基础,或者徒增人民法院的主观臆断,或者徒增执行效率的损失。

言,拍卖人在其中的作用十分重要,妥善解决遴选入围企业问题,关系到强制拍卖能否充分利用市场优质资源,同时关系到制度的公正性、可操作性和协调性。因此,设计遴选方案时应注意下述方面:第一,采用多部门会同遴选体制,以解决人民法院不熟悉拍卖企业和市场,以及利益过于集中可能带来的问题。对此,上海的做法可以借鉴。为公正、合理地遴选入围企业,上海成立了由市经委、市府法制办、市高级法院、市国资委、市公安局、市工商局、市财政局、市物价局等部门分管领导组成的领导小组,领导小组下设由市经委、市高级法院、市公安局、市工商局等部门人员组成的办公室,负责遴选入围企业。① 第二,除直辖市外,各地分别以中级人民法院辖区作为遴选范围较为适宜。遴选范围过大可能导致入围企业地域分布不均,操作过程中大量出现异地拍卖,徒增强制拍卖成本;而遴选范围过小又不能合理利用市场优质资源,同时产生太多的协调问题。第三,应当由最高人民法院出面,赋予各地入围企业名单相互之间的通用性,即通过各地发布的入围企业名单在全国范围内形成一个网络,同一地区的法院在其他地区的执行可以借用执行地的入围企业名单,以排除异地执行的障碍,同时确保全国拍卖市场的统一性。第四,切忌形成入围企业终身制,一般而言,入围企业名单的有效期不应超过三年,届满重新遴选,以适应企业资质在市场上的动态变化。

(三) 关于处理拍卖人与委托人和竞买人关系的重大原则

首先讨论处理拍卖人与委托人关系的重大原则。根据前述,强制拍卖中的拍卖人是商业机构,委托人是人民法院。按照一般理解,两者之间的关系属于委托拍卖关系。但笔者以为,仅用"委托"一词来理解拍卖机构与人民法院之间的关系,未见真实与合理。一般认为,委托关系建立在平等的民事主体之间,委托关系的当事人均享有极大的自由选择权,其权利义务也是完全对等的。但就强制拍卖中拍卖人与委托人的关系而言,情形有很大的不同。其一,人民法院委托强制拍卖不是以民事主体身份出现的,确切地说,人民法院是在代表国家履行司法职责,国家赋予了人民法院种种司法特权,因此,处

---

① 参见《上海市司法委托拍卖工作试行办法》第 7 条和第 8 条。

于委托关系两端的当事人主体地位不可能平等,人民法院必然处于主导地位,这种主导地位将会贯穿在整个强制拍卖程序中。其二,仅以"委托"联系人民法院和拍卖人,极易在自由选择权问题上产生误解。拍卖人是否可以拒绝委托?强制拍卖是否可能因拒绝委托而无法正常进行?到目前为止的强制拍卖实践没有给出准确的回答。①笔者认为,人民法院和拍卖人的关系不应是单纯的委托关系,拍卖人接受人民法院委托拍卖被执行的财产,同时具有协助执行的性质,拍卖人应有接受委托的义务,因此,引起委托关系的选择自由不应是双向的。其三,委托双方的权利义务不可能对等设置,如可以约定人民法院应当在何时、何地将拍卖标的交与拍卖人,却无法约定人民法院应当承担的责任。因此,在强制拍卖中,拍卖人与委托人的关系较为特殊,人民法院的特殊地位和其事实上在履行司法职责,使委托拍卖极具协助执行的意义,即人民法院是执行人,拍卖机构是协助执行人,委托关系即协助执行关系,这样的表述或理解可能于说明人民法院和拍卖人的委托关系而言更真实和合理。

其次讨论拍卖人与竞买人关系的重大原则。拍卖人与竞买人之间原本是纯粹的商业关系,但在为强制拍卖时,情况有所不同。具体表现为,在拍卖人与竞买人之间,拍卖人有权更自由地终结拍卖程序而不考虑它可能给竞买人造成的负面影响,或者当竞买人购得有瑕疵的拍卖标的时更难向拍卖人主张权利等,即拍卖人处在了较为强势的地位上。仔细分析不难发现,拍卖人的这种强势地位渊源于人民法院的执行名义,属于人民法院司法特权向商业关系中的直接传导。那么,拍卖人是否可以在强制拍卖中处处以执行名义行事,一以贯之地处于强势地位呢?笔者以为不妥。地位的差异可能带来利益的损失,前述拍卖人的强势地位往往就意味着竞买人的损失。竞买人不是被执行人,他也没有协助执行的义务,竞买人参与强制拍卖纯粹出于商业利益考虑,他的这一考虑是正常的,也是正当的,因此,在

---

① 说实践没有给出回答是因为没有遇到类似问题,我国现阶段的强制拍卖现状是,法院"南面而立",拍卖企业趋之若鹜,其中原因是多方面的,主要原因是拍卖标的的来源和拍卖市场的规模不相适应,来源少而规模大,估计有2/3强的拍卖企业以强制拍卖标的作为其主要业务来源。

设计强制拍卖制度时不应当忽视竞买人的合法权益。笔者认为，强制拍卖的三方当事人，处于两端的人民法院和竞买人有完全不同的利益诉求，置拍卖人于其间能够起到很好的协调作用。拍卖人应当是个绝缘体，当然这个绝缘体不是完全绝缘的，它将应当传导的内容传导过去，而将不应当传导的内容阻却下来。因此，在设计强制拍卖制度时，应尽量减少人民法院以执行名义对竞买人利益的负面影响，不得已为之时，也应从制度层面考虑竞买人利益损失的合理对价。除非必要，拍卖人不得在强制拍卖中以执行的名义行事，维持拍卖人与竞买人地位大体平等，使竞买人在承担真实义务的同时也享有真实的权利。

第三节 强制拍卖实体性规则

就实体性规则而言，强制拍卖与非强制拍卖多有相同之处。既然都是拍卖，它们需要规范相同的方面，因此有着相同的规则名目，如都可称为价高者得规则、保留价规则、瑕疵请求规则等；在相同的规则名目之下，它们以大致相同的原理为基础，如价高者得规则的原理都是竞争、保留价规则的原理都是利益制衡等。但同时应当看到，强制拍卖与非强制拍卖毕竟属于不同的制度系统，由于人民法院的介入，导致在非强制拍卖中运作合理的规则，在强制拍卖中运作时却需要就其内容作出某些修正，以适应强制拍卖的特殊性。下面论述着重于修正的内容及其理由，同时结合《民事强制执行法草案（第四稿）》中的规定。

一、关于价高者得规则

强制拍卖必须坚持价高者得规则，虽然在《关于民事执行中拍卖、变卖财产的规定》中没有明文表述，但通观全文，这是不言自明的。价高者得规则在《民事强制执行法草案（第四稿）》第142条中表述得十分清晰，该条第1款规定："喊价拍卖的，应买人的最高应价经拍卖主持人以落槌或者其他公开表示买定的方式确认后，为拍定。"第2款规定："投标拍卖的，公开宣读标书后，拍定给出价最高者。"第3款规定:"有相同最高出价时拍定给当场增加金额最高的人;无人增加价额的,采取抽签方法决定拍定人。"

《民事强制执行法草案(第四稿)》中的表述虽然清晰,但笔者以为未尽准确和完善。其一,《民事强制执行法草案(第四稿)》以"应买人"替代竞买人、以"拍定"替代成交、以"拍定人"替代买受人,旨在区别《拍卖法》中的同类称谓和用语,笔者以为完全没有必要,经过较长时期拍卖法制实践,一些称谓和用语已经十分固定,相同的含义改用其他的称谓和用语,容易引起误解,况且,不同的制度系统也无须靠创造词汇来证明。其二,三款的设置缺乏逻辑性,第3款的内容是针对第1款的补充,对第2款没有任何意义,因此,第2款和第3款应当互换才符合逻辑。其三,投标拍卖极易产生相同最高出价,但此种情形下的相同最高出价问题无法通过进一步报价竞争解决。笔者认为,此种情形下一个较好的解决方法是,在报出相同最高价者中,选择与报价在先者成交。其四,以"抽签方法决定拍定人"未必是一个好的方法,对此将在下文中结合优先购买权问题一并讨论。

围绕价高者得规则,强制拍卖规则体系的最大特点是突出了优先购买权问题,意图解决价高者的成交权与优先购买权之间的冲突。《关于民事执行中拍卖、变卖财产的规定》中有两个条文用以规范在拍卖程序中优先购买权的实现,其内容为:人民法院应当在拍卖5日前以书面或者其他能够确认收悉的适当方式,通知当事人和已知的担保物权人、优先购买权人或者其他优先权人于拍卖日到场。优先购买权人经通知未到场的,视为放弃优先购买权。拍卖过程中,有最高应价时,优先购买权人可以表示以该最高价买受,如无更高应价,则拍归优先购买权人;如有更高应价,而优先购买权人不作表示的,则拍归该应价最高的竞买人。顺序相同的多个优先购买权人同时表示买受的,以抽签方式决定买受人。[①]《民事强制执行法草案(第四稿)》规定了与《关于民事执行中拍卖、变卖财产的规定》大致相同的

---

① 参见《关于民事执行中拍卖、变卖财产的规定》第14、16条。

内容,但增加了关于优先权、担保物权因拍卖而消灭的内容。[①]

根据上述规定,优先购买权人应被通知于拍卖日到场,与所有竞买人同场竞争;但优先购买权人不直接参与报价,他(们)只是在产生最高应价时针对该最高应价发表自己是否接受的意见,而他(们)的意见最终决定了谁是买受人。上述规定要解决两个问题,其一是优先购买权人与普通竞买人之间谁为买受人的问题;其二是多个优先购买权人之间谁为买受人的问题。针对第一个问题,上述规定为优先购买权人设置了特权,即普通竞买人通过报价竞争所产生的任何最高应价,都可以为优先购买权人享有,并主张同等条件优先。针对第二个问题,上述规定设置了抽签方式,既然优先购买权人不报价,他们只能根据普通竞买人报出的最高应价,而优先购买权人之间又无特权存在,故抽签是一个公平的方法。

可以说,《关于民事执行中拍卖、变卖财产的规定》和《民事强制执行法草案(第四稿)》中的规定,作为解决价高者的成交权与优先购买权之间的冲突,不失为是一种方法。但同时应当看到,这种方法存在明显的缺陷,归纳起来有三个方面:第一,仅以价格衡量优先的"同等条件"不妥;第二,难以在实践中体现优先购买权人的优先序位;第三,采用抽签决定拍卖标的的价格让人匪夷所思(对这些缺陷的详细论证请见本书第二章第一节)。另外,在拍卖会上,要求拍卖过程时断时续,去询问优先购买权人的购买意图,也非明智之举,一来冲淡了拍卖会的气氛,二来也将竞争引向普通竞买人和优先购买权人之间。鉴于以上原因,笔者主张,在有优先购买权存在之时,强制拍卖分阶段进行;第一阶段体现优先购买规则的作用,即在将拍卖标的提交拍卖之前,人民法院负责征询所有优先购买权人的意见,让优先购买权人充分行使权利,只有当优先购买权人无购买意图或其报价过低,既不能与评估价相匹配,也不能满足清偿债权,再行提交拍卖;第二阶段体现价高者得规则的作用,即以第一阶段中优先购买权人的最高报价为保留价,在地位完全平等的所有竞买人之间进行

[①] 参见《民事强制执行法草案(第四稿)》第140、143、152条。第152条规定:拍卖财产上的优先权、担保物权因拍卖而消灭。但买受人以接受优先权、担保物权继续存在的价格买受的除外。

公平竞争,这种竞争唯以价格高低决定胜负,排除价格之外任何因素的影响。分阶段拍卖的理由及其优越性已在本书第二章第一节充分论述,此处不再赘述。

二、关于保留价规则

强制拍卖中的保留价规则被作了较多修正。《关于民事执行中拍卖、变卖财产的规定》第 8 条规定:拍卖应当确定保留价。拍卖保留价由人民法院参照评估价确定;未作评估的,参照市价确定,并应当征询有关当事人的意见。人民法院确定的保留价,第一次拍卖时,不得低于评估价或者市价的 80%;如果出现流拍,再行拍卖时,可以酌情降低保留价,但每次降低的数额不得超过前次保留价的 20%。第 9 条规定:保留价确定后,依据本次拍卖保留价计算,拍卖所得价款在清偿优先债权和强制执行费后无剩余可能的,应当在实施拍卖前将有关情况通知申请执行人。申请执行人于收到通知后 5 日内申请继续拍卖的,人民法院应当准许,但应当重新确定保留价;重新确定的保留价应当大于该优先债权及强制执行费用的总额。《关于冻结、拍卖上市公司国有股和社会法人股若干问题的规定》第 13 条规定:为股权拍卖时,保留价按照评估值确定。第一次拍卖最高应价未达到保留价时,应当继续进行拍卖,每次拍卖的保留价应当不低于前次保留价的 90%。《民事强制执行法草案(第四稿)》也就保留价作出了规定,该草案第 134 条规定:拍卖应当确定保留价。应买人所出的最高价低于保留价的,不得拍定。拍卖的保留价由申请执行人与被执行人协商确定。协商不成的,由执行机构确定。执行机构确定的保留价,初次拍卖时,不得低于市价或者评估价的 2/3;第二次拍卖时,不得低于市价或者评估价的 1/2。

由前述规定可知,强制拍卖中的保留价规则与非强制拍卖中的保留价规则有重大区别,区别体现在,后者赋予委托人充分的意思自治权利,而前者对于委托人的意思自治权利进行了严格的限制。非强制拍卖中,委托人的意思自治权利源于其所有权人的地位,委托人对于拍卖标的有完全的利益,法理的一般推论是自己的利益由自己维护,只要不违反公序良俗,没有必要对其处分自由进行限制。但强制拍卖情形却不然,强制拍卖将人民法院摆在了委托人的地位上,而人民法院却没有委托人通常所具有的自身利益,换句话说,人民法院不是拍卖标的的所有权人,它只是在依法处分他人的利益。一个主体处分自己的利益和处分他人的利益法律上的要求应当有所不同,处分他人的利益应当受到更多的限制,人民法院作为处分主体时亦然。

区别或限制主要表现在:其一,变"委托人有权确定保留价"为"拍卖应当确定保留价"。前后两者有着不同的意义,"有权确定保留价"在肯定委托人的权利时,并未否定无保留价拍卖,而"应当确定保留价"含有否定无保留价拍卖的意义,即强制拍卖时所有的拍卖标的都应当有保留价的限定。其二,变委托人独立确定保留价为在"征询有关当事人的意见"基础上确定保留价,《民事强制执行法草案(第四稿)》更要求"拍卖保留价由申请执行人与被执行人协商确定"。因此,《关于民事执行中拍卖、变卖财产的规定》和《民事强制执行法草案(第四稿)》实际要求人民法院和申请执行人、被执行人分享保留价确定权,这一做法是否妥当,将在下文中评论。其三,变自由确定保留价为"参照评估价或者市价"确定保留价。非强制拍卖时,除涉及国有资产,委托人确定保留价是自由的,他可以将保留价确定得高一些,也可以确定得低一些,他可以参照评估价或者市价,也可以不参照,享有极高的自由度;而强制拍卖时,保留价的高低却不能由人民法院及相关当事人自由确定或者商定,保留价应当与评估价或者市价维持着紧密关系,特别是不能过分地低于评估价或者市价。这种紧密关系也延伸到第二次拍卖。其四,特别规定了按保留价计算拍卖所得价款在清偿优先债权和强制执行费后无剩余可能的,应当在实施拍卖前将有关情况通知申请执行人,并在其后调整保留价,以维护申请执行人的权益。

为适应强制拍卖的特殊性对保留价规则所作的修正从总体看是恰当的,如强调强制拍卖的标的应当有保留价、保留价的确定应当参照评估价或者市价等,都极富正当理由。但也非尽然,《民事强制执行法草案(第四稿)》设计的人民法院和申请执行人、被执行人分享保留价确定权的做法,值得商榷。《民事强制执行法草案(第四稿)》

的设计可能更多地考虑了申请执行人和被执行人与拍卖标的及拍卖结果的关系,拍卖标的归被执行人所有,拍卖结果关乎申请执行人和被执行人的利益,该两方面当事人关心保留价的确定理所当然。然而,该两方面当事人的利益是否一定要通过其自由表达意志来体现?更重要的在于,在强制执行程序中,强调申请执行人与被执行人协商确定并以此来分割人民法院的主导权是否恰当?围绕合理确定强制拍卖保留价,框架中已经存在必要的限制,即保留价要"参照评估价或者市价确定",这是一个更加客观、合理的限制,已足以维护申请执行人和被执行人的正当利益,无须再设双重限制。更何况双重限制可能产生冲突,"申请执行人与被执行人协商确定"和"参照评估价或者市价确定"究竟是什么关系?如果申请执行人与被执行人协商确定的保留价背离甚至大大背离评估价或者市价,人民法院应当如何定夺?是以前者为准还是以后者为准?笔者认为,双重限制是没有必要的,申请执行人与被执行人协商确定的保留价不应背离评估价或者市价,应以评估价或者市价为基准,保持两者大致相当,如此申请执行人与被执行人的协商就变得无多大意义。更进一步而言,申请执行人与被执行人的协商是一个很难产生功效的机制,虽然两者对于拍卖标的都有利益,但前者极力赞成拍卖,后者通常反对拍卖,前者仅要求拍卖所得能够补偿债权,后者总是要求更高的成交价,再加上两者在诉讼和强制执行程序中逐渐凝结起来的抵触、不理智情绪等,使协商少有成功的可能。为了没有多大意义且少有成功可能的协商,专门设置一个程序,迫使人民法院前后为该程序奔忙,[①]不仅没有公正、合理的基础,也无任何效率可言。因此,"拍卖的保留价由申请执行人与被执行人协商确定"不是一个好的设计,它在一个应当凸显强制性的地方高谈自由意志,在一个应当强调效率的场合阔论民主协商,其结果不仅延宕了执行程序,实质正义也难以体现。综上所述,笔者认为,人民法院还是应当牢牢掌握保留价确

---

① 如果"拍卖的保留价由申请执行人与被执行人协商确定"这一规定最终得以通过,它将成为强制拍卖保留价确定的必经程序,为此,人民法院要做大量的工作,诸如促使申请执行人与被执行人坐下来进行协商,促使双方达成协议,协议的结果与评估结果不配合时进行协调,可能出现的多次反复等。

定的主导权,过程中可以征询申请执行人和被执行人的意见,作为参考因素,但不应受其左右。

强制拍卖中的保留价规则与非强制拍卖中的保留价规则另一重要区别是,对于前者人民法院在确定保留价数额时不仅考虑申请执行人的利益,也要考虑优先受偿债权人的利益。对于一个申请执行人而言,可能存在清偿顺位在先的其他债权人,置此情形,优先受偿债权人的债权应在申请执行人的债权之前受清偿。此时就有个问题,即如按当前确定的保留价数额,成交后的价金在清偿优先债权和执行费用后已无剩余可能时,拍卖是否还要启动?针对该问题,国际上大多数国家采用"剩余主义",即成交后的价金在清偿优先债权和执行费用后已无剩余可能时,将该拍卖作为无益的拍卖而禁止,换言之,要确保保留价被确定在一定数额之上,根据该数额拍卖成交后的价金在清偿优先债权和执行费用后尚有剩余。我国的现行规则明显采取"剩余主义",人民法院在拍卖前有职责计算成交后拍卖价金在清偿优先债权和执行费用后有无剩余,并根据计算结果确定或者调整保留价。

三、关于瑕疵担保请求规则

与非强制拍卖相比,强制拍卖中的瑕疵担保请求规则应作较大的修正,这种修正在某种意义上甚至可以说是颠覆性的。目前,最高人民法院的相关司法解释中均未涉及瑕疵担保请求规则,只是在《民事强制执行法草案(第四稿)》中设计了一个条款,根据该条款,原则上否定了买受人的瑕疵担保请求权。《民事强制执行法草案(第四稿)》第153条规定:"拍定人对拍卖物没有物之瑕疵担保请求权,但拍卖人或者被执行人故意隐瞒拍卖物瑕疵的除外。"

(一)在拍卖当事人之间关于瑕疵责任的讨论

强制拍卖中的瑕疵责任一直是困扰我国拍卖业的重要法律问题,由于强制拍卖法规中缺乏关于此问题的明确规定,人们往往习惯于以《拍卖法》中的相关规定来解释是非,给拍卖机构和人民法院造成极大的压力和负担。笔者曾提出,以《拍卖法》中的相关规定套用于解释强制拍卖中的瑕疵责任是不合理的,①原因就在于其混淆了拍卖的性质,混淆了不同拍卖中法律关系主体的性质。《拍卖法》规范的瑕疵责任从性质上说是一种民事赔偿责任,该责任的法律基础是担保和过错,即委托人、拍卖人作为拍卖法律关系的主体应担保拍出的拍卖标的无未告知的瑕疵,拍出的拍卖标的存在未告知的瑕疵且委托人、拍卖人有过错的,应承担赔偿责任。在我国的法律体制中,瑕疵责任一般对应于民事主体,满足法律规定时,也可以对应于行政机关及其工作人员,但司法机关不承担民事赔偿责任。我国不存在司法机关承担民事赔偿责任的途径,人民法院在审理案件和执行判决过程中的过错均通过上诉、审判监督、内部纪律等方式纠正和处分,这些方式均与人民法院自身的民事责任无关。我国也不存在司法机关承担民事赔偿责任的实体规定,依据《国家赔偿法》,只有当事涉刑事时,司法机关方因自己的过错才承担赔偿责任。因此,在强制拍卖中要求人民法院承担瑕疵责任与我国的法律体制不符。另外,人民法院不承担瑕疵责任不仅指物之瑕疵,也应包括权利瑕疵。

　　进一步论,人民法院不承担瑕疵责任必然极大地影响到拍卖人的瑕疵责任。首先,在非强制拍卖模型体系中,瑕疵责任属于拍卖人和委托人的共同责任,其承担责任的形式是"给买受人造成损失的,买受人有权向拍卖人要求赔偿;属于委托人责任的,拍卖人有权向委托人追偿"②。但在强制拍卖中,作为委托人的人民法院法定无瑕疵责任,这说明该模型体系已经变形,拍卖人先行承担瑕疵责任后,其追偿的链条就中断了,在此情形下单独要求拍卖人承担瑕疵责任不合理。其次,瑕疵责任的法律基础是过错,即未尽说明瑕疵的义务。但一般而言,委托人应尽说明义务是第一性的,其逻辑结构应当是:委托人向拍卖人说明拍卖标的的瑕疵,拍卖人向竞买人说明拍卖标的的瑕疵。③ 因此,在强制拍卖中,拍卖人只要完整地揭示了人民法院说明的拍卖标的的瑕疵,拍卖人就没有承担瑕疵责任的法律基础。

---

① 参见刘宁元:《拍卖法关于瑕疵担保责任免除质疑》,载《法学》2000年第1期,第38—41页;刘宁元:《论强制拍卖及其规则》,载《政治与法律》2004年第5期,第53—58页。
② 参见《拍卖法》第61条。
③ 参见《拍卖法》第18条和第27条。

最后，在强制拍卖中，作为拍卖人的拍卖机构实际处于协助人民法院强制执行的地位，拍卖的一切根据和指令均来自于人民法院的判决和裁定。在法治社会中，人民法院的判决或者裁定代表了既定事实和结论，有着很高的司法公定力，非经法定程序不得改变。因此，无论人民法院是否说明了拍卖标的的瑕疵，从拍卖人角度说，均没有提出异议的必要和可能。

以上论述的结论是：人民法院和拍卖人在强制拍卖中原则上不承担瑕疵责任。但同时应当看到，前述人民法院和拍卖人不承担责任的理由不同，人民法院不承担瑕疵责任是因为本质上不要求它承担民事责任，因此也就没有为它设置承担责任的司法通道，而拍卖人不承担瑕疵责任是因为受到人民法院的影响，其行为被覆盖在司法公定力之下。换言之，如果体现司法公定力的判决或者裁定被推翻，拍卖人是可以承担责任的。拍卖人是一个独立的主体，它有自己的商业利益，如果说当它面对人民法院接受委托时更具协助执行意义的话，那么当它面对竞买人实施拍卖时则更具商业意义。在利益驱动之下，拍卖人可能掩盖人民法院已经揭示的拍卖标的的瑕疵。以上情形，无论是故意还是过失，均不应免除拍卖人的瑕疵责任，但前提是，买受人须首先申请拍卖无效，并在认定无效程序中获得救济。

（二）在拍卖当事人之外关于瑕疵责任的讨论

一些国家和地区的立法、实践谋求在拍卖当事人之外考虑瑕疵责任问题，即考虑由被执行人、申请执行人等承担瑕疵责任。日本和我国台湾地区均将瑕疵责任作权利瑕疵责任和物之瑕疵责任区分，明确买受人没有物之瑕疵担保请求权，但权利瑕疵不然。日本民法规定，于强制拍卖情形，如拍卖标的上存在权利瑕疵，被执行人负第一次瑕疵责任；如被执行人无资力，受价金分配的申请执行人等负第二次瑕疵责任。我国台湾地区司法实践认为，如拍卖标的上存在权利瑕疵，买受人可以向被执行人主张请求权，如果申请执行人指封错误系出于故意或者过失的，买受人可以对其不法行为请求损害赔偿。[①]

---

① 参见赵晋山：《强制执行程序中的拍卖问题研究》，载沈德咏主编：《强制执行法起草与论证》（第一册），中国法制出版社 2002 年版，第 392—393 页。

关于将瑕疵责任作权利瑕疵责任和物之瑕疵责任区分,前文也有提到,笔者认为并无多大意义。区分的目的在于免除相关当事人的物之瑕疵责任,而保留权利瑕疵责任。其理由在于,物之瑕疵的告知义务,可以通过赋予竞买人充分的查验拍卖标的权利来弥补,即只要竞买人认真查验了拍卖标的,物之瑕疵应当发现,而权利瑕疵一般是无法通过查验发现的。另有学者认为,拍卖标的存在物之瑕疵,受到损害的是买受人,因此买受人有主张请求权的动力,而拍卖标的存在权利瑕疵,受到损害的是相关权利人,因此买受人没有主张请求权的动力。笔者认为作出区分的上述理由均不充分。首先,赋予竞买人查验权并不足以支撑免除物之瑕疵责任,非强制拍卖中赋予竞买人的查验权不可谓不充分,换句话说,强制拍卖中赋予竞买人的查验权不可能比非强制拍卖中赋予竞买人的查验权更充分,但非强制拍卖中的瑕疵担保请求权和查验权是并举的。之所以要两者并举,一则因为赋予竞买人查验权并不能替代委托人和拍卖人的告知义务,二则因为大多数的真伪、品质等瑕疵不可能通过查验发现。其次,所谓买受人不因权利瑕疵受到损害是相对的,实践中存在较多案例,买受人因在强制拍卖中买了走私车而被国家缉私部门吊赃。另外,买受人买到权利有瑕疵的拍卖标的,总有一种不稳定的感觉,并时时受到相关权利人的干扰,不能说买受人没有主张请求权的动力。

根据上述理由,笔者主张不区分权利瑕疵和物之瑕疵,统一考虑瑕疵责任问题。不同于人民法院,被执行人和申请执行人等可以承担民事责任,如果瑕疵责任存在的话,当然就应当承担瑕疵责任。但问题在于,强制拍卖中针对被执行人和申请执行人等的瑕疵责任真的存在吗?如果存在,它能够对应于买受人的瑕疵担保请求权吗?

要回答第一个问题,有必要区别被执行人和申请执行人等。申请执行人等不同于被执行人,他们既不是被执行财产(拍卖标的)的所有权人,也不可能掌握被执行财产的准确信息,他们对于被执行财产的利益完全是人民法院判决或裁定的结果,让他们为被执行财产提供无瑕疵担保,既不合法理,也无现实可行性。至于前文提及的"指封财产错误",完全是另一个范畴的问题,况且在我国大陆法制中本无这一概念,也无针对申请执行人责任的规定。鉴于此,笔者认为,所谓申请执行人等的瑕疵责任是不真实的,物之瑕疵责任是如此,权利瑕疵责任也是如此。而被执行人有所不同,被执行人是被执行财产的所有权人,其掌握着被执行财产的准确信息,当这些财产被强制转让时,其应当有义务揭示隐蔽于财产中的瑕疵,物之瑕疵是如此,权利瑕疵也是如此。因此,笔者认为,被执行人的瑕疵责任是真实存在的。但紧接着产生第二个问题,即被执行人的瑕疵责任能够对应于买受人的瑕疵担保请求权吗?按一般法律逻辑,这不应该成为问题,因为被执行人有揭示瑕疵的义务,且由于其没有揭示导致买受人的损失,其间因果关系清晰明了。但是,前述因果关系的讨论忽视了一个重大环节,即被执行人的错误已因人民法院的判决或者裁定有了明确判定,也就是说,被执行人的错误已被司法公定力所覆盖。在此情形下,买受人所能直接面对的,已经不再是被执行人的瑕疵责任,而是人民法院既定的判决或者裁定。我们不能设想,在一个法治社会中,当事人可以绕开司法机关的既定判决或者裁定,去获得一个与既定判决或者裁定相抵触的权利。因此,笔者认为,即使被执行人的瑕疵责任存在,该瑕疵责任也不能够对应于买受人的瑕疵担保请求权,物之瑕疵责任是如此,权利瑕疵责任也是如此,在人民法院的既定判决或者裁定被推翻之前,买受人对被执行人无法作为。

通过以上分析可知,如果被执行人存在过错,其应当负瑕疵责任,包括物之瑕疵责任和权利瑕疵责任,但被执行人的瑕疵责任是最终的,具有程序意义,它不能直接对应于买受人的瑕疵担保请求权。即当买受人购得存在瑕疵的拍卖标的,他唯一能做的是向人民法院申请拍卖无效,并在认定无效程序中获得救济。

(三)保留瑕疵担保请求权的价值和代价

前述的分析是基本的,其结果大体上满足了《民事强制执行法草案(第四稿)》的设计,[①]即买受人原则上没有瑕疵担保请求权,但对应于拍卖人和被执行人的错误例外。如此设计意味着在强制拍卖

---

① 之所以说"大体上",是因为还是有区别,《民事强制执行法草案(第四稿)》的设计区分物之瑕疵和权利瑕疵,本书的前述分析认为这种区分是没有意义的;《民事强制执行法草案(第四稿)》的设计只规定"故意隐瞒瑕疵"例外,即例外范围较窄,本书的前述分析坚持,针对被执行人应强调"过错隐瞒瑕疵"例外,即例外的范围更宽。

中仍然保留瑕疵担保请求权,虽然该瑕疵担保请求权已经与非强制拍卖中的相同权利有所区别。选择保留瑕疵担保请求权有其价值,它强调拍卖应当是公平交易,买受人支付价款购得的拍卖标的应当物有所值,如果拍卖标的的价值因存在应当告知却未知的瑕疵而减损,买受人应当有寻求救济的权利和途径。因此,保留瑕疵担保请求权的价值直接指向买受人的权益,强调买受人的权益应当得到充分保护,即使在强制拍卖中也是如此。

但是,保留瑕疵担保请求权不仅有其价值,也有其代价。保留瑕疵担保请求权在给予买受人实质正义的同时,对于其他相关当事人的权益会造成重大影响。不同于非强制拍卖,强制拍卖中瑕疵担保请求权的最终实现需要首先进入认定拍卖无效程序,并视其结果而定。如果人民法院驳回了买受人的申请,则瑕疵担保请求权无从谈起,如果人民法院支持了买受人的申请,则会产生下述一系列问题:其一,拍卖无效的直接后果是恢复原状,这就产生执行回转问题,其结果必然波及申请执行人等在强制执行程序中已经获得的权益。[①] 因拍卖人或者被执行人的过错,波及执行申请人等的正当权益,这合理吗? 其二,如果申请执行人等在强制执行程序中已经获得的正当权益被执行回转,势必要引发另一次强制执行,以满足申请执行人等的债权,客观上加重了人民法院执行的负担。其三,执行回转本身就是一个十分复杂的问题。如果申请执行人等不愿意返还已获分配的价金该怎么办? 如果申请执行人等已无能力返还已获分配的价金又该怎么办? 其结果是,一个强制执行可能牵扯出若干个强制执行。其四,由被执行人承担的最终瑕疵责任在实践中往往难以实现,被执行人正是因为无力偿债,才进入强制执行程序,在执行过程中,又因为瑕疵责任加重了债务负担,致使被执行人的偿债能力更是雪上加霜,其结果是,或者买受人的瑕疵担保请求权难以实现,或者是申请执行人等的债权难以实现。

综上所述,从民法原理上说,拍卖人和被执行人因其过错应当承担瑕疵责任,买受人也相应地应当有瑕疵担保请求权。但因其发生

[①] 正因为如此,日本法规定受价金分配的申请执行人等负第二次瑕疵责任。

在强制拍卖过程中,不能回避司法公定力的影响,致使权责之间还要解决拍卖无效问题及其后果。因此,有学者和业内人士提出,对于《民事强制执行法草案(第四稿)》中关于保留瑕疵担保请求权的设计,应作进一步的思考。思考面临两种选择,第一种选择是,完整地接受《民事强制执行法草案(第四稿)》的设计,即原则上否定买受人的瑕疵担保请求权,例外追究拍卖人和被执行人的瑕疵责任,即使在追究过程中付出沉重的代价也在所不惜;第二种选择是,接受《民事强制执行法草案(第四稿)》的原则,抛弃草案中的例外,即彻底地否定买受人的瑕疵担保请求权,回避执行回转等复杂的问题,提高执行效率,至于买受人所获正义的缺失,可以通过人民法院在拍卖前的严格审查和监督,在拍卖后对其所获权利的绝对维护来弥补。[①]

上述两种选择有着不同的价值取向,第一种选择的价值取向是交易的公平,在确保交易公平的基础之上再去考虑其他,而第二种选择的价值取向是执行的效率,在坚持执行效率优先的前提下兼顾交易公平。笔者以为,在上述两种价值取向中,第二种选择的价值取向似乎更符合强制拍卖的特点。强制拍卖属于执行程序中的变价措施,旨在平衡债权、债务关系,执行程序历经申请、查封、裁定拍卖、委托、拍卖实施等,至买受人提出瑕疵担保请求权时,执行程序已近尾声,这一阶段的制度设计,应以尽量避免法律关系的复杂化为原则,若此时依然保留买受人的瑕疵担保请求权,必然导致引发新的法律纠纷,一轮又一轮地使执行程序回到原点,实在是累及执行效率。交易公平能否得到维护实际上取决于是否牺牲申请执行人等的利益,而这又关乎执行公平的问题,在执行程序中以牺牲执行公平换取交易公平不合道理。因此,从二利相权取其重、二害相权取其轻的逻辑出发,笔者倾向性的观点是,在强制拍卖中彻底否定买受人的瑕疵担保请求权。

---

① 此处所谓"绝对维护"是指,将买受人因强制拍卖所获财产所有权认定为司法确认的所有权,非经司法程序不得剥夺和损抑,可以对抗任何第三人的权利要求,甚至可以对抗行政部门的执法。

四、申请执行人和被执行人参与规则

强制拍卖与非强制拍卖之间的重大区别之一是存在必须被考虑其利益的申请执行人和被执行人。一般情形下,申请执行人和被执行人并不直接参与拍卖程序,他们只是接受拍卖的结果,但在某些情形下,他们可以直接参与拍卖程序,并在程序中主张自己的实体权利。

(一) 申请执行人和被执行人参与竞买

允许申请执行人和被执行人参与竞买,是强制拍卖的现行规则。《关于民事执行中拍卖、变卖财产的规定》第15条第2款规定:"申请执行人、被执行人可以参加竞买。"申请执行人和被执行人参与竞买时,应被作为竞买人看待,如其他竞买人一样,接受资格审查,并办理竞买手续。

对于是否允许申请执行人和被执行人参与竞买,业内曾进行过讨论,笔者也曾发表过与现行规定相左的观点。[①] 笔者认为,不同于拍卖当事人,申请执行人和被执行人本是执行当事人,而参加竞买的行为却使其同时有了竞买人身份,成为拍卖当事人了。作为拍卖当事人在拍卖关系中有其利益,作为执行当事人在执行关系中有其利益,应当特别关注的问题是,在不同关系中的利益是不协调的。以申请执行人为例,其在执行关系中的利益是接受拍卖价金的分配,过低的拍卖成交价将影响到自己的利益,而其在拍卖关系中的利益是获得拍卖标的的所有权,过高的拍卖成交价将影响到自己的利益。考察被执行人在不同关系中的利益,也是如此。鉴于申请执行人和被执行人在不同关系中的利益冲突,因此,应谨防其在参与竞买时的虚假行为。

当然,允许更多的人参与竞买,毕竟有利于提高拍卖的成交率,从这点考虑出发,现行规定还是有一定道理的。但笔者还是认为,实践中可以灵活掌握,如申请执行人、被执行人有参与竞买的意向,人民法院可以在委托拍卖之前征询其出价,如其出价可以满足对拍卖

---

① 参见刘宁元:《拍卖法原理与实务》,上海人民出版社1998年版,第99—100页。

标的的评估价或接近评估价,完全可以不实施拍卖而解决执行问题。这样不仅提前解决了执行问题,而且大大降低了执行成本,无疑效率更高。

(二)不成交时申请执行人等接受拍卖标的以抵偿债权

拍卖不成交时,经申请执行人等申请或者同意,由其接受拍卖标的以抵偿债权,是强制拍卖的现行规则。《关于民事执行中拍卖、变卖财产的规定》第19条第1款规定:"拍卖时无人竞买或者竞买人的最高应价低于保留价,到场的申请执行人或者其他执行债权人申请或者同意以该次拍卖所定的保留价接受拍卖财产的,应当将该财产交其抵债。"第2款规定:有两个以上执行债权人申请以拍卖财产抵债的,由法定受偿顺位在先的债权人优先承受;受偿顺位相同的,以抽签方式决定承受人。承受人应受清偿的债权额低于抵债财产的价额的,人民法院应当责令其在指定的期间内补交差额。"《民事强制执行法草案(第四稿)》第146条也有类似规定。

根据上述司法解释第19条第1款规定,采用以物偿债方法需要满足下述条件:其一,在拍卖会上拟拍卖的财产因无人竞买或者报价不达保留价而不成交;其二,到场的申请执行人或者其他执行债权人有接受拍卖财产抵偿债权的意愿;其三,按确定的保留价抵偿债权。

上述第2款旨在解决有两个以上执行债权人(申请执行人也是执行债权人)愿意接受以物抵债时,谁获得拍卖财产的问题。执行债权人包括一般债权人和优先受偿权人(优先权人之一类)。优先受偿权人包括留置权人、质权人、抵押权人、船舶优先权人、航空优先权人、建筑承包优先权人、法定抵消权人等。根据"受偿顺位在先的债权人优先承受"的原则,在一般债权人和优先受偿权人之间,优先受偿权人优先承受;在优先受偿权人之间,属于不同担保物权的,按法定受偿顺位在先的人优先承受,如在同一拍卖财产上设定留置权和抵押权的,留置权人先于抵押权人承受。如果均为一般债权人,或者均为无法定受偿先后顺序的优先受偿权人,原则上应按债权产生的先后顺序确定承受人。例如,在同一拍卖财产上设定数个抵押权的,先抵押的抵押权人较后抵押的抵押权人优先承受,①应尽量减少通过抽签决定承受顺序。

以物偿债原本就是民事执行方法,本可以不在强制拍卖程序中实现,本节之所以将其作为强制拍卖规则之一,是因为它与拍卖密切相关。本节之以物偿债在拍卖会上进行,且以保留价作为承受的价格。但因此有以下疑问:本节之以物偿债是否可以在拍卖会后进行?由谁来主持以物偿债?首先讨论第一个问题。以物偿债是在拍卖不成交后启动的,拍卖不成交标志着围绕该拍卖标的的拍卖已经告一段落,因此,以物偿债没有必要限定在拍卖会上进行,在拍卖会后程序终了之前进行亦可。其次讨论第二个问题。以物偿债既可以由拍卖师主持,也可以由人民法院的执行员主持,两相比较,由人民法院的执行员主持更有利于以物偿债中各类问题的解决。笔者认为,在拍卖会后由人民法院执行员主持进行以物偿债有多方面好处:其一,有利于拍卖会正常程序的进行。一次拍卖会一般有较多拍卖标的要拍卖,某一拍卖标的不成交时,已满足了进行以物偿债的所有条件,如立即在拍卖会上进行以物偿债,势必妨碍其余拍卖标的的拍卖,而如在拍卖会后再进行以物偿债,既不违反以物偿债的条件,又不妨碍其余拍卖标的的拍卖,更加妥当。其二,有利于以物偿债准确进行。进行以物偿债不同于一般拍卖规则的适用,其中的各类债权及其先后顺序涉及厚实的法律功底,非拍卖师的知识范畴所能包容,由人民法院的执行员主持更加妥当。另外,在拍卖会后进行以物偿债,也为人民法院执行员主持以物偿债提供了方便。

五、关于拍卖标的所有权转移的规则

（一）买受人或承受人的所有权性质

买受人或承受人因参与强制拍卖而取得拍卖标的所有权。围绕买受人或承受人取得所有权的性质,理论界存在两种不同的观点。一种观点为继受取得说,即买受人或承受人因强制拍卖所取得的所

---

① 参见葛行军:《论民事执行顺序》,载沈德咏主编:《强制执行法起草与论证》(第一册),中国法制出版社2002年版,第250—252页。

有权系自出卖人转移而来。既然是转移而来,那么在转移来权利的同时也可能转移来权利的缺陷,因此,如果拍卖标的非属于被执行人所有,其结果将影响到买受人或承受人的所有权。另一种观点为原始取得说,即买受人或承受人因强制拍卖所取得的所有权是基于司法机关的设权处分而原始地、直接地取得,与被执行人对拍卖标的的权利毫无关系。因此,无论在执行名义下的拍卖标的是否真正归被执行人所有,其结果都不影响买受人或承受人的所有权。①

上述两种观点虽有为买受人或承受人的所有权性质奠定理论基础的意义,但对实践的本质影响仍属权利瑕疵问题,对此,笔者在前文已有论述。笔者同意原始取得的结论,即无论在执行名义下的拍卖标的是否真正归被执行人所有,其结果都不影响买受人或承受人的所有权,但笔者对将该结论归入"原始取得"表述有疑问。原始取得是因为客观上确实无前手可以作为取得所有权的原因而存在的方式,如因先占、生产制造而取得的所有权,它在不受前手权利瑕疵影响的同时,也绝对地无追究前手责任的途径。而买受人或承受人因强制拍卖所取得的所有权有所不同,它不是客观上无前手,而是因司法公定力的作用人为地割断与前手的关系,这点区别很重要,如果代表司法公定力的判决或裁定被推翻,买受人或承受人因强制拍卖所取得的所有权还是会受到其前手的影响的。

因此,笔者认为,买受人或承受人因强制拍卖所取得的所有权之所以不受其前手权利瑕疵的影响,不是因为其所有权的取得方式是所谓的原始取得,而是因为其所有权的取得受到了司法公定力的保障。

(二)拍卖标的所有权的转移

买受人或承受人对拍卖标的的所有权因拍卖标的所有权的转移而产生,拍卖标的所有权转移的方式和时间因拍卖标的属于动产或不动产的性质而有所不同。《关于民事执行中拍卖、变卖财产的规定》第 29 条规定:"动产拍卖成交或者抵债后,其所有权自该动产交

---

① 参见赵晋山:《强制执行程序中的拍卖问题研究》,载沈德咏主编:《强制执行法起草与论证》(第一册),中国法制出版社 2002 年版,第 382—384 页。

付时起转移给买受人或者承受人。不动产、有登记的特定动产或者其他财产权拍卖成交或者抵债后,该不动产、特定动产的所有权、其他财产权自拍卖成交或者抵债裁定送达买受人或者承受人时起转移。"《民事强制执行法草案(第四稿)》第 151 条规定:"动产拍定或者以物抵债后,将动产交付给拍定人或者承受人时,所有权转移给拍定人或者承受人。不动产或者有登记的特定动产拍定或者以物抵债后,执行机构应当发给拍定人或者承受人权利转移证书。该权利转移证书的日期为产权转移的时间。拍定人或者承受人可以持权利转移证书向登记机关申请登记。拍卖物上的用益物权负担随所有权转移。"

分析上述规定,虽然《关于民事执行中拍卖、变卖财产的规定》和《民事强制执行法草案(第四稿)》在内容的表述上有所差异,但围绕拍卖标的所有权的转移方式和时间,其实质是一致的。上述规定针对动产和不动产、有登记的特定动产设置了两种不同的所有权转移方式:其一,动产性拍卖标的所有权自拍卖标的交付给买受人或者承受人时转移;其二,不动产性和有登记的特定动产性拍卖标的所有权,自拍卖成交或者以物抵债裁定(《民事强制执行法草案(第四稿)》要求制作权利转移证书)送达买受人或者承受人时起转移。

《关于民事执行中拍卖、变卖财产的规定》和《民事强制执行法草案(第四稿)》的上述规定固然有其合理性,但其内容与我国《物权法》规定的内容小有冲突。我国《物权法》第 28 条规定:"因人民法院、仲裁委员会的法律文书或者人民政府的征收决定等,导致物权设立、变更、转让或者消灭的,自法律文书或者人民政府的征收决定等生效时发生效力。"冲突发生在动产物权转移的效力上,按《关于民事执行中拍卖、变卖财产的规定》和《民事强制执行法草案(第四稿)》的规定,动产性拍卖标的所有权自拍卖标的交付时转移,而按《物权法》的规定,动产性拍卖标的所有权也如不动产性拍卖标的一般,自裁定(《民事强制执行法草案(第四稿)》要求制作权利转移证书)送达时转移。也就是说,《物权法》并不区分动产和不动产、有登记的特定动产,而是统一根据法律文书发生效力决定所有权转移。应当认识到,《物权法》的上述规定于本节所涉内容针对性极强,且相比较《关于民事执行中拍卖、变卖财产的规定》,《物权法》不仅颁布在后,而且有更高的效力。因此,关于拍卖标的所有权的转移问题,应以《物权法》的规定为准。

值得注意的是,在强制拍卖中,办理登记手续虽然不是不动产性拍卖标的所有权转移的前置条件,但买受人或者承受人取得该不动产后还是应当按规定办理登记手续。《物权法》第 31 条规定:"因人民法院、仲裁委员会的法律文书享有不动产物权的,处分该物权时,依照法律规定需要办理登记的,未经登记,不发生物权效力。"

(三) 拍卖标的上各种权利负担的处理

鉴于财产的担保、用益等多种功能日益被人们所重视,拍卖标的上存在担保物权、其他优先权、用益物权、租赁权等不仅是经常的,也是正常的,作为强制拍卖的拍卖标的尤其如此。根据我国《物权法》和相关法律、法规,担保物权包括抵押权、质权、留置权等;其他优先权包括船舶优先权、航空器优先权、建筑承包优先权、法定抵消权等;用益物权包括土地承包经营权、建设用地使用权、宅基地使用权、地役权等。按照民法原理,存在于财产上的担保物权、其他优先权、用益物权、租赁权等并不因财产的转让而当然消灭,它们将随着财产转由新的所有权人承受,构成权利负担。那么,在强制拍卖中,应当如何处理这些权利负担?是否也按民法原理行事,将这些权利负担转由买受人承受?

围绕强制拍卖中各种权利负担的处理,各国立法和实践存在不同的做法,概括而言有三种:其一,承受主义,即拍卖标的上的权利负担不因拍卖而消灭,而是继续存在于拍卖标的之上由买受人承受。其二,消灭主义,即拍卖标的上的权利负担因拍卖而消灭,买受人因此而取得无任何权利负担的财产所有权。其三,混合主义,即在剩余主义基础之上,①根据一定条件,兼采承受主义和消灭主义。②

各国立法和实践中的不同做法有其价值取向。承受主义的价值

---

① 所谓剩余主义,是指申请执行人和执行法院应确保拍卖所得价金在清偿优先债权后尚有剩余,无剩余可能的,强制拍卖不得启动。

② 参见赵晋山:《强制执行程序中的拍卖问题研究》,载沈德咏主编:《强制执行法起草与论证》(第一册),中国法制出版社 2002 年版,第 363—370 页。

取向在于更多地考虑优先权人的利益,优先于执行债权的各种权利不因拍卖而受影响,优先权人因此而处于较为安定的地位;但相对而言忽视了买受人的利益,买受人因拍卖而取得的财产上可能存在复杂的法律关系,其所有权是不完整的,甚至可能是支离破碎的。消灭主义的价值取向与承受主义正相反,因一次拍卖而消灭了拍卖标的上所有的权利负担,买受人因此获得了完整的所有权,但相比之下优先权人的地位就不那么稳固了,他们可能因拍卖所得价金不足而得不到清偿,即使得到清偿也可能因提前清偿而丧失预期利益,特别是其中的用益物权和租赁权,其利益主要体现为财产的占有、使用,消灭后难有适当的补偿。正是因为承受主义和消灭主义在协调优先权人和买受人利益方面均存在较为明显的弊端,故混合主义的做法为较多国家所接受。首先,混合主义均以剩余主义为基础,一方面确保了优先权人的基本利益,另一方面也可以简化成交后拍卖标的上之法律关系;其次,混合主义将拍卖标的上的各种优先权利分为不同的类别,按合理补偿原则区别处理,虽然并非至善至美,但希望在其框架中优先权人和买受人的利益是协调的。

我国强制拍卖法制中有关拍卖标的上各种权利负担的处理,明显以混合主义为基础。《关于民事执行中拍卖、变卖财产的规定》第31条规定:"拍卖财产上原有的担保物权及其他优先受偿权,因拍卖而消灭,拍卖所得价款,应当优先清偿担保物权人及其他优先受偿权人的债权,但当事人另有约定的除外。拍卖财产上原有的租赁权及其他用益物权,不因拍卖而消灭,但该权利继续存在于拍卖财产上,对在先的担保物权或者其他优先受偿权的实现有影响的,人民法院应当依法将其除去后进行拍卖。"《民事强制执行法草案(第四稿)》第151条和第152条规定:拍卖标的上的用益物权负担随所有权转移;拍卖标的上的优先权、担保物权因拍卖而消灭,但买受人以接受优先权、担保物权继续存在的价格买受的除外;以有优先权或者担保物权的财产抵债的,承受人首先补偿了优先权人或者担保物权人的债权额,或者将其款额提存的,优先权或者担保物权消灭。

《关于民事执行中拍卖、变卖财产的规定》和《民事强制执行法草案(第四稿)》的上述规定,既有共同点,也有区别点。主要的共同点包括:(1)均以剩余主义为基础,确保拍卖价金在清偿权利负担后尚有剩余;(2)将权利负担分为两类,一类是用益物权和租赁权等以获得使用价值为实现目的的权利负担,另一类是担保物权和其他优先权等以获得交换价值为实现目的的权利负担,前者原则上随拍卖而转移,后者随拍卖而消灭;(3)买受人以接受担保物权、其他优先权继续存在的价格买受的,该权利随拍卖而转移。主要的区别点包括:(1)《民事强制执行法草案(第四稿)》剔除了租赁权,只规定用益物权负担随所有权转移,而《关于民事执行中拍卖、变卖财产的规定》将用益物权和租赁权并列,规定其负担原则上随所有权转移,但特别情形下可由人民法院去除;(2)《民事强制执行法草案(第四稿)》对以物抵债情形下权利负担的处理作出规定,而《关于民事执行中拍卖、变卖财产的规定》对此未作出相应规定。

笔者认为,上述共同点所反映的基本观点均是恰当的,特别是将权利负担分类处理,从相关权利的利益指向出发,解决利益的平衡问题,对社会和谐十分有益。但从上述主要区别点出发,不能不对相关问题作进一步思考。其一,在考虑权利负担的处理时,是否要考虑租赁权负担?《关于民事执行中拍卖、变卖财产的规定》和《民事强制执行法草案(第四稿)》的区别点之一是,前者考虑租赁权负担的处理,而后者不考虑。不同于用益物权,租赁权在性质上属于债权,但又不同于其他优先债权,租赁权是以取得财产使用价值为目的的权利。两相比较,从处理权利负担的角度上说,租赁权更接近用益物权,因此,《关于民事执行中拍卖、变卖财产的规定》将两者并列共同考虑似乎更妥当。其二,在规定用益物权和租赁权随所有权转移时,是否要考虑特殊情况例外?《关于民事执行中拍卖、变卖财产的规定》和《民事强制执行法草案(第四稿)》的又一区别点是,前者规定了"该权利继续存在于拍卖财产上,对在先的担保物权或者其他优先受偿权的实现有影响的,人民法院应当依法将其除去后进行拍卖",而后者无此规定。所谓"除去后进行拍卖",是指在实施拍卖之前就将用益物权和租赁权处理掉,使买受人获得一个圆满的所有权,其结果与消灭主义无异。《关于民事执行中拍卖、变卖财产的规定》的这一规定意味着可以为了拍卖而提前终止用益物权和租赁权,从这点上说对于相关权利人是不公平的,可是它同时有助于提高拍卖的成交率,给予执行效果以安定性,这又有其合理性。两相比较,是否保留《关于民事执行中拍卖、变卖财产的规定》的这一例外关乎不同的利益,不保留例外更多地体现了财产转让的公平,而保留例外更多地体现了强制执行的公平。笔者认为,既然是在为强制执行立法,首先要考虑的是强制执行的公平,执行结果的安定性毕竟是执行的生命线。因此,笔者赞同《关于民事执行中拍卖、变卖财产的规定》的这一例外规定。进一步说,只要去除用益物权和租赁权在实践中是可行的,最好去除用益物权和租赁权后,再行拍卖。

六、关于强制拍卖无效

在我国现行拍卖法规(不仅指强制拍卖法规)中,关于拍卖无效的规定少之又少,其中明文涉及认定无效的条件仅"竞买人之间、竞买人与拍卖人之间恶意串通"一项,[1]表现出谨慎立法的倾向。然而,在我国正在起草的《民事强制执行法草案(第四稿)》中,对拍卖无效的设计,起草人却表现出少有的热心,涉及认定无效的条件有六项之多。该草案第154条规定:"当事人或者利害关系人认为拍卖程序有下列情形之一的,可以在拍卖结束后六个月内,向执行法院提出。执行法院经组成合议庭审查核实,应当裁定拍卖无效:(一)竞买人之间、竞买人与拍卖人之间恶意串通,给他人造成损害的;(二)拍卖前未发布拍卖公告的;(三)拍卖日期距公告日期不足法定期限的;(四)拍卖物以低于底价的价格拍定的;(五)拍卖人或者被执行人故意隐瞒拍卖物的重大瑕疵的;(六)其他违反拍卖程序给利害关系人造成损害的情形。当事人或者利害关系人对执行法院的裁定不服的,可以上诉。"可见,我国现行拍卖法规和《民事强制执行法草案(第四稿)》关于拍卖无效的规定,存在很大差异。那么,《民事强制执行法草案(第四稿)》的设计是否完善了现行拍卖法规?笔者拟在此表达自己的观点。

---

[1] 参见《拍卖法》第65条、《中华人民共和国海事诉讼特别程序法》第41条。

(一）关于认定强制拍卖无效的条件

《民事强制执行法草案（第四稿）》设计的应当认定为拍卖无效的条件有六项，其中第六项有"兜底条款"的意义，说明实际应当认定为拍卖无效的条件远多于六项。与现行拍卖法规（也包括强制拍卖法规）相比，只有第一项是重合的，其余皆为《民事强制执行法草案（第四稿）》新设的内容。然审视其余，没有一项不涉及相关人员的违法行为，且都有可能给利害关系人造成损害。从一般法理判断，满足《民事强制执行法草案（第四稿）》设计的条件时，认定为拍卖无效自也合情合理。那么，两者之间为什么会有这样大的差异呢？当然，这里首先要问的不是《民事强制执行法草案（第四稿）》设计的无效条件之多，而是现行拍卖法规规定的无效条件之少。

笔者以为，我国现行拍卖法规十分谨慎地规定拍卖无效，是有原因的。拍卖通常有三方多人参与，引发拍卖无效可能仅出于其中一人的过错。拍卖无效问题的提出总是在拍卖结束后，这时拍卖成交合同已经缔结，交易也可能已经完成，委托人拿到了价款，拍卖人拿到了佣金，买受人拿到了拍卖标的。拍卖无效的结果要求恢复原状，委托人、拍卖人、买受人将各自被要求返还交易所得。以上种种，在实践中会带来十分复杂的后续问题。后续问题之一：买受人可能没有过错，而返还拍卖标的对买受人可能是一个很大的挫折，因此买受人可能拒绝返还。后续问题之二：无过错的买受人可能已将拍卖标的又转手，或者他可能已不知去向，此时无法返还。后续问题之三：委托人可能没有过错，而返还拍卖所得对委托人可能是一个很大的挫折，因此委托人可能拒绝返还。后续问题之四：无过错的委托人可能已负债累累，或者他可能已不知去向，此时无法返还。当然，上述拒绝返还问题可以采用强制执行的方法（执行回转）解决，但由此所造成的巨大社会成本和对善意第三人的拖累，是无法在强制执行中得到合理解释的。认定行为无效是追究行为人过错责任的一种途径，但认定拍卖无效却可能拖累多人的善意行为，且连带产生对善意行为人的强制执行，这实在有违认定无效的初衷。因此，笔者赞同现行拍卖法规的谨慎做法，对于大多数可以认定无效的违法行为，多采用赔偿、罚款等处罚方式进行救济。

与非强制拍卖相比,强制拍卖中所产生的拍卖无效问题有过之而无不及,因为其中还可能涉及人民法院的过错。例如,《民事强制执行法草案(第四稿)》所列"拍卖前未发布拍卖公告的"和"拍卖日期距公告日期不足法定期限的"二项,根据该草案所采用的制度设计,极有可能属于产生于人民法院的过错。笔者认为,除非买受人向执行法院主张拍卖无效,对于因人民法院过错造成的拍卖瑕疵,应当谨慎认定拍卖无效。究其原因在于,简单认定拍卖无效后,不仅损害了善意行为人(特别是买受人)的利益,还缺失正当的经济补救途径。其结果是,因小瑕疵而寻求救济,救济的结果产生更大的瑕疵。

需要说明的是,谨慎认定拍卖无效并不是不可以认定拍卖无效,除"竞买人之间、竞买人与拍卖人之间恶意串通,给他人造成损害的"外,其他影响拍卖程序公正的情形,也可以认定为拍卖无效,只是不要以"应当"表述。例如,"拍卖物以低于底价的价格拍定的",可以认定为拍卖无效,也可以不认定为拍卖无效,如何认定可视案件的具体情况而定。这里似乎应当明确一些原则:采用赔偿、罚款等救济方式已足以维持相关当事人间利益大体公正的,不必认定拍卖无效。认定拍卖无效后会带来十分复杂的后续问题,实践中无法补救的,不必认定拍卖无效,反之可以认定拍卖无效。

(二)关于认定强制拍卖无效的程序

现行拍卖法规(包括强制拍卖法规)中没有关于认定拍卖无效的程序规定,因此,《民事强制执行法草案(第四稿)》如果最后得以成为法律的话,对此是个很好的弥补。《民事强制执行法草案(第四稿)》的上述规定可以归纳出下列程序规则:(1)认定拍卖无效属于司法程序,应当向人民法院提出,具体管辖的法院为执行法院。(2)有资格请求人民法院认定拍卖无效的人为"当事人或者利害关系人",包括拍卖当事人、执行当事人、其他债权人。(3)认定拍卖无效案件的诉讼期间为六个月,自拍卖结束之日起算。(4)人民法院受理拍卖无效案件后,应当组成合议庭,依法对有关事实进行审查核实,并根据审查核实的结果作出裁定。(5)当事人或者利害关系人对执行法院的裁定不服的,可以上诉。

第四节 强制拍卖程序性规则

就程序性规则而言,强制拍卖与非强制拍卖之间存在较大差异。形成差异的最根本原因在于强制拍卖的司法性质,强制拍卖程序已将拍卖程序融入司法程序之中。既然两者融为一体,就应当强调人民法院在程序中的主导地位,强调司法程序优先,强调程序的强制性。强制拍卖程序可以分为四个阶段,即准备阶段、公告与展示阶段、拍卖会阶段和善后阶段。

一、准备阶段的规则

(一)优先拍卖和及时拍卖

所谓优先拍卖,是指在执行程序中需要将被执行人的财产变价时,人民法院应当首先采取拍卖方式,只有在法律、司法解释有特别规定时,方可采用其他方法变价。所谓及时拍卖,是指在执行程序中拍卖被执行人财产的条件具备后,应当不失时机地启动拍卖程序。《关于民事执行中拍卖、变卖财产的规定》针对优先拍卖和及时拍卖有明确规定,其第 2 条规定:人民法院对查封、扣押、冻结的财产进行变价处理时,应当首先采取拍卖的方式,但法律、司法解释另有规定的除外。第 1 条规定:在执行程序中,被执行人的财产被查封、扣押、冻结后,人民法院应当及时进行拍卖、变卖或者采取其他执行措施。《民事强制执行法草案(第四稿)》第 127、128 条也规定有大致相同的内容。

优先拍卖是相对于变卖而言的。按照我国《民事诉讼法》及相关法律、司法解释的规定,执行中的变价措施主要有两种,即拍卖和变卖。所谓变卖,是指将被执行财产变现以清偿债权而进行的买卖。变卖也在人民法院的主导下进行,但变卖采用一般的买卖方式。相对于拍卖而言,变卖的手续更加简便,交易成本也更低,但变卖不具有如拍卖般的公开、透明程度,价格形成也无如拍卖般的竞争机制,这些对于执行结果的公正、圆满将会有极大的影响,因此,除非法律、司法解释有明确规定,应谨慎采用。根据最高人民法院的相关司法解释规定,财产无法委托拍卖、不适于拍卖或当事人双方同意不需要拍卖的,人民法院可以交由有关单位变卖或自行组织变卖。对查封、扣押、冻结的财产,当事人双方及有关权利人同意变卖的,可以变卖。金银及其制品、当地市场有公开交易价格的动产、易腐烂变质的物品、季节性商品、保管困难或者保管费用过高的物品,人民法院可以决定变卖。① 根据上述规定,为变价在执行中采用变卖方式是有条件的。变卖在两种状态下进行:其一,双方当事人及有关权利人同意变卖。② 所谓双方当事人,是指申请执行人和被执行人,有关权利人涉及的范围很广,包括但不限于普通债权人、优先债权人、担保物权人、用益物权人、租赁权人等。满足此种状态的条件十分苛刻,债权人越多,被执行财产上的权利负担越重,一致同意的状态越难达成。但如满足此种状态的条件,在所涉变卖财产的性质、种类等方面,却无任何限制。其二,经被执行人申请或根据被执行财产的特定情况,由人民法院决定变卖。此种状态无视当事人双方及有关权利人的协商一致,却对所涉变卖财产的性质、种类等有较严格的要求,所涉变卖财产应当是金银及其制品、当地市场有公开交易价格的动产、易腐烂变质的物品、季节性商品、保管困难或者保管费用过高的物品等。由此可见,采用变卖方式是有严格约束的,除双方当事人及有关权利人均同意变卖,人民法院仅在无法拍卖或者不适于拍卖时决定变卖,这充分体现了优先选择拍卖的原则。

及时拍卖是效率原则在执行程序中的反映,具体而言,它要求在实施拍卖的条件具备后的确定期间内启动拍卖程序。《民事强制执行法草案(第四稿)》第 127 条规定:被执行人逾期不履行执行依据确定的义务的,执行员应当在查封后两个月内开始拍卖被查封、扣押的财产。当然,前提条件是有可供拍卖的财产。

---

① 参见《执行工作若干问题的规定》第 46 条第 2 款;《关于民事执行中拍卖、变卖财产的规定》第 34 条。

② 《民事强制执行法草案(第四稿)》第 128 条将此改为"当事人双方及有关权利人同意不必拍卖的"。如此修改的目的在于降低取得一致意见的难度,却产生有关意图不清晰的结果。"不必拍卖"意味应当变卖,还是意味不同意变价? 由"不必拍卖"推导"同意变卖"可能误读当事人双方及有关权利人的意思。

(二) 确定拍卖财产

所谓确定拍卖财产,是指确定将被执行人的哪些财产作为拍卖标的。确定拍卖财产是人民法院在决定通过拍卖被执行人财产以实现债权后,应立即着手进行的工作。确定拍卖财产应以在查封、扣押、冻结的财产之中为原则,即只能在人民法院已经查封、扣押、冻结的财产范围内确定拍卖财产,但应当注意以下几点:其一,对被执行人及其所扶养家属生活所必需的居住房屋,不得拍卖。根据最高人民法院的司法解释,对被执行人及其所扶养家属生活所必需的居住房屋,人民法院是可以查封的。但此处"可以查封",并不意味可以为司法处置,考虑到被执行人及其所扶养家属的生活需要,这类房屋同样不得拍卖。① 其二,确定拍卖财产以其价额足以清偿法律文件确定的债权额及执行费用为限。当然,在没有对拍卖财产进行评估之前,更进一步说在没有成交之前,是无法精确估计拍卖财产的价值的,因此,应当允许在拍卖财产价值与债权额、执行费用之间有一定的差额,但要防止明显超标的额的拍卖。

确定拍卖财产还包括对拍卖财产权属等情况的调查。《关于民事执行中拍卖、变卖财产的规定》第10条规定:"执行人员应当对拍卖财产的权属状况、占有使用情况等进行必要的调查,制作拍卖财产现状的调查笔录或者收集其他有关资料。"权属状况不清或者占有使用情况等不适于进行拍卖的,应当进行调整或采取其他措施。

(三) 确定拍卖机构和评估拍卖财产

1. 确定拍卖机构问题。关于如何确定拍卖机构,笔者已在本章前面部分详细论述,②此处不再赘述。但人民法院确定拍卖机构后,是否应当与该拍卖机构签订委托拍卖合同?相关法律和司法解释中均未给出明确的回答,实有讨论的必要。按一般理解,委托合同是明确当事人双方权利义务的协议,它建立在双方当事人地位平等的基础上,但以此衡量人民法院和拍卖机构的关系,却完全不是那么回事。首先应当肯定,从其扮演的角色而言,人民法院和拍卖机构不在

---

① 参见《关于民事执行中查封扣押冻结财产的规定》第6条。
② 参见本章第二节"强制拍卖制度设计"的第三部分"强制拍卖法律关系中的拍卖人"。

对等的地位上,前者是执法者,后者仅起配合执法的作用。其次,人民法院和拍卖机构不能对等地约定民事权利义务,在双方的关系中,人民法院的职责是法律赋予的,不具民事性质,也不能与拍卖机构承担的义务对应。最后,作为执法者的人民法院不承担民事责任。因此,虽然《关于民事执行中拍卖、变卖财产的规定》用了"委托"一词,但人民法院和拍卖机构之间的关系并非民法意义上的委托关系,而应是执行和协助执行的关系。既然如此,为证明平等的"委托关系"存在的委托合同就是不必要的。但双方不签署委托拍卖合同并不意味人民法院可以不向拍卖机构出具某种法律文件,毕竟拍卖机构需要有实施拍卖的法律根据。笔者认为,人民法院应当向拍卖机构出具"拍卖裁定"或者"协助执行通知书","拍卖裁定"或者"协助执行通知书"应当包括下述内容:拍卖标的的名称、规格、数量、质量;保留价;拍卖的时间、地点;拍卖标的交付或者转移的时间、地点;价款支付的方式、期限等。

2. 评估拍卖财产问题。为使确定保留价有所依据,拍卖前,原则上要对拍卖财产进行评估,但也有例外。《关于民事执行中拍卖、变卖财产的规定》第1条规定:对拟拍卖的财产,人民法院应当委托具有相应资质的评估机构进行评估;对于财产价值较低或者价格依照通常方法容易确定的,可以不进行评估;当事人双方及其他执行债权人申请不进行评估的,人民法院应当准许。值得一提的是,《强制执行法草案》第133条第1款没有将"当事人双方及其他执行债权人申请不进行评估"作为原则评估的例外。司法处置被执行人财产,原则上要进行评估是肯定的,问题是应当在多大范围内考虑例外。如果将"当事人双方及其他执行债权人申请不进行评估"作为原则评估的例外,那将意味任何性质、类型的财产都可以不评估就实施拍卖,原则评估也就成了一句空话。另外,不予评估就实施拍卖,如何确定拍卖财产的保留价?这将是一个机制上的难题。因此,笔者认为,除非财产价值较低或者价格依照通常方法容易确定的,在程序上都应经过评估。

关于评估机构的确定,《关于民事执行中拍卖、变卖财产的规定》第5条规定:评估机构由当事人协商一致后经人民法院审查确定;协商不成的,从负责执行的人民法院或者被执行人财产所在地的人民法院确定的评估机构名册中,采取随机的方式确定;当事人双方申请通过公开招标方式确定评估机构的,人民法院应当准许。无论是从其工作性质,还是从其与人民法院之间的关系看,评估机构都与拍卖机构相似,故确定评估机构采用与确定拍卖机构相同的方法是可行的。因此,在《民事强制执行法草案(第四稿)》中,将确定评估机构与确定拍卖机构并为一条,采用同样的方法,很有道理。① 如此确定评估机构也会遇到当事人协商一致的效率和可行性问题、入围企业名单问题等,对此,笔者在前面的章节中评论拍卖机构确定问题时已有论述,②此处不再赘述。

《关于民事执行中拍卖、变卖财产的规定》还就评估中的强制措施、评估报告的送达和对评估报告及其程序的异议、重新评估等作出规定。对被执行人的股权进行评估时,人民法院可以责令有关企业提供会计报表等资料,有关企业拒不提供的,可以强制提取。人民法院收到评估机构作出的评估报告后,应当在5日内将评估报告发送当事人及其利害关系人。当事人或者其他利害关系人对评估报告有异议的,可以在收到评估报告后10日内以书面形式向人民法院提出。当事人或者其他利害关系人有证据证明评估机构、评估人员不具备相应的评估资质或者评估程序严重违法而申请重新评估的,人民法院应当准许。为股权拍卖时,人民法院收到资产评估机构作出的评估报告后,须将评估报告分别送达债权人和债务人以及上市公司;债权人和债务人以及上市公司对评估报告有异议的,应当在收到评估报告后7日内书面提出;人民法院应当将异议书交资产评估机构,要求该机构在10日之内作出说明或者补正。③

评估机构应人民法院的委托实施评估可以收取费用,评估费用最终应当由被执行人承担,可作为执行费用在成交金额中列支,拍卖不成交的,由被执行人另行支付。

---

① 参见《民事强制执行法草案(第四稿)》第135条。
② 参见本章第二节"强制拍卖制度设计"的第三部分"强制拍卖法律关系中的拍卖人"。
③ 参见《关于民事执行中拍卖、变卖财产的规定》第4条和第6条;《关于冻结、拍卖上市公司国有股和社会法人股若干问题的规定》第11条。

二、公告与展示阶段的规则

(一) 关于强制拍卖公告

如同非强制拍卖一样,公告是强制拍卖的法定程序,最高人民法院在规范强制拍卖程序时明确规定:拍卖应当先期公告。① 因此,未经公告即实施的强制拍卖属于程序违法。强制拍卖公告有下述意义:其一,发布拍卖的相关信息,有利于拍卖的正常进行;其二,通告有关权利人前来提出异议,避免权利瑕疵的产生;其三,通告债权人和优先权人,使其有机会及时主张权利。

强制拍卖公告有法定期间。《关于民事执行中拍卖、变卖财产的规定》第11条规定:"拍卖动产的,应当在拍卖7日前公告;拍卖不动产或者其他财产权的,应当在拍卖15日前公告。"《民事强制执行法草案(第四稿)》对公告的法定期间作了适当延长,草案第136条规定:"拍卖动产的,应当在拍卖日10日前进行公告。但因拍卖物的性质必须迅速拍卖的,不在此限。拍卖不动产的,应当在拍卖日20日前进行公告。"公告期间来自于法律的明文规定,遵守公告期间是拍卖人的法定义务。如果拍卖人违反公告期间的规定,属于程序违法,由此损害其他拍卖当事人的实体权利的,受损害者可以请求损害赔偿。

拍卖公告的范围与其方式相关,《关于民事执行中拍卖、变卖财产的规定》对此也有明文规定,其第12条规定:"拍卖公告的范围和媒体由当事人双方协商确定;协商不成的,由人民法院确定。拍卖财产具有专业属性的,应当同时在专业性报纸上进行公告。当事人申请在其他新闻媒体上公告或者扩大公告范围的,应当准许,但该部分的公告费用由其自行承担。"《关于冻结、拍卖上市公司国有股和社会法人股若干问题的规定》第14条规定,为股权拍卖时,人民法院应当委托拍卖机构于拍卖日前10天,在《中国证券报》、《证券时报》或者《上海证券报》上进行公告。相比较上述规定的内容,《民事强制执行法草案(第四稿)》规定的内容有所差异,但更加合理。差异主要表现在:其一,摒弃了"拍卖公告的范围和媒体由当事人双方协商

---

① 参见《关于民事执行中拍卖、变卖财产的规定》第11条。

确定"的内容,实践证明,给予当事人这种自由选择权是完全没有必要的。其二,草案更加具体、有针对性地规范了不同情形下拍卖公告的范围及方式,使之更具有可操作性,"拍卖公告应当在执行法院的公告栏上、拍卖的不动产上张贴。拍卖标的物价值较大的,应当在报纸上公告。拍卖标的物数额巨大或者有重大影响的,应当在全国性报纸上公告。拍卖的财产有专业属性的,应当在专业性报纸上公告"①。此外,在互联网上发布强制拍卖公告也是可行的。

关于强制拍卖公告的内容,在《关于民事执行中拍卖、变卖财产的规定》中未作任何规范,实践中完全由拍卖机构根据自己的需要自由酌定。在实践中,有些拍卖机构发布的拍卖公告内容较为齐全,有些却十分简略。下面试举两例加以评论。

例一　　东方国际拍卖有限公司拍卖公告

受执法机关委托,我公司将对以下标的进行拍卖:

1. 中国兵器装备集团公司所持有的上市公司中国嘉陵工业股份有限公司(股票代码600877)5364120股限售流通股。参考价:3020万元人民币。

2. 北京牌货车一辆(型号为"BJ1040Q5DG")及设备(主要有颗粒机1套,破碎机1台,粉碎机2台,称6个)。参考价:9830元人民币。

3. 家具及电器一批。参考价:3875元人民币。

请有意参加竞买者,到我公司办理竞买登记手续,并交纳竞买保证金(2008年5月5日17:00时之前须到达指定账户)

预展时间:2008年4月23日—2008年5月5日
预展地点:拍卖标的所在地
拍卖时间:2008年5月7日　上午10:00时整
拍卖地点:北京市西城区金融大街19号富凯大厦
咨询电话:(010)66573668　66573669
网址:Http://www.oiac.com.cn

---

① 参见《民事强制执行法草案(第四稿)》第138条。

例二　　北京华伦国际拍卖有限公司拍卖公告[①]

> 受法院委托,本公司将于2008年5月19日上午10:00对被执行人持有的上市公司景谷林业(600265)法人股(限售流通)3130万股股权进行公开拍卖。
>
> 竞买人应具备下列条件:
>
> 1. 竞买人应是具有法人资格的企事业单位并符合《中华人民共和国证券法》、《上市公司收购管理办法》及相关法律、法规规定的受让上市公司法人股的条件。
> 2. 竞买人必须具备良好的财务状况和支付能力。
> 3. 竞买人必须具有良好的商业信用。
>
> 有意竞买者,请将竞买保证金:人民币壹仟壹佰捌拾肆万元交至或汇入法院指定账户,户名:北京市第一中级人民法院　账号:11-030101040001760　开户行:中国农业银行北京银河大街支行,并于2008年5月16日14:00前,向我公司提交法院出具的保证金收款凭证、公司简介、企业法人执照、税务登记证、组织机构代码证、法人身份证明、授权委托书及被委托书人身份证明等,到我公司办理竞买登记手续。参考价格:12500万元,拍卖成交后7日内付清全部款项。
>
> 咨询、预展时间及地点:2008年5月8日—16日(9:00—16:00),北京市西城区西直门南大街2号成铭大厦C座18层
>
> 拍卖地点:北京市西城区西直门南大街6号国二招宾馆迎宾楼二层中会议厅
>
> 联系电话:010-66516671

在上述两例中,作为强制拍卖公告,例一的内容过于简略,而例二的内容较为齐全。其一,例一中没有明确拍卖的原因,仅表述"受执法机关委托"不足以说明拍卖的原因。执法机构委托的拍卖有不

[①] 以上两例均来自"北京法院网",http://bjgy.chinacourt.org/fygg/more.php?LocationID=1304000000,2008年1月25日访问。

同的情形,它可能是执法机构自己的财产委托拍卖,可能是执法机构根据《拍卖法》第9条规定委托的拍卖,也可能是委托强制拍卖。例二中明确拍卖财产是被执行人的财产,法院委托旨在强制执行,这就十分准确地表述了拍卖的原因。在拍卖公告中准确地向竞买人传递拍卖原因的信息很重要,不同的拍卖原因说明不同的性质,不同的拍卖性质受制于不同的规则。其二,例一中没有明确竞买人的资格条件。除非对于竞买人没有特殊资格要求,应当明确竞买人的资格条件。《关于民事执行中拍卖、变卖财产的规定》第15条规定:"法律、行政法规对买受人的资格或者条件有特殊规定的,竞买人应当具备规定的资格条件。"例一中的拍卖标的之一是上市公司的法人限售流通股,根据国家相关法律的规定,转让法人的限售流通股是有资格条件限制的,应当如例二那样明确限定竞买人资格的相关法律,或者直接明确竞买人的资格条件。其三,例一以"拍卖标的所在地"来表述展示地点很不恰当,对此将在下述"展示"部分予以论述。

为使强制拍卖公告在实践中发挥更好的效果,通过法律规范强制拍卖公告的内容还是需要的。《民事强制执行法草案(第四稿)》第137条规定:拍卖公告应当包括下列内容:(1)拍卖标的的种类、数量、品质,以及拍卖标的上存在的担保物权和优先权等特殊情况;①(2)拍卖的原因、日期和场所,以投标方式拍卖的,开标的日期和场所;(3)查看或者阅览拍卖标的及查封笔录的日期和场所;(4)拍卖价金的交付期限;(5)竞买人的资格或者条件;(6)竞买人的登记日期和场所;(7)保证金的金额及交付的方法;(8)其他应当公告的内容。

目前实践中,强制拍卖公告大多由人民法院委托的拍卖机构以拍卖机构的名义发布。笔者认为,强制拍卖公告可以由人民法院委托的拍卖机构发布,也可以由人民法院发布;可以以拍卖机构的名义发布,也可以以人民法院的名义发布。但应当注意两点:第一,由人民法院委托的拍卖机构发布拍卖公告时,公告的内容应当经人民法

---

① 根据我国现行法律的规定,因拍卖而消灭的权利在公告中无须明确,在公告中需要明确的是不因拍卖而消灭,需要由买受人作为负担而承受的权利。有关内容和要求参见本章第三节"强制拍卖实体规则"第五部分"关于拍卖标的所有权转移的规则"。

院审查、批准；第二,当采用某些特殊方式发布拍卖公告时,如在执行法院的公告栏张贴,应当由人民法院以自己的名义发布。

(二) 拍卖标的展示

在我国现行的有关强制拍卖的法规中,均未对拍卖标的展示作出明确规定。因此,在本部分论述之前,首先要回答一个问题:强制拍卖是否需要"拍卖标的展示"这一程序？

在非强制拍卖中,拍卖标的展示是通向拍卖会的必经程序。展示旨在使可能的竞买人对拍卖标的有更进一步的了解和认识,它通过程序中的一系列方法和途径,包括分发和阅读拍卖标的目录和相关资料、查验拍卖标的、分发和阅读竞买须知并进行协商、办理参与竞买的手续等,为确定拍卖人和竞买人(买受人)之间的权利义务奠定法律基础。那么,这些目标、方法和途径在强制拍卖中是否有意义？这些程序中的行为在强制拍卖中是否有必要？笔者的回答是肯定的。

就需要拍卖标的展示这一程序而言,强制拍卖与非强制拍卖并无区别。无论是非强制拍卖还是强制拍卖,都要讲程序公正,都要让竞买人在为竞买之前充分了解和认识拍卖标的,且都需要通过展示程序中的一系列方法和途径确定拍卖人和竞买人(买受人)之间的权利义务。为此,法律为非强制拍卖设置的展示程序要求,在强制拍卖中都应坚持。[①] 事实上,我国拍卖实践并没有因为强制拍卖法规未明确规定展示而忽略展示程序,只是在具体做法上因为没有明确规定而未尽一致和完善。

结合瑕疵请求规则在强制拍卖中被基本否定,我们更应强调强制拍卖中的展示程序。前述已论及,为回避执行回转等复杂的问题,提高执行效率,在强制拍卖中原则上不赋予买受人瑕疵担保请求权,而买受人所获正义的缺失,则通过一系列制度设计来弥补,其中就应当包含强调展示程序,强调竞买人在展示程序中享有充分权利。为此,笔者认为:第一,应当适当延长法定展示期间。非强制拍卖的展示期间是"不得少于两日",强制拍卖的展示期间应当在此基础上适

---

① 参见本书第四章"拍卖程序规则研究"第二节"公告与展示程序及其规则"。

当延长。有较为充分的展示期间,可以保证有意参加竞买的人有充分的时间阅读拍卖标的目录及其相关资料,对拍卖标的作深入、细致的观察,发现瑕疵或者疑点。第二,应当强调拍卖人及其工作人员在竞买人查验拍卖标的时履行据实回答的义务。拍卖人应当指示其工作人员到展示现场,自始至终,组织协调,随时回答有关拍卖的各类问题;遇有人对拍卖标的的现状提出疑问,拍卖人及其工作人员有义务给予肯定或否定的答复。

决定参与竞买的人应当按照拍卖人在竞买须知中明示的要求,办理参与竞买的手续,正式成为竞买人。参与竞买手续通常在展示期间办理,当然也可以在拍卖会开始前完成。办理参与竞买手续主要进行两方面工作:第一,验明竞买人身份。有意参与竞买的人应当向拍卖人提交能够证明其身份的有关文件复印件,并出示该文件的原件以供拍卖人验证。《关于民事执行中拍卖、变卖财产的规定》第15条规定:法律、行政法规对买受人资格或者条件有特殊规定的,竞买人应当具备规定的资格或者条件;申请执行人、被执行人可以参加竞买。拍卖人应当按照本次拍卖对于竞买人资格或者条件的要求进行查验,确保所有竞买人符合资格或者条件。第二,交纳竞买保证金。有意参与竞买的人应当按拍卖人的要求交纳竞买保证金;强制拍卖的竞买保证金应当向人民法院交纳。《关于民事执行中拍卖、变卖财产的规定》第13条规定:拍卖不动产、其他财产权或者价值较高的动产的,竞买人应当于拍卖前向人民法院预交保证金。申请执行人参加竞买的,可以不预交保证金。保证金的数额由人民法院确定,但不得低于评估价或者市价的5%。应当预交保证金而未交纳的,不得参加竞买。拍卖成交后,买受人预交的保证金充抵价款,其他竞买人预交的保证金应当在3日内退还;拍卖未成交的,保证金应当于3日内退还竞买人。《民事强制执行法草案(第四稿)》第139条作出了与上述大致相同的规定,只是将保证金的最低数额由5%提高到10%。完成上述手续后,竞买人将领取拍卖人核发的参加竞买的证件或号牌,并按照规定的时间、地点参加拍卖会。

三、拍卖会阶段的规则

(一) 通知当事人和相关权利人到场

通知当事人和相关权利人到场反映了强制拍卖的特殊性。《关于民事执行中拍卖、变卖财产的规定》第14条规定：人民法院应当在拍卖5日前以书面或者其他能够确认收悉的适当方式，通知当事人和已知的担保物权人、优先购买权人或者其他优先权人于拍卖日到场；优先购买权人经通知未到场的，视为放弃优先购买权。此处的"当事人"应当是指执行当事人，即申请执行人和被执行人。根据前述规定，到场的优先购买权人均可行使竞买人的权利；到场的申请执行人和被执行人可以行使竞买人的权利，也可以不行使竞买人的权利。优先购买权人和行使竞买人权利的申请执行人、被执行人理应办理竞买手续，领取竞买号牌，但不必交纳竞买保证金。

当事人和相关权利人到场主要体现了司法执行的要求，反映了执行程序的公开、公平和公正。在强制拍卖中，要求人民法院通知当事人和相关权利人到场是因为他们均在拍卖中有重要利益。其中，优先购买权人和行使竞买人权利的申请执行人、被执行人通过参与竞买来维护自己的利益，其他优先权人和不行使竞买人权利的申请执行人、被执行人通过监督拍卖的正常进行来维护自己的利益。两相比较，前者的到场更为重要，它不仅体现了程序公正，同时也体现了实体公正。

既然当事人和相关权利人在强制拍卖中均有重要利益，笔者认为，对于他们不到场问题，《关于民事执行中拍卖、变卖财产的规定》的规定尚不完善。不到场问题实质涉及三个方面，其一是人民法院的通知职责，其二是对拍卖程序是否可以正常进行的影响，其三是对拍卖结果后续权利的影响。《民事强制执行法草案（第四稿）》试图对前两个问题加以规范，该草案第140条规定：当事人、担保物权人、优先购买权人或者其他优先权人下落不明或者经通知不到场的，不影响拍卖程序正常进行。按此规定，人民法院应尽到通知职责，不到场只允许在两种情形下出现，或者因下落不明无法通知，或者经通知而不到场。满足上述规定而不到场时，不影响拍卖程序的正常进行。

对于第三个方面,《关于民事执行中拍卖、变卖财产的规定》和《民事强制执行法草案(第四稿)》均以"优先购买权人经通知未到场的,视为放弃优先购买权"加以规范,这似乎是想为"无法通知的优先购买权人"保留权利。笔者以为,为"无法通知的优先购买权人"保留权利会对拍卖结果产生重大影响,直接危及买受人所获权利的圆满,不符合我国处理拍卖标的上各种权利的总体原则。因此,合理的规定应当是,优先购买权人无论是经通知未到场,还是因为无法通知未到场,其权利均不再影响拍卖结果。

(二)关于拍卖方式和竞价规则

目前,强制拍卖能够采用的拍卖方式与非强制拍卖基本相同,增价拍卖、减价拍卖、密封递价拍卖(投标拍卖)都可以为强制拍卖所采用,具体采用哪一种方式,主要由人民法院决定。不过,《民事强制执行法草案(第四稿)》试图对强制拍卖方式作出进一步规范。该草案第141条规定:"动产的拍卖,采取喊价拍卖的方式进行;不动产的拍卖可以采取喊价拍卖或者投标方式进行。"其中"喊价拍卖方式"指的是增价拍卖和减价拍卖。这种区分动产和不动产规范拍卖方式虽有一定道理,但绝对地排除投标拍卖方式对动产的适用,未见妥当。笔者以为,将拍卖方式的选择权留给人民法院根据具体情况自由决定,似乎更加妥当。

与非强制拍卖相比,强制拍卖有两个较为特殊的竞价规则。其一,优先购买权人的平行应价权。《关于民事执行中拍卖、变卖财产的规定》第16条规定:拍卖过程中,有最高应价时,优先购买权人可以表示以该最高价买受,如无更高应价,则拍归优先购买权人。该条中所体现的规则是较为特殊的。按常规,拍卖竞价过程中的每一个价格只有一个竞买人可以主张权利,由此导致不同竞买人所报价格相异,从而体现价高者得。但为顾及优先购买权人的正当利益,最高人民法院为其创设了平行应价的权利。从解决优先购买权问题角度出发,赋予优先购买权人平行应价权也不失为一种可取的方案。[①]

[①] 笔者始终不认为最高人民法院在其规定中所设计的赋予优先购买权人平行应价权是解决优先购买权问题的完善方案。参见本章第三节"强制拍卖实体规则"第一部分。

为优先购买权人平行应价权的实现,拍卖主持人在针对每一宗拍卖标的形成最高应价时,应询问到场的优先购买权人是否愿意以该价格买受。如优先购买权人表示不愿意,则拍卖主持人可以击槌与最高应价者成交;如优先购买权人表示愿意,则拍卖主持人应当再询问其他竞买人是否愿意出更高的价格。依次往复,直至产生拍卖主持人可以确认的最高价格。其二,抽签决定成交。按照《关于民事执行中拍卖、变卖财产的规定》,在两种情形下采用抽签方式决定成交:(1)为解决多个优先购买权人同时表示买受的情形。《关于民事执行中拍卖、变卖财产的规定》第16条第2款规定:顺序相同的多个优先购买权人同时表示买受的,以抽签方式决定买受人。(2)为解决两个以上受偿顺位相同的执行债权人申请以拍卖财产抵债的情形。《关于民事执行中拍卖、变卖财产的规定》第18条第2款规定:有两个以上受偿顺位相同的执行债权人申请以拍卖财产抵债的,以抽签方式决定承受人。以抽签方式决定成交只能在价格确定的基础之上进行,①即拍卖主持人根据拍卖会现场当时的情形已经确定了成交价,但有多人表示愿意按该价格买下拍卖标的。此时的"竞价规则"不再有竞价的意义,只是单纯地决定买受人(承受人)。因此,拍卖主持人应当场宣布确定的价格,并根据公开、公平、公正和诚实信用原则,主持在多个优先购买权人之间或者多个执行债权人之间进行抽签。

(三)重新拍卖和再行拍卖

重新拍卖是指因原买受人(承受人)违约不支付价款(补交差价)致使执行目的难以实现时,由人民法院裁定重新进行拍卖。再行拍卖是指因拍卖不成交且申请执行人和其他执行债权人均不愿承受拍卖财产以抵偿债权,致使执行目的难以实现时,由人民法院决定再行拍卖。重新拍卖和再行拍卖均属我国强制拍卖采用的程序。

关于重新拍卖,《关于民事执行中拍卖、变卖财产的规定》第25

---

① 正因为如此,笔者始终不认为最高人民法院在其规定中所设计的抽签决定成交是一个解决问题的好方法,因为竞价规则的目标不仅在于决定买受人(承受人),更重要的在于决定价格,以抽签的方式决定价格不妥。详见本书第二章第一节"价高者得规则"第二部分。

条规定:拍卖成交或者以流拍的财产抵债后,买受人逾期未支付价款或者承受人逾期未补交差价而使拍卖、抵债的目的难以实现的,人民法院可以裁定重新拍卖。重新拍卖时,原买受人不得参加竞买。重新拍卖的价款低于原拍卖价款造成的差价、费用损失及原拍卖中的佣金,由原买受人承担。人民法院可以直接从其预交的保证金中扣除。扣除后保证金有剩余的,应当退还原买受人;保证金数额不足的,可以责令原买受人补交;拒不补交的,强制执行。

根据上述规定,重新拍卖是在原买受人(承受人)违约的条件下进行的,违约的内容是不支付价款或者不补交差价,为进行重新拍卖人民法院应当作出裁定。由于重新拍卖的起因主要是原买受人的违约,因此法律要求原买受人为重新拍卖程序从两方面承担责任:其一,不得在重新拍卖中参加竞买。这是因原买受人的违约行为而对其实施的禁止。原买受人不支付价款属于违约行为,该行为说明原买受人毫无履约信用可言,如对其参加竞买不予以禁止,必然危及重新拍卖的履约,致使执行目的无法实现。其二,承担重新拍卖和原拍卖相比较可能带来的收益减少和成本增加。收益减少是可能的,虽然理论上说重新拍卖不受原拍卖影响,但由于商业上的种种原因,重新拍卖的成交价极可能低于原拍卖的成交价,由此造成收益减少;成本增加是必然的,实施两个程序拍卖一个标的相比实施一个程序拍卖一个标的不可能没有成本的增加。无论是收益减少或是成本增加都是原买受人违约造成的,理应由原买受人承担。

关于再行拍卖,《关于民事执行中拍卖、变卖财产的规定》第26条规定:拍卖时无人竞买或者竞买人的最高应价低于保留价,到场的申请执行人或者其他执行债权人不申请以该次拍卖所定的保留价抵债的,应当在60日内再行拍卖。第27条规定:对于第二次拍卖仍流拍的动产,申请执行人或者其他执行债权人拒绝接受或者依法不能交付其抵债的,人民法院应当解除查封、扣押,并将该动产退还被执行人。第28条规定:对于第二次拍卖仍流拍的不动产或者其他财产权,人民法院可以依照本规定第19条的规定将其作价交申请执行人或者其他执行债权人抵债。申请执行人或者其他执行债权人拒绝接受或者依法不能交付其抵债的,应当在60日内进行第三次拍卖。第三次拍卖流拍且申请执行人或者其他执行债权人拒绝接受或者依法不能交付其抵债的,采用变卖方式处理,或者解除查封、扣押,并将该相关财产退还被执行人。《关于冻结、拍卖上市公司国有股和社会法人股若干问题的规定》第13条规定:为股权拍卖时,经三次拍卖仍不能成交时,人民法院应当将所拍卖的股权按第三次拍卖的保留价折价抵偿给债权人。

根据上述规定,再行拍卖是在原拍卖不成交的条件下进行的,是否进行再行拍卖由人民法院决定。再行拍卖应当遵循下述规则:其一,动产性财产的再行拍卖以一次(不包括原拍卖,下同)为限,再行拍卖不能成交的解除相关财产的查封、扣押,并将该财产退还被执行人;不动产或其他财产权(如股权)的再行拍卖以二次为限,第二次再行拍卖仍不能成交的,采用变卖方式处理,或者解除相关财产的查封、扣押,并将该财产退还被执行人,其中股权按第二次再行拍卖的保留价折价抵偿给债权人。其二,进行再行拍卖时,每次的保留价按一定比例下浮,其中股权再行拍卖每次下浮的比例是不低于前次保留价的10%,其他财产再行拍卖每次下浮的比例是不低于前次保留价的20%。其三,每次再行拍卖与前次拍卖的时间间隔不得超过60日。

(四) 不成交时以拍卖财产抵债

不成交时以拍卖财产抵债是强制拍卖程序中的特殊规则。拍卖时无人竞买或者竞买人的最高应价低于保留价,到场的申请执行人或者其他执行债权人申请或者同意以该次拍卖所定的保留价接受拍卖财产的,应当将该财产交其抵债。上述规则同样适用于再行拍卖。为股权拍卖时有些特殊,按规定人民法院可以在每次拍卖未成交后主持调解,将所拍卖的股权参照该次拍卖保留价折价抵偿给债权人。经三次拍卖仍不能成交时,人民法院应当将所拍卖的股权按第三次拍卖的保留价折价抵偿给债权人。①

根据上述规定,股权拍卖和其他财产拍卖之以拍卖财产抵债采

---

① 参见《关于民事执行中拍卖、变卖财产的规定》第19条、第27条和第28条;《关于冻结、拍卖上市公司国有股和社会法人股若干问题的规定》第13条。

用不同的程序,股权拍卖采用调解程序,其他财产拍卖采用申请执行人或者其他债权人申请或者同意程序。(1)调解程序由人民法院执行人员主持,按理申请执行人、执行债权人和被执行人应当参加。调解的内容主要有二,一是由谁接受被拍卖的股权,二是按何种比例折价。对于第一个问题,主要在申请执行人和执行债权人之间进行协商,而第二个问题应同时听取被执行人意见。但经三次拍卖仍不能成交时,调解的方式就成为硬性规定,即将股权按第三次拍卖的保留价进行折价,然后按债权比例将折价后的股权硬性抵偿给所有的债权人。(2)申请或者同意程序由有意按该次拍卖所定的保留价接受拍卖财产的申请执行人或者其他执行债权人启动,接到申请人的申请后,人民法院应当将该财产交其抵债。

(五)拍卖成交裁定或者拍卖财产抵债裁定

根据《关于民事执行中拍卖、变卖财产的规定》第23条规定:拍卖成交后,人民法院应当制作拍卖成交裁定;以拍卖财产抵债后,人民法院应当制作拍卖财产抵债裁定;裁定应当书面作成,并于价款或者需要补交的差价全额交付10日内,送达买受人或者承受人。裁定有下述作用:(1)决定有关财产权利转移的时间。《关于民事执行中拍卖、变卖财产的规定》第29条规定:不动产、有登记的特定动产或者其他财产权拍卖成交或者抵债后,该不动产、特定动产的所有权、其他财产权自拍卖成交或者抵债裁定送达买受人或者承受人时起转移。(2)决定有关财产移交的时间。《关于民事执行中拍卖、变卖财产的规定》第30条规定:人民法院裁定拍卖成交或者以流拍的财产抵债后,除有依法不能移交的情形外,应当于裁定送达后15日内,将拍卖的财产移交买受人或者承受人。

裁定不同于拍卖成交确认书。裁定由人民法院制作,属于司法文书,而拍卖成交确认书由拍卖机构和买受人共同签署,仅具合同性质。裁定在价款或者需要补交的差价全额交付后送达买受人或者承受人,而拍卖成交确认书一经签署即可被买受人持有,这通常发生在全额支付价款之前。裁定一经送达,即可作为拍卖财产所有权或者财产权的权利凭证,买受人或者承受人可以据此对抗一切人,而拍卖成交确认书仅是拍卖成交合同的证明,买受人即使握有拍卖成交确认书,仍须按法律规定办理有关手续后方能成就物权。如上所述,说明裁定和拍卖成交确认书无论在性质、作用、内容等方面都有很大的差异,那么强制拍卖在裁定之外是否还要保留拍卖成交确认书及其程序?通观我国强制拍卖法规,对拍卖成交确认书及其程序只字未提;拍卖实践中的做法也有差异,既有在裁定之外保留拍卖成交确认书及其程序的,也有不保留拍卖成交确认书及其程序而由人民法院直接为裁定的。笔者以为,在坚持人民法院委托拍卖机构实施拍卖这一制度设计的基础上,应保留拍卖成交确认书及其程序。毕竟拍卖成交合同需要有书面证明,拍卖机构受委托实施拍卖也需要有一个结果向人民法院交代。拍卖成交确认书的内容和程序可参照《拍卖法》的有关规定,裁定在拍卖成交确认书的基础上制作。无论拍卖成交确认书的内容是否已经完备,裁定应当表述下列内容:案号、案由、申请执行人和被执行人;拍卖标的种类、数量、品质、所在地、权利状况等;买受人或者承受人的名称、姓名、住所等;拍卖标的价格;拍卖机构的名称、住所;拍卖的时间、地点等。

裁定的送达对象是买受人或者承受人。一般来说,强制拍卖是为执行而采取的措施,作为执行结果的裁定应当送达执行当事人,即申请执行人和被执行人,而不是或者主要不是买受人或者承受人。因此,有人认为,目前《关于民事执行中拍卖、变卖财产的规定》中的裁定更似有关财产的"权利证书"。《民事强制执行法草案(第四稿)》的起草人显然赞同这种看法,在其起草的草案中已不再有上述裁定及其程序的要求,仅在涉及不动产或者有登记的特定动产时,为方便买受人或者承受人登记,以"权利移转证书"替代裁定。[①] 笔者以为《民事强制执行法草案(第四稿)》的这种改变并不完善。首先,买受人或者承受人需要有关证书并不仅仅为了登记,而是要向世人宣示权利,因此,不能仅针对不动产或者有登记的特定动产发给"权利移转证书"。其次,当被执行人或者第三人占有应当移交的拍卖

---

① 《民事强制执行法草案(第四稿)》第 151 条第 2 款规定:不动产或者有登记的特定动产拍定或者以物抵债后,执行机构应当发给拍定人或者承受人权利移转证书。该权利移转证书的日期为产权转移的时间。拍定人或者承受人可以持权利移转证书向登记机关申请登记。

财产而拒不移交时,需要强制执行,这时,"权利移转证书"直接作为强制执行的根据不妥,而裁定却是很适当的强制执行根据。综上所述,笔者认为,强制拍卖成交或者以流拍的财产抵债的,人民法院还是采用裁定的方式认可为宜;而裁定的送达对象,除买受人或者承受人外,似应包括申请执行人和被执行人。

(六)佣金和费用

《关于民事执行中拍卖、变卖财产的规定》以专条规范强制拍卖中的佣金和费用收取事宜。其第32条规定:拍卖成交的,拍卖机构可以按照下列比例向买受人收取佣金:拍卖成交价200万元以下的,收取佣金的比例不得超过5%;越过200万元至1000万元的部分,不得超过3%;超过1000万元至5000万元的部分,不得超过2%;超过5000万元至1亿元的部分,不得超过1%;超过1亿元的部分,不得超过0.5%。采取公开招标方式确定拍卖机构的,按照中标方案确定的数额收取佣金。拍卖未成交或者非因拍卖机构的原因撤回拍卖委托的,拍卖机构为本次拍卖已经支出的合理费用,应当由被执行人负担。

上述内容大致参照了《拍卖法》第57条规定,不同之处有二:其一,以200万元拍卖成交价作为基数,将超过部分"收取佣金的比例按照同拍卖成交价成反比的原则"明确表述。其二,在拍卖不成交之外,增加了"非因拍卖机构的原因撤回拍卖委托的",且不采用"约定费用"的方法,一律按"合理费用"收取。

根据上述理解,在收取佣金和费用问题上,强制拍卖最大的特色有二:其一是在拍卖成交情形下单向向买受人收取佣金,其二是为约定佣金比例规定上限。实践中,拍卖业内人士对于单向收取佣金基本赞同,但对于最高人民法院在其规定中限制佣金比例约定的上限,多有微辞。笔者以为,最高人民法院的上述做法是无可指摘的。理由有三:其一,强制拍卖兼具公法性质,拍卖企业的行为有协助执行的意义,而佣金的高低不仅影响着交易的成本,同时也影响着执行的成本,作为强制拍卖的主导,人民法院有义务将该成本控制在合理的范围之内。其二,强制拍卖时,拍卖企业背后有强大的人民法院支撑,因此,拍卖企业与买受人的交易地位不可能是平等的,在此基础上,除非有法律约束,反映双方当事人真实意思表示的自由约定是难以实现的。其三,拍卖企业在强制拍卖中承担着较非强制拍卖更少的风险,反之,买受人却承担着较非强制拍卖更多的风险,[①]在这种情况下,拍卖企业期望获得如同非强制拍卖般的商业回报是不合理的。

四、关于强制拍卖的终结和中止

强制拍卖的终结和中止不同于非强制拍卖的终结和中止,前者直接受制于《民事诉讼法》、《关于适用〈中华人民共和国民事诉讼法〉若干问题的意见》等法律、司法解释的规定。根据上述法律、司法解释的规定,相关强制拍卖法规对强制拍卖的终结和中止作出了特别规定。

(一) 强制拍卖终结

强制拍卖终结是指在拍卖程序进行过程中,由于法律规定的特殊情形出现,导致拍卖程序提前结束。强制拍卖终结与《民事诉讼法》第233条"执行终结"有一定的渊源关系,[②]但又不是简单的重复。《关于民事执行中拍卖、变卖财产的规定》所谓"撤回拍卖委托"、"停止拍卖"均意味强制拍卖终结。按照该规定,强制拍卖终结可分为拍卖会开始前的终结和拍卖会开始后的终结。

关于拍卖会开始前的终结,《关于民事执行中拍卖、变卖财产的规定》第20条规定,在拍卖开始前,有下列情形之一的,人民法院应当撤回拍卖委托:(1) 据以执行的生效法律文书被撤销的;(2) 申请执行人及其他执行债权人撤回执行申请的;(3) 被执行人全部履行了法律文书确定的金钱债务的;(4) 当事人达成了执行和解协议,不需要拍卖财产的;(5) 案外人对拍卖财产提出确有理由的异议的;(6) 拍卖机构与竞买人恶意串通的;(7) 其他应当撤回拍卖委托的

---

① 在强制拍卖中买受人没有瑕疵担保请求权,这意味着双方风险责任的倒置。
② 《民事诉讼法》第233条规定:有下列情形之一的,人民法院裁定终结执行:(1) 申请人撤销申请的;(2) 据以执行的法律文书被撤销的;(3) 作为被执行人的公民死亡,无遗产可供执行,又无义务承担人的;(4) 追索赡养费、扶养费、抚育费案件的权利人死亡的;(5) 作为被执行人的公民因生活困难无力偿还借款,无收入来源,又丧失劳动能力的;(6) 人民法院认为应当终结执行的其他情形。

情形。对以上规定可作如下理解:其一,"拍卖开始前"应理解为人民法院委托拍卖机构后至拍卖会开始前的任何时间点,但拍卖会开始后,上述情形便不能作为撤回拍卖委托的理由。其二,上述情形为法定情形,遇有上述情形时,无须当事人申请,人民法院即有权决定撤回拍卖委托。其三,遇有上述第 3 项"被执行人全部履行了法律文书确定的金钱债务的",如已经产生了"因拍卖支出的必要费用",被执行人应当负担这些费用。①

关于拍卖会开始后的终结,根据《关于民事执行中拍卖、变卖财产的规定》第 17 条规定,拍卖多项财产时,其中部分财产卖得的价款足以清偿债务和支付被执行人应当负担的费用的,对剩余的财产应当停止拍卖,但被执行人同意全部拍卖的除外。对以上规定可作如下理解:其一,强制拍卖法规中涉及拍卖会开始后因故终结拍卖程序的仅此一项,表现出对拍卖会开始后终结拍卖程序的慎重。之所以需要慎重的理由主要不是理论性而是实践性的,拍卖会开始后,终结拍卖程序会带来许多实践上难以处理的问题。其二,以上规定是强制执行中适度原则的体现。所谓适度原则是指作为实现执行目的的执行手段必须是必要而适度的,即执行目的和手段必须处于一种理性的平衡状态,②它在强制拍卖中的体现就是禁止超额拍卖。其三,禁止超额拍卖旨在对被执行人进行保护,因此,如果取得被执行人同意,超额拍卖是允许的,但超额部分实质上已不再具有强制意义。

(二) 强制拍卖中止

强制拍卖中止是指在拍卖程序进行过程中,由于法律规定的特殊情形出现,导致拍卖程序暂时停止进行,待暂时停止进行的情形消失后,拍卖程序继续进行。与强制拍卖中止相关的法律、司法解释较多,包括:《民事诉讼法》、《关于适用〈中华人民共和国民事诉讼法〉若干问题的意见》、《执行工作若干问题的规定》、《关于民事执行中拍卖、变卖

---

① 《关于民事执行中拍卖、变卖财产的规定》第 22 条规定:被执行人在拍卖日之前向人民法院提交足额金钱清偿债务,要求停止拍卖的,人民法院应当准许,但被执行人应当负担因拍卖支出的必要费用。

② 参见〔德〕施特凡·古多:《强制执行中的执行债务人保护》,载黄松有主编:《强制执行法起草与论证》(第二册),中国人民公安大学出版社 2004 年版,第 126—127 页。

财产的规定》、《关于正确适用暂缓执行措施若干问题的规定》、《关于冻结、拍卖上市公司国有股和社会法人股若干问题的规定》等。

根据《关于民事执行中拍卖、变卖财产的规定》第 21 条规定,人民法院委托拍卖后,遇有依法应当暂缓执行或者中止执行的情形的,应当决定暂缓执行或者裁定中止执行,并及时通知拍卖机构和当事人。拍卖机构收到通知后,应当立即停止拍卖,并通知竞买人。暂缓执行期限届满或者中止执行的事由消失后,需要继续拍卖的,人民法院应当在 15 日内通知拍卖机构恢复拍卖。按上述规定,强制拍卖中止直接渊源于法律、司法解释中的"中止执行"和"暂缓执行"。

关于中止执行,《民事诉讼法》第 232 条有明确规定:有下列情形之一的,人民法院应当裁定中止执行:(1)申请人表示可以延期执行的;(2)案外人对执行标的提出确有理由的异议的;(3)作为一方当事人的公民死亡,需要等待继承人继承权利或者承担义务的;(4)作为一方当事人的法人或者其他组织终止,尚未确定权利义务承受人的;(5)人民法院认为应当中止执行的其他情形。中止的情形消失后,恢复执行。

关于暂缓执行,其内容涉及较多法律、司法解释,包括《民事诉讼法》第 208 条,《关于适用〈中华人民共和国民事诉讼法〉若干问题的意见》第 258、264、268、269、270 条,《执行工作若干问题的规定》第 84 条,以及《关于正确适用暂缓执行措施若干问题的规定》等。根据上述法律、司法解释的规定,暂缓执行可分为两类:其一,经当事人或其他利害关系人申请的暂缓执行。经当事人或其他利害关系人申请,并在规定的期限内提供相应的财产担保,有下列情形之一的,人民法院可以决定暂缓执行:(1)执行措施或者执行程序违反法律规定的;(2)执行标的物存在权属争议的;(3)被行人对申请执行人享有抵消权的;(4)在执行中,被执行人向人民法院提供担保,并经申请执行人同意的。其二,人民法院依职权决定的暂缓执行。下列情形出现时,人民法院依职权决定暂缓执行:(1)上级人民法院已经受理执行争议案件并正在处理的。该暂缓执行的决定是由上级法院作出的。(2)人民法院发现据以执行的生效法律文书确有错误,并正在按照审判监督程序进行审查的,其间审监庭应当向本院的执行局发出暂缓执行建议书,执行局收到建议书后,应当办理暂缓相关执行措施的手续。(3)执行人员在执行本院判决、裁定、调解书和支付令发现确有错误的,应当提出书面意见,报请院长审查处理。在执行上级人民法院的判决、裁定和调解书时,发现确有错误的,可提出书面意见,经院长批准,函请上级人民法院审查处理。在审查处理期间,执行局可以报经院长决定对执行标的暂缓采取处分性措施,并通知当事人。(4)委托执行中,案外人对执行标的提出异议的,受委托人民法院应当函告委托人民法院,由委托人民法院通知驳回或者作出中止执行的裁定。在此期间,暂缓执行。

另外,依据《关于冻结、拍卖上市公司国有股和社会法人股若干问题的规定》第16条规定,股权拍卖过程中,竞买人已经持有的该上市公司股份数额和其竞买的股份数额累计不得超过该上市公司已经发行股份数额的30%。如竞买人累计持有该上市公司股份数额已达到30%仍参与竞买的,须依照《证券法》的相关规定办理,在此期间应当中止拍卖程序。

第五节 海事强制拍卖规则

海事强制拍卖属于强制拍卖范畴,在诉讼程序中,隶属于海事请求保全。海事请求保全是指海事法院根据海事请求人的申请,为保障其海事请求的实现,对被请求人的财产所采取的强制措施。所谓海事请求,是指当事人因海事侵权、海事合同纠纷、海事担保纠纷、海船船舶所有权等的纠纷、沿海港口作业纠纷、船舶造成海域污染纠纷等向海事法院提出的诉讼请求;所谓被请求人的财产,是指被请求人所有的船舶、船载货物、船用燃料以及船用物料;强制措施包括扣押和拍卖。在海事保全措施中,扣押是拍卖的前置,只有当财产扣押期届满,被请求人不提供担保,而且财产不宜继续扣押时,经海事请求人向海事法院申请,海事法院裁定准许后,方可进入拍卖程序。海事强制拍卖的主要法律根据有《海事诉讼特别程序法》、《海事诉讼特别程序法的解释》、《最高人民法院关于海事法院拍卖被扣押船舶清偿债务的规定》(最高人民法院1994年7月6日发布,以下简称《拍卖被扣押船舶的规定》）。

一、海事强制拍卖机构

海事强制拍卖机构是指接受海事请求人申请，负责决定、实施海事强制拍卖的组织机构。根据我国法律和实践，与负责、实施海事强制拍卖有关的组织机构有海事法院、拍卖机构和拍卖船舶委员会或拍卖组织。

（一）海事法院

海事法院是根据我国法院组织法设立的专门人民法院，属于司法机构，对于在中华人民共和国领域内进行的海事请求保全拥有管辖权。就海事强制拍卖而言，海事法院是一个最为重要的机构，它的下述职责决定着拍卖的进程：

第一，决定对船舶、船载货物等的扣押。船舶、船载货物等是海事强制拍卖标的，根据法律规定，扣押是拍卖的前置，因此，海事法院的扣押决定权对拍卖有重大影响。法律对扣押船舶和船载货物有不同的要求，其中对扣押船舶的要求更为严格。根据《海事诉讼特别程序法》第21条、第22条的规定，除为执行判决、仲裁裁决以及其他法律文书外，只有特定的海事请求方可在保全程序中申请扣押船舶。[1]

---

[1] 可以申请扣押船舶的特定海事请求有：(1) 船舶营运造成的财产灭失或者损坏；(2) 与船舶营运直接有关的人身伤亡；(3) 海难救助；(4) 船舶对环境、海岸或者有关利益方造成损害或者损害威胁，为预防、减少或者消除此种损害而采取的措施，为此种损害而支付的赔偿，为恢复环境而实际采取或者准备采取的合理措施的费用，第三方因此种损害而蒙受或者可能蒙受的损失，以及与本项所指的性质类似的损害、费用或者损失；(5) 与起浮、清除、回收或者摧毁沉船、残骸、搁浅船、被弃船或者使其无害有关的费用，包括与起浮、清除、回收或者摧毁仍在或者曾在该船上的物件或者使其无害的费用，以及与维护放弃的船舶和维持其船员有关的费用；(6) 船舶的使用或者租用的协议；(7) 货物运输或者旅客运输的协议；(8) 船载货物（包括行李）或者与其有关的灭失或者损坏；(9) 共同海损；(10) 拖航；(11) 引航；(12) 为船舶营运、管理、维护、维修提供物资或者服务；(13) 船舶的建造、改建、修理、改装或者装备；(14) 港口、运河、码头、港湾以及其他水道规费和费用；(15) 船员的工资和其他款项，包括应当为船员支付的遣返费和社会保险费；(16) 为船舶或者船舶所有人支付的费用；(17) 船舶所有人或者光船承租人应当支付的或者他人为其支付的船舶保险费（包括互保费）；(18) 船舶所有人或者光船承租人应当支付的或者他人为其支付的与船舶有关的佣金、经纪费或者代理费；(19) 有关船舶所有权或者占有的纠纷；(20) 船舶共有人之间有关船舶的使用或者收益的纠纷；(21) 船舶抵押权或者同样性质的权利；(22) 因船舶买卖合同产生的纠纷。

第二,裁定拍卖。海事法院拥有是否进行拍卖的决定权。扣押是拍卖的前置,但船舶、船载货物等被扣押并不必然导致被拍卖;海事请求人认为满足拍卖的条件时,应当向实施扣押的海事法院申请拍卖,是否准予拍卖,由海事法院作出裁定。

第三,实施拍卖程序中的部分行为。在海事强制拍卖程序中,由海事法院直接实施的行为包括委托拍卖机构、组建拍卖船舶委员会或拍卖组织、发布拍卖公告、接受与拍卖标的有关的债权人登记、决定拍卖标的保留价、发布解除扣船命令、公告拍卖结果等。

由上述职责可知,海事法院在强制拍卖中的地位十分特殊,它既不是纯粹的委托人,也不是纯粹的拍卖人,但它同时行使着委托人的所有职能和拍卖人的部分职能。海事法院主导海事强制拍卖的进程,它不仅通过组建拍卖船舶委员会或拍卖组织、委托拍卖机构贯彻自己的意图,还通过直接实施某些行为,将拍卖置于自己的掌控之中。

(二) 拍卖机构

拍卖机构是指根据《公司法》和《拍卖法》成立的企业法人。受海事法院委托,拍卖机构可以在海事强制拍卖中履行相关职责。在海事强制拍卖中,拍卖机构的作用是有限的,主要表现在两个方面:其一,拍卖机构参与海事强制拍卖的范围受到限制。海事强制拍卖主要有两类,即船舶拍卖和船载货物等的拍卖。根据法律规定,拍卖机构不具备拍卖船舶的资格,因此它不能被委托拍卖船舶。拍卖机构只能作为待选者之一,在受海事法院委托的前提下,参与船载货物等的拍卖。其二,拍卖机构在海事强制拍卖中的工作职责,相比其在商业拍卖和一般强制拍卖中的工作职责更少。

拍卖机构的确定方法可适用《关于民事执行中拍卖、变卖财产的规定》第 7 条规定的方法,详见本章第一节的相关内容。

(三) 拍卖船舶委员会或拍卖组织

拍卖船舶委员会或拍卖组织是能够体现海事强制拍卖特征的机构。其中,拍卖船舶委员会针对船舶拍卖,拍卖组织针对船载货物等拍卖。关于拍卖船舶委员会或拍卖组织的构成、职责等,在《海事诉讼特别程序法》中有明确规定。该法第 34 条规定,拍卖船舶由拍卖船舶委员会实施。拍卖船舶委员会由海事法院指定的本院执行人员和聘请的拍卖师、验船师3人或者5人组成。拍卖船舶委员会组织对船舶鉴定、估价；组织和主持拍卖；与竞买人签订拍卖成交确认书；办理船舶移交手续。拍卖船舶委员会对海事法院负责，受海事法院监督。第49条规定，拍卖船载货物由海事法院指定的本院执行人员和聘请的拍卖师组成的拍卖组织实施，或者由海事法院委托的机构实施。

根据上述规定和最高人民法院的相关司法解释，拍卖船舶委员会或拍卖组织由海事法院负责组建，对海事法院负责，受海事法院监督；拍卖船舶委员会或拍卖组织由3—5人组成，其人员构成包括海事法院执行人员、拍卖师、验船师、会计师等，①其中除海事法院执行人员外，其余人员由海事法院对外聘请。拍卖船舶委员会或拍卖组织负有下述职责：组织对船舶、船载货物等的鉴定，包括选择鉴定机构以及与鉴定机构协商确定鉴定的有关事宜；组织对船舶、船载货物等的价值进行评估，并在评估的基础上向海事法院提出保留价的建议；组织拍卖，包括对船舶和船载货物等的展示、拍卖会场的选择、竞买手续的办理、竞买须知的分发等；主持拍卖会，包括运用报价规则决定成交或者不成交、执行拍卖会现场的纪律、安排人员做好拍卖笔录等；与买受人签署拍卖成交确认书，包括与买受人协商与拍卖标的移交和款项支付相关的约定；组织和监督船舶的移交，并在移交后与买受人签署船舶移交完毕确认书。

拍卖船舶委员会或拍卖组织既不同于海事法院，也不同于拍卖机构，它有如下特性：其一，拍卖船舶委员会或拍卖组织属于临时性机构。拍卖船舶委员会或拍卖组织因特定船舶、船载货物等的拍卖而组建，也因该等标的拍卖终结而解散。一般而言，当海事法院作出拍卖裁定后，就开始着手组建拍卖船舶委员会或拍卖组织，该委员会或组织持续工作至拍卖终结，其存在期间完全依赖于拍卖的持续期

---

① 按照《拍卖被扣押船舶的规定》第一部分第7项的规定，拍卖船舶委员会的组成人员中可以包括会计师。鉴于在其之后颁布的《海事诉讼特别程序法》中有新的规定，笔者认为，如果拍卖船舶委员会由五人组成时，聘请一名会计师是一个好的选择；而拍卖组织无论是由三人或是五人组成，都可以聘请一名会计师。

间。其二,拍卖船舶委员会或拍卖组织能够以自己的名义对外行事。虽然拍卖船舶委员会或拍卖组织由海事法院负责组建,但它不属于海事法院的内部机构,这不仅由于其多数成员来自于海事法院之外,还在于它能以自己的名义而非以海事法院的名义对外履行职责。自拍卖船舶委员会或拍卖组织组建后,其对外履行职责均以自己的名义,如接受竞买人登记、收取竞买保证金、组织展示、主持拍卖会、与买受人签署拍卖成交确认书等。其三,拍卖船舶委员会或拍卖组织受海事法院监督,向海事法院负责。拍卖船舶委员会或拍卖组织与海事法院的关系是个较为复杂的问题,其中最为关键的是两者之间的责任关系。按现行法律,不能否认拍卖船舶委员会或拍卖组织有一定的权利能力和行为能力,它不仅能够作为一个独立的主体与他人缔约,也能够作为一个独立的主体起诉、应诉;但它不具备法人资格,也没有独立的财产,而且是临时性的。因此,它承担责任的形式必然有些特别。笔者以为,"向海事法院负责"实际在表述两者之间的责任关系。它意味拍卖船舶委员会或拍卖组织应当接受海事法院指导,随时向海事法院报告工作;同时,拍卖船舶委员会或拍卖组织的过错责任最终由海事法院承担,当然,这种责任的内容应当是海事法院能够承担的责任内容。

二、海事强制拍卖标的

海事强制拍卖标的有船舶和船载货物等。

满足一定条件的船舶可以作为海事强制拍卖的标的。其条件有:第一,可以作为海事强制拍卖标的的船舶应当是被海事法院扣押的船舶。扣押的理由可能是为了保障海事请求人特定海事请求的实现,或者是为了执行判决、仲裁裁决以及其他法律文书。第二,可以作为海事强制拍卖标的的船舶应当是引起海事请求的当事船舶,或者是对海事请求负有责任的人所有的船舶,或者是被执行人所有的船舶。第三,可以作为海事强制拍卖标的的船舶仅限于具有民用或者商用用途的船舶。从事军事、政府公务的船舶不得被扣押,当然也不得被强制拍卖。第四,可以作为海事强制拍卖标的的船舶应当是扣押期届满,被请求人或者被执行人不提供担保,而且不宜继续扣押的船舶。第五,可以作为海事强制拍卖标的的船舶应当是20总吨以上的船舶。20总吨以下小型船艇的扣押和拍卖,可以依照《民事诉讼法》规定的扣押和拍卖程序进行。①

船载货物等是指船载货物、船用燃油和船用物料。满足一定条件的船载货物等可以作为海事强制拍卖的标的。其条件有:第一,可以作为海事强制拍卖标的的船载货物等应当是被海事法院扣押的船载货物等。扣押的理由可能是为了保障海事请求人特定海事请求的实现,或者是为了执行判决、仲裁裁决以及其他法律文书。第二,可以作为海事强制拍卖标的的船载货物等应当是归被请求人或者被执行人所有的船载货物等。第三,可以作为海事强制拍卖标的的船载货物等应当是扣押期届满,被请求人或者被执行人不提供担保,而且不宜继续扣押的船载货物等。第四,可以作为海事强制拍卖标的的船载货物等应当是处于承运人掌管之下的船载货物等,包括在承运人掌管之下尚未装船的货物、已经装载于船上的货物以及已经卸载的货物。②

三、海事强制拍卖特别规则

（一）准予或者不准予拍卖裁定

保全程序中的海事强制拍卖,无论拍卖标的是船舶或者是船载货物等,其是否启动,均取决于海事法院的拍卖裁定。③ 裁定分为准予拍卖裁定和不准予拍卖裁定,只有获得海事法院的准予拍卖裁定,才意味海事强制拍卖启动。

拍卖船舶或者船载货物等,由海事请求人向有管辖权的海事法院提出申请;拍卖船舶的,如海事请求人不申请,被请求人也可以向有管辖权的海事法院提出申请。海事法院收到拍卖船舶或者船载货

---

① 参见《海事诉讼特别程序法》第21、22、23、29条;《海事诉讼特别程序法的解释》第39条。
② 参见《海事诉讼特别程序法》第44、47、50条;《海事诉讼特别程序法的解释》第19条。
③ 启动执行程序中的海事强制拍卖,也应有海事法院的准予拍卖裁定,但海事法院在作出准予拍卖裁定前审查的条件会有所不同。

物等的申请后,应当在作出裁定前进行审查。审查的主要方面有:(1)关于提起诉讼或者申请仲裁。保全程序中的海事强制拍卖必须在提起诉讼或者申请仲裁后进行,即只有当海事请求人已经提起诉讼或者申请仲裁,才可能获得海事法院的准予拍卖裁定;反之,海事法院将作出不准予拍卖裁定。(2)关于扣押期间届满。船舶扣押期间为 30 日,船载货物等的扣押期间为 15 日。除非船载货物等无法保管、不易保管或者保管费用可能超过其价值,海事法院要待到船舶或者船载货物等的扣押期间届满且不宜继续扣押时,方可作出准予拍卖裁定;反之,海事法院将作出不准予拍卖裁定。(3)关于担保。被请求人可以通过提供担保阻止船舶或者船载货物的拍卖,因此,只有被请求人届时不能够对请求人的请求提供足额担保,海事法院方可作出准予拍卖裁定;反之,海事法院将作出不准予拍卖裁定。(4)关于拍卖费用。虽然拍卖费用最终由被请求人承担,但在申请拍卖时由请求人预付。请求人预付拍卖费用的,海事法院可作出准予拍卖裁定;反之,海事法院将作出不准予拍卖裁定。[①] 海事法院对前述方面的审查应当是全面的,只有所有方面均满足法律的要求,方可作出准予拍卖裁定,而如果有任何一方面不能满足法律的要求,海事法院就应作出不准予拍卖裁定。

除上述方面外,对于案件的实体问题,即海事请求人的请求成立与否,是否也应当进行审查,是一个实践中见仁见智的问题。这里有正反两方面的观点和理由。正面的观点和理由是:海事请求人的请求成立与否在审查时不予考虑。因为,海事强制拍卖处于保全阶段,未及实体审理,而海事请求人的请求成立与否须待实体问题审理完毕方能判断,届时将失去保全的意义,况且海事请求人已为保全措施提供了担保,如果请求不成立,请求人将赔偿被请求人所遭受的所有损失。反面的观点和理由是:海事请求人的请求成立与否在审查时应予考虑。因为,海事强制拍卖是为保障海事请求人的请求得以实现所采取的强制措施,如果海事请求人的请求本身不成立,拍卖也就

[①] 参见《海事诉讼特别程序法》第 28、29、46、47、48 条;《拍卖被扣押船舶的规定》第一部分第 5 项。

失去了根基,而那种不管三七二十一先拍了再说,待发现错误后再通过赔偿解决问题的做法,既不符合效率原则,也不符合公正原则。总之,是否应审查请求成立与否,法律并未明文规定,但司法解释似乎倾向于反面的观点和理由。① 笔者也倾向于反面的观点和理由,但并不主张为了确定请求成立与否而拖延作出裁定的时间。笔者认为,除非海事被请求人主动申请拍卖,海事法院在作出准予拍卖裁定前应仔细审查双方当事人已向法院提交的正反两方面的证据,只有当现有正面证据相比反面证据更能支撑海事请求人的请求时,方可作出准予拍卖裁定;反之,应作出不准予拍卖裁定。

无论海事法院作出的是准予拍卖裁定还是不准予拍卖裁定,对裁定不服的当事人均可自收到裁定之日起5日内,向作出裁定的海事法院申请复议一次。海事法院应当自收到复议申请之日起5日内作出复议决定。复议期间停止裁定的执行。

(二) 海事强制拍卖公告

海事法院作出准予拍卖裁定后,应当即时发布海事强制拍卖公告。公告由拥有管辖权的海事法院通过报纸或者其他新闻媒体发布;拍卖外籍船舶的,应当通过对外发行的报纸或者其他新闻媒体发布。公告包括以下内容:(1) 被拍卖船舶的名称和国籍,船载货物的名称、规格、数量、质量等;(2) 拍卖的理由和依据;(3) 拍卖船舶委员会或者拍卖组织的组成;(4) 拍卖的时间和地点;(5) 拍卖标的的展示时间和地点;(6) 参加竞买应当办理的手续;(7) 办理债权登记事项;(8) 需要公告的其他事项。公告应当通过报纸或者其他新闻媒体连续公告3日,公告期间不少于30日。② 以上有关公告内容和期日的要求,在实践中并未被严格执行。以下仅举两例加以评论:

---

① 《拍卖被扣押船舶的规定》第一部分第1项规定:"被拍卖船舶的所有人必须是被告,且应对该项海事请求确实负有责任。"
② 参见《海事诉讼特别程序法》第32、49条;《海事诉讼特别程序法的解释》第31条。

例一　　　**武汉海事法院拍卖船舶公告**

因被执行人江都市龙川运输有限公司逾期不履行(2007)扬仲裁字第202号裁决书确定的赔付义务,本院根据申请人江都市农村信用合作联社仙女信用社的申请,依照最高人民法院《关于适用〈中华人民共和国海事诉讼特别程序法〉若干问题的解释》第15条的规定,于2007年11月15日依法裁定拍卖被执行人江都市龙川运输有限公司所属的,停泊于宜昌峡口港的"润扬198号"轮。现将拍卖船舶的有关事项公告如下:

成立"润扬198号"轮拍卖委员会,负责该轮的拍卖事宜;凡有意购买船舶者,应向拍卖委员会提出买船申请,拍卖委员会将有偿提供有关船舶资料。经准许,可登轮察看船舶现状;定于2008年3月12日上午10时在本院拍卖"润扬198号"轮,凡与该轮有关的债权人,应于公告之日起30日内向本院申请债权登记。逾期不登记,视为放弃在拍卖船舶价款中受偿的权利。

特此公告

联系电话:027-68857569　　68857563

传真:027-68857510　　联系人:左铭辉　樊汉宁

联系地址:湖北省武汉市东西湖区新世纪大道特1号

2008年2月4日

例二　　　**广州海事法院拍卖箱内货物公告**[①]

本院根据申请人的申请,作出了(2007)广海法初字第63-1号和(2007)广海法他字第1-1号民事裁定,对箱号为CBHU1716100的箱内货物 POLYESTER SUIT CASE(过胶尼龙旅行箱)以及箱号为CBHU3339772的箱内货物 HANDTOOLS(手工工具)予以拍卖。

---

① 以上两例均来自"航运信息网",http://www.csi.com.cn/News/SC008.html,2008年1月25日访问。

> 本院已成立拍卖委员会,定于 2007 年 6 月 20 日下午 3 时在广州海事法院深圳法庭(地址:深圳盐田区深盐路海港大厦附楼二楼)对上述财产进行公开拍卖。凡愿参加竞买者,可于 2007 年 6 月 20 日前,向拍卖委员会办理竞买手续。
>
> 拍卖委员会联系电话:
> 郑光升:020-34063848;龚婕:0755-25291582
> 特此通告
> 2007 年 6 月 4 日

对照法律的要求,以上两例有如下值得商榷的地方:其一,关于拍卖船舶委员会或拍卖组织的组成。按法律的要求,要公告的内容应当是拍卖船舶委员会或拍卖组织的组成,而非拍卖船舶委员会或拍卖组织的成立。以上公告的内容仅向世人表明已成立了拍卖船舶委员会或拍卖组织,对于其组成情况却只字未提。其二,关于拍卖标的的展示。按法律的要求,公告内容应当包含拍卖标的的展示时间和地点,但以上例二完全忽略了此项内容,例一中关于展示时间和地点的表述也是语焉不详。其三,关于公告期日。按法律要求,拍卖船舶的公告期间应当不少于 30 日,又根据《海事诉讼特别程序法》第 49 条第 2 款,拍卖船载货物参照拍卖船舶的有关规定,其公告期间也应当不少于 30 日,但从例二中公告的发布日期和拍卖日期计算,公告期间只有 15 日,不知根据为何?除上述外,公告中应当包含的"参加竞买应当办理的手续"和"办理债权登记事项"等内容,也让人难以捉摸。

以上两例是笔者在现有大量海事强制拍卖公告中随机抽取的,很有代表性,而笔者表示值得商榷的地方实际表达了笔者对实践做法过于随意的否定。笔者认为,我国法律对公告的要求并不过分,以上两例中公告内容的缺失,不仅给相关当事人带来不便,更为重要的是,它降低了拍卖的公开程度,弱化了相关规则之间的协调性,最终可能会损害案件当事人、拍卖当事人等的合法权益。

(三) 拍卖会前的准备

按照海事强制拍卖程序,自发布公告之日起至拍卖会举行,有超过 30 天的时间;在这段时间里,海事法院、拍卖船舶委员会或拍卖组织(如果委托拍卖机构的,也包括拍卖机构)须做大量准备工作。准备工作包括向拍卖标的权利机关和权利人发出通知、接受债权人登记、确定拍卖标的保留价、展示拍卖标的、办理参加竞买手续等。

拍卖船舶的,海事法院应当向拍卖标的权利机关和权利人发出通知。根据《海事诉讼特别程序法》第 33 条规定,海事法院应当在拍卖船舶 30 日前,向被拍卖船舶登记国的登记机关和已知的船舶优先权人、抵押权人和船舶所有权人发出通知。通知内容包括被拍卖船舶的名称、拍卖船舶的时间和地点、拍卖船舶的理由和依据以及债权登记等。通知方式包括书面方式和能够确认收悉的其他适当方式。拍卖船载货物等是否需要发出通知,法律没有明文规定,但根据《海事诉讼特别程序法》第 49 条第 2 款的规定,海事法院可参照上述规定要求,向相关权利人发出拍卖船载货物等的通知。

拍卖船舶的,相关债权人应当在确定的时间内向海事法院申请登记债权。根据《拍卖被扣押船舶的规定》第一部分第 8 项规定,与拍卖船舶有关的债权人,应自公告之日起 60 日内向海事法院办理债权登记。逾期不登记的,视为放弃在本次拍卖中受偿的权利。债权人登记债权,应提交书面申请和享有债权的证据,以及个人或者企业法定代表人身份证明书和其他有关文件。缴纳登记费。上述规定中的"与拍卖船舶有关的债权人"应当是指船舶优先权人、抵押权人和其他债权人。虽然法律没有明文作出拍卖船载货物等时债权人登记的规定,但从登记的目的考虑,拍卖船载货物等时,债权人申请登记是完全必要的。根据《海事诉讼特别程序法》第 49 条第 2 款的规定,与拍卖船载货物等有关的债权人可参照上述规定,向海事法院申请进行债权登记。

根据《拍卖被扣押船舶的规定》第一部分第 10 项规定,拍卖船舶应当确定保留价,拍卖船舶的保留价不得公开。保留价的确定程序是:首先由拍卖船舶委员会在对船舶估价的基础上提出保留价数额的建议,然后由海事法院最终确定拍卖船舶的保留价。关于拍卖船载货物等是否应当确定保留价,以及确定的保留价是否可以公开,应当由海事法院根据实际情况决定。笔者认为,可以确定保留价,也可以不确定;确定的保留价可以公开,也可以不公开。但确定保留价的程序,应当按照前述规定执行。

无论是拍卖船舶或者是拍卖船载货物等,均应当展示;展示分别由拍卖船舶委员会或者拍卖组织组织进行。根据《海事诉讼特别程序法》第36条规定,拍卖船舶委员会应当在拍卖船舶前,展示被拍卖船舶,并提供察看被拍卖船舶的条件和有关资料。展示被拍卖船舶的合理地点应该是该船舶被扣押的地点;展示应该维持合理的期间,该期间应当是在公告之后、拍卖会之前;拍卖船舶委员会为有意竞买之人提供的察看条件和有关资料应确保后者能够了解船舶现状。根据《海事诉讼特别程序法》第49条第2款的规定,拍卖船载货物等也应当展示;船载货物等的展示应有明确的地点、期间,拍卖组织(如果委托拍卖机构的,也包括拍卖机构)应为有意竞买之人察看船载货物等提供方便。

拍卖会举行前,有意参加竞买之人应当向拍卖船舶委员会或者拍卖组织(如果委托拍卖机构的,也包括拍卖机构)登记,正式成为竞买人。根据《海事诉讼特别程序法》第35条的规定,竞买人应当在规定的期限内向拍卖船舶委员会登记。登记时应当交验本人、企业法定代表人或者其他组织负责人身份证明和委托代理人的授权委托书,并交纳一定数额的买船保证金。其中,所谓办理登记的期限和买船保证金的数额,可由拍卖船舶委员会征询海事法院意见后确定,并通过公告广而告之。有意参加船载货物等拍卖的竞买之人向拍卖组织(如果委托拍卖机构的,也包括拍卖机构)登记,根据《海事诉讼特别程序法》第49条第2款,办理参加竞买的手续参照前述规定执行。

(四)拍卖会善后工作

拍卖会善后工作包括签署拍卖成交确认书、移交拍卖标的、发布解除扣押命令、公告和登记等。

拍卖成交后要做的第一项工作便是签署拍卖成交确认书。拍卖船舶的,拍卖成交确认书由拍卖船舶委员会与买受人签署;拍卖船载货物等的,拍卖成交确认书由拍卖组织(如果委托拍卖机构的,也包括拍卖机构)与买受人签署。拍卖成交确认书的签署伴随着买受人的付款;除非成交确认书的签署双方另有约定,买受人应立即支付不低于拍卖标的成交价 20% 的价款,其余价款在成交之日起 7 日内付清。①

所谓移交拍卖标的是指向买受人移交船舶、船载货物等。移交在买受人付清全部价款后进行;除非成交确认书签署双方另有约定,买受人不按时付清价款视为反悔,反悔者将承担相应法律责任。移交船舶的,原船舶所有人应当在指定的期限内于船舶停泊地以船舶现状向买受人移交。"船舶现状"指船舶展示时的状况,如果船舶交接时的状况与船舶展示时的状况确有明显差别的,船舶价款应当作适当扣减,但属于正常损耗或者消耗的燃油不在此限;拍卖船舶委员会组织和监督船舶移交,并在船舶移交后与买受人签署船舶移交完毕确认书。移交船载货物等的,可视实际情况参照移交船舶的规定执行。②

拍卖标的移交完毕后,海事法院应通过发布解除扣押命令解除相关拍卖标的的扣押。③

船舶移交后,海事法院应当通过报纸或者其他新闻媒体发布公告,公布船舶已经公开拍卖并移交给买受人,同时,海事法院应当通知相关的船舶登记机关。买受人接收船舶后,应当持拍卖成交确认书和有关材料,向船舶登记机关办理船舶所有权登记手续。原船舶所有人应当向原船舶登记机关办理船舶所有权注销登记;原船舶所有人不办理船舶所有权注销登记的,不影响船舶所有权的转让。

四、与海事强制拍卖相关法律法规的协调

如前所述,海事强制拍卖规则大都来自《海事诉讼特别程序法》和《海事诉讼特别程序法的解释》,但了解了前述规则后,不免使人

---

① 参见《海事诉讼特别程序法》第 37 条、第 49 条第 2 款。
② 参见《海事诉讼特别程序法》第 38 条、第 49 条第 2 款;《海事诉讼特别程序法的解释》第 35 条;《拍卖被扣押船舶的规定》第一部分第 12 项。
③ 参见《海事诉讼特别程序法》第 38 条、第 49 条第 2 款。

产生疑问：前述的海事强制拍卖规则是完整的吗？比如说，为什么没有拍卖会阶段的规则？很显然，答案是否定的。事实上，为实施海事强制拍卖，还需要有更多法律、法规发挥作用。笔者在本书第一章就指出，调整拍卖的法律体系是开放性的，这一命题在涉及海事强制拍卖时也适用。与海事强制拍卖相关的法律、法规很多，择其重要，笔者在此仅论述《拍卖法》、《关于民事执行中拍卖、变卖财产的规定》和《拍卖被扣押船舶的规定》在海事强制拍卖中的可适用性，以及相互间的协调。

(一)《拍卖法》的可适用性及其协调

《拍卖法》在海事强制拍卖中的可适用性最易证明，《海事诉讼特别程序法》直接援引了《拍卖法》对海事强制拍卖的效力。按《海事诉讼特别程序法》第42条规定，除非《海事诉讼特别程序法》已经作出规定，拍卖适用《拍卖法》的有关规定。基于《拍卖法》颁布在前而《海事诉讼特别程序法》颁布在后，可以认为《海事诉讼特别程序法》的上述规定已充分考虑了《拍卖法》的规则体系及其适用范围。就拍卖而言，《拍卖法》的规则体系是最为完备的，而《海事诉讼特别程序法》（包括《海事诉讼特别程序法的解释》等，下同）中有关拍卖的规则只不过为强调海事强制拍卖的特点制定，故而是不完备的。现在，以《海事诉讼特别程序法》中的规则为基础，援引《拍卖法》规则的效力，就可以构建完整的海事强制拍卖规则体系。

按前述《海事诉讼特别程序法》第42条的规定，海事强制拍卖可以适用《拍卖法》的有关规定。那么，这个"有关规定"是指哪些规定？对此可以有两种理解。第一种理解：只要《海事诉讼特别程序法》中没有规定的，《拍卖法》中的规定都可以适用。言下之意是，《海事诉讼特别程序法》中有关拍卖的规定是特别规定，《拍卖法》中的规定是一般规定；在特别规定适用范围内的适用特别规定，不在特别规定适用范围内的适用一般规定。如此理解时，这个"有关规定"的指向是十分明确的。第二种理解：《拍卖法》中的规定要适用于海事强制拍卖，不仅受制于《海事诉讼特别程序法》中没有规定，还受制于强制拍卖的性质。言下之意是，有一些海事强制拍卖问题，虽然在特别规定中找不到答案，但也不能简单地适用一般规定，因为一般规定的内容可能并不适合强制拍卖性质。如此理解时,这个"有关规定"的指向就不明确了。

颁布《海事诉讼特别程序法》时,立法者一定考虑了它与《拍卖法》的衔接,但立法者是如何考虑这个"有关规定"的? 当时没有解释,现在已很难妄测。但有一些背景应当说明:其一,当时我国强制拍卖法规十分薄弱,除个别试行的规定外,主要的强制拍卖法规都还未颁布,几乎看不出强制拍卖规则的相对独立性;①其二,强制拍卖与非强制拍卖在性质上的差异没有被真正重视,性质差异对规则效果的影响也没有得到深入研究;其三,当时最高人民法院有一种意向,即通过将强制拍卖委托拍卖机构实施,使《拍卖法》在强制拍卖中发挥更大作用。

但现在的情况已有很大不同,随着大量强制拍卖法规的出现,我国的强制拍卖规则已具备相对独立性和体系性;又通过对强制拍卖与非强制拍卖性质的比较研究,两者的规则在某些问题上的不可兼容性已日益清晰。正因为如此,即使会落个"有关规定"指向不明确的结果,笔者还是倾向于上述第二种理解,即《拍卖法》中的规定要适用于海事强制拍卖,不仅受制于《海事诉讼特别程序法》中没有规定,还受制于强制拍卖的性质。据此,除《海事诉讼特别程序法》中已有规定外,因受制于强制拍卖性质而在海事强制拍卖中不能适用的《拍卖法》中的规定包括但不限于:关于瑕疵担保责任的有关规则、关于佣金的有关规则、关于拍卖人和委托人责任的有关规则。

(二)《关于民事执行中拍卖、变卖财产的规定》的可适用性及其协调

《关于民事执行中拍卖、变卖财产的规定》在海事强制拍卖中的可适用性需要证明。一则因为《关于民事执行中拍卖、变卖财产的规定》并没有将《海事诉讼特别程序法》作为制定根据;二则因为《关于民事执行中拍卖、变卖财产的规定》规范的拍卖是执行程序中的拍卖,而《海事诉讼特别程序法》中规范的拍卖主要是保全程序中的

---

① 我国《海事诉讼特别程序法》是 1999 年 12 月公布的,而我国主要的强制拍卖法规都是在 2003、2004 年及之后发布实施的。

拍卖。所以,《关于民事执行中拍卖、变卖财产的规定》并不是《海事诉讼特别程序法》中有关拍卖规定的司法解释。但是,《关于民事执行中拍卖、变卖财产的规定》中的内容是否完全不适用于海事强制拍卖?笔者认为也不尽然。究其原因主要有:其一,《关于民事执行中拍卖、变卖财产的规定》旨在规范强制拍卖,这与海事强制拍卖在性质上完全一致;调整对象具有相同的性质为规则的可适用性提供了重要基础。其二,保全程序和执行程序虽然有差别,但保全中的拍卖和执行中的拍卖差别十分有限;较少的差别更有利于适用相同的规则。其三,从有关当事人看,强制拍卖和海事强制拍卖之间,除后者多出拍卖船舶委员会或拍卖组织外,基本相同,如都有拍卖当事人、执行当事人和相关权利人等;相同的当事人意味相同的法律关系,进而意味相同的规则。

因此,笔者认为,《关于民事执行中拍卖、变卖财产的规定》可以适用于海事强制拍卖,但应注意其可适用的内容以及与其他法律、法规的协调。笔者主张,《关于民事执行中拍卖、变卖财产的规定》应有限制、有条件地适用于海事强制拍卖:其一,受制于《海事诉讼特别程序法》(包括《海事诉讼特别程序法的解释》等,下同)的直接规定。《海事诉讼特别程序法》中的直接规定相比较《关于民事执行中拍卖、变卖财产的规定》中的规定,更适合于海事强制拍卖,这是毋庸置疑的,因此两者为相同问题作出不同规范,自然以《海事诉讼特别程序法》的直接规定为准,置此情形,《关于民事执行中拍卖、变卖财产的规定》不具有可适用性。其二,受制于《拍卖法》中可适用于海事强制拍卖的规定。相比较《关于民事执行中拍卖、变卖财产的规定》,《拍卖法》对海事强制拍卖而言具有更强的适用根据,因此,凡《拍卖法》中适合于海事强制拍卖的规定,具有排除《关于民事执行中拍卖、变卖财产的规定》可适用性的效果。但问题在于,如何理解"《拍卖法》中适合于海事强制拍卖的规定"?在现有法律、法规中并没有回答这个问题的现成答案。如前所述,要回答这个问题,关键在于对强制拍卖性质的考虑。即如《拍卖法》中关于拍卖标的、竞买人、买受人、拍卖实施的有关规定等,既未在《海事诉讼特别程序法》中规定,也不见外于强制拍卖性质,就属于可以适合于海事强制拍卖的规定。

综上所述,笔者认为,《关于民事执行中拍卖、变卖财产的规定》中可适用于海事强制拍卖的规定包括但不限于:关于选择评估机构、选择拍卖机构、申请执行人和被执行人可以参加竞买、优先权人在拍卖中行使优先权、拍卖终结和中止、拍卖标的上原有物权和优先受偿权因拍卖而消灭和佣金的规定。

(三)《拍卖被扣押船舶的规定》的可适用性及其协调

一般来说,《拍卖被扣押船舶的规定》可以适用于海事强制拍卖本无可怀疑,但问题在于,它的某些内容与后来颁布实施的《海事诉讼特别程序法》中的相关内容有冲突,这就引起人们对《拍卖被扣押船舶的规定》是否还能继续保持效力的讨论。

讨论基础于下述背景:《拍卖被扣押船舶的规定》是最高人民法院于1994年7月专门为规范强制拍卖船舶而发布、实施的司法解释,其制定根据包括《民法通则》、《民事诉讼法》、《海商法》等;《海事诉讼特别程序法》是全国人大于1999年12月通过并于2000年7月施行的法律。根据立法原理:第一,全国人大制定的法律其效力高于最高人民法院制定的司法解释,两者的内容发生冲突时,效力较低的立法的有关内容不发生效力;第二,司法解释的失效,或者因该司法解释被明文废止,或者因其制定根据被废止。根据上述背景和一般原理,笔者认为,《拍卖被扣押船舶的规定》总体上并未失效,但其内容与《海事诉讼特别程序法》发生冲突的部分不再发生效力,也就不再对海事强制拍卖具有可适用性。

《拍卖被扣押船舶的规定》中的下述内容与《海事诉讼特别程序法》中的同类内容相冲突:(1)《拍卖被扣押船舶的规定》第一部分第3项规定:当事人对准予或者不准予拍卖的裁定不服的,"可以申请复议一次,复议期间,不停止裁定的执行";而《海事诉讼特别程序法》第30条规定:当事人对准予或者不准予拍卖的裁定不服的,"可以……申请复议一次……复议期间停止裁定的执行"。前者"不停止裁定的执行",后者"停止裁定的执行",两者实质冲突。(2)《拍卖被扣押船舶的规定》第一部分第7项规定:"拍卖船舶委员会由海事法院指定本院执行员和聘请会计师、验船师三人或五人组成";而

《海事诉讼特别程序法》第 34 条规定:"拍卖船舶委员会由海事法院指定本院执行员和聘请拍卖师、验船师三人或五人组成"。前者以"验船师"为当然的组成人员,后者以"拍卖师"为当然的组成人员,如果由三人组成拍卖船舶委员会,两者无法包容,故两者实质冲突。(3)《拍卖被扣押船舶的规定》第一部分第 12 项规定:买方签署拍卖成交确认书后,"须当即交付船价 25% 的定金";而《海事诉讼特别程序法》第 37 条规定:"买受人在签署拍卖成交确认书后,应当立即交付不低于 20% 的船舶价款"。虽一称"定金",一称"价款",但意义相同,前者为 25%,后者为 20%,两者实质冲突。(4)《拍卖被扣押船舶的规定》第一部分第 13 项规定:"买方付清全部价款后,拍卖船舶委员会应在规定的期限内,于船舶停泊地以售船原状办理移交手续";而《海事诉讼特别程序法》第 38 条规定:"买受人付清全部价款后,原船舶所有人应当在指定的期限内于船舶停泊地以船舶现状向买受人移交船舶"。前者由"拍卖船舶委员会"办理移交,后者由"原船舶所有人"办理移交,两者实质冲突。

《拍卖被扣押船舶的规定》的内容,除上述与《海事诉讼特别程序法》中的内容发生实质冲突者外,其余部分应继续有效。但如《海事诉讼特别程序法》(包括《海事诉讼特别程序法的解释》等)中的规定更为全面、具体,则优先适用《海事诉讼特别程序法》中的规定。

第六章 拍卖业管理法制化研究

自20世纪80年代后半期开始,我国拍卖业在发展中一路走来,至今,该行业内现有拍卖企业2351家,这些企业的年拍卖额达到3279亿元人民币,可称得上具有相当规模。① 我国拍卖业的发展过程,也是拍卖业管理法制化的过程。为将拍卖业管理纳入法制化管理的轨道,我国专门颁布了一系列管理性法规,诸如《拍卖管理办法》、《拍卖监督管理暂行办法》(国家工商总局2001年2月发布)、《拍卖师执业资格制度暂行规定》(人事部和国内贸易部1996年12月联合发布)等,并在此基础上建立起相关法律制度。

第一节 拍卖业管理部门(组织)及其职责

一、拍卖业主管部门及其职责

关于拍卖业的主管部门,在《拍卖法》和《拍卖管理办法》中都有明文规定。其中,《拍卖法》的规定较为原则,该法第5条规定:国务院负责管理拍卖业的部门对全国拍卖业实施监督管理;省、自治区、直辖市的人民政府(以下简称省级)和设区的市的人民政府(以下简称市级)负责管理拍卖业的部门对本行政区域内的拍卖业实施监督管理。而《拍卖管理办法》的规定相比《拍卖法》更加具体、明确,该办法第4条规定:商务部是拍卖行业主管部门,对全国拍卖业实施监督管理。省级和市级商务主管部门对本行政区域内的拍卖业实施监督管理。以上规定说明:第一,政府主管商务的部门是拍卖业主管部

---

① 摘自中国拍卖行业协会公布的《拍卖企业2007年经营统计结果》。

门;第二,拍卖业主管部门设三级,即国家级、省级和市级;第三,拍卖业主管部门的职能是对自己管辖行政区域内的拍卖业实施管理和监督。

拍卖业主管部门的职责在《拍卖管理办法》中有进一步规定。为明确拍卖业主管部门的职责,《拍卖管理办法》将其区分为商务部和省级商务主管部门,分别明确其职责。该办法第 43 条规定,商务部的职责是:组织制定有关拍卖行业规章、政策,指导各地制定拍卖行业发展规划,依法建立拍卖业监督、核查、行业统计和信用管理制度;负责拍卖行业利用外资的促进与管理;对拍卖行业自律组织进行业务指导。该办法第 44 条第 1 款规定,省级商务主管部门负责制定和实施本地区拍卖行业发展规划,并将规划报商务部备案。第 2 款规定,省级商务主管部门应建立本地区拍卖企业和从业人员的监督核查和行业统计及信用管理制度;负责设立拍卖企业和分公司的审核许可;管理与指导本地区的拍卖行业自律组织。第 3 款规定,省级商务主管部门应当创造条件,建立与拍卖企业、其他有关行政机关计算机档案系统互联网络,对拍卖经营活动监督检查的情况和处理结果应当予以记录。每年度应当出具对拍卖企业的监督核查意见。对核查不合格的拍卖企业,应当责令限期整改,并将核查情况通报有关部门。

细读上述规定,不难发现:其一,第 44 条第 3 款为省级主管部门规定的职责有问题。其中,"应当创造条件,建立与拍卖企业、其他有关行政机关计算机档案系统互联网络"充其量只是一个专项任务,并不具有职责的意义;而"对拍卖经营活动监督检查"又饱含市场经营管理的内涵,自有工商管理部门、公安管理部门、物价管理部门等发挥作用,很难作为主管部门的管理职责。其二,虽然《拍卖法》将拍卖业主管部门分为三级,但《拍卖管理办法》在细述各级主管部门的职责时,却有意无意间忽略了市级主管部门的职责,如果没有管理职责,为何要设市级主管部门?

笔者认为,首先,拍卖业主管部门是政府行政部门,其管理职能应与其部门性质相协调,因此其职责主要包括:(1)负责制定行业政策、规章;(2)负责制定行业发展规划;(3)负责行业与其他行业、政府部门等的协调;(4)负责行业内企业设立的审核许可;(5)负责对行业内自律组织的管理和指导;(6)对行业内企业、自律组织等执行政策、规章、发展规划的情况实施监督检查。其次,主管部门监督管理的重心应当放在省一级。商务部对拍卖行业的监督管理应主要体现在政策、规章制定层面,其他方面的职责,除非要求具有全国意义,应以省级主管部门为主负责。最后,市级主管部门当初主要是因为要对拍卖企业的设立进行审核许可,作为一级审批权限而设置的;只要该审批权限依然有效,市级主管部门就应当保留,但其职责应主要放在对行业内企业执行政策、规章、发展规划的情况实施监督检查上。

二、拍卖业自律组织及其职责

我国的拍卖业自律组织是拍卖行业协会。拍卖行业协会的性质和职责渊源于《拍卖法》。《拍卖法》第 17 条规定:拍卖行业协会是依法成立的社会团体法人,是拍卖业的自律性组织;拍卖行业协会依照本法并根据章程,对拍卖企业和拍卖师进行监督。

目前,我国的拍卖行业协会有两级,即全国性拍卖行业协会和地方性拍卖行业协会。

根据 2005 年《中国拍卖行业协会章程》,全国性拍卖行业协会的名称为"中国拍卖行业协会";协会是由全国拍卖企业、事业单位、社会团体和从事拍卖或相关工作的个人,自愿结成的全国性、非营利的社会团体组织,具有社会团体法人资格;协会的注册地在北京,接受民政部的业务指导和监督管理;协会的主要经济来源是会费、社会捐赠和政府资助。中国拍卖行业协会设会长、副会长、秘书长、副秘书长等职,负责协会的管理和日常工作;会员大会(或会员代表大会)是协会的最高权力机构,理事会是会员大会的执行机构。中国拍卖行业协会现设有办公室、拍卖师管理部、培训部、联络协调部、理论信息部、《中国拍卖》杂志社等职能部门。

地方性拍卖行业协会主要设在省一级,其名称因各省、自治区、直辖市的名称而有异,如"北京市拍卖行业协会"等;也有设区的市一级成立的地方性拍卖行业协会,如"宁波市拍卖行业协会"等。各地方拍卖行业协会的会员均来自所在省级或市级行政管辖区域内的拍卖企业、相关事业单位等,有相当数量的拍卖企业既是地方拍卖行业协会的会员,也是中国拍卖行业协会的会员。各地方拍卖行业协会均有自己的章程,注册在所在地,属地方性、非营利性的自律组织,享有社团法人资格。各地方拍卖行业协会的机构设置、经费来源等基本与中国拍卖行业协会相同。各地方拍卖行业协会均是中国拍卖行业协会的会员,与中国拍卖行业协会之间具有业务指导关系。

两级协会自然带来两级职责问题。《拍卖管理办法》第 45 条规定:拍卖行业协会依法并根据章程,对拍卖企业和拍卖师进行监督。拍卖行业协会应当制定拍卖行业规范,加强行业自律管理,协调会员企业与政府有关部门及会员企业之间的关系,为会员企业提供服务,维护会员企业的合法权益。中国拍卖行业协会在商务部的指导下,具体实施全国拍卖企业信用管理制度和组织拍卖师考试、考核和资格认定工作。综上,两级协会的职责,有些是相同的,有些是不同的。两级协会的职责在其章程中有具体表述。①

---

① 2005 年《中国拍卖行业协会章程》第 6 条规定:"本会的业务范围:(1)协助政府部门贯彻执行国家的方针、政策和法令,开展拍卖行业的理论研究,提出有关行业发展规划的建议;(2)协助政府部门开展行业管理工作,制订行规、会约,促进企业规范化管理和规范化经营;(3)调查、整理全行业的基础资料,研究本行业发展历史、现状及发展趋势,为协会开展工作和政府部门指导协会工作提供依据;(4)向政府部门反映会员的合理意见、要求和建议,协调解决行业发展和企业经营中出现的问题,保护会员合法权益不受损害;(5)按照《拍卖法》的要求,做好拍卖师资格的考试、授证、注册和年检等管理工作;(6)组织会员开展各类信息和业务交流,为会员提供信息和法律咨询服务,促进企业之间的合作;(7)组织编写拍卖专业教材,举办讲座、论坛、研讨会、培训班,提高行业职工队伍素质;(8)积极开展国际交流,扩大与国外同行业的交流与合作,并接受委托组织对外考察和接待来访等外事活动;(9)办好行业刊物;(10)接受政府部门和会员单位委托的其他工作。"地方拍卖行业协会的章程众多,现以《广东省拍卖业协会章程》为例,其第 7 条规定了该会的业务范围:"(1)开展拍卖学术交流活动和学术研讨会;(2)研究、推广国内外拍卖理论、方针和经验,组织会员对拍卖业进行调查研究,总结、交流经验,提高拍卖工作水平;(3)开展拍卖咨询服务,做好拍卖知识宣传的信息传播工作;(4)协助政府主管部门做好拍卖人员业务培训工作;(5)搜集、编印有关拍卖的刊物资料;(6)制订行业标准和做好行业统计等工作;(7)同兄弟省、市、区拍卖行业协会(拍卖行)加强联系与合作,对省内本会会员进行业务联系和指导;(8)督促、检查会员单位贯彻执行《拍卖法》、商务部《拍卖管理办法》及有关规定;(9)组织会员制定行规,并监督执行;(10)承办会员要求办理的事项,积极为会员排忧解难;(11)组织会员开展行业公益事业和有利于行业发展的其他活动,承办政府主管部门委托的有关事宜。"

两级协会的共同职责有:对拍卖企业和拍卖师遵守法律、法规的行为进行监督;制订行规、会约并督促拍卖企业和拍卖师遵守;为拍卖企业和拍卖师提供服务。除此之外,中国拍卖行业协会负有特殊职责:受政府主管部门委托进行行业管理;依法组织拍卖师考试、考核和资格认定;受政府主管部门委托实施拍卖企业信用管理制度。比较两级协会的职责可知,地方拍卖行业协会的职责主要是监督和服务,其中虽也有些许管理的内容,但侧重在自律管理方面;而中国拍卖行业协会被授予了更多的职权,其职责中所体现的管理已不是简单的自律管理,而是很典型的行业管理。自律管理与行业管理有很大的区别,自律管理的权威来自于行业内部企业、会员的约定,而行业管理的权威来自于行业外部的行政力量。因此,如何避免中国拍卖行业协会的行政机关化,是协会在履行管理职责时应当研究的一大课题。

三、与拍卖业管理相关的部门及其职责

拍卖经营的触角十分广泛,许多政府管理部门,或者由于其市场管理职责,或者由于其对某类拍卖标的负有职责,都与拍卖业管理相关。与拍卖业管理相关的政府管理部门有:工商行政管理部门、文物行政管理部门、物价管理部门、公安部门、国有资产管理部门、反垄断管理部门、税收管理部门、土地管理部门、房地产管理部门、海关、烟草专卖管理部门、知识产权管理部门等。

工商行政管理部门是与拍卖业管理最为相关的政府部门。在《拍卖法》、《拍卖管理办法》等法律、法规中,多处赋予工商行政管理部门对拍卖企业及拍卖活动进行监督管理的职责,其职责主要有:办理拍卖企业的注册登记、颁发营业执照;查处拍卖活动中的市场违法行为等。为此,国家工商行政管理总局专门于 2001 年 2 月颁布《拍卖监督管理暂行办法》,进一步明确工商行政管理部门在对拍卖业进行监督管理时的职责。相比其他拍卖法律、法规,《拍卖监督管理暂行办法》的特点是建立了举办拍卖活动备案制度、工商行政管理机关现场监管制度、禁止拍卖市场的不正当竞争行为等。虽然《拍卖监督管理暂行办法》中的某些制度、规则在实践中尚有争议,但这并不影响工商行政管理部门在拍卖业管理中,特别是在拍卖业的市场管理中发挥重要作用。

文物行政管理部门、物价管理部门和公安部门是被《拍卖法》和《拍卖管理办法》直接赋予职责的政府部门。首先,《拍卖法》第 8 条第 2 款规定:委托拍卖文物的,在拍卖前,应当经拍卖人住所地的文物行政管理部门依法鉴定、许可。为更好地实施对文物拍卖的监管,国家文物局于 2003 年 7 月发布《文物拍卖管理暂行规定》,在其中分别建立了文物拍卖许可证制度、文物拍卖专业人员资格证书制度、文物拍卖企业报送年审表制度、拍卖文物出入境制度等。其次,《拍卖法》第 68 条规定:物价管理部门可以对违反佣金收取规定的拍卖人处以拍卖佣金一倍以上、五倍以下的罚款。佣金是拍卖企业的服务价格,《拍卖法》对佣金收取有限制性规定,超过标准收取佣金属于价格违法行为;另外,拍卖企业利用佣金实施不正当竞争也属价格违法,对此,物价管理部门同样负有监管职责。最后,《拍卖管理办法》第 31 条规定:拍卖企业发现拍卖标的中有公安机关通报协查物品或赃物,应当立即向所在地公安机关报告。《拍卖法》修改前,拍卖业被界定为特种行业,明文规定由"公安机关对拍卖业按照特种行业实施治安管理",那时申办拍卖企业需要公安机关颁发的特种行业许可证;《拍卖法》修改后,有关特种行业的规定被删除,但并不意味着公安部门对拍卖业没有治安管理的职责。

其他政府部门虽然在《拍卖法》和《拍卖管理办法》中没有被直接赋予职责,但因其管理范围涉及拍卖标的或者拍卖经营,其内在的管理职责对拍卖业法制化的影响不容忽视。这些职责包括:国有资产管理部门对拍卖国有资产的职责;反垄断管理部门对维护拍卖业竞争秩序的职责;税收管理部门对拍卖业依法纳税的职责;土地管理部门对拍卖土地的职责;房地产管理部门对拍卖房地产的职责;海关对拍卖海关缉私物品等的职责;烟草专卖管理部门对拍卖烟草等专卖品的职责;知识产权管理部门对拍卖知识产权的职责等。

拍卖业主管部门应当在上述相关部门对拍卖业的管理过程中起协调作用,拍卖行业协会应当配合上述相关部门对拍卖业的管理。

第二节　拍卖企业及其经营禁止

一、拍卖企业的性质

拍卖企业是拍卖业得以存在的关键因素,也是政府各部门对拍卖业进行管理的最为重要的对象。根据我国法律、法规的有关规定,拍卖企业即拍卖法律关系中的拍卖人。关于拍卖企业的性质,《拍卖法》第 10 条规定:拍卖人是指依照本法和《公司法》设立的从事拍卖活动的企业法人;《拍卖管理办法》第 3 条规定:本办法所称拍卖企业,是指依法在中国境内设立的从事经营性拍卖活动的有限责任公司或者股份有限公司。

根据上述规定,首先,拍卖企业应当具备企业法人资格。根据《民法通则》规定,企业法人是具有民事权利能力和民事行为能力,依法独立享有民事权利和承担民事义务的各类企业;[①]企业法人应当具备一系列条件,包括依法成立,有必要的财产或者经费,有自己的名称、组织机构和场所,能独立承担民事责任。企业法人既不同于自然人,也不同于非企业法人,它间接地说明,在我国,自然人和非企业法人都不能作为拍卖法律关系中的拍卖人。

其次,拍卖企业属于有限责任公司或者股份有限公司。所谓有限责任公司或者股份有限公司是从承担责任的形式方面对企业的定性,在我国举办拍卖企业,必须在两种形式中选择其一。根据《公司法》的规定,拍卖企业采用有限责任公司形式的,股东以其出资额为限对拍卖企业承担责任,拍卖企业以其全部资产对拍卖企业的债务承担责任;拍卖企业采用股份有限公司形式的,其全部资本分为等额股份,股东以其所持股份为限对拍卖企业承担责任,拍卖企业以其全部资产对拍卖企业的债务承担责任。

[①] 在《民法典草案建议稿》中,我国学者已提出改变《民法通则》以生产资料所有制为根据的企业法人分类,改采营利法人与非营利法人的分类,这是有意义的。如此,拍卖企业应当属于营利法人。参见梁慧星主编:《中国民法典草案建议稿附理由(总则编)》,法律出版社 2004 年版,第 85—86 页。

最后,关于拍卖企业的专营问题。专营属于经营范围方面的问题,而经营范围问题在我国市场管理中是个很重要的问题。那么,拍卖企业的经营范围如何界定? 要回答这个问题,需要明确界定拍卖企业经营范围的特点。很显然,拍卖企业的经营范围不能通过其经营的标的种类界定。拍卖企业能够经营的标的种类繁多,凡能够在市场上销售的物品和财产权利,都在拍卖企业的经营范围之中。因此,以拍卖标的种类界定拍卖企业的经营范围于拍卖业管理毫无益处。笔者认为,为界定拍卖企业的经营范围,应当关注其两大特点: 第一,拍卖企业采用拍卖方式经营,即以公开竞价的形式,将特定物品或者财产权利转让给最高应价者;第二,拍卖企业经营的特定物品或者财产权利属于他人所有,即拍卖企业只是接受他人委托,以自己的名义从事拍卖活动的中介人。笔者称上述两大特点为"专营",可用以界定我国拍卖企业的经营范围。那么,专营是否属于拍卖企业的必然属性? 回答应当是否定的。从国际拍卖实践和我国《拍卖法》实施前的实践看,拍卖企业可以专营,也可以兼营。例如,20世纪80年代后期,我国拍卖业刚刚恢复时,就有不少拍卖企业兼营典当、寄售等业务。那么,专营是不是《拍卖法》的要求? 笔者拟作肯定回答。理由如下:其一,《拍卖法》明文规定拍卖企业是从事拍卖活动的企业法人,除拍卖外,找不到拍卖企业从事其他经营活动的根据。其二,《拍卖法》明文规定拍卖企业不得在自己组织的拍卖活动中拍卖自己的物品或者财产权利。其三,拍卖企业兼营其他业务,将会与拍卖企业自己的利益,或者拍卖企业代理的他人利益,或者社会公共利益,发生冲突。因此,笔者认为,专营是我国拍卖企业的重要属性。

二、拍卖企业的设立、变更和终止

国家有较多法律、法规涉及拍卖企业的设立、变更和终止,其中作为基本根据的法律有《拍卖法》、《公司法》、《外资企业法》、《中外合作经营企业法》、《中外合资经营企业法》和《公司登记管理条例》。在遵守上述法律的基础上,《拍卖管理办法》就拍卖企业的设立、变更和终止作出了一些具体规定。

（一）关于拍卖企业的设立

1. 设立拍卖企业条件

按《拍卖管理办法》的规定，设立拍卖企业应当具备下列条件：(1) 有 100 万元人民币以上的注册资本；(2) 有自己的名称、组织机构和章程；(3) 有固定的办公场所；(4) 有三名以上取得拍卖业从业资格的人员，其中至少有一名是拍卖师，并有与主营业务密切联系的行业从业资格的专职或兼职人员；(5) 有符合有关法律、行政法规及本办法规定的拍卖业务规则；(6) 符合商务主管部门有关拍卖行业发展规划。设立从事文物拍卖的企业的，除符合上述规定外，应当有 1000 万元人民币以上的注册资本，并有具有文物拍卖专业知识的人员。设立外商投资拍卖企业的，除符合上述规定外，还应当符合下述条件：(1) 符合外商投资企业注册资本和投资总额的有关规定；(2) 外商投资拍卖企业的经营期限一般不超过 30 年，在中西部设立外商投资拍卖企业的经营期限一般不超过 40 年。[①]

因设立的拍卖企业将分别具有有限责任公司或者股份有限公司形式，故设立拍卖企业的条件也应包含《公司法》中对有限责任公司和股份有限公司的要求。设立拍卖有限责任公司的，股东人数应当符合法定人数，除符合一人有限责任公司或者国有独资公司特别规定的，股东人数应当在 2 人以上、50 人以下；股东的首次出资额不得低于注册资本的 20%，也不得低于法定的注册资本最低限额，其余部分由股东自公司成立之日起两年内缴足；股东可以用货币出资，也可以用实物、知识产权、土地使用权等可以用货币估价并可以依法转让的非货币财产作价出资，全体股东的货币出资金额不得低于注册资本的 30%。设立拍卖股份有限公司的，发起人人数应当符合法定人数，即发起人须在 2 人以上、200 人以下；半数以上发起人应当在中国境内有住所；公司全体发起人的首次出资额不得低于注册资本的 20%，其余部分由发起人自公司成立之日起两年内缴足；发起人可以用货币出资，也可以用实物、知识产权、土地使用权等可以用货币估价并可以依法转让的非货币财产作价出资，全体股东的货币出

---

① 参见《拍卖管理办法》第 7、9 和 19 条；《拍卖法》第 13 条。

资金额不得低于注册资本的30%。①

根据国家法律、法规,上述股东或者发起人应有良好的信誉,无违反中国法律、行政法规、规章的行为;国家鼓励具有较强的经济实力、先进的拍卖技术和经营管理经验、广泛的国际拍卖营销网络的外国投资者在我国设立外商投资拍卖企业。

2. 设立拍卖企业的程序

根据《拍卖管理办法》、《公司登记管理条例》等法律、法规的规定,设立拍卖企业按照下述程序办理:

首先,向有管辖权的工商行政管理机关申请公司名称预先核准。设立拍卖有限责任公司的,应当由全体股东指定的代表或者共同委托的代理人提出申请;设立拍卖股份有限公司的,应当由全体发起人指定的代表或者共同委托的代理人提出申请。申请人申请名称核准,应当提交下列文件:(1) 申请书;(2) 全体股东或者发起人指定代表或者共同委托代理人的证明;(3) 国家工商行政管理总局规定要求提交的其他文件。拍卖企业名称中的行业表述应当标明"拍卖"字样。受理申请的工商行政管理机关对于符合条件的申请,核发《企业名称预先核准通知书》。预先核准的公司名称保留期为6个月。预先核准的公司名称在保留期内,不得用于从事经营活动,不得转让。②

其次,在预先核准的公司名称保留期内向商务主管部门申请设立拍卖企业。设立拍卖企业的申请应先经企业所在地市级商务主管部门审查后,再报省级商务主管部门核准并颁发拍卖经营批准证书;设立外商投资拍卖企业的,直接向商务部申请,由商务部审查核准并颁发拍卖经营批准证书。

申请人向商务主管部门申请设立拍卖企业时,应提交下列材料:(1) 申请书;(2) 公司章程、拍卖业务规则;(3) 工商行政管理机关核发的《企业名称预先核准通知书》;(4) 拟任法定代表人简历和有效身份证明;(5) 拟聘任的拍卖师执业资格证书及从业人员的相关

---

① 参见《公司法》第23、24、26、27、77、79、81、83条。
② 参见《公司登记管理条例》第17、18、19条;《拍卖管理办法》第10条。

资质证明;(6)固定办公场所产权证明或租用合同。申请人申请设立外商投资拍卖企业的,除提交上述材料外,还应提交:(1)合同、章程(外资拍卖企业只报送章程)及其附件;(2)投资各方的银行资信证明、登记注册证明(复印件);(3)投资各方经会计师事务所审计的最近一年的审计报告;(4)中国投资者拟投入到中外合资、合作拍卖企业的国有资产的评估报告;(5)拟设立外商投资拍卖企业董事会成员名单及投资各方董事委派书。

法律规定申请人向商务主管部门报送审批材料,旨在要求申请人证明自己符合法律规定的设立拍卖企业的条件,所以上述报送材料的项目与拍卖企业的设立条件几乎一一对应。但有一例外,设立拍卖企业条件中的"符合商务主管部门有关拍卖行业发展规划"一项在报送材料中没有对应的内容。"符合拍卖行业发展规划"是《拍卖法》对商务主管部门宏观管理拍卖业提出的要求,即要求商务主管部门对拍卖业的规模和拍卖企业的地区分布进行宏观控制。虽然有人以市场优胜劣汰规律为由,对政府主管部门以行政权力硬性控制拍卖业规模提出质疑,但笔者认为,这种控制还是有必要的。根据中国拍卖行业协会的统计,拍卖标的来源在全行业销售收入中所占比重如下表所示:

表一 2006年和2005年拍卖企业经营情况对比表
(按拍卖标的来源划分)

年度 部门	2006年 成交额(万元)	比重	2005年 成交额(万元)	比重	06/05 比重增减
法院	7341454.114	26.43%	5756529.862	22.77%	3.66%
政府部门	8349384.011	30.06%	7756551.141	30.68%	-0.62%
金融资产机构	4347906.145	15.65%	3747260.302	14.82%	0.83%
破产清算组	1469937.358	5.29%	1807714.455	7.15%	-1.86%
其他机构	4763430.040	17.15%	4477481.145	17.71%	-0.56%
个人	1503915.028	5.42%	1737783.270	6.87%	-1.45%
总计	27776026.700	100.00%	25283320.180	100.00%	0

表二 2007年和2006年拍卖企业经营情况对比表
（按拍品来源划分）①

年度 部门	2007年 成交额（万元）	2007年 比重	2006年 成交额（万元）	2006年 比重	07/06 比重增减情况
法院	6491171.49	19.79%	7341454.114	26.43%	-6.64%
政府部门	14139432.32	43.12%	8349384.011	30.06%	13.06%
金融机构	4207701.16	12.83%	4347906.145	15.65%	-2.82%
破产清算组	994667.45	3.03%	1469937.358	5.29%	-2.26%
其他机构	5374983.10	16.39%	4763430.040	17.15%	-0.76%
个人	1584115.24	4.83%	1503915.028	5.41%	-0.58%
合计	32792070.76	100.00%	27776026.700	100.00%	0

由上述二表中可以看出，拍卖标的中来源于法院和政府部门的比重稳定在50%左右并逐年上升，而来源于个人和其他机构的比重稳定在20%左右并逐年下降。这一结果充分说明，我国拍卖行业的商品经济还不甚发达，过多的拍卖企业或者拍卖企业地区分布不平衡将加剧拍卖行业的不公平竞争。通过商务主管部门的宏观控制有利于拍卖行业的健康发展，但商务主管部门在掌握这一标准时应当公正、透明。法律、法规规定，商务主管部门对拍卖企业的设立许可可以采用听证方式。

经审查批准的拍卖企业，由商务主管部门核发拍卖经营批准证书；经审查批准的外商投资拍卖企业，由商务部核发外商投资拍卖企业批准证书和拍卖经营批准证书。经审查批准的拍卖企业应当在6个月内向工商行政管理机关办理登记手续；经审查批准的外商投资拍卖企业应当在1个月内向工商行政管理机关办理登记手续。②

最后，在规定的期限内向有管辖权的工商行政管理机关办理登记手续。根据《公司登记管理条例》的规定，国务院国有资产监督管理机构履行出资人职责的公司以及该公司投资设立并持有50%以

---

① 参见中国拍卖行业协会公布的《拍卖企业2006年经营统计结果》和《拍卖企业2007年经营统计结果》。
② 参见《拍卖管理办法》第8、13、15、21、22条。

上股份的公司、外商投资的公司等,向国家工商行政管理总局办理登记手续;省、自治区、直辖市人民政府国有资产监督管理机构履行出资人职责的公司以及该公司投资设立并持有50%以上股份的公司等,向省、自治区、直辖市工商行政管理局办理登记手续;上述登记管辖之外的公司,向设区的市(地区)工商行政管理局、县工商行政管理局,以及直辖市的工商行政管理分局、设区的市工商行政管理局的区分局办理登记手续。登记事项有:名称、住所、法定代表人姓名、注册资本、实收资本、公司类型、经营范围、营业期限等。

申请设立拍卖有限责任公司的,应当向登记机关提交下列文件:(1)公司法定代表人签署的设立登记申请书;(2)全体股东指定代表或者共同委托代理人的证明;(3)商务主管部门核发的拍卖经营批准证书(外商投资拍卖企业批准证书);(4)公司章程(合同);(5)依法设立的验资机构出具的验资证明;(6)股东首次出资是非货币财产的,应当在公司设立登记时提交已办理其财产权转移手续的证明文件;(7)股东的主体资格证明或者自然人身份证明;(8)载明公司董事、监事、经理的姓名、住所的文件以及有关委派、选举或者聘用的证明;(9)公司法定代表人任职文件和身份证明;(10)企业名称预先核准通知书;(11)公司住所证明;(12)国家工商行政管理总局规定要求提交的其他文件。

申请设立拍卖股份有限公司的,应当向登记机关提交下列文件:(1)公司法定代表人签署的设立登记申请书;(2)董事会指定代表或者共同委托代理人的证明;(3)商务主管部门核发的拍卖经营批准证书(外商投资拍卖企业批准证书);(4)公司章程(合同);(5)依法设立的验资机构出具的验资证明;(6)发起人首次出资是非货币财产的,应当在公司设立登记时提交已办理其财产权转移手续的证明文件;(7)发起人的主体资格证明或者自然人身份证明;(8)载明公司董事、监事、经理姓名、住所的文件以及有关委派、选举或者聘用的证明;(9)公司法定代表人任职文件和身份证明;(10)企业名称预先核准通知书;(11)公司住所证明;(12)国家工商行政管理总局规定要求提交的其他文件。以募集方式设立拍卖股份有限公司的,还应当提交创立大会的会议记录;以募集方式设立拍卖股份有限公司公开发行股票的,还应当提交国务院证券监督管理机构的核准文件。①

依法设立的拍卖企业,由工商行政管理机关发给《企业法人营业执照》。

（二）关于拍卖企业设立分公司

拍卖企业的分公司是指拍卖企业在其住所以外设立的从事经营活动的机构。拍卖企业的分公司不具有企业法人资格。

1. 拍卖企业设立分公司的条件

按《拍卖管理办法》第11条规定,拍卖企业设立分公司应当具备下列条件:(1)符合拍卖企业发展规划;(2)年检合格;(3)企业的注册资本不少于500万元人民币且全部缴清,拍卖企业对每个分公司,需拨付不少于100万元人民币的资金或实物;(4)分公司应有两名以上取得拍卖从业资格的人员,并有与主营业务密切联系的行业从业资格的专职或兼职人员;(5)有固定的办公场所;(6)经营拍卖业务三年以上,最近两年连续盈利,其上年拍卖成交额超过5000万元人民币;或者上年拍卖成交额超过两亿元人民币。

2. 拍卖企业设立分公司的程序

拍卖企业设立分公司应报商务主管部门批准,并在其后向工商行政管理机关办理登记手续。

首先,拍卖企业设立分公司应报商务主管部门审查批准。除外商投资拍卖企业设立分公司报商务部审查批准外,其余拍卖企业设立分公司应当先经分公司所在地市级商务主管部门审查后,报省级商务主管部门批准。

拍卖企业向商务主管部门申请设立分公司时,应提交下列材料:(1)拟设立分公司的申请报告;(2)企业法人营业执照副本(复印件);(3)最近两年经会计师事务所审计的年度财务会计报表;(4)拟任分公司负责人简历及有效身份证明;(5)拟聘任的拍卖师执业资格证书及从业人员的相关资质证明;(6)固定办公场所的产权证明或租用合同。外商投资拍卖企业设立分公司的,申请人除提交上

---

① 参见《公司登记管理条例》第6、7、8、20、21条。

述材料外,还应提交企业验资报告。

商务主管部门对拍卖企业设立分公司的许可可以采用听证方式。经审查批准的拍卖企业的分公司,由商务主管部门核发拍卖经营批准证书;经审查批准的外商投资拍卖企业的分公司,由商务部核发外商投资拍卖企业批准证书和拍卖经营批准证书。经审查批准的拍卖企业的分公司应当在6个月内向工商行政管理机关办理登记手续;经审查批准的外商投资拍卖企业的分公司应当在1个月内向工商行政管理机关办理登记手续。[①]

其次,拍卖企业设立分公司应向工商行政管理机关办理登记手续。设立分公司的登记管辖与设立拍卖企业的登记管辖相同。登记事项有:名称、营业场所、负责人、经营范围。

拍卖企业设立分公司,应当向登记机关提交下列文件:(1)公司法定代表人签署的设立分公司的登记申请书;(2)公司章程以及加盖公司印章的《企业法人营业执照》复印件;(3)商务主管部门核发的拍卖经营批准证书(外商投资拍卖企业批准证书);(4)营业场所使用证明;(5)分公司负责人任职文件和身份证明;(6)国家工商行政管理总局规定要求提交的其他文件。[②]

分公司的公司登记机关准予登记的,发给营业执照。

(三)关于拍卖企业的变更

拍卖企业申请变更注册登记项目的,应首先报商务主管部门核准。除外商投资拍卖企业申请变更报商务部核准外,其余拍卖企业均报所在地省级商务主管部门核准。经核准变更的拍卖企业,由商务主管部门换发拍卖经营批准证书;经核准变更的外商投资拍卖企业,由商务部换发拍卖经营批准证书和外商投资企业批准证书。

拍卖企业和外商投资拍卖企业获得批准证书后,应当在规定的期限内向有管辖权的登记机关申请变更注册登记。拍卖企业和外商投资拍卖企业变更注册登记的项目包括:企业章程变更、企业名称变更、企业住所变更、企业法定代表人变更、企业注册资本变更、企业实

---

① 参见《拍卖管理办法》第12、13、15、21、22条。
② 参见《公司登记管理条例》第47、48条。

收资本变更、企业经营范围变更、企业类型变更、企业股东变更等。拍卖企业和外商投资拍卖企业申请变更注册登记,应当向登记机关提交下列文件:(1)公司法定代表人签署的变更登记申请书;(2)商务主管部门换发的拍卖经营批准证书和外商投资企业批准证书;(3)依照《公司法》作出的变更决议或者决定;(4)国家工商行政管理总局规定要求提交的其他文件。变更登记事项涉及《企业法人营业执照》载明事项的,登记机关应当换发营业执照。

拍卖企业和外商投资拍卖企业的分公司申请变更注册登记事项的,可直接向有管辖权的登记机关办理,无须经商务主管部门审查批准。分公司申请变更登记,应当提交拍卖企业或外商投资拍卖企业法定代表人签署的变更登记申请书。变更名称、经营范围的,应当提交加盖公司印章的《企业法人营业执照》复印件;变更营业场所的,应当提交新的营业场所使用证明;变更负责人的,应当提交公司的任免文件以及其身份证明。登记机关准予变更登记的,换发营业执照。①

(四)关于拍卖企业的终止

拍卖企业终止又称拍卖企业解散,是指因法定事由出现,经法律规定的程序后,拍卖企业的法律人格归于消灭。拍卖企业(包括外商投资拍卖企业,下同)终止的法定事由有:公司章程规定的营业期限届满或者公司章程规定的其他终止事由;股东会(股东大会)或者董事会决议终止;因公司合并或者分立需要终止;依法被吊销营业执照、责令关闭或者被撤销;因不能清偿到期债务被依法宣告破产。拍卖企业分公司终止的法定事由有:分公司被拍卖企业撤销;依法被责令关闭;依法被吊销营业执照。

拍卖企业终止需要经过法律规定的程序。首先,除因合并或者分立需要终止外,拍卖企业终止需要经过清算程序。拍卖企业应当在法定终止事由出现之日起15日内成立清算组,开始清算。拍卖有限责任公司的清算组由股东组成,拍卖股份有限公司的清算组由董事或者股东大会确定的人员组成。逾期不成立清算组进行清算的,

---

① 参见《拍卖管理办法》第14、23条;《公司登记管理条例》第26、27、49条等。

债权人可以申请人民法院指定有关人员组成清算组进行清算。人民法院应当受理该申请,并及时组织清算组进行清算。清算组行使下述职权:清理公司财产,分别编制资产负债表和财产清单;通知、公告债权人;处理与清算有关的公司未了结的业务;清缴所欠税款以及清算过程中产生的税款;清理债权、债务;处理公司清偿债务后的剩余财产;代表公司参与民事诉讼活动。公司清算结束后,清算组应当制作清算报告。其次,拍卖企业终止需要报经登记机关注销。除未成立清算组外,申请注销登记由清算组向登记机关提出。申请拍卖企业注销登记应提交下列文件:(1)公司清算组负责人签署的注销登记申请书;(2)人民法院的破产裁定、解散裁判文书,公司依照《公司法》作出的决议或者决定,行政机关责令关闭或者公司被撤销的文件;(3)股东会、股东大会、一人有限责任公司的股东、外商投资的公司董事会或者人民法院、公司批准机关备案、确认的清算报告;(4)《企业法人营业执照》;(5)法律、行政法规规定应当提交的其他文件。申请分公司注销登记应提交公司法定代表人签署的注销登记申请书和分公司的营业执照。经登记机关注销登记,拍卖企业终止。最后,拍卖企业终止应当公告。终止公告通常由清算组在拍卖企业注销登记后进行。①

三、拍卖企业经营禁止

拍卖企业存续期间,始终作为市场一分子,参与市场经营。作为市场一分子的拍卖企业,除要面对拍卖当事人外,还要面对其他拍卖企业的竞争,面对国家为维护市场秩序而制定的一系列市场经营规范。拍卖企业经营禁止涉及的范围很广,但可以简单分为两个范畴:其一,拍卖企业面对拍卖当事人时的经营禁止,这些禁止性规定基本规定在《拍卖法》中,属于拍卖企业在拍卖法律关系中的行为禁止;其二,拍卖企业面对其竞争者或者市场秩序规范时的经营禁止,这些禁止性规定通常不能在《拍卖法》中找到根据,属于拍卖企业在拍

---

① 参见《拍卖管理办法》第16、25条;《公司法》第181、184、185、189条;《公司登记管理条例》第42、43、44、45、50条。

法律关系之外的行为禁止。因此,笔者认为,拍卖企业经营禁止有广义和狭义之分,广义的拍卖企业经营禁止包括前述两个范畴,而狭义的拍卖企业经营禁止仅指前述第二个范畴。笔者此处论述的拍卖企业经营禁止是狭义的。

拍卖企业经营禁止规则主要规定在《反不正当竞争法》、《反垄断法》等以维护市场经营秩序为己任的法律、法规中。根据这些法律、法规,拍卖企业不得在市场经营中实施不正当竞争行为、垄断行为及其他有违市场经营秩序的行为。拍卖企业经营禁止所涉行为是多种多样的,包括但不限于市场混淆行为、虚假表示与虚假宣传行为、商业贿赂行为、侵犯商业秘密行为、限制竞争行为、商业诋毁行为、串通行为。我国拍卖业管理部门针对拍卖市场的现状,颁布了一系列法规,旨在维护拍卖市场的经营秩序,其中主要有《拍卖管理办法》、《拍卖监督管理暂行办法》等。由于这些法规更贴近我国拍卖市场现状,其中的经营禁止规则和与规则相关的监管制度也就更具体。

在我国拍卖法规中规定的拍卖企业经营禁止规则有:拍卖企业不得出租、擅自转让拍卖经营权;拍卖企业不得采用财物或者其他手段进行贿赂以争揽业务;拍卖企业不得利用拍卖公告或其他方法,对拍卖标的作引人误解的虚假宣传;拍卖企业不得捏造、散布虚假事实,损害其他拍卖企业的商业信誉;拍卖企业不得雇用未依法注册的拍卖师或其他人员充任拍卖师主持拍卖活动;拍卖企业不得采用恶意降低佣金比例或低于拍卖活动成本收取佣金,甚至不收取佣金或给予委托人回扣等手段进行不正当竞争等。[①] 这些经营禁止规则可被归纳为以下方面:

(一)禁止出租或擅自转让拍卖经营权

拍卖经营权是拍卖企业拥有的专有权利。之所以被称为专有权利是因为:其一,我国经营性拍卖活动是专营的,只有拍卖企业拥有拍卖经营权;其二,成立拍卖企业有较为特殊的资格条件;其三,国家对拍卖企业的数量进行总体控制,拍卖牌照是有限的。正是因为拍

---

① 参见《拍卖管理办法》第 30 条、《拍卖监督管理暂行办法》第 7 条。

卖经营权的专有性质,导致它如商品一样有了价值,成为私下出租和转让的客体。所谓出租拍卖经营权是指,拍卖企业将其经营权如同租赁物一样允许未获此资格的法人、自然人使用,并定期从被授权人处获得报酬的行为。所谓擅自转让拍卖经营权是指,拍卖企业以违法的方法将其经营权转归他人所有,并从被转让人处一次性获得报酬的行为。

转让拍卖经营权不同于转让拍卖企业股权。无论是拍卖有限责任公司还是拍卖股份有限公司,其股东均可通过合法的途径,转让其在拍卖企业中的股份;转让后,虽然拍卖企业的股东已变更,但拍卖企业的主体资格不变。所以,任何自然人、法人通过入股拍卖企业而获得的拍卖经营权,并未改变经营权的主体资格,不属于转让拍卖经营权。擅自转让拍卖经营权有如下特征:第一,转让的标的直接指向拍卖经营权;第二,转让的方法是擅自所为,私下交易;第三,转让的结果是拍卖经营权与拍卖企业分离,未获资格的自然人、法人也能拥有拍卖经营权。

转让拍卖经营权也不同于出租拍卖经营权。转让拍卖经营权时,被转让人是一次性买断了拍卖经营权;转让后,被转让人可以如同拍卖企业一样使用拍卖经营权,后者对于前者几乎无所制约。出租拍卖经营权时,因拍卖经营权依然归拍卖企业所有,故拍卖企业对于承租人使用拍卖经营权有着种种限制,如拍卖企业拥有允许或不允许承租人使用经营权的自由,也拥有决定租赁期长短的自由等。

拍卖实践中,习惯上将出租或擅自转让拍卖经营权称为"挂靠经营"。挂靠经营是我国市场的一大特点,广泛地存在于几乎所有经营性行业或领域,在国家严格控制的行业或领域尤为突出,如对外贸易领域、出租车行业和拍卖行业。拍卖行业的挂靠经营是指一些没有经营拍卖活动资格的自然人、法人,通过挂靠在拍卖企业之上,获得拍卖经营权。之所以需要挂靠,不仅仅是因为申请注册为拍卖企业程序的繁琐,更重要是在于申请注册为拍卖企业有着十分严格的限制条件。这些限制条件导致拍卖牌照是有限的,而拍卖牌照的本质是拍卖经营权,通过挂靠就能获得拍卖经营权。挂靠拍卖企业经营在我国拍卖市场上十分普遍,其表现形式是,未获经营拍卖活动资格的自然人、法人,在获得拍卖企业的同意(通常有协议)后,打着拍卖企业的旗号,从事拍卖经营活动。挂靠拍卖企业经营,既有出租拍卖经营权性质的,也有擅自转让拍卖经营权性质的,所不同的是,前者在每次从事拍卖活动后或者定期按约定向拍卖企业支付管理费(租金),后者由于已经一次性买断了拍卖经营权,故无须再向拍卖企业支付费用。

无论是称其为出租拍卖经营权或擅自转让拍卖经营权,还是称其为挂靠拍卖企业经营,都属于违法行为。该违法行为使我国为拍卖企业设置的条件形同虚设,拍卖企业的规模无法控制,拍卖企业的市场责任体系混乱。质言之,该违法行为损害了我国市场管理的公共秩序。因拍卖企业是该违法行为的主导,故我国将其列为拍卖企业经营禁止。拍卖企业违法出租或擅自转让拍卖经营权的,由省级商务主管部门责令改正,并处3万元人民币以下罚款。

(二)禁止采用商业贿赂手段以争揽业务

该项经营禁止来自于《反不正当竞争法》的明文规定。[①] 自我国拍卖市场形成以来,拍卖企业在市场上的竞争就十分激烈,而且随着时间的推移,这种竞争的激烈程度相比过去,有过之而无不及。与一些拍卖市场较为发达的国家相比,我国拍卖市场有两大鲜明的特点:其一是拍卖企业多,且拍卖企业都是专营的;其二是拍卖标的匮乏,且拍卖标的以法院或政府来源为主。以上这一多一少两大特点,使得拍卖企业不得不绞尽脑汁以争揽业务,以至于无所不用其极。商业贿赂就是一些拍卖企业应对激烈竞争的重要违法手段。

商业贿赂包括财物性贿赂和非财物性贿赂。财物性贿赂是指以现金和实物进行贿赂,包括拍卖企业为争揽业务而为其客户购买商品,假借业务费、宣传费、赞助费、科研费、劳务费、咨询费等名义,或者以报销各种费用等方式,给付客户单位或者个人财物。非财物性

[①] 《反不正当竞争法》第8条规定:经营者不得采用财物或者其他手段进行贿赂以销售或者购买商品。在账外暗中给予对方单位或者个人回扣的,以行贿论处;对方单位或者个人在账外暗中收受回扣的,以受贿论处。经营者销售或者购买商品,可以以明示方式给对方折扣,可以给中间人佣金。经营者给对方折扣、给中间人佣金的,必须如实入账。接受折扣、佣金的经营者必须如实入账。

贿赂是指用现金和实物以外的其他利益进行贿赂,如提供国内外各种名义的旅游、考察,提供色情服务等。

商业贿赂的目的通常是销售商品或购买商品,而拍卖企业实施商业贿赂旨在争揽业务。由于拍卖企业在购销体系中处于中间环节,因此,它的业务对象同时包括买卖双方,具体而言就是委托人和竞买人。委托人和竞买人都是拍卖企业的客户,是拍卖企业为拓展业务需要贿赂的对象。但在拍卖实践中,拍卖企业的贿赂手段主要围绕委托人进行。这是因为,拍卖是一种特殊的买卖方式,为使拍卖得以成交,拍卖标的的选择十分重要,只要组织到好的拍卖标的,总能营造出卖方市场,而拍卖标的握在委托人手中。是以,委托人,特别是手中握有大量优质拍卖标的的委托人,成为拍卖企业的重点贿赂对象。根据我国的实际情况,这些委托人主要是人民法院、海关、房地产管理部门、金融机构、国有企业等。由于这些委托人大都握有国家赋予的公权力,因此,商业贿赂的一个直接的副产品就是公权力腐败。

回扣是一种重要的商业贿赂形式,实践中,一些拍卖企业为争揽业务也经常采用回扣方式进行商业贿赂。所谓回扣,在我国相关法规中"是指经营者销售商品时在账外暗中以现金、实物或者其他方式退给对方单位或者个人的一定比例的商品价款"[①]。据此:(1)回扣一般是卖方返还给买方的一定比例的商品价款。这是回扣款项来源的重要属性,以此区别于其他商业贿赂形式。但就拍卖而言,拍卖企业并不是真正的卖方,它也没有返还"一定比例的商品价款"的权力。那么,拍卖企业给予回扣的款项来源于何处?正确的答案应当是佣金。佣金是拍卖企业收取的服务价款,为争揽业务,它可以将一定比例的服务价款返还作为回扣。(2)回扣的本质特征是"账外暗中"。这是回扣与折扣的根本区别。根据《反不正当竞争法》的规定,经营者给予对方折扣是合法的,但给予折扣应明示且如实入账。折扣与回扣,一个"明示且如实入账",一个"账外暗中";一个合法,一个违法,两者泾渭分明。有学者认为,账外暗中的"账"是指法定

[①] 《关于禁止商业贿赂行为的暂行规定》第5条第2款。

的财务账,而不包括小金库账、假账等;且账外暗中的"账外"和"暗中"是一个不能割裂的特定术语,其实质含义是收支不在法定财务账上按照财务会计制度明示如实记载,与其对应的是"明示且如实入账",不存在"账外明示"和"账内暗中"。①(3)回扣的表现形式有现金、实物或者其他方式。就如其他商业贿赂的表现形式一样,回扣的表现形式也是复杂多样的,为逃避法律制裁,实践中往往给回扣套上一些合法的外衣,但万变不离其宗,在这些合法外衣下的回扣都能量化为一定的价值。

商业贿赂无论以何种形式出现,都属国家法律禁止的行为。拍卖业内存在的商业贿赂严重干扰了拍卖市场的正常经营秩序,加剧了拍卖企业之间的不正当竞争,它不仅使业内商业道德低下,同时为公权力部门的腐败、犯罪大开方便之门,应当严令禁止。根据我国法律规定,拍卖企业采用财物或者其他手段进行贿赂以争揽业务,构成犯罪的,依法追究刑事责任;不构成犯罪的,监督检查部门可以根据情节处以1万元以上20万元以下的罚款,有违法所得的,予以没收。

(三)禁止作引人误解的虚假宣传

该项经营禁止来自于《反不正当竞争法》的明文规定。②《拍卖监督管理暂行办法》将其移植于拍卖企业经营禁止,并规定:拍卖企业不得利用拍卖公告或其他方法,对拍卖标的作引人误解的虚假宣传。两者之间的不同在于:其一,《反不正当竞争法》中的"经营者"与"商品"之间通常是所有关系,而《拍卖监督管理暂行办法》中的"拍卖企业"与"拍卖标的"之间很确定地不是所有关系,即拍卖企业在为他人销售商品。其二,《反不正当竞争法》中被经营者利用的"广告或者其他方法"主要是他人(广告经营者)制作、设计的,而《拍卖监督管理暂行办法》中被拍卖企业利用的"拍卖公告或其他方法"基本上是拍卖企业自己制作、设计的。

---

① 参见孔祥俊:《反不正当竞争法的适用与完善》,法律出版社1998年版,第352—359页。
② 《反不正当竞争法》第9条规定:经营者不得利用广告或者其他方法,对商品的质量、制作成分、性能、用途、生产者、有效期限、产地等作引人误解的虚假宣传。广告的经营者不得在明知或者应知的情况下,代理、设计、制作、发布虚假广告。

拍卖企业对拍卖标的作引人误解的虚假宣传,①旨在提高拍卖的成交率和拍卖标的的成交价,该行为的最大受益者是委托人,其次才是拍卖企业,而该行为的最大受害者是买受人。从这个意义上说,该经营禁止的内涵在《拍卖法》中就已被提及,对应的是《拍卖法》第18条"拍卖人应当向竞买人说明拍卖标的的瑕疵"的规定。《拍卖法》第18条旨在规范拍卖企业瑕疵告知义务,规范要求拍卖企业如实地将瑕疵告知竞买人,包括由于"引人误解的虚假宣传"而产生的瑕疵。所以,《拍卖法》第18条的规定也有禁止对拍卖标的作引人误解的虚假宣传之意。但是,本项经营禁止规定与《拍卖法》第18条的规定有根本不同:《拍卖法》第18条仅适用于拍卖当事人之间,旨在调整拍卖法律关系,拍卖企业在此承担民事责任,它要求有确定的受害人——买受人;而本项经营禁止适用于整个拍卖市场,旨在规范拍卖市场秩序,拍卖企业在此承担行政责任,即使没有确定的受害者,也不影响对违规拍卖企业的处罚。②

该项经营禁止将违法宣传界定为"引人误解的虚假宣传",引起理论和实践的广泛讨论。从字面解释,该违法宣传要同时满足"引人误解"和"虚假"两个要件。那么,商业实践中,是否所有引人误解的宣传均是虚假的?或者反之,是否所有虚假的宣传均能够引人误解?对此,大量的商业实践证明:并非如此。因此,机械地理解"引人误解的虚假宣传",要求同时满足"引人误解"和"虚假"两个要件,可能损害该项经营禁止规则适用的实效性。从立法本意看,之所以

---

① 作为拍卖企业虚假宣传对象的也可能是拍卖企业提供的服务,实际上,拍卖企业提供的服务才是拍卖企业自己的"商品",但《拍卖监督管理暂行办法》并未提及这一点。笔者认为,拍卖企业对自己提供的服务作引人误解的虚假宣传也属不正当竞争行为,可以纳入《反不正当竞争法》第9条予以规范和制裁。

② 《拍卖管理办法》对本项经营禁止的规定不同于《拍卖监督管理暂行办法》的规定。两者的区别主要有二:其一,前者禁止"虚假宣传",而后者禁止"引人误解的虚假宣传";其二,前者为禁止增加了"给买受人造成经济损失"这一限定,言下之意是,只有给买受人造成经济损失的虚假宣传才被禁止,而后者无此限定。笔者极力认同《拍卖监督管理暂行办法》的规定。笔者认为:其一,为禁止的实践效果计,"虚假"可以省略,而"引人误解"不可省略(参见后面的论述)。其二,禁止引人误解的虚假宣传不以"给买受人造成经济损失"为前提,市场管理法的角度不是当事人的经济损失,而是市场的秩序。因此,《拍卖管理办法》中所谓"给买受人造成经济损失",纯属画蛇添足。

要将该违法宣传作为不正当竞争手段加以禁止，关键在于它可能误导消费者的选择，并因这种误导提升违法行为人（拍卖企业）在竞争中的优势地位。所以，界定违法宣传的核心是"引人误解"，即使宣传中的表述是真实的，只要有引人误解的效果，依理均在禁止之例。

本项经营禁止规则中，违法宣传的法定形式是"利用拍卖公告或其他方法"。这一法定形式的规定是受到《反不正当竞争法》第9条"利用广告或者其他方法"的影响。首先，比较研究一下"拍卖公告"和"广告"作为违法宣传的法定形式问题。虽然拍卖公告和广告都有广而告之的作用，但拍卖公告和广告有诸多不同：第一，宣传的重点不同。广告的宣传重点是商品或服务本身；而拍卖公告宣传的重点是拍卖，在拍卖公告中占据大量篇幅的是拍卖的时间和地点、展示的时间和地点、参与竞买应当办理的手续、联系人和联系方法等，至于拍卖标的，往往仅在公告中被提及名称，至多被简单标明规格、数量等。第二，对创意的要求不同。广告讲究创意，故广告大都由专业的广告公司设计、制作，在创意的过程中往往会加载一些比喻、联想的描述，导致相同的商品或服务因创意而形成巨大的差别；而拍卖公告不讲究创意，故拍卖公告基本都是拍卖企业自己制作的，其格式和行文更似公文，各拍卖企业的公告基本雷同，从不出现对公告信息进行比喻、联想的描述。第三，发布频率不同。针对一种商品或服务的广告，大都在一个时段或者一年中某几个时段天天发布，形成巨大的宣传效应；而针对一场拍卖的公告只于拍卖前在媒体上（电子网络除外）发布一次，宣传效应有限。基于上述理由，虽然不能说拍卖公告不可能是拍卖企业违法宣传拍卖标的的一种形式，但由于法规的限定或者习惯使然，这种形式在实践中很不典型，拍卖企业少有利用拍卖公告宣传拍卖标的的，它们情愿采用其他方法。因此，笔者认为，本项经营禁止给予拍卖公告这样的重视，多少有点不着边际。其次，研究一下"其他方法"作为违法宣传的法定形式问题。拍卖公告以外，可以被拍卖企业用于违法宣传拍卖标的的形式，都在"其他方法"的范畴。从技术上说，要想完全列举"其他方法"中所包含的形式是不可能的，一个有心的拍卖企业会采用任何可能采用的形式违法宣传拍卖标的。在此，笔者列举两种在实践中采用最多的形式：其一,雇用他人在新闻媒体上对拍卖标的作违法宣传。这些被拍卖企业雇用的人都以独立的人格出现,往往是某个行业或领域的专家或自称为专家,宣传的焦点集中于某次即将举行的拍卖会上的拍卖标的,宣传的方法和口径往往是引经据典、事出有因、云里雾里、妙笔生花,不由得人不信,极具欺骗效果。其二,在展示拍卖标的的场所对拍卖标的作引人误解的虚假文字标注、说明或者解释。展示是拍卖的必经程序,展示不同于公告,展示的重点在于拍卖标的,而且到达展示场所的人都是对拍卖标的关心且希望拍卖企业给予答疑解惑的人,极容易受到拍卖企业宣传的影响;同时,拍卖企业为吸引竞买人以提高成交率和成交价,也绝不会放弃在展示场所宣传拍卖标的的机会。

拍卖企业采用任何形式对拍卖标的作引人误解的虚假宣传都是违法的。这种行为严重误导了消费者的消费选择,具有欺骗性质;同时它可能因消费者的错误选择而提升违法拍卖企业的市场地位,损害拍卖企业间的公平竞争。本项经营禁止旨在规范拍卖市场的秩序,反对拍卖企业的不正当竞争行为。根据我国法律规定,拍卖企业利用拍卖公告或其他方法,对拍卖标的作引人误解的虚假宣传的,监督检查部门应当责令停止违法行为,消除影响,可以根据情节处以 1 万元以上 20 万元以下的罚款。

(四)禁止损害其他拍卖企业的商业信誉

本项经营禁止直接来自《反不正当竞争法》的明文规定。[1] 我国拍卖市场上,拍卖企业通过捏造、散布虚假事实的方法,损害其他拍卖企业商业信誉的情形,相比较商业贿赂、违法宣传等情形,并不突出,但也非绝无仅有,随着拍卖经营竞争的日益激烈,通过损害他人的商业信誉扩大自己的竞争优势,是可以想见的。故政府管理部门明令本项经营禁止,相信是有所指的。

经营者在市场上从事经营,商业信誉十分重要;在竞争的场合,商业信誉是企业竞争力的集中表现。商业信誉俗称"口碑",泛指社

---

[1] 《反不正当竞争法》第 14 条规定:经营者不得捏造、散布虚伪事实,损害竞争对手的商业信誉、商品声誉。

会对经营者的信用、能力、商品或服务质量、资产实力、经营历史、员工素质等因素的总体评价。经营者的商业信誉绝非一天形成,通常要经过长时间的累积,它可以向好的方向累积,也可以向不好的方向累积。所以,对于经营者来说,商业信誉总是处在动态变化过程中。商业信誉对经营者的经营有重大影响,经营者有好的商业信誉,可以带动经营整体向上;反之,经营者的经营将会受到损害。因此,商业信誉对于经营者而言是有价值的,损害了经营者的商业信誉如同损害了经营者的财产。

本项经营禁止规范的损害方法是"捏造、散布虚假事实"。所谓捏造,其本义指虚构、假造,包括将有的说成无,将无的说成有。被捏造的事实很确定地是虚假的事实,但其程度可能有异,它可能构成社会评价的全部,也可能只是部分;它可能完全地无中生有,也可能是对真实情况的歪曲。所谓散布,其本义指分发、传播,包括以文字、语言、图画等各种形式,通过报纸、电视、网络等各种载体传播。散布的事实必须是虚假的,包括自己捏造的或他人捏造的虚假事实,如果被散布的事实是真实的,虽然可能不全面,但不能构成本项经营禁止的适用范围。

商业信誉从属于名誉权,但本项经营禁止旨在调整竞争关系,因此,它与《民法通则》中规范名誉权的规则有区别。① 本项经营禁止将范围限定在具有直接竞争关系的拍卖企业之间,而《民法通则》中规范名誉权的规则并无此种限定。在社会生活中,一个企业对另一个企业的名誉进行诋毁,无须以存在竞争关系为前提。究其原因在于,名誉权本是一种民事权利,只要对企业的名誉进行诋毁,无论其目的如何,都侵犯了企业的名誉权,是否存在竞争关系无关紧要。但在本项经营禁止中,拍卖企业诋毁其他拍卖企业的商业信誉是有特定目的的,旨在降低其他拍卖企业的社会评价,相对提升自己在竞争中的优势地位,这就要求在诋毁者与被诋毁者之间有竞争关系,因为被诋毁者与拍卖企业之间如果无竞争关系,于提升拍卖企业在竞争

---

① 《民法通则》第 101 条规定:公民、法人享有名誉权,公民的人格尊严受法律保护,禁止用侮辱、诽谤等方式损害公民、法人的名誉。

中的优势地位并无帮助。所以,本项经营禁止具有反不正当竞争的意义,而《民法通则》中规范名誉权的规则具有保护民事权利的意义,两者之间具有特殊和一般的价值。拍卖企业诋毁其他拍卖企业的商业信誉,适用本项经营禁止;拍卖企业诋毁非拍卖企业的商业信誉,适用《民法通则》中规范名誉权的规则。

未规定相对应的行政责任是本项经营禁止区别于其他经营禁止的一大特色。"据参与立法者介绍,对此类行为是作为民事侵权行为对待的,是侵犯名誉权的一种特殊形式。"[1]言下之意是,拍卖企业损害其他拍卖企业的商业信誉有确定的受害者,受害者可以提起侵权之诉,追究违法拍卖企业的民事责任,没有必要在民事责任之上重叠行政责任。但笔者以为,此种设置未必完善,民事责任遵循不告不理原则,且集中于司法救济,与政府执法部门的主动干预有别。现法律、法规授权政府执法部门主动干预,却不规定相应的行政责任,对于政府执法部门而言,该项经营禁止有形同虚设之嫌。另外,拍卖企业损害其他拍卖企业商业信誉的行为,不仅损害了其他拍卖企业的民事权利,同时也损害了市场经营秩序,侵权赔偿只能维护民事权利,要维护市场经营秩序还是需要行政处罚。因此,建议增加行政处罚措施,诸如责令停止违法行为、处以一定数量的罚款等。

(五)禁止雇用非拍卖师主持拍卖活动

拍卖活动是一种专业性商业活动,按照国家法律规定,应当由获得资格的拍卖师主持。在我国,对于拍卖师实行资格证书制度和注册管理,依照法律规定,只有获得资格证书且有效注册于一个拍卖企业的拍卖师才属有资格主持拍卖活动的拍卖师,其余均为"非拍卖师"。而本项经营禁止中所谓"雇用",应当包括长期或短期、"聘用"或"借用"等一切能够证明拍卖企业与非拍卖师之间存在的劳动关系。

本项经营禁止是否适用于拍卖企业雇用注册在其他拍卖企业的拍卖师,实践中有不同看法:一种意见认为,本项经营禁止规范的是

---

[1] 孔祥俊:《反不正当竞争法的适用与完善》,法律出版社1998年版,第598页。

非拍卖师,它不能延伸至注册拍卖师,哪怕这些拍卖师注册于其他拍卖企业,因此,拍卖企业雇用注册在其他拍卖企业的拍卖师的,不适用本项经营禁止规范。另一种意见认为,我国拍卖企业自律规则已有规定,未经拍卖师注册企业同意,拍卖企业不得聘用其他拍卖企业的拍卖师主持拍卖活动。[①] 因此,本项经营禁止可以有条件地适用于拍卖企业雇用注册在其他拍卖企业的拍卖师,即如果拍卖企业未能就拍卖师聘用与其注册所在的拍卖企业达成协议,适用本项经营禁止。笔者同意第一种意见,理由有二:其一,雇用非拍卖师与雇用注册在其他拍卖企业的拍卖师有天壤之别,前者危及市场秩序,后者只是拍卖企业之间的关系问题。在倡导人才流动的今天,将两者混为一谈,十分不妥。其二,既然自律规则中有约定,拍卖企业自应遵守,但自律规则不同于本项经营禁止的效力,它不能如同本项经营禁止一样带来行政责任;况且,从拍卖企业自律规则本身看,虽然对拍卖企业聘用注册在其他拍卖企业的拍卖师有所限定,但却并不认为违反限定是拍卖企业的责任。[②]

禁止雇用非拍卖师主持拍卖活动于维护拍卖市场正常的经营秩序大有益处:其一,它有助于拍卖企业完善自己的资格条件。曾几何时,我国拍卖市场上之所以盛行拍卖企业雇用非拍卖师主持拍卖活动,主要是因为拍卖师的匮乏,一些拍卖企业没有自己的拍卖师,又急于从事拍卖经营,只得大量雇用非拍卖师。自我国颁行本项经营禁止后,拍卖企业大都事先完善了自己的资格条件,雇用非拍卖师主持拍卖活动的状况已大有好转。其二,它有助于拍卖活动的正规化和法制化。非拍卖师未受过正规专业训练,不受相关纪律约束,由他们主持拍卖活动的最大弊端就是无法将拍卖纳入正规化合法经营。考察非拍卖师主持的拍卖活动,违规、违法现象层出不穷,与委托人、竞买人恶意串通抬价、压价者有之,接受贿赂出卖保密的拍卖保留价者有之,滥用拍卖规则损害拍卖当事人权利者有之,协助拍卖企业违法拍卖者有之,出卖拍卖企业商业秘密者有

---

① 参见中国拍卖行业协会于 2004 年发布的《关于加强拍卖行业自律的若干规定》第 12 条。

② 参见《关于加强拍卖行业自律的若干规定》第 28 条。

之。这些非拍卖师游走于各拍卖企业之间,带去的是整个拍卖业、拍卖市场的混乱。

本项经营禁止是拍卖市场管理的特有规则,归属拍卖业主管部门执行。拍卖企业违法雇用非拍卖师主持拍卖活动的,由省级商务主管部门视情节轻重予以警告,并处以非法所得额一倍以上的罚款,但最高额不超过三万元;没有非法所得的,处以一万元以下的罚款;造成委托人买受人损失的,拍卖企业应当依法给予赔偿。

(六)禁止利用佣金进行不正当竞争或垄断市场

佣金是拍卖企业提供拍卖(中介)服务的价格,这历来是规范拍卖市场的一个重要方面。曾几何时,拍卖企业为双向(同时向委托人和竞买人)收取佣金和按自由约定比例收取佣金而议论纷纷;至《拍卖法》颁布时,就拍卖企业的佣金问题,除法定例外,基本确定了双向收取和自由约定原则。《拍卖法》的规定将拍卖企业佣金推向市场定价领域,拍卖企业手中握有相当大的定价权,一些拍卖企业利用手中的定价权,恣意所为,完全不遵循定价活动的公平、合法和诚实信用原则,致使一时间,社会上对拍卖企业的佣金议论纷纷。社会上对拍卖企业佣金的议论焦点,集中在相互有关联的两个极端:其一是企业暴利;其二是低价竞争。从目前拍卖市场的真实情况看,低价竞争是围绕拍卖企业佣金存在的更基础、更普遍、更典型的问题。之所以如此,是因为在一个竞争性行业,企业暴利不可能凭空获得,竞争的压力将迫使企业的定价接近成本,为此,企业要想获得暴利,就会采用一些不正当的手段,低价竞争就是手段之一。所以,反企业暴利首先要反低价竞争,本项经营禁止旨在反对低价竞争。

人们往往有一种误解,仿佛在市场定价领域中的价格制定是完全自由的,是没有约束的,其实不然。在市场经济体制下,任何价格的制定都是有约束的,市场定价不同于政府定价、政府指导定价之处就在于,前者的约束不来自于政府,而直接来自于法律。目前,我国规范价格问题的法律主要有三部:《价格法》、《反不正当竞争法》和

《反垄断法》。① 这三部法律中,《价格法》和《反不正当竞争法》颁行于本项经营禁止出台之前,因此是本项经营禁止很确定的制定根据;《反垄断法》虽然颁行于本项经营禁止出台之后,但因其在市场法规体系中的崇高地位,自也可以作为本项经营禁止的坚强后盾。

在本项经营禁止中,所涉违法佣金有三种表现形式,即"恶意降低佣金比例"、"低于拍卖活动成本收取佣金"和"不收取佣金"。首先,这三种形式在是否收取佣金和收取佣金与成本的关系上,有程度的差异。第一种形式虽恶意降低了比例,但前提是收取佣金,且佣金足以弥补成本,即在成本之上收取佣金;第二种形式是收取佣金,但是在成本之下;第三种形式是完全不收取佣金。其次,程度的差异可能有本质的区别,也可能没有本质的区别。笔者认为,第二种形式和第三种形式虽有程度的差异,却没有本质的区别;但它们与第一种形式有着本质的区别。所以,从本质区别角度,可以将本项经营禁止中的违法佣金区别为在成本之上收取佣金和在成本之下收取佣金。最后,在成本之上收取佣金需要证明主观恶意,而在成本之下收取佣金不必作此证明。降低比例却在成本之上收取佣金,其实施者可能会有损失,但并非完全没有商业上的合理考虑,实施者可能是为激烈的竞争所迫,且不妨碍它通过薄利多销弥补自己的损失,因此,除非证明实施者恶意,它应当被定性为正常的价格竞争。而在成本之下收取佣金(法定理由除外)完全不同,它意味着拍卖企业提供一次服务就损失一次,服务越频繁,其损失就越严重,直至破产,故在成本之下收取佣金没有任何合理的商业基础,其主观恶意不证自明。

本项经营禁止的行政责任是个很复杂的问题。明文作出本项经

---

① 作为本项经营禁止根据的条文有:《价格法》第7条:"经营者定价,应当遵循公平、合法和诚实信用的原则";第14条:"经营者不得有下列不正当价格行为:……(2)在依法降价处理鲜活商品、季节性商品、积压商品等商品外,为了排挤竞争对手或者独占市场,以低于成本的价格倾销,扰乱正常的生产经营秩序,损害国家利益或者其他经营者的合法权益"。《反不正当竞争法》第11条:"经营者不得以排挤竞争对手为目的,以低于成本的价格销售商品。有以下情形之一的,不属于不正当竞争行为:(1)销售鲜活商品;(2)处理有效期限即将到期的商品或者其他积压的商品;(3)季节性降价;(4)因清偿债务、转产、歇业降价销售商品。"《反垄断法》第17条:"禁止具有市场支配地位的经营者从事下列滥用市场支配地位的行为:……(2)没有正当理由,以低于成本的价格销售商品……"

营禁止的是《拍卖管理办法》,但该办法却没有直接规定行政责任,而只是在第 51 条笼统规定"由有关行政机关依法进行处罚"。那么,由哪些行政机关依哪些法进行处罚? 这是我们应当分析研究的问题。前文述及,《价格法》、《反不正当竞争法》和《反垄断法》是本项经营禁止的制定根据或坚强后盾,这些法律是最有可能被《拍卖管理办法》那条笼统规定指示的法律。在这三部法律中,《反不正当竞争法》如同《拍卖管理办法》一样,也没有就本项经营禁止所涉内容直接规定行政责任,[①]只有《价格法》和《反垄断法》有相关规定。其中,《价格法》第 40 条规定:经营者为了排挤竞争对手或者独占市场,以低于成本的价格倾销,扰乱正常的生产经营秩序,损害国家利益或者其他经营者的合法权益的,责令改正,没收违法所得,可以并处违法所得五倍以下的罚款;没有违法所得的,予以警告,可以并处罚款;情节严重的,责令停业整顿,或者由工商行政管理机关吊销营业执照。《反垄断法》第 47 条规定:经营者违反本法规定,滥用市场支配地位,没有正当理由以低于成本的价格销售商品的,由反垄断执法机构责令停止违法行为,没收违法所得,并处上一年度销售额 1% 以上 10% 以下的罚款。

然而,对照本项经营禁止所涉行为,认真研究上述规定,不难发现:其一,所有的处罚均针对拍卖企业在成本之下收取佣金,完全找不到对"恶意降低佣金比例"的处罚根据。那么,是否要对"恶意降低佣金比例"进行行政处罚? 其二,同样是对于拍卖企业在成本之下收取佣金进行处罚,《价格法》是将其作为价格违法进行处罚,《反垄断法》是将其作为滥用市场支配地位进行处罚。质言之,满足《反垄断法》处罚规定的拍卖企业应当是拥有市场支配地位的拍卖企业。那么,如何划分《价格法》和《反垄断法》的处罚范围?

首先,论及第一个问题。对"恶意降低佣金比例"这一概念稍加

[①] 有学者认为,最应当直接规定行政责任的法律是《反不正当竞争法》。"从当前的执法实践来看,随着市场竞争的日趋激烈,采取低于成本价销售方式进行不正当竞争的现象日益增多。由于此类行为具有危害后果往往不能立时显现、损害对象往往不特定以及损害本身也难以确定的特点,通过行政手段制止此类不正当竞争行为更有优势。"孔祥俊:《反不正当竞争法的适用与完善》,法律出版社 1998 年版,第 572—573 页。

分析,不难发现其中含糊不清的伪成分。降低佣金比例却仍在法律允许的范围无可厚非,所以有关部门将这一概念设置为非法的核心应该是"恶意"。那么何谓恶意以及如何证明?法律上所谓恶意并非如一般人理解的不友好、不善良、对他人不利等,它是指行为人的主观状态,指事先明知有损害法律效力的事实发生而故意为之,如明知卖方无权处分财产而受让,为恶意取得财产。拍卖企业降低佣金比例对于其他拍卖企业而言当然不是好消息,其他拍卖企业有理由将其视为不友好、不善良、对他人不利等的行为。但问题在于,善恶之分并不由竞争者之间的主观愿望判断,而是由法律站在社会利益的高度对于行为人有无违法企图所作的判断。降低佣金比例却在法律允许的范围之内,对于消费者而言有百利而无一害,对于其他拍卖企业而言则足以促使其提高经营效率,对于拍卖市场而言促进了业内的有效竞争,既无法证明实施者的违法企图,也不可能产生违法效果,根本就无善恶之分。因此,笔者认为,"恶意降低佣金比例"是一个伪命题,它产生于拍卖业对于竞争的恐惧,理论上无法理解、实践中无法操作,对此设置行政处罚完全没有必要。进而笔者认为,《拍卖管理办法》应将"恶意降低佣金比例"从本项经营禁止中删去,以免实践中产生误解。

其次,论及第二个问题。拍卖企业在成本之下收取佣金是违法的,根据《价格法》和《反垄断法》都可以处罚,但两者对构成违法的条件有区别,各自处罚的范围也就有区别。《价格法》对构成违法设置的条件较简单,除法定例外,凡拍卖企业在成本之下收取佣金都构成价格违法;[①]而《反垄断法》对构成违法设置的条件较复杂,除要求拍卖企业在成本之下收取佣金外,还要求拍卖企业本身拥有市场支配地位。《价格法》和《反垄断法》设置的不同条件反映了它们对于同一行为的不同定性,《价格法》将其定性为不正当竞争行为,《反垄断法》将其定性为垄断行为。不正当竞争行为旨在通过损害他人的利益以获利,它的表现形式是过渡、无序竞争。从这个意义上说,任

---

① 笔者认为,《价格法》在"以低于成本的价格倾销"之前加上"为了排挤竞争对手或者独占市场"这一主观要件完全没有必要。"以低于成本的价格倾销"本身违法,不以行为人的主观愿望判断。

何拍卖企业都可以通过在成本之下收取佣金达到不正当竞争的目的。而垄断行为旨在消灭竞争者或者迫使竞争者在垄断的议题上与自己合作,它的表现形式是消灭或弱化竞争。从这个意义上说,只有拥有市场支配地位的拍卖企业才有能力通过在成本之下收取佣金达到垄断的目的。另外,一般而言,垄断行为给社会造成的损害相比较不正当竞争行为更大,所以对两者的处罚也有区别。因此,凡拥有市场支配地位的拍卖企业在成本之下收取佣金,应当适用《反垄断法》进行处罚;凡未拥有市场支配地位的拍卖企业在成本之下收取佣金,应当适用《价格法》进行处罚。

另外,围绕佣金收取,如果一个拍卖企业与其他拍卖企业进行合作,即通过协议方式避免相互间的竞争,属于违反《反垄断法》的行为;如果拍卖行业协会促成拍卖企业间的佣金合作协议,也属违反《反垄断法》的行为。上述有关佣金协议行为在我国拍卖市场上已非鲜见,其危害后果不容小觑,值得引起政府相关管理部门重视。

第三节 拍卖师及其执业禁止

一、拍卖师执业资格制度的建立

拍卖师执业资格制度是我国拍卖业管理法制化的重要成果,但该制度的建立有一个过程。在我国拍卖业恢复早期,无论是拍卖业的管理者,还是拍卖企业本身,都意识到拍卖是一种特殊的交易活动,为维持该交易活动的成功、规范,需要有专业技术人员参与其中。因此,我国20世纪90年代中期之前,各地方拍卖法规中,对拍卖企业的设立,都有专业技术人员的要求;一些地方的市场管理部门、规模较大的拍卖企业及其联合,也有意识地举办一些培训、考试,以提高专业技术人员的素质。但在当时还谈不上拍卖师执业资格制度:其一,拍卖师是拍卖企业专业技术人员,但拍卖企业专业技术人员并不等同于拍卖师;甚至在当时的拍卖业内外,包括我国的拍卖法规,还没有或者说不习惯"拍卖师"这一称谓,当要指称拍卖师时,多以"拍卖主持人"指代,或者直称拍卖人。其二,当时的培训、考试旨在提高专业人员的素质,它不仅是无规律的、不规范的、不统一的,且与资格不挂钩,也即国家并未将拍卖企业专业人员(或者直称拍卖主持人)纳入全国专业技术人员执业资格制度统一规划的范围。

我国拍卖师执业资格制度的建立,起始于1996年7月《拍卖法》在全国颁布。《拍卖法》于拍卖师执业资格制度的建立,有如下意义:其一,统一了"拍卖师"称谓并明确了拍卖师在拍卖活动中的地位。《拍卖法》将拍卖主持人从拍卖企业专业人员中分离出来,统一称为"拍卖师",并明确规定"拍卖活动应当由拍卖师主持"。其二,明确规定了担任拍卖师的基本条件。该基本条件分为肯定条件和否定条件。肯定条件有:(1)具有高等院校专科以上学历和拍卖专业知识;(2)在拍卖企业工作两年以上;(3)品行良好。否定条件有:被开除公职或者吊销拍卖师资格证书未满5年的,或者因故意犯罪受过刑事处罚的,不得担任拍卖师。其三,对建立我国拍卖师执业资格制度提出原则要求。《拍卖法》规定:拍卖师资格的获得,应当经过由拍卖行业协会统一组织的考核;经考核合格的,由拍卖行业协会发给拍卖师资格证书。这使得拍卖师被纳入全国专业技术人员执业资格制度统一规划的范围。[①]

为落实《拍卖法》关于建立拍卖师执业资格制度的上述要求,我国相关部门和组织颁布了一系列配套法规和文件,其中重要的有:人事部和国内贸易部于1996年12月25日颁布的《拍卖师执业资格制度暂行规定》、中国拍卖行业协会2002年颁布的《关于加强拍卖师监督管理的若干规定(暂行)》。根据上述法规和文件,我国拍卖师执业资格制度包括拍卖师执业资格考试制度、拍卖师执业资格证书制度、拍卖师执业资格注册管理制度、拍卖师执业资格标准制度等。在该制度体系中,中国拍卖行业协会负责制定拍卖师标准、管理办法,组织编写培训教材,报拍卖业主管部门、人事部审核后,统一组织培训、考试、考核、颁发证书工作;拍卖业主管部门负责全国拍卖专业技术人员执业资格制度的组织实施工作;人事部负责进行监督、检查。

---

① 参见《拍卖法》第12、14、15、16条。

二、拍卖师执业资格制度

（一）拍卖师执业资格考试制度

《拍卖法》对拍卖师有资格考核的要求,取得拍卖师执业资格的前提是通过拍卖师执业资格考试。拍卖师执业资格考试实行全国统一大纲、统一命题、统一组织原则。拍卖师执业资格考试制度包括考试的组织机构、考试的组织实施、申请参加考试的人员和条件等。

根据《拍卖师执业资格制度暂行规定》,拍卖业主管部门（过去是国内贸易部,现在是商务部）组织成立"全国拍卖师执业资格考试委员会",负责拟定考试大纲、考试科目、考试试题及将上述拟定的文件报人事部备案。全国拍卖师执业资格考试委员会下设办公室,办公室设在中国拍卖行业协会,负责拍卖师执业资格考试的具体工作。

申请参加拍卖师执业资格考试的人员应拥有中国国籍、遵纪守法,并同时具备下列条件:(1) 思想健康、品德端正,具有敬业精神;(2) 身体状况良好;(3) 具有高等院校专科以上学历和拍卖专业知识;(4) 在拍卖企业工作两年以上;(5) 通过由拍卖业主管部门组织的拍卖专业人员培训,并经所在拍卖企业推荐。另外,有下列情形之一者,不得申请参加拍卖师执业资格考试:(1) 不具有完全民事行为能力;(2) 被开除公职未满5年;(3) 因故意犯罪受过刑事处罚;(4) 受吊销拍卖师执业资格证书处罚,自处罚决定之日起至申请报名之日未满5年。

拍卖师执业资格考试原则上每年举行一次,符合条件的申请者应当在规定的时间内向中国拍卖行业协会递交有关材料以供审查。递交的材料有:拍卖师执业资格考试报名表;拍卖专业人员培训证书及本人学历证明。经审查合格者获得参加考试资格,并根据中国拍卖行业协会的日程安排,参加规定科目的考试。[①] 凡考试合格者,经全国拍卖师资格考试委员会办公室考核评议通过后,由中国拍卖行

---

① 中国拍卖行业协会于2005年发布施行的《拍卖师资格考试管理办法》,对拍卖师资格考试的组织与准备工作、考务规定、评卷与登分、公示和发证、信息管理等作出明确、具体规定。

业协会颁发商务部和人事部联合用印的拍卖师执业资格证书。

(二) 拍卖师执业资格证书制度

拍卖师执业资格证书的全称为"中华人民共和国拍卖师执业资格证书"。根据《拍卖师执业资格制度暂行规定》和《关于加强拍卖师监督管理的若干规定（暂行）》，拍卖师执业资格证书是拍卖师获得执业资格的证明文件，代表了政府对拍卖师执业资格的承认，由中国拍卖行业协会按照一定的条件颁发。一个人获发拍卖师执业资格证书的条件有：(1) 有两年以上从事拍卖工作的经验；(2) 通过国家举办的拍卖师执业资格考试；(3) 在一个确定的拍卖企业执业。中国拍卖行业协会按照规定条件颁发的拍卖师执业资格证书在全国范围内有效。

拍卖师执业资格证书需加盖有效注册章方能使用；[1]拍卖师变更注册单位的，应当更换拍卖师执业资格证书；拍卖师因各种原因不再从事拍卖工作的，应当缴回拍卖师执业资格证书。

拍卖师执业资格证书不得转让、出借。未持有加盖有效注册章的拍卖师执业资格证书，拍卖师不得主持拍卖活动。拍卖师在主持拍卖活动时，必须展示拍卖师执业资格证书。

(三) 拍卖师执业资格注册管理制度

该制度是拍卖师执业资格制度的重要内容。拍卖师执业资格注册管理制度包括：注册管理机构、年检注册、变更注册、注销注册及其程序。目前，作为拍卖师执业资格注册管理制度根据的法规和文件有：《拍卖师执业资格制度暂行规定》、《关于加强拍卖师监督管理的若干规定（暂行）》和《拍卖师注册管理补充规定》[2]。

根据上述法规和文件，国家授权中国拍卖行业协会具体管理拍卖师执业资格注册工作；拍卖业主管部门和人事部对拍卖师执业资格的注册和使用情况负有检查、监督职责。

---

[1] 《关于加强拍卖师监督管理的若干规定》（暂行）第 5 条指出：未加盖有效注册章的拍卖师执业资格证书为"无效证书"。笔者认为，这种定性是不准确、不严肃的。凡符合国家规定条件颁发的证书均为有效证书，中国拍卖行业协会无权附加条件否定它的效力，但中国拍卖行业协会可以附加条件决定它的使用。

[2] 《拍卖师注册管理补充规定》由中国拍卖行业协会于 2006 年发布施行。

对于任何一个拍卖师而言,其执业资格注册均需要自始至终。考试合格取得拍卖师执业资格的人员,须在取得拍卖师执业资格证书后的3个月内,到中国拍卖行业协会申请办理注册登记手续。拍卖师注册遵循下述规则:拍卖师必须注册于一个确定的拍卖企业方能执业;拍卖师应就其执业资格每年接受一次检查和注册。拍卖师变更注册遵循下述规则:拍卖师注册的拍卖企业停业或破产的,拍卖师可以变更注册到其他拍卖企业,未变更注册期间不得执业;第一次取得拍卖师执业资格证书的拍卖师,须在本人执业的拍卖企业注册满一年后,方可提出变更注册单位的申请;拍卖师在一个年检有效期内,变更注册单位不得超过一次;拍卖企业仅有一个拍卖师的,该拍卖师要求变更注册单位应提前6个月向所在拍卖企业和地方拍卖行业协会提出申请;拍卖师在暂停执业期内不得申请变更注册单位等。拍卖师注销注册应遵循下述规则:拍卖师因各种原因不再从事拍卖工作的,应在一个月内到中国拍卖行业协会注销拍卖师执业资格;拍卖师在注册期间完全丧失民事行为能力,或者死亡、失踪,或者受刑事处罚的,由中国拍卖行业协会注销其注册。

拍卖师年检注册按下述程序办理:(1)拍卖师应在前次注册期满前一个月内,通过其所在地方拍卖行业协会向中国拍卖行业协会申请注册(其所在地无拍卖行业协会的,可直接向中国拍卖行业协会申请),申请同时报送下列材料:拍卖师执业资格证书(原件)、拍卖师年度注册申请表和拍卖理论或案例分析文章一篇。(2)地方拍卖行业协会应对拍卖师报送的材料进行初审,如无异议,地方拍卖行业协会应在7日内报送中国拍卖行业协会;如有异议,地方拍卖行业协会应在15日内连同出具的书面意见报送中国拍卖行业协会处理。(3)对于符合注册条件的,中国拍卖行业协会应在收到申报材料后的7个工作日内予以注册;对于不符合注册条件的,中国拍卖行业协会应通知申请人,同时通报其所在地方拍卖行业协会。

拍卖师变更注册按下述程序办理:(1)有意变更注册单位的拍卖师应向其所在拍卖企业提出调动申请,并填写《拍卖师变更注册单位审批表》(以下称《审批表》)。(2)调出、调入拍卖企业在《审批表》上签署意见后,报企业所在地方拍卖行业协会审核(企业所在地无拍卖行业协会的,直接报中国拍卖行业协会)。(3)地方拍卖行业协会应区别不同情况在《审批表》上签署自己对申请人变更注册单位的意见,并发还申请人。(4)申请人将签署有拍卖企业和所在地方拍卖行业协会意见的《审批表》连同拍卖师执业资格证书一并报中国拍卖行业协会。(5)中国拍卖行业协会收到《审批表》和拍卖师执行资格证书后,应在7个工作日内对符合调动条件的申请人给予办理变更注册;对于不符合调动条件或需进一步核实的,应向申请人说明理由。

(四)拍卖师执业资格标准制度

根据《拍卖师执业资格制度暂行规定》,拍卖师执业资格标准包括三个方面,即职业道德标准、专业技术标准和行为能力标准。

拍卖师职业道德标准有:(1)坚持四项基本原则;(2)恪守公正、客观的原则,保持廉洁的工作作风。

拍卖师专业技术标准有:(1)具有一定的经济理论水平和丰富的拍卖专业理论知识;(2)具有与拍卖相关的其他学科及商品知识,对拍卖标的具有相应的鉴定水平和评估能力;(3)熟悉、掌握、运用《拍卖法》及其相关的各种法律和法规;(4)具有一定的外语水平;(5)具有丰富的实践经验,了解和掌握国内外拍卖动态。

拍卖师行为能力标准有:(1)具有自控能力,善于掌握分寸;(2)具有社交能力,善于协调人际关系;(3)具有组织能力,善于对工作、语言、文字进行组织和表达;(4)具有知识转化能力,善于将已具备的专业知识与实际工作相结合。

在拍卖师执业期间,拍卖业主管部门、各拍卖行业协会、拍卖企业应定期或不定期地组织各类培训,促使拍卖师达到上述标准。

三、拍卖师执业禁止

拍卖师是拍卖活动的主持人,其所作所为关系到拍卖活动的规范与否;拍卖师是拍卖企业的专业技术人员,其所作所为关系到拍卖企业的重大利益。因此,国家和行业对拍卖师执业有原则性目标,目标要求拍卖师的执业行为应当遵守相关法规和文件,坚持公开、公平、公正和诚实信用原则,符合拍卖师职业道德标准、专业技术标准

和行为能力标准。为实现上述目标,结合拍卖实践,特别禁止拍卖师的如下行为:

(一)禁止拍卖师利用执业之便谋取不正当利益

拍卖师在拍卖活动中居于重要地位,特别在拍卖会上,拍卖师是核心人物;拍卖师的地位和作用使他成为拍卖当事人关注的焦点,也为他利用执业之便谋取不正当利益创造了条件。本项执业禁止中的所谓不正当利益包括金钱、财物等。拍卖师谋取不正当利益的对象可能是委托人,也可能是竞买人;委托人和竞买人都在拍卖活动中有利益,这些利益均与拍卖师的执业有关,并可能因拍卖师的违规执业而放大。拍卖师谋取不正当利益可能是主动的,如拍卖师以违规执业为条件主动向委托人或者竞买人索要金钱、财物等;拍卖师谋取不正当利益也可能是被动的,如拍卖师在委托人或者竞买人的金钱、财物等利诱下违规执业。本项执业禁止中,拍卖师谋取不正当利益的手段是利用执业之便而拥有的权限和获知的信息。拍卖师因执业之便而拥有一系列权限,并获知大量委托人和竞买人不知道也不应道的信息,如拍卖师握有掌控拍卖会进程、一锤定音等权限,拍卖师知道保密的保留价、其他竞买人详细情况等信息。当这些权限和信息被正当使用时,足以为拍卖带来公正的效果,而当这些权限和信息被用以服务特定当事人时,在给该特定当事人带来不正当利益的同时,会损害其他当事人的利益。

拍卖师利用执业之便谋取不正当利益的行为违反了我国拍卖法规和拍卖业自律规则,①也不符合拍卖师执业资格标准,应予禁止。拍卖法规对该行为的处罚方式包括:警告、罚款、暂停执业、吊销执业资格。但应当注意,因拍卖师属于拍卖企业的工作人员,根据责任归因原理,拍卖师违反本项执业禁止的所作所为,同样可能导致拍卖企业负担民事责任,因此,拍卖企业对于其注册拍卖师执行本项执业禁

---

① 《拍卖师执业资格制度暂行规定》第25条规定:拍卖师利用执行业务之便,索取、收受委托人不正当的酬金或其他财物,或者谋取其他不正当的利益,由中国拍卖行业协会视其情节轻重,给予警告、罚款、暂停执业、吊销执业资格的处分。《关于加强拍卖监督管理的若干规定(暂行)》第13条第1款规定:拍卖师不得利用执业之便接受拍卖活动当事人不正当的钱财或谋取其他不正当利益,也不得向他人行贿。

止不可掉以轻心。

(二) 禁止拍卖师恶意串通以操纵拍卖成交价

所谓恶意串通,是指相关当事人之间以违法损害他人利益为目的而实施的故意串通行为。拍卖法上的恶意串通有两类:第一类是竞买人之间恶意串通,第二类是拍卖师与其他拍卖当事人之间恶意串通,当然,这两类恶意串通之间也可能有一定关联。本项执业禁止涉及的是第二类。可能与拍卖师恶意串通的人有两种:一种是委托人,另一种是竞买人。在通常情况下,当拍卖师与委托人恶意串通时,不可能同时与竞买人恶意串通,反之亦然。

拍卖法上的恶意串通旨在操纵拍卖成交价,经拍卖师恶意串通后形成的拍卖成交价已非正常价格,它可能是相比正常价格为高的价格,也可能是相比正常价格为低的价格。按一般规律,拍卖师与委托人恶意串通旨在操纵出较高的拍卖成交价,通常采用的方法是按委托人授意对拍卖标的作不实宣传,允许委托人或其代理人在拍卖会现场托价等;而拍卖师与竞买人恶意串通旨在操纵出较低的拍卖成交价,通常采用的方法是由拍卖师出面私下游说,联合所有竞买人压低报价。无论拍卖师与委托人恶意串通以操纵较高的拍卖成交价,还是拍卖师与竞买人恶意串通以操纵较低的拍卖成交价,均属于本项执业禁止的适用范围。

本项执业禁止与前一项执业禁止有一定的渊源关系。本项执业禁止中经拍卖师与委托人或者竞买人所操纵的拍卖成交价,无论相比正常价格高出多少或者低出多少,均非拍卖师的利益所在,拍卖师的利益一定来自从委托人或者竞买人处私下索取或收受的金钱、财物等。在此意义上,本项执业禁止的行为不过是前项执业禁止的一种表现形式。但同时应当看到,前项执业禁止的重点是拍卖师谋取不正当利益,本项执业禁止的重点是拍卖师实施恶意串通行为。在此意义上,本项执业禁止是前项执业禁止的深化。

拍卖师与委托人或者竞买人恶意串通以操纵拍卖成交价的行为

违反了拍卖业自律规则,①也不符合拍卖师执业资格标准,应予禁止。拍卖业自律规则给予的惩罚措施是吊销涉案拍卖师的执业资格证书。但应当注意,因拍卖师属于拍卖企业的工作人员,根据责任归因原理,拍卖师违反本项执业禁止的所作所为,同样可能导致拍卖企业负担民事责任。可能正因为如此,我国拍卖法规并不关注拍卖师在其中的责任。

（三）禁止拍卖师违规跨企业执业

所谓拍卖师跨企业执业,是指拍卖师除在其注册拍卖企业执业外,也在其他拍卖企业执业。鉴于我国不允许拍卖师同时注册在两个(含)以上拍卖企业,故拍卖师在其他拍卖企业执业属于在非注册拍卖企业执业。拍卖师跨企业执业的现象在我国拍卖实践中曾经十分普遍,究其原因主要是拍卖师资源的缺乏,②随着近年来较多专业人员获得拍卖师资格,这一现象有所好转让。但执业水平高、有品牌效应的拍卖师依然紧缺,一些拍卖企业为了提高拍卖成交率和拍卖活动的轰动效应,仍然有借用拍卖师的需求,一些拍卖师为提高自己的知名度和经济效益,也乐此不疲,故拍卖师跨企业执业的现象会在我国实践中长期存在。

对于拍卖师跨企业执业行为,我国早在《拍卖法》生效之时,就明令予以禁止。依《拍卖师执业资格制度暂行规定》第 25 条规定,拍卖师同时在两个或者两个以上的拍卖企业执行业务的,由中国拍卖行业协会视其情节轻重,给予警告、罚款、暂停执业、吊销执业资格的处分。但至 2002 年中国拍卖行业协会发布《关于加强拍卖师监督管理的若干规定(暂行)》时,上述规定有了变化,我国拍卖业界经过长期讨论,形成如下共识:拍卖师不得以个人名义为非本人注册的拍卖企业主持拍卖会;拍卖师代表所注册执业的拍卖企业为其他拍卖企业主持拍卖活动的,双方企业在拍卖活动开始前必须签订协议或

---

① 《关于加强拍卖师监督管理的若干规定(暂行)》第 13 条第 2 款规定:拍卖师不得与拍卖活动当事人恶意串通,操纵价格,损害其他当事人的利益。

② 在《拍卖法》生效后的一个较长时期内,法律对于拍卖活动主持人已有资格要求,但拍卖师数量一时间难以符合拍卖业发展的规模,当时有一定数量的拍卖企业没有拍卖师,只好通过借用注册在其他拍卖企业的拍卖师维持经营。

合同。① 比较两者，后者实际认为，拍卖师并非绝对不可以在两个（含）以上拍卖企业执行业务，而是不可以私下在两个（含）以上拍卖企业执行业务；如果经过拍卖企业之间协商同意，各自的拍卖师是可以借用的。

上述不同规定导致产生一些问题：其一，《拍卖师执业资格制度暂行规定》属于政府规章，效力层次相对较高，而《关于加强拍卖师监督管理的若干规定（暂行）》属于拍卖业自律规则，效力层次相对较低，那么后者有无改变前者实质内容的效力？其二，依前者的规定，拍卖师同时在两个或者两个以上的拍卖企业执行业务的，由中国拍卖行业协会进行处罚，而后者正是由中国拍卖行业协会制定的，那么中国拍卖行业协会是执行前者还是执行后者？看来，究竟如何规范拍卖师跨企业执业，法规和文件之间还需要协调。

笔者认为，《关于加强拍卖师监督管理的若干规定（暂行）》中的规定更合理。其一，允许拍卖企业之间协商借用拍卖师有利于资源共享。拍卖师的执业水平、品牌效应有高低之分，高质量的拍卖师永远是紧缺资源，允许协商借用有利于紧缺资源的共享，一方面可以提高拍卖的整体水平，另一方面也可减少拍卖企业之间的恶性竞争。其二，允许拍卖企业之间协商借用拍卖师有利于拍卖师形成自己的风格和特色。一个拍卖企业为成本计，不可能同时注册许多拍卖师，如果拍卖师被绝对限制在本企业执业，很难形成拍卖师的风格和特色。另外，拍卖师跨企业执业主要关系到其注册企业的利益，禁止的目标主要也是防止企业之间的恶性竞争和维护企业的利益，那么在拍卖企业协商同意的基础上，有何必要绝对禁止？因此，本项执业禁止不是绝对禁止拍卖师跨企业执业，而是禁止拍卖师违规跨企业执业，违规所在直指"私下"，即拍卖师未经其注册所在拍卖企业同意，私下在其他拍卖企业执业的，应予禁止。

---

① 参见《关于加强拍卖师监督管理的若干规定（暂行）》第17条。

附录

《中华人民共和国拍卖法》

(1996年7月5日第八届全国人民代表大会常务委员会第二十次会议通过,根据2004年8月28日第十届全国人民代表大会常务委员会第十一次会议《关于修改〈中华人民共和国拍卖法〉的决定》修正)

第一章 总 则

第一条 为了规范拍卖行为,维护拍卖秩序,保护拍卖活动各方当事人的合法权益,制定本法。

第二条 本法适用于中华人民共和国境内拍卖企业进行的拍卖活动。

第三条 拍卖是指以公开竞价的形式,将特定物品或者财产权利转让给最高应价者的买卖方式。

第四条 拍卖活动应当遵守有关法律、行政法规,遵循公开、公平、公正、诚实信用的原则。

第五条 国务院负责管理拍卖业的部门对全国拍卖业实施监督管理。

省、自治区、直辖市的人民政府和设区的市的人民政府负责管理拍卖业的部门对本行政区域内的拍卖业实施监督管理。

第二章 拍卖标的

第六条 拍卖标的应当是委托人所有或者依法可以处分的物品或者财产权利。

第七条 法律、行政法规禁止买卖的物品或者财产权利,不得作为拍卖标的。

第八条 依照法律或者按照国务院规定需经审批才能转让的物品或者财产权利,在拍卖前,应当依法办理审批手续。

委托拍卖的文物,在拍卖前,应当经拍卖人住所地的文物行政管理部门依法鉴定、许可。

第九条 国家行政机关依法没收的物品,充抵税款、罚款的物品和其他物品,按照国务院规定应当委托拍卖的,由财产所在地的省、自治区、直辖市的人民政府和设区的市的人民政府指定的拍卖人进行拍卖。拍卖由人民法院依法没收的物品,充抵罚金、罚款的物品以及无法返还的追回物品,适用前款规定。

第三章 拍卖当事人

第一节 拍 卖 人

第十条 拍卖人是指依照本法和《中华人民共和国公司法》设立的从事拍卖活动的企业法人。

第十一条 拍卖企业可以在设区的市设立。设立拍卖企业必须经所在地的省、自治区、直辖市人民政府负责管理拍卖业的部门审核许可,并向工商行政管理部门申请登记,领取营业执照。

第十二条 设立拍卖企业,应当具备下列条件:
(一)有一百万元人民币以上的注册资本;
(二)有自己的名称、组织机构、住所和章程;
(三)有与从事拍卖业务相适应的拍卖师和其他工作人员;
(四)有符合本法和其他有关法律规定的拍卖业务规则;
(五)符合国务院有关拍卖业发展的规定;
(六)法律、行政法规规定的其他条件。

第十三条 拍卖企业经营文物拍卖的,应当有一千万元人民币以上的注册资本,有具有文物拍卖专业知识的人员。

第十四条 拍卖活动应当由拍卖师主持。

第十五条 拍卖师应当具备下列条件:

（一）具有高等院校专科以上学历和拍卖专业知识；
（二）在拍卖企业工作两年以上；
（三）品行良好。

被开除公职或者吊销拍卖师资格证书未满五年的，或者因故意犯罪受过刑事处罚的，不得担任拍卖师。

第十六条 拍卖师资格考核，由拍卖行业协会统一组织。经考核合格的，由拍卖行业协会发给拍卖师资格证书。

第十七条 拍卖行业协会是依法成立的社会团体法人，是拍卖业的自律性组织。拍卖行业协会依照本法并根据章程，对拍卖企业和拍卖师进行监督。

第十八条 拍卖人有权要求委托人说明拍卖标的的来源和瑕疵。

拍卖人应当向竞买人说明拍卖标的的瑕疵。

第十九条 拍卖人对委托人交付拍卖的物品负有保管义务。

第二十条 拍卖人接受委托后，未经委托人同意，不得委托其他拍卖人拍卖。

第二十一条 委托人、买受人要求对其身份保密的，拍卖人应当为其保密。

第二十二条 拍卖人及其工作人员不得以竞买人的身份参与自己组织的拍卖活动，并不得委托他人代为竞买。

第二十三条 拍卖人不得在自己组织的拍卖活动中拍卖自己的物品或者财产权利。

第二十四条 拍卖成交后，拍卖人应当按照约定向委托人交付拍卖标的的价款，并按照约定将拍卖标的移交给买受人。

第二节 委 托 人

第二十五条 委托人是指委托拍卖人拍卖物品或者财产权利的公民、法人或者其他组织。

第二十六条 委托人可以自行办理委托拍卖手续，也可以由其代理人代为办理委托拍卖手续。

第二十七条 委托人应当向拍卖人说明拍卖标的的来源和瑕疵。

第二十八条 委托人有权确定拍卖标的的保留价并要求拍卖人保密。

拍卖国有资产,依照法律或者按照国务院规定需要评估的,应当经依法设立的评估机构评估,并根据评估结果确定拍卖标的的保留价。

第二十九条 委托人在拍卖开始前可以撤回拍卖标的。委托人撤回拍卖标的的,应当向拍卖人支付约定的费用;未作约定的,应当向拍卖人支付为拍卖支出的合理费用。

第三十条 委托人不得参与竞买,也不得委托他人代为竞买。

第三十一条 按照约定由委托人移交拍卖标的的,拍卖成交后,委托人应当将拍卖标的移交给买受人。

第三节 竞 买 人

第三十二条 竞买人是指参加竞购拍卖标的的公民、法人或者其他组织。

第三十三条 法律、行政法规对拍卖标的的买卖条件有规定的,竞买人应当具备规定的条件。

第三十四条 竞买人可以自行参加竞买,也可以委托其代理人参加竞买。

第三十五条 竞买人有权了解拍卖标的的瑕疵,有权查验拍卖标的和查阅有关拍卖资料。

第三十六条 竞买人一经应价,不得撤回,当其他竞买人有更高应价时,其应价即丧失约束力。

第三十七条 竞买人之间、竞买人与拍卖人之间不得恶意串通,损害他人利益。

第四节 买 受 人

第三十八条 买受人是指以最高应价购得拍卖标的的竞买人。

第三十九条 买受人应当按照约定支付拍卖标的的价款,未按照约定支付价款的,应当承担违约责任,或者由拍卖人征得委托人的同意,将拍卖标的再行拍卖。拍卖标的再行拍卖的,原买受人应当支付第一次拍卖中本人及委托人应当支付的佣金。再行拍卖的价款低于原拍卖价款的,原买受人应当补足差额。

第四十条 买受人未能按照约定取得拍卖标的的,有权要求拍卖人或者委托人承担违约责任。买受人未按照约定受领拍卖标的的,应当支付由此产生的保管费用。

第四章 拍卖程序

第一节 拍卖委托

第四十一条 委托人委托拍卖物品或者财产权利,应当提供身份证明和拍卖人要求提供的拍卖标的的所有权证明或者依法可以处分拍卖标的的证明及其他资料。

第四十二条 拍卖人应当对委托人提供的有关文件、资料进行核实。拍卖人接受委托的,应当与委托人签订书面委托拍卖合同。

第四十三条 拍卖人认为需要对拍卖标的进行鉴定的,可以进行鉴定。

鉴定结论与委托拍卖合同载明的拍卖标的状况不相符的,拍卖人有权要求变更或者解除合同。

第四十四条 委托拍卖合同应当载明以下事项:
（一）委托人、拍卖人的姓名或者名称、住所;
（二）拍卖标的的名称、规格、数量、质量;
（三）委托人提出的保留价;
（四）拍卖的时间、地点;
（五）拍卖标的交付或者转移的时间、方式;
（六）佣金及其支付的方式、期限;
（七）价款的支付方式、期限;
（八）违约责任;
（九）双方约定的其他事项。

第二节 拍卖公告与展示

第四十五条 拍卖人应当于拍卖日七日前发布拍卖公告。

第四十六条 拍卖公告应当载明下列事项：
（一）拍卖的时间、地点；
（二）拍卖标的；
（三）拍卖标的展示时间、地点；
（四）参与竞买应当办理的手续；
（五）需要公告的其他事项。

第四十七条 拍卖公告应当通过报纸或者其他新闻媒介发布。

第四十八条 拍卖人应当在拍卖前展示拍卖标的，并提供查看拍卖标的的条件及有关资料。拍卖标的的展示时间不得少于两日。

第三节 拍卖的实施

第四十九条 拍卖师应当于拍卖前宣布拍卖规则和注意事项。

第五十条 拍卖标的无保留价的，拍卖师应当在拍卖前予以说明。

拍卖标的有保留价的，竞买人的最高应价未达到保留价时，该应价不发生效力，拍卖师应当停止拍卖标的的拍卖。

第五十一条 竞买人的最高应价经拍卖师落槌或者以其他公开表示买定的方式确认后，拍卖成交。

第五十二条 拍卖成交后，买受人和拍卖人应当签署成交确认书。

第五十三条 拍卖人进行拍卖时，应当制作拍卖笔录。拍卖笔录应当由拍卖师、记录人签名；拍卖成交的，还应当由买受人签名。

第五十四条 拍卖人应当妥善保管有关业务经营活动的完整账簿、拍卖笔录和其他有关资料。前款规定的账簿、拍卖笔录和其他有关资料的保管期限，自委托拍卖合同终止之日起计算，不得少于五年。

第五十五条 拍卖标的需要依法办理证照变更、产权过户手续的，委托人、买受人应当持拍卖人出具的成交证明和有关材料，向有关行政管理机关办理手续。

第四节 佣　　金

第五十六条 委托人、买受人可以与拍卖人约定佣金的比例。

委托人、买受人与拍卖人对佣金比例未作约定，拍卖成交的，拍卖人可以向委托人、买受人各收取不超过拍卖成交价百分之五的佣金。收取佣金的比例按照同拍卖成交价成反比的原则确定。

拍卖未成交的，拍卖人可以向委托人收取约定的费用；未作约定的，可以向委托人收取为拍卖支出的合理费用。

第五十七条　拍卖本法第九条规定的物品成交的，拍卖人可以向买受人收取不超过拍卖成交价百分之五的佣金。收取佣金的比例按照同拍卖成交价成反比的原则确定。拍卖未成交的，适用本法第五十六条第三款的规定。

第五章　法律责任

第五十八条　委托人违反本法第六条的规定，委托拍卖其没有所有权或者依法不得处分的物品或者财产权利的，应当依法承担责任。拍卖人明知委托人对拍卖的物品或者财产权利没有所有权或者依法不得处分的，应当承担连带责任。

第五十九条　国家机关违反本法第九条的规定，将应当委托财产所在地的省、自治区、直辖市的人民政府或者设区的市的人民政府指定的拍卖人拍卖的物品擅自处理的，对负有直接责任的主管人员和其他直接责任人员依法给予行政处分，给国家造成损失的，还应当承担赔偿责任。

第六十条　违反本法第十一条的规定，未经许可登记设立拍卖企业的，由工商行政管理部门予以取缔，没收违法所得，并可以处违法所得一倍以上五倍以下的罚款。

第六十一条　拍卖人、委托人违反本法第十八条第二款、第二十七条的规定，未说明拍卖标的的瑕疵，给买受人造成损害的，买受人有权向拍卖人要求赔偿；属于委托人责任的，拍卖人有权向委托人追偿。拍卖人、委托人在拍卖前声明不能保证拍卖标的的真伪或者品质的，不承担瑕疵担保责任。因拍卖标的存在瑕疵未声明的，请求赔偿的诉讼时效期间为一年，自当事人知道或者应当知道权利受到损害之日起计算。

因拍卖标的存在缺陷造成人身、财产损害请求赔偿的诉讼时效期间,适用《中华人民共和国产品质量法》和其他法律的有关规定。

第六十二条 拍卖人及其工作人员违反本法第二十二条的规定,参与竞买或者委托他人代为竞买的,由工商行政管理部门对拍卖人给予警告,可以处拍卖佣金一倍以上五倍以下的罚款;情节严重的,吊销营业执照。

第六十三条 违反本法第二十三条的规定,拍卖人在自己组织的拍卖活动中拍卖自己的物品或者财产权利的,由工商行政管理部门没收拍卖所得。

第六十四条 违反本法第三十条的规定,委托人参与竞买或者委托他人代为竞买的,工商行政管理部门可以对委托人处拍卖成交价百分之三十以下的罚款。

第六十五条 违反本法第三十七条的规定,竞买人之间、竞买人与拍卖人之间恶意串通,给他人造成损害的,拍卖无效,应当依法承担赔偿责任。由工商行政管理部门对参与恶意串通的竞买人处最高应价百分之十以上百分之三十以下的罚款;对参与恶意串通的拍卖人处最高应价百分之十以上百分之五十以下的罚款。

第六十六条 违反本法第四章第四节关于佣金比例的规定收取佣金的,拍卖人应当将超收部分返还委托人、买受人。物价管理部门可以对拍卖人处拍卖佣金一倍以上五倍以下的罚款。

第六章 附 则

第六十七条 外国人、外国企业和组织在中华人民共和国境内委托拍卖或者参加竞买的,适用本法。

第六十八条 本法施行前设立的拍卖企业,不具备本法规定的条件的,应当在规定的期限内达到本法规定的条件;逾期未达到本法规定的条件的,由工商行政管理部门注销登记,收缴营业执照。具体实施办法由国务院另行规定。

第六十九条 本法自 1997 年 1 月 1 日起施行。

《拍卖管理办法》

《拍卖管理办法》已经 2004 年 11 月 15 日商务部第 14 次部务会议审议通过,现予公布,自 2005 年 1 月 1 日起施行。

第一章 总 则

第一条 为规范拍卖行为,维护拍卖秩序,推动拍卖业的对外开放,促进拍卖业健康发展,根据《中华人民共和国拍卖法》(以下简称《拍卖法》)和有关外商投资的法律、行政法规和规章,制定本办法。

第二条 本办法适用于中华人民共和国境内拍卖企业进行的拍卖活动。

各种经营性拍卖活动,应当由依法设立的拍卖企业进行。

第三条 本办法所称拍卖企业,是指依法在中国境内设立的从事经营性拍卖活动的有限责任公司或者股份有限公司。

第四条 商务部是拍卖行业主管部门,对全国拍卖业实施监督管理。

省、自治区、直辖市人民政府(以下简称省级)和设区的市人民政府(以下简称市级)商务主管部门对本行政区域内的拍卖业实施监督管理。

第五条 拍卖企业从事拍卖活动,应当遵守《拍卖法》及其他有关法律、行政法规、规章的规定,遵循公开、公平、公正、诚实信用的原则。

第二章 拍卖企业的设立、变更和终止

第六条 申请设立拍卖企业的投资者应有良好的信誉,无违反

中国法律、行政法规、规章的行为。

第七条 设立拍卖企业,应当具备下列条件:

(一)有一百万元人民币以上的注册资本;

(二)有自己的名称、组织机构和章程;

(三)有固定的办公场所;

(四)有三名以上取得拍卖业从业资格的人员,其中至少有一名是拍卖师;并有与主营业务密切联系的行业从业资格的专职或兼职人员;

(五)有符合有关法律、行政法规及本办法规定的拍卖业务规则;

(六)符合商务主管部门有关拍卖行业发展规划。

第八条 申请设立拍卖企业,应当提交下列材料:

(一)申请书;

(二)公司章程、拍卖业务规则;

(三)工商行政管理机关核发的《企业名称预先核准通知书》;

(四)拟任法定代表人简历和有效身份证明;

(五)拟聘任的拍卖师执业资格证书及从业人员的相关资质证明;

(六)固定办公场所产权证明或租用合同。

第九条 拍卖企业从事文物拍卖的,应当遵循有关文物拍卖的法律、行政法规的规定。

国家行政机关依法没收的物品,充抵税款、罚款的物品、人民法院依法没收的物品,充抵罚金、罚款的物品以及无法返还的追回物品和其他特殊国有资产等标的的拍卖应由具有相应拍卖资格的拍卖企业承担,具体资格条件由省级商务主管部门会同有关部门依据规范管理、择优选用的原则制定,并报商务部备案。

第十条 拍卖企业的名称应当符合企业名称登记管理的有关规定。拍卖企业名称中的行业表述应当标明"拍卖"字样。

第十一条 拍卖企业申请设立分公司,应当符合下列条件:

(一)符合拍卖业发展规划;

(二)年检合格;

（三）企业的注册资本不少于五百万元人民币且全部缴清，拍卖企业对每个分公司，需拨付不少于一百万元人民币的资金或实物；

（四）分公司应有两名以上取得拍卖业从业资格的人员，并有与主营业务密切联系的行业从业资格的专职或兼职人员；

（五）有固定的办公场所；

（六）经营拍卖业务三年以上，最近两年连续盈利，其上年拍卖成交额超过五千万元人民币；或者上年拍卖成交额超过二亿元人民币。

第十二条 拍卖企业设立分公司，申请人需要提交下列材料：

（一）拟设立分公司的申请报告；

（二）企业法人营业执照副本（复印件）；

（三）最近两年经会计师事务所审计的年度财务会计报表；

（四）拟任分公司负责人简历及有效身份证明；

（五）拟聘任的拍卖师执业资格证书及从业人员的相关资质证明；

（六）固定办公场所的产权证明或租用合同。

第十三条 设立拍卖企业及分公司，按照下列程序办理：

申请设立拍卖企业及分公司，应当先经企业或分公司所在地市级商务主管部门审查后，报省级商务主管部门核准并颁发拍卖经营批准证书。申请人持拍卖经营批准证书向所在地工商行政管理机关办理登记手续。

省级商务主管部门对拍卖企业及分公司的设立许可可以采取听证方式。

拍卖经营批准证书由商务部统一印制。

第十四条 拍卖企业向工商行政管理机关申请变更注册登记项目前，应当先报省级商务主管部门核准，并由其换发拍卖经营批准证书。

第十五条 拍卖企业及分公司自领取拍卖经营批准证书之日起，六个月内未领取营业执照，其拍卖经营批准证书自动失效。

拍卖企业及分公司成立后六个月未开业，或开业后连续六个月无正当理由未举办拍卖会或没有营业纳税证明的，由有关部门依法吊销其营业执照,商务主管部门收回拍卖经营批准证书。

第十六条 拍卖企业根据章程规定事由、股东会决议或其他事由解散的;或者因违反法律、行政法规及本办法规定被责令关闭的;或者因不能清偿到期债务,被依法宣告破产的,由有关部门依法注销。

第三章 外商投资拍卖企业的设立、变更和终止

第十七条 外商投资拍卖企业可以从事经营性拍卖活动,法律、行政法规另有规定的除外。

第十八条 鼓励具有较强的经济实力、先进的拍卖技术和经营管理经验、广泛的国际拍卖营销网络的外国投资者设立外商投资拍卖企业。

第十九条 设立外商投资拍卖企业除应符合本办法第七条的规定外还应当符合下列条件:

(一)符合外商投资企业注册资本和投资总额的有关规定;

(二)外商投资拍卖企业的经营期限一般不超过三十年,在中西部设立外商投资拍卖企业的经营期限一般不超过四十年。

第二十条 已批准设立的外商投资拍卖企业申请设立分公司的,除符合本办法第十一条外,还应按时参加外商投资企业联合年检并年检合格。

第二十一条 设立外商投资拍卖企业,申请人除提交本办法第八条规定的材料外,还应提交下列材料:

(一)合同、章程(外资拍卖企业只报送章程)及其附件等;

(二)投资各方的银行资信证明、登记注册证明(复印件);

(三)投资各方经会计师事务所审计的最近一年的审计报告;

(四)中国投资者拟投入到中外合资、合作拍卖企业的国有资产的评估报告;

(五)拟设立外商投资拍卖企业董事会成员名单及投资各方董事委派书。

外商投资拍卖企业设立分公司,申请人除提交本办法第十二条

规定的材料外,还应提交企业验资报告。

第二十二条 设立外商投资拍卖企业及分公司,按照下列程序办理:

申请人应向商务部报送第二十条规定的申请材料。商务部应自收到全部申请材料之日起在规定时间内作出是否批准的决定,对于批准设立的,颁发外商投资企业批准证书和拍卖经营批准证书,对于不批准的,应说明原因。

申请人应当自收到外商投资企业批准证书和拍卖经营批准证书之日起一个月内,向所在地工商行政管理机关办理登记手续。

商务部对外商投资拍卖企业及分公司的设立许可可以采取听证方式。

第二十三条 外商投资拍卖企业向工商行政管理机关申请变更注册登记项目前,应当报商务部核准,并换发拍卖经营批准证书和外商投资企业批准证书。

第二十四条 外商投资拍卖企业及分公司成立后六个月未开业,或开业后连续六个月无正当理由未举办拍卖会或没有营业纳税证明的,由有关部门依法吊销其营业执照,商务部收回拍卖经营批准证书。

第二十五条 外商投资拍卖企业根据章程规定事由、股东会或董事会决议或其他事由解散的;或者因违反法律、行政法规及本办法规定被责令关闭的;或者因不能清偿到期债务,被依法宣告破产的,由有关部门依法注销。

第四章 拍卖从业人员及拍卖活动

第二十六条 国家对拍卖专业技术人员实行执业资格制度,获得拍卖师执业资格证书的人员,经注册后,方可主持拍卖活动。

本办法所称拍卖师是指经全国统一考试合格,取得人事部、商务部联合用印的,由中国拍卖行业协会颁发的《中华人民共和国拍卖师执业资格证书》,并经注册登记的人员。

第二十七条 拍卖师只能在一个拍卖企业注册执业且不得以其

拍卖师个人身份在其他拍卖企业兼职；

拍卖师不得将《中华人民共和国拍卖师执业资格证书》借予他人或其他单位使用。

第二十八条　拍卖师可以变更执业注册单位。拍卖师变更执业注册单位的，应当向中国拍卖行业协会办理注册变更手续。

中国拍卖行业协会应将拍卖师注册登记及变更情况每月定期报商务部备案。

第二十九条　下列物品或者财产权利禁止拍卖：

（一）法律、法规禁止买卖的；

（二）所有权或者处分权有争议，未经司法、行政机关确权的；

（三）尚未办结海关手续的海关监管货物。

第三十条　拍卖企业应当依法开展拍卖活动，不得有下列行为：

（一）出租、擅自转让拍卖经营权；

（二）对拍卖标的进行虚假宣传，给买受人造成经济损失；

（三）雇佣未依法注册的拍卖师或其他人员充任拍卖师主持拍卖活动的；

（四）采用恶意降低佣金比例或低于拍卖活动成本收取佣金，甚至不收取佣金（义拍除外）或给予委托人回扣等手段进行不正当竞争的；

（五）其他违反法律法规的行为。

第三十一条　拍卖企业发现拍卖标的中有公安机关通报协查物品或赃物，应当立即向所在地公安机关报告。

第三十二条　竞买人委托他人代理竞买的，应当出具授权委托书和竞买人、代理人的身份证明复印件。

授权委托书应载明代理人的姓名或者名称、代理事项、代理权限和期间。

第三十三条　拍卖实施前，拍卖企业与委托人应当就拍卖未成交的有关事宜或因委托人中止或终止拍卖所造成损失的赔偿责任等事项达成书面协议。

第三十四条　对委托人送交的拍卖物品，拍卖企业应当由专人负责，妥善保管，建立拍卖品保管、值班和交接班制度，并采取必要的安全防范措施。

第三十五条　拍卖企业举办拍卖活动,应当根据拍卖标的物的属性及拍卖的性质,按照《拍卖法》及相关法律、行政法规规定的日期进行公告。公告应当发布在拍卖标的所在地以及拍卖会举行地商务主管部门指定的发行量较大的报纸或其他有同等影响的媒体。

第三十六条　拍卖企业应当在拍卖会前展示拍卖标的,为竞买人提供查看拍卖标的的条件并向竞买人提供有关资料。

展示时间应不少于两日,鲜活物品或其他不易保存的物品除外。

第三十七条　拍卖企业有权查明或者要求委托人书面说明拍卖标的的来源和瑕疵。

拍卖企业应当向竞买人说明其知道或者应当知道的拍卖标的的瑕疵。

第三十八条　法律、行政法规和规章对拍卖标的受让人有特别规定的,拍卖企业应当将标的拍卖给符合法律、行政法规和规章要求的竞买人。

拍卖标的是依照法律、行政法规和规章规定需要行政许可的经营资格且依法可以转让的,委托人应在拍卖前应当征得行政许可机关的同意。

第三十九条　拍卖企业可以在拍卖会现场设立委托竞买席,并在拍卖会开始时对全体竞买人作出说明。

第四十条　有下列情形之一的,应当中止拍卖:

(一)没有竞买人参加拍卖的;

(二)第三人对拍卖标的所有权或处分权有争议并当场提供有效证明的;

(三)委托人在拍卖会前以正当理由书面通知拍卖企业中止拍卖的;

(四)发生意外事件致使拍卖活动暂时不能进行的;

(五)出现其他依法应当中止的情形的。

中止拍卖由拍卖企业宣布。中止拍卖的事由消失后,应恢复拍卖。

第四十一条　有下列情形之一的,应当终止拍卖:

（一）人民法院、仲裁机构或者有关行政机关认定委托人对拍卖标的无处分权并书面通知拍卖企业的；
（二）拍卖标的被认定为赃物的；
（三）发生不可抗力或意外事件致使拍卖活动无法进行的；
（四）拍卖标的在拍卖前毁损、灭失的；
（五）委托人在拍卖会前书面通知拍卖企业终止拍卖的；
（六）出现其他依法应当终止的情形的。

终止拍卖由拍卖企业宣布。拍卖终止后，委托人要求继续进行拍卖的，应当重新办理拍卖手续。

第四十二条 外商投资拍卖企业与内资拍卖企业联合在中华人民共和国境内举办拍卖会的，其拍卖标的应符合法律、行政法规及本办法的有关规定。

第五章 监督管理

第四十三条 商务部组织制定有关拍卖行业规章、政策，指导各地制定拍卖行业发展规划，依法建立拍卖业监督核查、行业统计和信用管理制度；负责拍卖行业利用外资的促进与管理；对拍卖行业自律组织进行业务指导。

第四十四条 省级商务主管部门负责制定和实施本地区拍卖行业发展规划，并将规划报商务部备案。

省级商务主管部门应建立本地区拍卖企业和从业人员的监督核查和行业统计及信用管理制度；负责设立拍卖企业和分公司的审核许可；管理与指导本地区的拍卖行业自律组织。

省级商务主管部门应当创造条件，建立与拍卖企业、其他有关行政机关计算机档案系统互联网络，对拍卖经营活动监督检查的情况和处理结果应当予以记录。每年度应当出具对拍卖企业的监督核查意见。对核查不合格的拍卖企业，应当责令限期整改，并将核查情况通报有关部门。

第四十五条 拍卖行业协会依法并根据章程，对拍卖企业和拍卖师进行监督。拍卖行业协会应当制定拍卖行业规范，加强行业自律管理,协调会员企业与政府有关部门及会员企业之间的关系,为会员企业提供服务,维护会员企业的合法权益。

中国拍卖行业协会在商务部的指导下,具体实施全国拍卖企业信用管理制度和组织拍卖师考试、考核和资格认定工作。

第六章 法律责任

第四十六条 未经许可从事经营性拍卖活动的企业,应依照国家有关规定予以取缔。

第四十七条 拍卖师违反本办法第二十六条、第二十七条规定或有向监管部门隐瞒情况、提供虚假材料等其他违规行为的,省级商务主管部门可将其违规事实及处理建议通告中国拍卖行业协会,中国拍卖行业协会应依照有关规定对违规拍卖师进行处理,并将处理结果在十个工作日内书面抄送拍卖师执业地省级商务主管部门和行业协会。

第四十八条 拍卖企业违反本办法第二十九条规定,对买受人造成损失的,拍卖企业应当给予赔偿;属于委托人责任的,拍卖企业有权向委托人追偿。

第四十九条 拍卖企业违反第三十条第(一)项,由省级商务主管部门责令其改正,并处三万元以下罚款。

第五十条 拍卖企业违反本办法第三十条第(三)项的规定,由省级商务主管部门视情节轻重予以警告,并处以非法所得额一倍以上的罚款,但最高不超过三万元;没有非法所得的,处以一万元以下的罚款。造成委托人和买受人损失的,拍卖企业应当依法给予赔偿。

第五十一条 拍卖企业违反本办法第三十条第(二)项、第(四)项规定的,由有关行政机关依法进行处罚。

第五十二条 拍卖企业违反本办法第三十五条、第三十六条规定,拍卖前违规进行公告或展示的,由省级商务主管部门视情节轻重予以警告,责令改正,延期拍卖或处以一万元以下罚款。

第五十三条 拍卖企业、委托人违反本办法第三十七条规定,未说明拍卖标的的瑕疵,给买受人造成损害的,买受人有权要求拍卖企业给予赔偿；属于委托人责任的，拍卖企业有权向委托人追偿。

拍卖企业、委托人在拍卖前声明不能保证拍卖标的真伪或者品质的，不承担瑕疵担保责任（以下简称免责声明）。但是拍卖企业、委托人明确知道或应当知道拍卖标的有瑕疵时，免责声明无效。

第五十四条 拍卖成交后，委托人没有协助买受人依法办理证照变更、产权过户手续，造成买受人或拍卖企业损失的，委托人应当依法给予赔偿。

委托人提出中止或者终止拍卖，给拍卖企业或者竞买人造成损失的，应当依法给予赔偿。

第五十五条 有下列情形之一的，省级商务主管部门或商务部可以撤消有关拍卖企业及分公司设立的许可决定：

（一）工作人员滥用职权、玩忽职守作出准予设立决定的；

（二）违反《拍卖法》和本办法规定的设立条件作出准予设立决定的；

（三）超越法定职权作出准予设立决定的。

第五十六条 商务主管部门以及行业协会的工作人员在工作中滥用职权、徇私舞弊、玩忽职守、索贿受贿的，对负有责任的主管人员和直接责任人员依法给予行政处分；构成犯罪的，依法追究刑事责任。

第五十七条 商务主管部门工作人员对在执行公务中获知的有关拍卖企业、委托人、竞买人、买受人要求保密的内容，应当按保密规定为其保密，造成泄密的，按有关规定处理。拍卖企业认为向管理机关报送的材料有保密内容的，应注明"保密"字样并密封。

第七章 附　则

第五十八条 农产品批发市场、机动车交易市场等商品交易市场引入拍卖方式及利用互联网经营拍卖业务的管理，原则上参照本办法执行，具体办法另行制定。

第五十九条 国有独资拍卖企业应按照国家有关规定进行改制。

第六十条 本办法由商务部负责解释。

第六十一条 本办法自2005年1月1日起施行。

《最高人民法院关于人民法院民事执行中拍卖、变卖财产的规定》

(2004年10月26日由最高人民法院审判委员会第1330次会议通过,自2005年1月1日起施行)

为了进一步规范民事执行中的拍卖、变卖措施,维护当事人的合法权益,根据《中华人民共和国民事诉讼法》等法律的规定,结合人民法院民事执行工作的实践经验,制定本规定。

第一条 在执行程序中,被执行人的财产被查封、扣押、冻结后,人民法院应当及时进行拍卖、变卖或者采取其他执行措施。

第二条 人民法院对查封、扣押、冻结的财产进行变价处理时,应当首先采取拍卖的方式,但法律、司法解释另有规定的除外。

第三条 人民法院拍卖被执行人财产,应当委托具有相应资质的拍卖机构进行,并对拍卖机构的拍卖进行监督,但法律、司法解释另有规定的除外。

第四条 对拟拍卖的财产,人民法院应当委托具有相应资质的评估机构进行价格评估。对于财产价值较低或者价格依照通常方法容易确定的,可以不进行评估。

当事人双方及其他执行债权人申请不进行评估的,人民法院应当准许。

对被执行人的股权进行评估时,人民法院可以责令有关企业提供会计报表等资料;有关企业拒不提供的,可以强制提取。

第五条 评估机构由当事人协商一致后经人民法院审查确定;协商不成的,从负责执行的人民法院或者被执行人财产所在地的人民法院确定的评估机构名册中,采取随机的方式确定;当事人双方申请通过公开招标方式确定评估机构的,人民法院应当准许。

第六条 人民法院收到评估机构作出的评估报告后,应当在五日内将评估报告发送当事人及其他利害关系人。当事人或者其他利害关系人对评估报告有异议的,可以在收到评估报告后十日内以书面形式向人民法院提出。

当事人或者其他利害关系人有证据证明评估机构、评估人员不具备相应的评估资质或者评估程序严重违法而申请重新评估的,人民法院应当准许。

第七条 拍卖机构由当事人协商一致后经人民法院审查确定;协商不成的,从负责执行的人民法院或者被执行人财产所在地的人民法院确定的拍卖机构名册中,采取随机的方式确定;当事人双方申请通过公开招标方式确定拍卖机构的,人民法院应当准许。

第八条 拍卖应当确定保留价。

拍卖保留价由人民法院参照评估价确定;未作评估的,参照市价确定,并应当征询有关当事人的意见。

人民法院确定的保留价,第一次拍卖时,不得低于评估价或者市价的百分之八十;如果出现流拍,再行拍卖时,可以酌情降低保留价,但每次降低的数额不得超过前次保留价的百分之二十。

第九条 保留价确定后,依据本次拍卖保留价计算,拍卖所得价款在清偿优先债权和强制执行费用后无剩余可能的,应当在实施拍卖前将有关情况通知申请执行人。申请执行人于收到通知后五日内申请继续拍卖的,人民法院应当准许,但应当重新确定保留价;重新确定的保留价应当大于该优先债权及强制执行费用的总额。

依照前款规定流拍的,拍卖费用由申请执行人负担。

第十条 执行人员应当对拍卖财产的权属状况、占有使用情况等进行必要的调查,制作拍卖财产现状的调查笔录或者收集其他有关资料。

第十一条 拍卖应当先期公告。

拍卖动产的,应当在拍卖七日前公告;拍卖不动产或者其他财产权的,应当在拍卖十五日前公告。

第十二条 拍卖公告的范围及媒体由当事人双方协商确定;协

商不成的,由人民法院确定。拍卖财产具有专业属性的,应当同时在专业性报纸上进行公告。

当事人申请在其他新闻媒体上公告或者要求扩大公告范围的,应当准许,但该部分的公告费用由其自行承担。

第十三条 拍卖不动产、其他财产权或者价值较高的动产的,竞买人应当于拍卖前向人民法院预交保证金。申请执行人参加竞买的,可以不预交保证金。保证金的数额由人民法院确定,但不得低于评估价或者市价的百分之五。

应当预交保证金而未交纳的,不得参加竞买。拍卖成交后,买受人预交的保证金充抵价款,其他竞买人预交的保证金应当在三日内退还;拍卖未成交的,保证金应当于三日内退还竞买人。

第十四条 人民法院应当在拍卖五日前以书面或者其他能够确认收悉的适当方式,通知当事人和已知的担保物权人、优先购买权人或者其他优先权人于拍卖日到场。

优先购买权人经通知未到场的,视为放弃优先购买权。

第十五条 法律、行政法规对买受人的资格或者条件有特殊规定的,竞买人应当具备规定的资格或者条件。

申请执行人、被执行人可以参加竞买。

第十六条 拍卖过程中,有最高应价时,优先购买权人可以表示以该最高价买受,如无更高应价,则拍归优先购买权人;如有更高应价,而优先购买权人不作表示的,则拍归该应价最高的竞买人。

顺序相同的多个优先购买权人同时表示买受的,以抽签方式决定买受人。

第十七条 拍卖多项财产时,其中部分财产卖得的价款足以清偿债务和支付被执行人应当负担的费用的,对剩余的财产应当停止拍卖,但被执行人同意全部拍卖的除外。

第十八条 拍卖的多项财产在使用上不可分,或者分别拍卖可能严重减损其价值的,应当合并拍卖。

第十九条 拍卖时无人竞买或者竞买人的最高应价低于保留价,到场的申请执行人或者其他执行债权人申请或者同意以该次拍卖所定的保留价接受拍卖财产的,应当将该财产交其抵债。

有两个以上执行债权人申请以拍卖财产抵债的,由法定受偿顺位在先的债权人优先承受;受偿顺位相同的,以抽签方式决定承受人。承受人应受清偿的债权额低于抵债财产的价额的,人民法院应当责令其在指定的期间内补交差额。

第二十条　在拍卖开始前,有下列情形之一的,人民法院应当撤回拍卖委托:

（一）据以执行的生效法律文书被撤销的;
（二）申请执行人及其他执行债权人撤回执行申请的;
（三）被执行人全部履行了法律文书确定的金钱债务的;
（四）当事人达成了执行和解协议,不需要拍卖财产的;
（五）案外人对拍卖财产提出确有理由的异议的;
（六）拍卖机构与竞买人恶意串通的;
（七）其他应当撤回拍卖委托的情形。

第二十一条　人民法院委托拍卖后,遇有依法应当暂缓执行或者中止执行的情形的,应当决定暂缓执行或者裁定中止执行,并及时通知拍卖机构和当事人。拍卖机构收到通知后,应当立即停止拍卖,并通知竞买人。

暂缓执行期限届满或者中止执行的事由消失后,需要继续拍卖的,人民法院应当在十五日内通知拍卖机构恢复拍卖。

第二十二条　被执行人在拍卖日之前向人民法院提交足额金钱清偿债务,要求停止拍卖的,人民法院应当准许,但被执行人应当负担因拍卖支出的必要费用。

第二十三条　拍卖成交或者以流拍的财产抵债的,人民法院应当作出裁定,并于价款或者需要补交的差价全额交付后十日内,送达买受人或者承受人。

第二十四条　拍卖成交后,买受人应当在拍卖公告确定的期限或者人民法院指定的期限内将价款交付到人民法院或者汇入人民法院指定的账户。

第二十五条　拍卖成交或者以流拍的财产抵债后,买受人逾期未支付价款或者承受人逾期未补交差价而使拍卖、抵债的目的难以实现的,人民法院可以裁定重新拍卖。重新拍卖时,原买受人不得参加竞买。

重新拍卖的价款低于原拍卖价款造成的差价、费用损失及原拍卖中的佣金,由原买受人承担。人民法院可以直接从其预交的保证金中扣除。扣除后保证金有剩余的,应当退还原买受人;保证金数额不足的,可以责令原买受人补交;拒不补交的,强制执行。

第二十六条　拍卖时无人竞买或者竞买人的最高应价低于保留价,到场的申请执行人或者其他执行债权人不申请以该次拍卖所定的保留价抵债的,应当在六十日内再行拍卖。

第二十七条　对于第二次拍卖仍流拍的动产,人民法院可以依照本规定第十九条的规定将其作价交申请执行人或者其他执行债权人抵债。申请执行人或者其他执行债权人拒绝接受或者依法不能交付其抵债的,人民法院应当解除查封、扣押,并将该动产退还被执行人。

第二十八条　对于第二次拍卖仍流拍的不动产或者其他财产权,人民法院可以依照本规定第十九条的规定将其作价交申请执行人或者其他执行债权人抵债。申请执行人或者其他执行债权人拒绝接受或者依法不能交付其抵债的,应当在六十日内进行第三次拍卖。

第三次拍卖流拍且申请执行人或者其他执行债权人拒绝接受或者依法不能接受该不动产或者其他财产权抵债的,人民法院应当于第三次拍卖终结之日起七日内发出变卖公告。自公告之日起六十日内没有买受人愿意以第三次拍卖的保留价买受该财产,且申请执行人、其他执行债权人仍不表示接受该财产抵债的,应当解除查封、冻结,将该财产退还被执行人,但对该财产可以采取其他执行措施的除外。

第二十九条　动产拍卖成交或者抵债后,其所有权自该动产交付时起转移给买受人或者承受人。

不动产、有登记的特定动产或者其他财产权拍卖成交或者抵债后,该不动产、特定动产的所有权、其他财产权自拍卖成交或者抵债裁定送达买受人或者承受人时起转移。

第三十条　人民法院裁定拍卖成交或者以流拍的财产抵债后,除有依法不能移交的情形外,应当于裁定送达后十五日内,将拍卖的财产移交买受人或者承受人。被执行人或者第三人占有拍卖财产应当移交而拒不移交的,强制执行。

第三十一条 拍卖财产上原有的担保物权及其他优先受偿权,因拍卖而消灭,拍卖所得价款,应当优先清偿担保物权人及其他优先受偿权人的债权,但当事人另有约定的除外。

拍卖财产上原有的租赁权及其他用益物权,不因拍卖而消灭,但该权利继续存在于拍卖财产上,对在先的担保物权或者其他优先受偿权的实现有影响的,人民法院应当依法将其除去后进行拍卖。

第三十二条 拍卖成交的,拍卖机构可以按照下列比例向买受人收取佣金:

拍卖成交价200万元以下的,收取佣金的比例不得超过5%;超过200万元至1000万元的部分,不得超过3%;超过1000万元至5000万元的部分,不得超过2%;超过5000万元至1亿元的部分,不得超过1%;超过1亿元的部分,不得超过0.5%。

采取公开招标方式确定拍卖机构的,按照中标方案确定的数额收取佣金。

拍卖未成交或者非因拍卖机构的原因撤回拍卖委托的,拍卖机构为本次拍卖已经支出的合理费用,应当由被执行人负担。

第三十三条 在执行程序中拍卖上市公司国有股和社会法人股的,适用最高人民法院《关于冻结、拍卖上市公司国有股和社会法人股若干问题的规定》。

第三十四条 对查封、扣押、冻结的财产,当事人双方及有关权利人同意变卖的,可以变卖。

金银及其制品、当地市场有公开交易价格的动产、易腐烂变质的物品、季节性商品、保管困难或者保管费用过高的物品,人民法院可以决定变卖。

第三十五条 当事人双方及有关权利人对变卖财产的价格有约定的,按照其约定价格变卖;无约定价格但有市价的,变卖价格不得低于市价;无市价但价值较大、价格不易确定的,应当委托评估机构进行评估,并按照评估价格进行变卖。

按照评估价格变卖不成的,可以降低价格变卖,但最低的变卖价不得低于评估价的二分之一。

变卖的财产无人应买的,适用本规定第十九条的规定将该财产交申请执行人或者其他执行债权人抵债;申请执行人或者其他执行债权人拒绝接受或者依法不能交付其抵债的,人民法院应当解除查封、扣押,并将该财产退还被执行人。

第三十六条 本规定自 2005 年 1 月 1 日起施行。施行前本院公布的司法解释与本规定不一致的,以本规定为准。

主要参考文献

1. 梁慧星等:《中国民法典草案建议稿附理由》,法律出版社2004年版。
2. 王利明等:《中国民法典学者建议稿及立法理由》,法律出版社2005年版。
3. 刘宁元:《拍卖法原理与实务》,上海人民出版社1998年版。
4. 沈德咏主编:《强制执行法起草与论证》(第一册),中国法制出版社2002年版。
5. 黄松有主编:《强制执行法起草与论证》(第二册),中国人民公安大学出版社2004年版。
6. 中国拍卖行业协会编著:《拍卖通论》,中国财政经济出版社2005年版。
7. 中国拍卖行业协会编:《拍卖相关法律与规则》,中国财政经济出版社2006年版。
8. 郑鑫尧等主编:《拍卖实用手册:法律与规则》,上海财经大学出版社2004年版。
9. 孔祥俊:《反不正当竞争法的适用与完善》,法律出版社1998年版。
10. 〔日〕美浓部达吉:《公法与私法》,黄冯明译,中国政法大学出版社2003年版。
11. 郑鑫尧编著:《拍卖学基础》,立信会计出版社2003年版。
12. 〔加〕Peter Benson:《合同法理论》,易继明译,北京大学出版社2004年版。
13. 林一平、郑鑫尧:《拍卖指南》,上海科学技术出版社1994年版。
14. 中国拍卖行业协会秘书处编:《中国拍卖通讯》(2001年至2006年各期)。
15. 上海市拍卖行业协会秘书处编:《上海拍卖通讯》(2005年各期)。
16. 上海拍卖行有限责任公司主办:《拍卖报》(1996年至2007年各期)。
17. 刘宁元:《拍卖法关于瑕疵担保责任免除质疑》,载《法学》2000年第1期。
18. 刘宁元:《论强制拍卖及其规则》,载《政治与法律》2004年第5期。

后　　记

说来很有意思,我在大学授课、研究的方向是国际法,却一直对拍卖法情有独钟。我自1993年因一个偶然的机会开始接触拍卖以来,对研究拍卖法律问题的兴趣便一直有增无减,在并不多的科研成果中,几乎有1/3是关于拍卖法方面的。1998年,在一些成果的基础上,我推出了自己第一部关于拍卖法的论著——《拍卖法原理与实务》。但大约两年后,也就是在新世纪之初,我就感觉到了《拍卖法原理与实务》的缺陷与不足。之后,我就一直有再写一本关于拍卖法论著,全面论述中国拍卖法律制度的愿望。其间,我国又出台了许多拍卖法规,拍卖实践无论在广度和深度上都有了长足的发展,难以尽数的拍卖纠纷更催促人们去思考有关拍卖的法规体系、实体的和程序的规则、管理制度等,这一切都使我原有的愿望更具现实意义。在经过近四年的资料收集、分析研究、内容撰写后,我的愿望实现了。

本书与《拍卖法原理与实务》有很大不同。其一,本书章节安排采用了由法规体系到实体规则体系,再到程序规则体系,再到管理规则体系的逻辑进路,比《拍卖法原理与实务》的章节安排更科学、更自然、更合理,也更能完整地论述中国的拍卖法律制度。其二,本书与《拍卖法原理与实务》相比,增加了强制拍卖规则和拍卖管理规则的分析和研究,特别是强制拍卖规则。我认为,就我国拍卖法律制度而言,存在两个不同的制度系统——非强制拍卖制度系统和强制拍卖制度系统,前者以《拍卖法》为根据,而后者主要以最高人民法院为强制执行所发布的一系列司法解释为根据,虽不排除两者可以适用一些共同的规则,但不同制度系统中规则的目的和意义不可同日而语。其三,本书摒弃了按拍卖标的进行分类论述的方法。我认为,以论述法律规则为目标,按拍卖标的进行分类并无多大意义,如艺术品拍卖、破产企业拍卖、房地产拍卖、冠名权拍卖、商标权拍卖等,可能在拍卖技巧上有些区别,但在适用法律规则上并无显著不同。

在撰写本书的过程中,我认真研读了能够收集到的中国拍卖行业协会及其地方协会为贯彻拍卖法规而发布的有关文件,也考察了上述协会为实施拍卖法规而采取的一些措施。我国各级拍卖行业协会自成立之日起,始终以规范、有序、发展为宗旨,为我国拍卖业的繁荣作出了杰出贡献。但百密一疏,各级拍卖行业协会,特别是中国拍卖行业协会的所作所为也并非毫无可指摘之处。本书对于各级拍卖行业协会(实际上还包括一些政府部门)的一些不足之处及其观点发表了颠覆性的议论。这些论述是出于我学术研究的习性,出于我完善中国拍卖法律制度的真诚。我并不奢望各级拍卖行业协会等接受书中的观点,只是期望推动在相关问题上的进一步思考、研究、争鸣。而我也始终认为,中国拍卖行业协会及其地方协会在拍卖法律制度的研究方面,还有很多工作要做。

在本书的撰写过程中,我受到众多专家、学者的悉心指导和帮助,特别是在作为本书基础的课题结项时,上海市人大法制委副主任和法工委副主任丁伟教授、上海外国语大学法学院院长宋锡祥教授、上海社科院《政治与法律》主编徐澜波研究员作为鉴定专家所提出的中肯意见,为本书观点的准确和内容的完善增色颇多,在此表示衷心感谢。因召开专家论证会时本书在出版社已进行编排,重新修改书稿已有难度,故在此后记中列举专家的意见,以备读者在阅读时对照思考。专家的主要意见有:(1)本书可增加总的原理性论述,特别是阐述拍卖的民法属性;(2)可以探求《拍卖法》中瑕疵请求规则的立法原意,该规则在针对特殊拍卖标的(如艺术品)和其他拍卖标的时应有所不同;(3)强制拍卖中人民法院所处的地位很特殊,它既没有民事权利,也没有民事义务,称它为拍卖委托人不如称它为拍卖程序上的提起人;(4)增加与其他国家或地区拍卖法律制度的比较,对完善我国拍卖法律制度会有借鉴作用。对如上专家意见,我深以为然。

我十分感谢北京大学出版社的王业龙、华娜、朱梅全等领导、编